국민건강보험공단

국민건강 보험법

최신기출 + 법률 + 최종모의고사 7회 + 무료건보특강

SD에듀
㈜시대고시기획

PREFACE

머리말

국민을 질병의 위험에서 보호하고 노후의 편안한 삶을 보장하는 국민건강보험공단은 2023년 하반기에 신규직원을 채용할 예정이다. 국민건강보험공단의 채용절차는 「입사지원서 접수 ➡ 서류심사 ➡ 필기시험 ➡ 인성검사 ➡ 면접시험 ➡ 최종 합격자 발표」 순서로 이루어진다. 필기시험은 직업기초능력과 직무시험(법률)으로 진행한다. 그중 직업기초능력은 의사소통능력, 수리능력, 문제해결능력 총 3개의 영역을 평가하며, 2023년 상반기에는 피셋형으로 진행되었다. 직무시험은 직렬별로 국민건강보험법, 노인장기요양보험법 중 1개의 영역을 평가하므로 반드시 확정된 채용공고를 확인하는 것이 중요하다. 필기시험에서 고득점을 받기 위해서는 다양한 유형에 대한 폭넓은 학습을 하고 문제풀이능력을 높이는 등 철저한 준비가 필요하다.

국민건강보험공단 합격을 위해 SD에듀에서는 NCS 도서 시리즈 판매량 1위의 출간 경험을 토대로 다음과 같은 특징을 가진 도서를 출간하였다.

도서의 특징

❶ 기출복원문제를 통한 출제 유형 확인!
- 2023년 상반기 ~ 2021년 국민건강보험법 기출문제를 복원하여 전반적인 유형을 파악할 수 있도록 하였다.

❷ 국민건강보험법 법률을 통한 실력 상승!
- 국민건강보험법 법률을 통해 직무시험에 필요한 지식을 쌓을 수 있도록 하였다.
- 조문별 OX문제와 적중예상문제를 통해 직무시험에 완벽히 대비할 수 있도록 하였다.

❸ 최종모의고사로 완벽한 실전 대비!
- 철저한 분석을 통해 실제 유형과 유사한 최종모의고사(고난도 2회 + 일반 3회)를 수록하여 자신의 실력을 점검할 수 있도록 하였다.

❹ 다양한 콘텐츠로 최종합격까지!
- 온라인 모의고사 응시 쿠폰을 제공하여 채용 전반을 대비할 수 있도록 하였다.

끝으로 본 도서를 통해 국민건강보험공단 채용을 준비하는 모든 수험생 여러분이 합격의 기쁨을 누리기를 진심으로 기원한다.

SDC(Sidae Data Center) 씀

국민건강보험공단 이야기

◯ 미션

> 국민보건과 사회보장 증진으로 국민의 삶의 질 향상

◯ 비전

> 행복한 국민 ★ 건강한 대한민국 ★ 든든한 국민건강보험

◯ 핵심가치

| 건강과 행복 | ▶ | 국민보건과 사회보장 증진을 통해 모든 국민의 건강 향상과 행복한 삶을 추구해 나가자는 의미 |

| 공정과 신뢰 | ▶ | 구성원 모두가 책임감 있는 리더가 되어 사업 전반에 공정한 기준을 적용하고 국민 신뢰를 확보해 나가자는 의미 |

| 혁신과 전문성 | ▶ | 미래 지속가능한 건강보장을 위해 혁신을 주도하고 전문성을 강화해 나가자는 의미 |

| 청렴과 윤리 | ▶ | 윤리적 가치 판단을 최우선 행동기준으로 삼아 청렴한 업무수행을 통해 깨끗하고 투명한 사회를 선도해 나가자는 의미 |

| 소통과 화합 | ▶ | 국민과 조직 구성원, 이해관계자와의 소통과 화합을 통해 지속가능한 경영체계를 확립해 나가자는 의미 |

⬡ 전략목표 & 전략과제

전략목표	전략과제
국민의 평생건강을 책임지는 **건강보장체계**	1. 건강보험 보장영역 확대 2. 공적 의료안전망 강화 3. 합리적 보건의료체계 조성 4. 건강보장 연구 및 국제협력 강화
건강수명 향상을 위한 **맞춤형 건강관리**	1. 생애주기 건강관리체계 구축 2. 지역중심 의료 · 건강서비스 제공체계 강화 3. 보건의료이용 지원 강화 4. 데이터 기반 민간혁신 · 성장지원 확대
국민이 안심하는 **장기요양보험**	1. 장기요양 운영체계 효율화 2. 지역사회 거주 돌봄지원 강화 3. 장기요양서비스 품질 향상 4. 장기요양보험 재정 지속가능성 확보
건강보험 **재정 안정성** 강화	1. 공정하고 공평한 부과체계 설계 2. 건강보험 징수 기반 강화 3. 보험급여 지출관리 효율화 4. 안정적 재정관리체계 구축
혁신 · 책임 기반의 **신뢰 경영**	1. 국민참여 소통경영 강화 2. 조직 · 인력 경쟁력 강화 3. 디지털 경영환경 고도화 4. 청렴 · 책임의 조직체계 확립

⬡ 인재상

국민의 평생건강을 지키는 **건강보장 전문인재 양성**

Nation-oriented	Honest	Innovative	Specialized
국민을 위하는 인재	정직으로 신뢰받는 인재	혁신을 추구하는 인재	전문성 있는 인재

신입 채용 안내

⬡ 지원자격

❶ 성별 · 연령 · 학력에 대한 제한이 없으나, 임용일 기준 만 60세 이상(정년)인 사람은 지원할 수 없음

❷ '6급가' 지원자 중 남성은 병역필 또는 면제자여야 함

    ※ 임용일 이전 전역예정자는 지원 가능

❸ 최종합격자는 임용일부터 근무가 가능해야 함

    ※ 학업, 이직절차 등을 사유로 임용 유예 불가

직렬	자격요건
행정직	응시 자격요건 없음 – 신규직원 채용 공고문 내 '응시 자격요건에 관한 안내사항' 등 응시자에게 공통으로 적용되는 사항은 적용
건강직	간호사, 방사선사, 임상병리사, 영양사, 건강운동관리사, 보건교육사(2급 이상) 중 하나 이상 소지한 사람
요양직	간호사, 물리치료사, 작업치료사, 사회복지사(2급 이상) 중 하나 이상 소지한 사람
전산직	정보처리기사, 전자계산기기사, 정보통신기사 중 하나 이상 소지한 사람

⬡ 필기시험

구분	직렬	내용	시간
NCS 기반 직업기초능력	행정직/건강직/요양직	의사소통능력 20문항, 수리능력 20문항, 문제해결능력 20문항	60분
	전산직	• 의사소통능력 5문항, 수리능력 5문항, 문제해결능력 5문항 • 전산개발 기초능력(C언어, JAVA, SQL) 35문항	
직무시험 (법률)	행정직/건강직/전산직	국민건강보험법(시행령 및 시행규칙 제외) 20문항	20분
	요양직	노인장기요양보험법(시행령 및 시행규칙 제외) 20문항	

⬡ 면접시험

구분	내용
경험행동면접(BEI)	다대일 구술면접
	직무능력 · 인성 · 태도 등 평가
상황면접(SI)	다대일 구술면접
	창의성 · 공동체의식 · 적극성 등 평가

※ 추가로 토론면접 실시 예정(2023년 하반기)

❖ 위 채용안내는 2023년 상반기 채용공고 및 변경사항을 기준으로 작성하였으므로 세부내용은 반드시 확정된 채용공고를 확인하기 바랍니다.

2023년 상반기 국민건강보험공단 필기시험은 전반적으로 어렵게 출제되었다. NCS의 경우 전분기와 유사하게 피셋형으로 출제되었으며 단순히 외워서 풀기보다는 주어진 자료를 해석하고 응용하는 문제가 주로 출제되었다. 이에 따라 시간이 모자랐다는 의견이 많았으므로 시간 분배에 대한 충분한 연습이 필요하다. 직무시험(법률) 역시 난도 높게 출제되었으므로 법령에 대한 정확한 이해와 암기가 중요하다.

⬡ 의사소통능력

출제 특징	• 내용 일치, 주제, 문단배열 등의 유형이 출제됨 • 공단 관련 내용이 지문으로 출제됨
출제 키워드	• 노인 건강제도, 국민건강보험법 조항 등

⬡ 수리능력

출제 특징	• 자료해석 문제가 많이 출제됨 • 연도별 · 항목별 수치가 작성된 표를 보고 퍼센트를 비교하는 문제가 출제됨
출제 키워드	• 증가율, 그래프 등

⬡ 문제해결능력

출제 특징	• 주어진 자료를 해석하는 유형이 다수 출제됨
출제 키워드	• 명제, 날짜, 보험료, 사업 대상자 등

NCS 문제 유형 소개

PSAT형

※ 다음은 K공단의 국내 출장비 지급 기준에 대한 자료이다. 이어지는 질문에 답하시오. **[15~16]**

〈국내 출장비 지급 기준〉

① 근무지로부터 편도 100km 미만의 출장은 공단 차량 이용을 원칙으로 하며, 다음 각호에 따라 "별표 1"에 해당하는 여비를 지급한다.
  ㉠ 일비
    ⓐ 근무시간 4시간 이상 : 전액
    ⓑ 근무시간 4시간 미만 : 1일분의 2분의 1
  ㉡ 식비 : 명령권자가 근무시간이 모두 소요되는 1일 출장으로 인정한 경우에는 1일분의 3분의 1 범위 내에서 지급
  ㉢ 숙박비 : 편도 50km 이상의 출장 중 출장일수가 2일 이상으로 숙박이 필요할 경우, 증빙자료 제출 시 숙박비 지급
② 제1항에도 불구하고 공단 차량을 이용할 수 없어 개인 소유 차량으로 업무를 수행한 경우에는 일비를 지급하지 않고 이사장이 따로 정하는 바에 따라 교통비를 지급한다.
③ 근무지로부터 100km 이상의 출장은 "별표 1"에 따라 교통비 및 일비는 전액을, 식비는 1일분의 3분의 2 해당액을 지급한다. 다만, 업무 형편상 숙박이 필요하다고 인정할 경우에는 출장기간에 대하여 숙박비, 일비, 식비 전액을 지급할 수 있다.

〈별표 1〉

구분	교통비				일비 (1일)	숙박비 (1박)	식비 (1일)
	철도임	선임	항공임	자동차임			
임원 및 본부장	1등급	1등급	실비	실비	30,000원	실비	45,000원
1, 2급 부서장	1등급	2등급	실비	실비	25,000원	실비	35,000원
2, 3, 4급 부장	1등급	2등급	실비	실비	20,000원	실비	30,000원
4급 이하 팀원	2등급	2등급	실비	실비	20,000원	실비	30,000원

1. 교통비는 실비를 기준으로 하되, 실비 정산은 국토해양부장관 또는 특별시장·광역시장·도지사·특별자치도지사 등이 인허한 요금을 기준으로 한다.
2. 선임 구분표 중 1등급 해당자는 특등, 2등급 해당자는 1등을 적용한다.
3. 철도임 구분표 중 1등급은 고속철도 특실, 2등급은 고속철도 일반실을 적용한다.
4. 임원 및 본부장의 식비가 위 정액을 초과하였을 경우 실비를 지급할 수 있다.
5. 운임 및 숙박비의 할인이 가능한 경우에는 할인 요금으로 지급한다.
6. 자동차임 실비 지급은 연료비와 실제 통행료를 지급한다.
   (연료비)=[여행거리(km)]×(유가)÷(연비)
7. 임원 및 본부장을 제외한 직원의 숙박비는 70,000원을 한도로 실비를 정산할 수 있다.

특징
▶ 대부분 의사소통능력, 수리능력, 문제해결능력을 중심으로 출제(일부 기업의 경우 자원관리능력, 조직이해능력을 출제)
▶ 자료에 대한 추론 및 해석 능력을 요구

대행사
▶ 엑스퍼트컨설팅, 커리어넷, 태드솔루션, 한국행동과학연구소(행과연), 휴노 등

모듈형

┃ 대인관계능력

60 다음 자료는 갈등해결을 위한 6단계 프로세스이다. 3단계에 해당하는 대화의 예로 가장 적절한 것은?

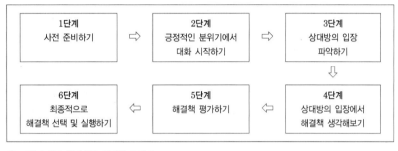

① 그럼 A씨의 생각대로 진행해 보시죠.

특징
▸ 이론 및 개념을 활용하여 푸는 유형
▸ 채용 기업 및 직무에 따라 NCS 직업기초능력평가 10개 영역 중 선발하여 출제
▸ 기업의 특성을 고려한 직무 관련 문제를 출제
▸ 주어진 상황에 대한 판단 및 이론 적용을 요구

대행사
▸ 인트로맨, 휴스테이션, ORP연구소 등

피듈형(PSAT형 + 모듈형)

┃ 문제해결능력

60 P회사는 직원 20명에게 나눠 줄 추석 선물 품목을 조사하였다. 다음은 유통업체별 품목 가격과 직원들의 품목 선호도를 나타낸 자료이다. 이를 참고하여 P회사에서 구매하는 물품과 업체를 바르게 연결한 것은?

〈업체별 품목 금액〉

구분		1세트당 가격	혜택
A업체	돼지고기	37,000원	10세트 이상 주문 시 배송 무료
	건어물	25,000원	
B업체	소고기	62,000원	20세트 주문 시 10% 할인
	참치	31,000원	
C업체	스팸	47,000원	50만 원 이상 주문 시 배송 무료
	김	15,000원	

〈구성원 품목 선호도〉

특징
▸ 기초 및 응용 모듈을 구분하여 푸는 유형
▸ 기초인지모듈과 응용업무모듈로 구분하여 출제
▸ PSAT형보다 난도가 낮은 편
▸ 유형이 정형화되어 있고, 유사한 유형의 문제를 세트로 출제

대행사
▸ 사람인, 스카우트, 인크루트, 커리어케어, 트리피, 한국사회능력개발원 등

그래프 계산 ▶ 유형

2023년 적중

※ 다음은 한 사람이 하루에 받는 스팸 수신량을 그래프로 나타낸 것이다. 이어지는 질문에 답하시오.
[35~37]

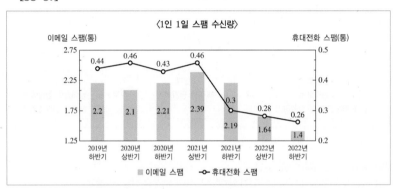

〈1인 1일 스팸 수신량〉

35 전체 스팸 수신량이 가장 많은 때와 가장 적은 때의 차이는 얼마인가?

① 1.18
② 1.28
③ 1.29
④ 1.19

질병 ▶ 키워드

2023년 적중

03 다음 글의 빈칸에 들어갈 내용으로 가장 적절한 것은?

알레르기는 도시화와 산업화가 진행되는 지역에서 매우 빠르게 증가하고 있는데, 알레르기의 발병 원인에 대한 20세기의 지배적 이론은 알레르기는 병원균의 침입에 의해 발생하는 감염성 질병이라는 것이다. 하지만 1989년 영국 의사 S는 이 전통적인 이론에 맞서 다음 가설을 제시했다. _____ S는 1958년 3월 둘째 주에 태어난 17,000명 이상의 영국 어린이를 대상으로 그들이 23세가 될 때까지 수집한 개인 정보 데이터베이스를 분석하여, 이 가설을 뒷받침하는 증거를 찾았다. 이들의 가족 관계, 사회적 지위, 경제력, 거주 지역, 건강 등의 정보를 비교 분석한 결과, 두 개 항목이 꽃가루 알레르기와 상관관계를 가졌다. 첫째, 함께 자란 형제자매의 수이다. 외동으로 자란 아이의 경우 형제가 서넛인 아이에 비해 꽃가루 알레르기에 취약했다. 둘째, 가족 관계에서 차지하는 서열이다. 동생이 많은 아이보다 손위 형제가 많은 아이가 알레르기에 걸릴 확률이 낮았다.
S의 주장에 따르면 가족 구성원이 많은 집에 사는 아이들은 가족 구성원, 특히 손위 형제들이 집안으로 끌고 들어오는 온갖 병균에 의한 잦은 감염 덕분에 장기적으로는 알레르기 예방에 오히려 유리하다. S는 유년기에 겪은 이런 감염이 꽃가루 알레르기를 비롯한 알레르기성 질환으로부터 아이들을 보호해 왔다고 생각했다.

① 알레르기는 유년기에 병원균 노출의 기회가 적을수록 발생 확률이 높아진다.
② 알레르기는 가족 관계에서 서열이 높은 가족 구성원에게 더 많이 발생한다.
③ 알레르기는 성인보다 유년기의 아이들에게 더 많이 발생한다.
④ 알레르기는 도시화에 따른 전염병의 증가로 인해 유발된다.

건강보험심사평가원

17 귀하는 전세버스 대여를 전문으로 하는 여행업체에 근무하고 있다. 지난 10년 동안 상당한 규모로 성장해온 귀사는 현재 보유하고 있는 버스의 현황을 실시간으로 파악할 수 있도록 식별 코드를 부여하였다. 식별 코드 부여 방식과 자사보유 전세버스 현황이 다음과 같을 때, 옳지 않은 것은?

〈식별 코드 부여 방식〉

[버스등급] – [승차인원] – [제조국가] – [모델번호] – [제조연월]

버스등급	코드	제조국가	코드
대형버스	BX	한국	KOR
중형버스	MF	독일	DEU
소형버스	RT	미국	USA

예 BX – 45 – DEU – 15 – 1510

2015년 10월 독일에서 생산된 45인승 대형버스 15번 모델

〈자사보유 전세버스 현황〉

BX – 28 – DEU – 24 – 1308	MF – 35 – DEU – 15 – 0910	RT – 23 – KOR – 07 – 0628
MF – 35 – KOR – 15 – 1206	BX – 45 – USA – 11 – 0712	BX – 45 – DEU – 06 – 1105
MF – 35 – DEU – 20 – 1110	BX – 41 – DEU – 05 – 1408	RT – 16 – USA – 09 – 0712
RT – 25 – KOR – 18 – 0803	RT – 25 – DEU – 12 – 0904	MF – 35 – KOR – 17 – 0901
BX – 28 – USA – 22 – 1404	BX – 45 – USA – 19 – 1108	BX – 28 – USA – 15 – 1012
RT – 16 – DEU – 23 – 1501	MF – 35 – KOR – 16 – 0804	BX – 45 – DEU – 19 – 1312
MF – 35 – DEU – 20 – 1005	BX – 45 – USA – 14 – 1007	

① 보유하고 있는 소형버스의 절반 이상은 독일에서 생산되었다.

② 대형버스 중 28인승은 3대이며, 한국에서 생산된 차량은 없다.

③ 보유 중인 대형버스는 전체의 40% 이상을 차지한다.

④ 중형버스는 3대 이상이며, 모두 2013년 이전에 생산되었다.

⑤ 미국에서 생산된 버스 중 중형버스는 없다.

01 수호는 집에서 1.5km 떨어진 학원을 가는데 15분 안에 도착해야 한다. 처음에는 분속 40m로 걷다가 지각하지 않기 위해 남은 거리는 분속 160m로 달렸다. 수호가 걸어간 거리는 몇 m인가?

① 280m

② 290m

③ 300m

④ 310m

⑤ 320m

코레일 한국철도공사 사무직

글의 제목 ▶ 유형

24 다음 글의 제목으로 가장 적절한 것은?

'5060세대'. 몇 년 전까지만 해도 그들은 사회로부터 '지는 해' 취급을 받았다. '오륙도'라는 꼬리표를 달아 일터에서 밀어내고, 기업은 젊은 고객만 왕처럼 대우했다. 젊은 층의 지갑을 노려야 돈을 벌 수 있다는 것이 기업의 마케팅 전략이었기 때문이다.

그러나 최근 들어 상황이 달라졌다. 5060세대가 새로운 소비 군단으로 주목되기 시작한 가장 큰 이유는 고령화 사회로 접어들면서 시니어(Senior) 마켓 시장이 급속도로 커지고 있는 데다 이들이 돈과 시간을 가장 넉넉하게 가진 세대이기 때문이다. 한 경제연구원에 따르면 50대 이상 인구 비중이 30%에 이르면서 50대 이상을 겨냥한 시장 규모가 100조 원대까지 성장할 예정이다.

통계청이 집계한 가구주 나이별 가계수지 자료를 보면, 한국 사회에서는 50대 가구주의 소득이 가장 높다. 월평균 361만 500원으로 40대의 소득보다도 높은 것으로 집계됐다. 가구주 나이가 40대인 가구의 가계수지를 보면, 소득은 50대보다 적으면서도 교육 관련 지출(45만 6,400원)이 압도적으로 높아 소비 여력이 낮은 편이다. 그러나 50대 가구주 경우 소득이 높으면서 소비 여력 또한 충분하다. 50대 가구주의 처분가능소득은 288만 7,500원으로 전 연령층에서 가장 높다.

이들이 신흥 소비군단으로 떠오르면서 '애플(APPLE)족'이라는 마케팅 용어까지 등장했다. 활동적이고 (Active) 자부심이 강하며(Pride) 안정적으로(Peace) 고급문화(Luxury)를 즐기는 경제력(Economy) 있는 50대 이후 세대를 뜻하는 말이다. 통계청은 여행과 레저를 즐기는 5060세대를 '주목해야 할 블루슈머*7'가 운데 하나로 선정했다. 과거 5060세대는 자식을 보험으로 여기며 자식에게 의존하면서 살아가는 전통적인 노인이었다. 그러나 애플족은 자녀로부터 독립해 자기만의 새로운 인생을 추구한다. '통크족(TONK; Two Only, No Kids)'이라는 별칭이 붙는 이유이다. 통크족이나 애플족은 젊은 층의 전유물로 여겨졌던 자기중심적이고 감각 지향적인 소비도 주저하지 않는다. 후반전 인생만은 자기가 원하는 일을 하며 멋지게 살아야 한다고 생각하기 때문이다.

코레일 한국철도공사 기술직

도급 ▶ 키워드

01 K공사는 부대시설 건축을 위해 A건축회사와 계약을 맺었다. 다음의 계약서를 보고 건축시설처의 L대리가 파악할 수 있는 내용으로 가장 적절한 것은?

〈공사도급계약서〉

상세시공도면 작성(제10조)
① '을'은 건축법 제19조 제4항에 따라 공사감리자로부터 상세시공도면의 작성을 요청받은 경우에는 상세시공도면을 작성하여 공사감리자의 확인을 받아야 하며, 이에 따라 공사를 하여야 한다.
② '갑'은 상세시공도면의 작성범위에 관한 사항을 설계자 및 공사감리자의 의견과 공사의 특성을 감안하여 계약서상의 시방에 명시하고, 상세시공도면의 작성비용을 공사비에 반영한다.

안전관리 및 재해보상(제11조)
① '을'은 산업재해를 예방하기 위하여 안전시설의 설치 및 보험의 가입 등 적정한 조치를 하여야 한다. 이때 '갑'은 계약금액의 안전관리비 및 보험료 상당액을 계상하여야 한다.
② 공사현장에서 발생한 산업재해에 대한 책임은 '을'에게 있다. 다만, 설계상의 하자 또는 '갑'의 요구에 의한 작업으로 인한 재해에 대하여는 그러하지 아니하다.

응급조치(제12조)
① '을'은 재해방지를 위하여 특히 필요하다고 인정될 때에는 미리 긴급조치를 취하고 즉시 이를 '갑'에게 통지하여야 한다.
② '갑'은 재해방지 및 기타 공사의 시공상 긴급·부득이하다고 인정할 때에는 '을'에게 긴급조치를 요구할 수 있다.
③ 제1항 및 제2항의 응급조치에 소요된 경비에 대하여는 제16조 제2항의 규정을 준용한다.

서울교통공사

보고서 작성 ▶ 유형

27 다음 중 A대리가 메일에서 언급하지 않았을 내용은?

> A대리 : ○○○씨, 보고서 잘 받아봤습니다.
> B사원 : 아, 네. 대리님. 미흡한 점이 많았을 텐데…… 죄송합니다.
> A대리 : 아닙니다. 처음인데도 잘했습니다. 그런데, 얘기해 줄 것이 있어요. 문서는 '내용'이 물론 가장 중요하긴 하지만 '표현'과 '형식'도 중요합니다. 앞으로 참고할 수 있게 메일로 유의사항을 보냈으니까 읽어보세요.
> B사원 : 감사합니다. 확인하겠습니다.

① 의미를 전달하는 데 문제가 없다면 문장은 가능한 한 짧게 만드는 것이 좋다.
② 우회적인 표현은 오해의 소지가 있으므로 가능하면 쓰지 않는 것이 좋다.
③ 한자의 사용을 자제하되, 만약 사용할 경우 상용한자의 범위 내에서 사용한다.
④ 중요한 내용은 미괄식으로 작성하는 것이 그 의미가 강조되어 효과적이다.
⑤ 핵심을 담은 문장을 앞에 적어준다면 이해가 더 잘 될 것이다.

인천국제공항공사

부서배치 ▶ 유형

15 다음은 부서별로 핵심역량가치 중요도를 정리한 표와 신입사원들의 핵심역량평가 결과표이다. 결과표를 바탕으로 한 C사원과 E사원의 부서배치로 가장 적절한 것은?(단, '-'는 중요도가 상관없다는 표시이다)

〈핵심역량가치 중요도〉

구분	창의성	혁신성	친화력	책임감	윤리성
영업팀	-	중	상	중	-
개발팀	상	상	하	중	상
지원팀	-	중	-	상	하

〈핵심역량평가 결과표〉

구분	창의성	혁신성	친화력	책임감	윤리성
A사원	상	하	중	상	상
B사원	중	중	하	중	상
C사원	하	상	상	중	하
D사원	하	하	상	하	중
E사원	상	중	중	상	하

	C사원	E사원		C사원	E사원
①	개발팀	지원팀	②	영업팀	지원팀
③	개발팀	영업팀	④	지원팀	개발팀
⑤	지원팀	영업팀			

도서 200% 활용하기

기출복원문제로 출제 경향 파악

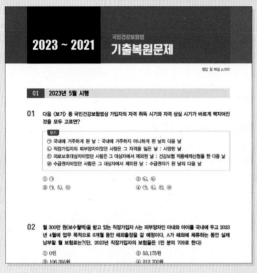
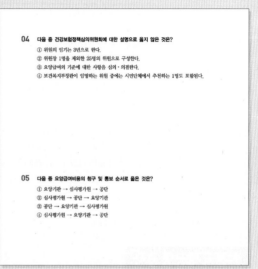

▶ 2023년 상반기 ~ 2021년 국민건강보험법 기출문제를 복원하여 국민건강보험법 최신 출제 경향을 파악할 수 있도록 하였다.

법률 + OX문제 + 적중예상문제로 영역별 단계적 학습

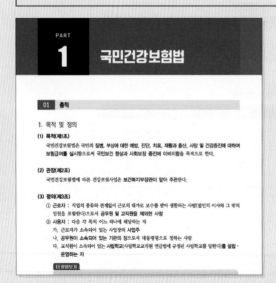

▶ 국민건강보험법 법률을 수록하여 직무시험에 필요한 지식을 쌓을 수 있도록 하였다.
▶ 조문별 OX문제를 수록하고, 적중예상문제를 연계하여 직무시험에 완벽히 대비할 수 있도록 하였다.

최종모의고사 + OMR을 활용한 실전 연습

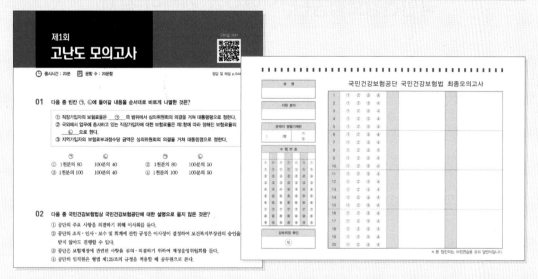

▶ 최종모의고사(고난도 2회 + 일반 3회)와 OMR 답안지를 수록하여 실제로 시험을 보는 것처럼 최종 마무리 연습을 할 수 있도록 하였다.

▶ 모바일 OMR 답안채점/성적분석 서비스를 통해 필기시험에 대비할 수 있도록 하였다.

상세한 해설로 정답과 오답을 완벽히 이해

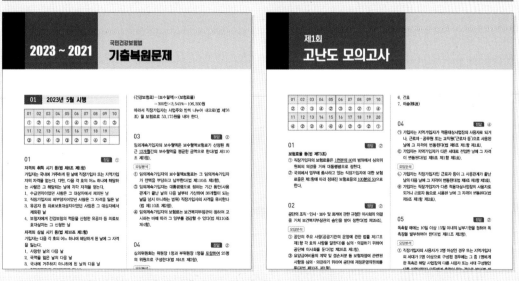

▶ 정답과 오답에 대한 상세한 해설을 통해 혼자서도 학습을 할 수 있도록 하였다.

2023.07.24.(월)

국민건강보험공단, 온앤오프 캠페인 실시

국민건강보험공단은 창립 23주년을 맞아 국민건강보험 제도의 의미를 되새기고, MZ와의 소통을 활성화하기 위해 대학생(홍보 아이디어 공모전 수상팀)과 함께 '온앤오프 캠페인'을 진행한다. 이번 캠페인은 해외여행 시 '국민건강보험의 부재'라는 상황을 통해 국민건강보험의 가치를 다시 한 번 되돌아보기 위한 것으로, 비행기모드가 켜짐에 따라 건강보험이 잠시 꺼지므로 아프지 않게 조심하자는 내용을 담고 있다.

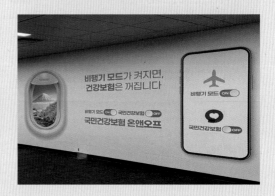

공항철도로 가는 홍대입구역에서는 이동 경로에 따라 국민건강보험이 ON/OFF되며 국민의 부담이 달라짐을 표현한 래핑광고와 인천공항 내 캐리어 무게 측정기기 모니터를 통해 '의료비 걱정이 담겨 무거워진 캐리어의 모습'을 표현한 광고가 송출되고 있으며, 수하물 인도장에서는 '두고 떠났던 건강보험도 다시 찾을 수 있으니 이제 아파도 걱정하지 마세요.'라는 메시지를 확인할 수 있다.

이번 캠페인을 함께 기획한 대학생들은 "저희의 경험에서 나온 이 캠페인을 통해 많은 분들이 캠페인 내용에 공감하고, 국민건강보험 제도의 소중함에 대해 다시 한 번 생각해보는 계기가 되었으면 좋겠다."라고 밝혔다.

공단 관계자는 "국민건강보험 제도는 평생 함께하기 때문에 오히려 체감하기 힘든 부분도 있는데, 이번 캠페인으로 MZ세대가 국민건강보험의 가치와 의미에 대해 생각해볼 수 있었으면 한다."라고 캠페인의 취지를 밝혔다.

Keyword

▶ 국민건강보험 : 질병이나 부상으로 인해 발생한 고액의 진료비로 가계에 과도한 부담이 되는 것을 방지하기 위하여 국민들이 평소에 보험료를 내고 보험자인 국민건강보험공단이 이를 관리·운영하면서 보험급여를 제공하는 사회보장제도이다.

예상 면접 질문

▶ 국민건강보험이 있음으로써 얻을 수 있는 긍정적 효과에 대해 말해 보시오.
▶ 만약 국가에서 국민건강보험이라는 제도가 따로 없을 경우 나타날 수 있는 상황에 대해 말해 보시오.

2023.06.27.(화)

국민건강보험공단, 의사와 약사가 함께하는 다제약물 관리사업 실시

국민건강보험공단은 의사와 약사가 협력하여 지역주민의 안전한 약물 사용을 돕는 의·약사 협업 다제약물 관리사업을 6월 26일부터 서울 도봉구에서 시작했다고 밝혔다. 지역사회에서는 공단에서 위촉한 자문 약사가 가정을 방문하여 대상자가 먹고 있는 일반 약을 포함한 전체 약을 대상으로 약물의 복용상태·부작용·중복 등을 종합적으로 검토하고 그 결과를 바탕으로 상담·교육 및 처방조정 안내를 실시함으로써 약물관리가 이루어지고, 병원에서는 입원 및 외래환자를 대상으로 의사, 약사 등으로 구성된 다학제팀이 약물관리 서비스를 제공한다.

지역 의·약사 협업모형은 2023년 12월까지 도봉구 지역의 일차의료 만성질환관리 시범사업에 참여하는 의원과 자문 약사를 중심으로 우선 실시한다. 이후 사업의 효과성을 평가하고 부족한 점은 보완하여 다른 지역에도 확대 적용할 예정이다. 도봉구 의사회 김성욱 회장은 "이번 협업모델은 다제약물 관리사업에서 큰 변화의 시작점이라 생각되며, 의·약사 간 소통으로 다제약물환자 관리에 새로운 지평을 열 것으로 기대된다."라고 말했다.

대한약사회 안화영 지역사회약료사업 본부장은 "이번 도봉구를 대상으로 한 다제약물 관리사업은 지역사회 보건의료 체계에서 의·약사 간 첫 협업모델이 될 것이다. 이번을 기회로 환자가 신뢰를 갖고 지역에서 건강관련 문제를 해결할 수 있는 의·약사 간의 소통시스템이 구축되기를 바란다."라고 말했다.

공단 박지영 만성질환관리실장은 "2018년 다제약물 관리사업을 시작한 이후 매년 제도를 개선하고 사업을 확대해 오면서 의미 있는 성과를 거두었다. 하지만 지역사회에서는 약사의 상담결과 정보가 의사 처방으로 반영되지 않는 한계가 있다. 이번 의·약사 협업모형은 이런 한계를 극복하고 지역사회 약물관리 효과를 획기적으로 높이는 계기가 되리라 기대하고 있으며 공단은 정보시스템을 고도화하고 적용지역을 확대하는 등 협업모형의 성공적 안착과 확산을 위해 최선을 다하겠다."라고 밝혔다.

Keyword

▶ 다제약물 관리사업 : 국민건강보험공단이 2018년부터 진행 중인 사업으로, 10종 이상의 약을 복용하는 만성질환자를 대상으로 약물의 중복 복용과 부작용 등을 예방하기 위해 의약전문가가 약물관리 서비스를 제공하는 사업이다.

예상 면접 질문

▶ 다제약물 관리사업에 대해 아는 대로 설명해 보시오.
▶ 다제약물 관리사업으로 얻을 수 있는 긍정적 효과에 대해 말해 보시오.

2023.05.30.(화)

국민건강보험공단,
'비실명 대리 신고' 보장하는 '안심변호사' 위촉

국민건강보험공단은 지난 5월 30일 '비실명 대리 신고 제도' 시행을 위한 안심변호사를 위촉했다고 밝혔다.

오는 6월 1일부로 시행되는 '비실명 대리 신고 제도'는 부패, 갑질, 성비위 등을 신고하려는 국민 누구나 자신의 인적사항을 밝히지 않고 안심변호사로 하여금 대리 신고할 수 있게 하는 제도로, 공단은 부패방지 및 인사, 노무 분야 자문경험이 풍부한 이경은 변호사와 김규현 변호사를 '안심변호사'로 위촉하였다. 비실명 대리 신고 제도 시행으로 앞으로 신고자는 비위행위를 공단 감사실로 직접 신고할 필요 없이 안심변호사를 거쳐 대리 신고하고, 조사 결과 역시 안심변호사를 통해 통보받는 등 신분노출에 대한 우려를 덜게 된다.

공단 김동완 상임감사는 "비실명 대리 신고 제도 시행은 신분노출을 우려하는 신고자의 신상을 보호하여 내·외부자 제보 등 익명신고를 활성화해 공정하고 투명한 조직문화를 형성하는 데 목적이 있다."라며 "이번 제도 시행을 계기로 공단 내 청렴문화가 더욱 확산되고 공단에 대한 국민의 신뢰도 제고할 수 있기를 기대한다."라고 밝혔다.

한편 신고방법 및 신고절차는 공단 홈페이지(www.nhis.or.kr) 내 신설되는 '안심변호사' 메뉴를 통해 구체적으로 확인할 수 있다.

Keyword

▶ 비실명 대리 신고 제도 : 안심변호사가 변호사 이메일을 통해 신고자의 신고내용을 상담하고, 감사실에 대리 신고하여 신고자의 익명성을 보호하는 제도이다.

예상 면접 질문

▶ 비실명 대리 신고 제도가 필요한 이유를 말해 보시오.
▶ 비실명 대리 신고 대상을 아는 대로 말해 보시오.

2023.05.17.(수)

국민건강보험공단, 보험료 부과체계 지속개편을 위한 공단 – 전문가 '개편기획단' 운영

국민건강보험공단은 건강보험료 부과체계 2단계 개편 후에도 지역가입자 재산 보험료로 인한 가입자 간 보험료 부담의 불형평성과 피부양자에서 지역가입자 전환 등으로 인한 제도의 형평성 이슈가 지속됨에 따라 재산 비중은 축소하고 실제 부담능력을 고려한 '소득중심 부과체계' 개편을 지속 추진하기 위하여 건강보험 전문가가 참여한 '소득중심 부과체계 개편기획단'을 출범하였다.

기획단은 5월 17일 출범을 계기로 본격적으로 운영되며, 공단 직원뿐만 아니라 건강보험 등 다양한 사회복지제도 연구에 참여하고 있는 대학교수 등과 부과체계 1단계부터 제도개편에 관여한 부과체계 전문가가 자문단으로 참여하고 있어 국민들에게 공평한 소득중심 부과체계 추진을 위한 다양한 방안을 마련할 수 있도록 하였다. 개편기획단은 총 17명으로 구성되며, 사회복지제도 연구 전문가 4인, 건강보험 부과체계 전문가 2인, 공단 내부 보험료 재정(부과체계) 전문 연구원 2인, 부과체계 업무와 전산지원 등을 위한 내부직원 9인이 위원으로 참여한다. 또한 기획단 업무를 지원하기 위해 별도로 16명의 '소득중심 부과체계 개편 실무지원반'을 조직하여 지원체계를 구축하였고, 단장은 공단 김선옥 징수상임이사가 맡는다.

앞으로 개편기획단은 향후 정기회의(월 1회) 외에도 제도 변경사항 등 사안 발생 시 수시로 회의를 진행하여, 다양한 의견 수렴을 통해 사회적 합의가 가능한 소득중심 부과체계 개편 추진 방안을 마련할 예정이다. 공단 현재룡 이사장 직무대리는 "기획단을 통해 현장과 전문가의 의견을 적극 수렴하여, 소득중심 부과체계 제도 발전 방향을 정함으로써 공정하고 지속가능한 제도 운영을 위해 노력하겠다."라고 밝혔다.

Keyword

▶ 건강보험료 부과체계 : 건강보험제도의 지속가능성과 가입자 사이의 형평성을 높이기 위해 국민건강보험공단은 2018년 7월에 1단계, 2022년 9월에 2단계 개편을 시행하였으며, 실제 부담능력 있는 피부양자의 무임승차를 해소하고, 재산 보험료 비중을 줄여가는 소득중심의 부과체계에 중점을 두었다.

예상 면접 질문

▶ 부과체계 2단계 개편 후에도 발생하고 있는 문제점에는 어떤 것이 있는지 말해 보시오.
▶ 앞서 말한 문제점을 개선하기 위해 국민건강보험공단이 할 수 있는 조치에 대해 말해 보시오.

이 책의 차례

Add+

2023년 상반기 ~
2021년 국민건강보험법
기출복원문제

01 2023년 5월 시행

01 다음 〈보기〉 중 국민건강보험법상 가입자의 자격 취득 시기와 자격 상실 시기가 바르게 짝지어진 것을 모두 고르면?

> **보기**
>
> ㉠ 국내에 거주하게 된 날 : 국내에 거주하지 아니하게 된 날의 다음 날
> ㉡ 직장가입자의 피부양자이었던 사람은 그 자격을 잃은 날 : 사망한 날
> ㉢ 의료보호대상자이었던 사람은 그 대상자에서 제외된 날 : 건강보험 적용배제신청을 한 다음 날
> ㉣ 수급권자이었던 사람은 그 대상자에서 제외된 날 : 수급권자가 된 날의 다음 날

① ㉠
② ㉡, ㉢
③ ㉠, ㉡, ㉢
④ ㉠, ㉡, ㉢, ㉣

02 월 300만 원(보수월액)을 받고 있는 직장가입자 A는 피부양자인 아내와 아이를 국내에 두고 2023년 4월에 업무 목적으로 6개월 동안 해외출장을 갈 예정이다. A가 해외에 체류하는 동안 실제 납부할 월 보험료는?(단, 2023년 직장가입자의 보험율은 1만 분의 709로 한다)

① 0원
② 53,175원
③ 106,355원
④ 212,700원

03 다음 중 국민건강보험법상 임의계속가입자에 대한 설명으로 옳지 않은 것은?

① 임의계속가입자가 보수월액보험료의 전액을 부담하고 납부한다.
② 보수월액은 보수월액보험료가 산정된 최근 6개월간의 보수월액을 평균한 금액으로 한다.
③ 임의계속가입자는 사용관계가 끝난 날의 다음 날부터 기산하여 36개월이 되는 날을 넘지 않는 범위의 기간 동안 직장가입자의 자격을 유지한다.
④ 임의계속가입자의 보험료는 보건복지부장관이 정하여 고시하는 바에 따라 그 일부를 경감할 수 있다.

04 다음 중 건강보험정책심의위원회에 대한 설명으로 옳지 않은 것은?

① 위원의 임기는 3년으로 한다.

② 위원장 1명을 제외한 25명의 위원으로 구성한다.

③ 요양급여의 기준에 대한 사항을 심의·의결한다.

④ 보건복지부장관이 임명하는 위원 중에는 시민단체에서 추천하는 1명도 포함된다.

05 다음 중 요양급여비용을 청구 및 통보할 때, 기관을 순서대로 바르게 나열한 것은?

① 요양기관 → 심사평가원 → 공단

② 심사평가원 → 공단 → 요양기관

③ 공단 → 요양기관 → 심사평가원

④ 심사평가원 → 요양기관 → 공단

06 다음 조항의 빈칸에 들어갈 날짜로 옳은 것은?

> 국내체류 외국인 등에 해당하는 지역가입자의 보험료는 그 직전 월 ____까지 납부하여야 한다.

① 7일

② 15일

③ 20일

④ 25일

07 다음 〈보기〉 중 국민건강보험공단의 설립등기에 포함되는 항목으로 옳은 것을 모두 고르면?

> **보기**
>
> ㉠ 목적   ㉡ 명칭
>
> ㉢ 임직원의 주소   ㉣ 분사무소의 소재지
>
> ㉤ 정관

① ㉠, ㉡, ㉢

② ㉠, ㉡, ㉣

③ ㉠, ㉢, ㉣

④ ㉡, ㉣, ㉤

08 다음 법 조항의 빈칸 ㉠, ㉡에 들어갈 내용을 순서대로 바르게 나열한 것은?

> **보험료의 경감 등(법 제75조 제1항)**
>
> 다음 각 호의 어느 하나에 해당하는 가입자 중 ____㉠____ 으로 정하는 가입자에 대하여는 그 가입자 또는 그 가입자가 속한 세대의 보험료의 일부를 경감할 수 있다.
>
> 1. 섬·벽지(僻地)·농어촌 등 ____㉡____ 으로 정하는 지역에 거주하는 사람
> 2. 65세 이상인 사람
> 3. 장애인복지법에 따라 등록한 장애인
> 4. 국가유공자 등 예우 및 지원에 관한 법률에 따른 국가유공자
> 5. 휴직자
> 6. 그 밖에 생활이 어렵거나 천재지변 등의 사유로 보험료를 경감할 필요가 있다고 보건복지부장관이 정하여 고시하는 사람

	㉠	㉡
①	보건복지부령	보건복지부령
②	대통령령	보건복지부령
③	보건복지부령	대통령령
④	대통령령	대통령령

09 다음 중 국민건강보험법령 위반으로 가장 많은 벌금을 부과받는 사람은?(단, 법령에 명시된 최대한의 벌금을 부과 받는다고 가정한다)

① 가입자 및 피부양자의 개인정보를 누설한 A
② 업무를 수행하면서 알게 된 정보를 누설한 B
③ 거짓이나 그 밖의 부정한 방법으로 보험급여를 받은 C
④ 요양비 명세서나 요양 명세를 적은 영수증을 내주지 않은 D

10 다음 내용에서 2023년 K기업에 종사하는 A와 B의 보험료를 합산한 금액으로 옳은 것은?(단, A와 B의 보수외소득 및 수당은 없으며, 2023년 직장가입자의 보험률은 1만 분의 709로 한다)

> • 직장가입자 A는 국내 K기업에서 월 220만 원을 받는 근로자이다.
> • 직장가입자 B는 월 280만 원을 받고 K기업의 해외지사에서 2019년부터 근무하고 있으며, 국내에 거주하는 아내와 자녀가 있다.

① 77,990원
② 99,260원
③ 127,620원
④ 155,980원

11 다음 중 건강보험공단의 임원 수와 임명에 대한 설명으로 옳은 것은?

① 공단은 임원을 둘 때, 이사 중 5명 및 감사는 비상임으로 한다.
② 공단은 이사장 1명, 이사 10명, 감사 1명을 임명한다.
③ 상임이사는 상임이사추천위원회의 추천 절차를 거쳐 이사장이 임명한다.
④ 이사장의 임기는 5년으로 하고 이사(공무원인 이사 포함)와 감사의 임기는 각각 3년으로 한다.

12 다음 〈보기〉의 외국인 중 직장가입자의 자격이 있는 사람을 모두 고르면?

> **보기**
> ㉠ A회사에서 1개월 이상 근무한 사람으로 주민등록법에 따라 등록한 외국인
> ㉡ 근로자가 없는 B사업장의 사업주인 외국인
> ㉢ C고등학교에서 영어 선생님으로 근무하고 있으며 국내거소신고를 한 외국인
> ㉣ 소재지가 일정하지 아니한 D사업장의 근로자인 외국인

① ㉠, ㉡　　　　　　　　　　　　　　② ㉠, ㉢

③ ㉡, ㉢, ㉣　　　　　　　　　　　　④ ㉠, ㉡, ㉢, ㉣

13 다음 공단의 임원 중 보건복지부장관이 임명하는 비상임이사가 아닌 사람은?

① 노동조합에서 추천하는 1명

② 농어업인단체가 추천하는 1명

③ 인사혁신처장이 지명하는 3급 공무원 1명

④ 건강보험심사평가원장이 추천하는 기관장 1명

14 직장가입자 A의 보수월액보험료는 392,000원이고, 보험료율을 7%라고 가정할 때, 직장가입자의 A의 국민건강보험법상 국내 및 국외 보수월액이 바르게 연결된 것은?

	국내	국외
①	480만 원	1,360만 원
②	1,360만 원	480만 원
③	560만 원	1,120만 원
④	1,120만 원	560만 원

15 다음 〈보기〉 중 요양기관의 심사청구를 대행할 수 있는 대행청구단체의 종류를 모두 고르면?

> **보기**
> ㉠ 의사회　　　　　　　　　　㉡ 간호사회
> ㉢ 조산사회　　　　　　　　　㉣ 중앙회
> ㉤ 약사회

① ㉠, ㉡, ㉢　　　　　　　　　　　　② ㉠, ㉡, ㉣

③ ㉠, ㉢, ㉤　　　　　　　　　　　　④ ㉡, ㉣, ㉤

16 다음 〈보기〉 중 요양급여를 실시하는 요양기관으로 옳은 것을 모두 고르면?

> **보기**
> ㉠ 약사법에 따라 설립된 한국희귀·필수의약품센터
> ㉡ 의료법에 따라 개설된 부속 의료기관
> ㉢ 지역보건법에 따른 보건소
> ㉣ 업무정지 처분을 받은 요양기관의 개설자가 개설한 의료기관

① ㉠, ㉡
② ㉠, ㉢
③ ㉡, ㉣
④ ㉢, ㉣

17 다음 중 국민건강보험법상 공단의 보험급여 제한 사유로 옳지 않은 것은?

① 중대한 과실로 인한 범죄행위에 그 원인이 있거나 고의로 사고를 일으킨 경우에는 보험급여를 제한한다.
② 가입자가 6회 이상 소득월액보험료를 체납한 경우 그 체납한 보험료를 완납할 때까지 그 가입자 및 피부양자에 대하여 보험급여를 실시하지 아니할 수 있다.
③ 공단이 급여제한기간에 보험급여를 받은 사실이 있음을 가입자에게 통지한 날부터 2개월이 지난 날이 속한 달의 다음 달의 납부기한 이내에 체납된 보험료를 완납한 경우 보험급여로 인정한다.
④ 분할납부 승인을 받은 사람이 정당한 사유 없이 5회 이상 그 승인된 보험료를 내지 아니한 경우에는 보험급여로 인정하지 않는다.

18 다음 중 국민건강보험법상 요양급여를 실시하는 요양기관인 보건진료소의 설치 근거법은?

① 의료법
② 약사법
③ 지역보건법
④ 농어촌 등 보건의료를 위한 특별조치법

19 다음 중 벌칙과 과태료에 대한 설명으로 옳은 것은?

① 거짓이나 그 밖의 부정한 방법으로 보험급여를 받거나 타인으로 하여금 보험급여를 받게 한 사람은 2년 이하의 징역 또는 1천만 원 이하의 벌금에 처한다.
② 업무를 수행하면서 알게 된 정보를 누설하거나 직무상 목적 외의 용도로 이용 또는 제3자에게 제공한 자는 3년 이하의 징역 또는 3천만 원 이하의 벌금에 처한다.
③ 정당한 사유 없이 신고·서류제출을 하지 아니하거나 거짓으로 신고·서류제출을 한 자는 1천만 원 이하의 과태료를 부과한다.
④ 요양비 명세서나 요양 명세를 적은 영수증을 내주지 아니한 자는 1천만 원 이하의 벌금에 처한다.

01 다음 중 국민건강보험법상 제87조 및 제88조에 해당하지 않는 것은?

① 가입자 및 피부양자의 자격, 보험료 등, 보험급여, 보험급여 비용에 관한 공단의 처분에 이의가 있는 자는 공단에 이의신청을 할 수 있다.

② 이의신청은 처분이 있음을 안 날로부터 90일 이내에 문서(전자문서를 포함)로 하여야 한다.

③ 이의신청에 대한 결정에 불복하는 자는 건강보험분쟁조정위원회에 심판청구를 할 수 있다.

④ 공단 또는 심사평가원의 처분에 이의가 있는 자와 이의신청 또는 심판청구에 대한 결정에 불복하는 자는 행정소송법에서 정하는 바에 따라 행정소송을 제기할 수 있다.

02 다음 중 국민건강보험법상 재정운영위원회의 구성에 대한 설명으로 옳지 않은 것은?

① 직장가입자 대표 10명, 지역가입자 대표 10명, 공익을 대표하는 위원 10명으로 구성된다.

② 지역가입자 대표 5명은 노동조합과 사용자단체에서 추천하는 각 5명으로 임명한다.

③ 공익을 대표하는 위원은 공무원 및 건강보험에 관한 학식과 경험이 풍부한 사람으로 임명한다.

④ 공무원을 제외한 재정운영위원회 위원의 임기는 2년이다.

03 다음 중 3년 동안 행사하지 않으면 소멸시효가 완성되는 권리로 볼 수 없는 것은?

① 요양급여비용의 정산에 따른 근로복지공단의 권리

② 보험료, 연체금 및 가산금을 징수할 권리

③ 과다납부된 본인일부부담금을 돌려받을 권리

④ 휴직자 등의 보수월액보험료를 징수할 권리

04 다음 조항의 빈칸 (A), (B)에 들어갈 내용을 순서대로 바르게 나열한 것은?

> ① 보건복지부장관은 약사법 제47조 제2항의 위반과 관련된 제41조 제1항 제2호의 약제에 대하여
> 는 요양급여비용 상한금액(제41조 제3항에 따라 약제별 요양급여비용의 상한으로 정한 금액을
> 말한다. 이히 같다)의 __(A)__ 을 넘지 아니하는 범위에서 그 금액의 일부를 감액할 수 있다.
> ② 보건복지부장관은 제1항에 따라 요양급여비용의 상한금액이 감액된 약제가 감액된 날부터 5년
> 의 범위에서 대통령령으로 정하는 기간 내에 다시 제1항에 따른 감액의 대상이 된 경우에는 요
> 양급여비용 상한금액의 __(B)__ 을 넘지 아니하는 범위에서 요양급여비용 상한금액의 일부를 감
> 액할 수 있다.

	(A)	(B)
①	100분의 20	100분의 30
②	100분의 20	100분의 40
③	100분의 30	100분의 40
④	100분의 30	100분의 50

05 다음 중 보건복지부장관이 보험료 부과제도에 대해 적정성을 평가할 때, 고려해야 할 사항이 아닌 것은?

① 제도개선위원회가 심의한 가입자의 소득 파악 현황
② 공단의 소득 관련 자료 보유 현황
③ 직장가입자와 지역가입자의 연금소득 현황
④ 직장가입자에게 부과되는 보험료와 지역가입자에게 부과되는 보험료 간 형평성

06 다음 중 국민건강보험법상 외국인 중 직장가입자 적용이 되는 사람으로 옳지 않은 것은?

① 보건복지부령으로 정하는 기간 동안 국내에 거주하였거나 해당 기간 동안 국내에 지속적으로
   거주할 것으로 예상되는 사람
② 주민등록법 제6조 제1항 제3호에 따라 등록한 사람
③ 출입국관리법 제31조에 따라 외국인등록을 한 사람
④ 제외동포의 출입국과 법적 지위에 관한 법률 제6조에 따라 국내거소신고를 한 사람

07 다음 법 조항의 빈칸에 들어갈 금액은 얼마인가?

> 공단은 징수하여야 할 금액이나 반환하여야 할 금액이 1건당 _____ 미만인 경우에는 징수 또는 반환하지 아니한다.

① 1천 원   ② 2천 원

③ 3천 원   ④ 4천 원

08 다음 중 공단의 임원을 당연퇴임 및 해임시킬 수 있는 사유에 해당하는 것은?

① 직무를 수행할 수 있으나 신체장애가 있는 경우

② 실수로 공단에 손실이 생기게 한 경우

③ 직무 여부와 관계없이 품위를 손상하는 행위를 한 경우

④ 행정부장관의 명령을 위반한 경우

09 다음 중 보건복지부장관의 업무에 대한 내용으로 옳지 않은 것은?

① 보건복지부장관은 이 법에 따른 건강보험의 건전한 운영을 위하여 제4조에 따른 건강보험정책심의위원회의 심의를 거쳐 5년마다 국민건강보험종합계획을 수립하여야 한다.

② 보건복지부장관은 종합계획에 따라 반기별로 연도별 시행계획을 건강보험정책심의위원회의 심의를 거쳐 수립·시행하여야 한다.

③ 보건복지부장관은 매년 시행계획에 따른 추진실적을 평가하여야 한다.

④ 보건복지부장관은 종합계획의 수립 및 변경 등의 사유가 발생한 경우 관련 사항에 대한 보고서를 작성하여 지체 없이 국회 소관 상임위원회에 보고하여야 한다.

10 다음 중 국민건강보험법 제57조의2에 대한 내용으로 옳지 않은 것은?

① 인적사항 등의 공개 여부를 심의하기 위하여 공단에 부당이득징수금체납정보공개심의위원회를 둔다.

② 인적사항 등의 공개는 관보에 게재하거나 공단 인터넷 홈페이지에 게시하는 방법으로 한다.

③ 통지일부터 6개월이 경과한 후 심판청구가 제기되거나 행정소송이 계류 중인 경우에도 공개대상자의 인적사항 등을 공개한다.

④ 제1항부터 제4항까지에서 규정한 사항 외에 인적사항 등의 공개 절차 및 부당이득징수금체납정보공개심의위원회의 구성·운영 등에 필요한 사항은 대통령령으로 정한다.

11 다음 중 국민건강증진기금에서 자금을 지원받아 사용할 수 없는 사업은?

① 건강검진 등 건강증진에 관한 사업
② 가입자와 피부양자의 흡연으로 인한 질병에 대한 보험급여
③ 가입자와 피부양자 중 65세 이상 노인에 대한 보험급여
④ 가입자 및 부양자에 대한 운영비

12 다음 조항의 빈칸에 들어갈 용어로 옳은 것은?

> 공단은 제94조 제1항에 따라 신고한 보수 또는 소득 등에 축소 또는 탈루(脫漏)가 있다고 인정하는 경우에는 보건복지부장관을 거쳐 소득의 축소 또는 탈루에 관한 사항을 문서로 _____에게 송부할 수 있다.

① 국세청장   ② 경찰청장
③ 관세청장   ④ 조달청장

13 다음 중 외국인 등에 대한 특례와 관련한 설명으로 옳지 않은 것은?

① 정부는 외국 정부가 사용자인 사업장의 근로자의 건강보험에 대해서도 국민건강보험법의 규정을 따라야 한다.
② 국내체류 외국인 등이 적용대상사업장의 근로자이고 고용 기간이 1개월 미만인 일용근로자에 해당하지 않으면서 국내거소신고를 한 사람인 경우에는 직장가입자가 된다.
③ 국내체류 외국인 등이 보건복지부령으로 정하는 기간 동안 국내에 지속적으로 거주할 것으로 예상할 수 있고 주민등록법에 따라 재외국민 주민등록을 한 사람인 경우에는 지역가입자가 된다.
④ 국내체류 외국인 등이 직장가입자의 직계존속·직계비속이면서 피부양자 자격의 인정 기준에 해당하는 경우에 국민건강보험공단에 신청하면 피부양자가 될 수 있다.

14 다음 중 국민건강보험법에 대한 설명으로 옳지 않은 것은?

① 공단은 개인정보보호법에 관한 법률에 따라 건강보험과 관련하여 보유·관리하고 있는 정보를 공개한다.
② 직장가입자의 보수월액보험료는 사용자가 납부한다.
③ 국민건강보험공단 또는 건강보험심사평가원의 이의신청에 대한 결정에 불복하는 자는 보건복지부에 둔 건강보험분쟁조정위원회에 심판청구를 할 수 있다.
④ 이의신청은 처분이 있음을 안 날부터 90일 이내, 처분이 있은 날부터 180일 이내에 하여야 한다.

15 다음 글의 빈칸에 들어갈 용어를 순서대로 바르게 나열한 것은?

> 보험료 등은 _____와 _____를 제외한 다른 채권에 우선하여 징수한다. 다만, 보험료 등의 납부기한 전에 전세권·질권·저당권 또는 동산·채권 등의 담보에 관한 법률에 따른 담보권의 설정을 등기 또는 등록한 사실이 증명되는 재산을 매각할 때에 그 매각대금 중에서 보험료 등을 징수하는 경우 그 전세권·질권·저당권 또는 동산·채권 등의 담보에 관한 법률에 따른 담보권으로 담보된 채권에 대하여는 그러하지 아니하다.

① 국세, 지방세　　　　　　　　　　② 국세, 법인세

③ 재산세, 지방세　　　　　　　　　④ 재산세, 법인세

16 다음은 국민건강보험법상 "근로자"의 정의이다. 빈칸에 들어갈 말을 순서대로 바르게 나열한 것은?

> "근로자"란 직업의 종류와 관계없이 근로의 대가로 _____을/를 받아 생활하는 사람(법인의 이사와 그 밖의 임원을 포함한다)으로서 _____ 및 _____을/를 제외한 사람을 말한다.

① 소득, 사용자, 피부양자　　　　　② 보수, 사용자, 피부양자

③ 보수, 배우자, 직계비속　　　　　④ 보수, 공무원, 교직원

17 직장가입자 A의 보수월액이 300만 원, 소득월액이 700만 원이다. 보험료율을 6%라고 가정할 때, 국민건강보험법상 A의 월별 보험료액은?

① 29만 원　　　　　　　　　　　　② 39만 원

③ 49만 원　　　　　　　　　　　　④ 60만 원

18 다음 〈보기〉 중 국민건강보험법상 보험급여를 제한하는 경우가 아닌 것을 모두 고르면?

> **보기**
>
> 가. 중대한 과실로 인한 범죄행위에 그 원인이 있거나 고의로 사고를 일으킨 경우
> 나. 중대한 과실로 공단이나 요양기관의 요양에 관한 지시에 따르지 아니한 경우
> 다. 공무로 생긴 질병·부상·재해로 다른 법령에 따른 보험급여나 보상을 받게 되는 경우
> 라. 직장가입자의 피부양자 요양기관이 아닌 곳에서 출산하게 된 경우

① 가, 나, 다   ② 가, 다
③ 나, 라   ④ 라

19 다음 법 조항의 빈칸에 들어갈 대상으로 옳지 않은 것은?

> 보건복지부장관의 권한은 대통령령으로 정하는 바에 따라 그 일부를 _____에게 위임할 수 있다.

① 광역시장   ② 도지사
③ 특별자치도지사   ④ 국회의원

20 다음 요양기관 현황과 관련된 신고에 대한 설명의 빈칸 ㉠~㉢에 들어갈 내용을 순서대로 바르게 나열한 것은?

> 가. 요양기관은 요양급여비용을 최초로 청구하는 때에 요양기관의 시설·장비 및 인력 등에 대한 현황을 ____㉠____ 에 신고하여야 한다.
> 나. 요양기관은 신고한 내용(요양급여비용의 증감에 관련된 사항만 해당한다)이 변경된 경우에는 그 변경된 날부터 ____㉡____ 이내에 ____㉠____ 에 신고해야 한다.
> 다. 위의 ㉮ 및 ㉯에 따른 신고의 범위, 대상, 방법 및 절차 등에 필요한 사항은 ____㉢____ 으로 정한다.

	㉠	㉡	㉢
①	국민건강보험공단	15일	보건복지부령
②	국민건강보험공단	30일	대통령령
③	건강보험심사평가원	15일	보건복지부령
④	건강보험심사평가원	30일	대통령령

01 다음 〈보기〉 중 국민건강보험법상 자격을 상실할 수 있는 시기로 옳은 것을 모두 고르면?

보기
㉠ 국내에 거주하지 아니하게 된 날의 다음 날
㉡ 국적을 잃은 날
㉢ 수급권자가 된 날
㉣ 사망한 날의 다음 날
㉤ 직장가입자의 피부양자가 된 날

① ㉠, ㉢, ㉣   ② ㉡, ㉢, ㉤
③ ㉠, ㉢, ㉣, ㉤   ④ ㉠, ㉡, ㉣, ㉤

02 다음 중 국민건강보험법상 건강보험정책심의위원회의 심의·의결사항으로 옳은 것은?

① 건강증진의 기준
② 시행계획의 수립 기준
③ 지역가입자의 보험료부과점수당 금액
④ 직장가입자의 보수월액 및 소득월액

03 다음 법 조항의 빈칸에 들어갈 말로 옳은 것은?

제1항에 따라 가입자가 자격을 잃은 경우 직장가입자의 사용자와 지역가입자의 세대주는 그 명세를 _____으로 정하는 바에 따라 자격을 잃은 날부터 14일 이내에 보험자에게 신고하여야 한다.

① 대통령령   ② 국민건강보험법 시행규칙
③ 보건복지부령   ④ 노인장기요양보험법 시행령

04 다음 중 요양급여비용 산정에 대한 설명으로 옳지 않은 것은?

① 요양급여비용 산정의 계약기간은 1년 이내로 한다.

② 계약의 내용과 그 밖에 필요한 사항은 대통령령으로 정한다.

③ 심사평가원은 공단의 이사장이 필요한 자료를 요청하면 그 요청에 성실히 따라야 한다.

④ 계약이 체결되면 그 계약은 공단과 각 요양기관 사이에 체결된 것으로 본다.

05 다음 중 국민건강보험법상 고액 · 상습체납자의 인적사항 공개에 대한 설명으로 옳지 않은 것은?

① 체납자 인적사항 등의 공개와 관련한 납부능력의 기준, 공개절차 및 위원회의 구성 · 운영 등에 필요한 사항은 대통령령으로 정한다.

② 1년이 경과한 보험료, 연체금과 체납처분비의 총액이 1천만 원 이상인 체납자가 납부능력이 있음에도 불구하고 체납한 경우 그 인적사항 · 체납액 등을 공개할 수 있다.

③ 체납자의 인적사항 등에 대한 공개 여부를 심의하기 위하여 공단에 보험료정보공개심의위원회를 둔다.

④ 체납자 인적사항 등의 공개는 관보에 게재할 수 없으며, 공단 인터넷 홈페이지에 게시하는 방법에 따른다.

06 다음 중 국민건강보험법상 100만 원 이하의 과태료를 부과하는 경우에 해당하는 것은?

① 법 제7조를 위반하여 신고를 하지 않거나 거짓으로 신고한 사용자

② 법 제96조의4를 위반하여 서류를 보존하지 아니한 자

③ 정당한 사유 없이 법 제94조 제1항을 위반하여 신고나 서류제출을 하지 않거나 거짓으로 한 자

④ 법 제98조 제4항을 위반하여 행정처분을 받은 사실 또는 행정처분 절차가 진행 중인 사실을 지체 없이 알리지 않은 자

07 다음 중 국민건강보험공단의 업무로 옳지 않은 것은?

① 의료시설의 운영   ② 요양급여의 적정성 평가

③ 자산의 관리와 운영 및 증식사업   ④ 보험급여의 관리

08 다음 중 국민건강보험법 제99조에 대한 설명으로 옳지 않은 것은?

① 대통령령으로 해당 약제에 대한 요양급여비용 총액을 정할 때에는 그 약제의 과거 요양급여 실적 등을 고려하여 1년간의 요양급여 총액을 넘지 않는 범위에서 정하여야 한다.

② 장관은 해당 요양기관을 이용하는 사람에게 심한 불편을 주거나 장관이 정하는 특별한 사유가 있다고 인정되면 속임수나 그 밖의 부당한 방법으로 부담하게 한 금액의 10배 이하를 과징금으로 징수할 수 있다.

③ 장관은 약제를 요양급여에서 적용 정지하는 경우, 과징금을 부과·징수할 수 있는데 이 경우 12개월의 범위에서 분할납부를 하게 할 수 있다.

④ 장관은 과징금을 납부하여야 할 자가 납부기한까지 이를 내지 아니하면 국세 체납처분의 예에 따라 징수한다.

09 다음 중 국민건강보험법상 업무의 위탁에 대한 설명으로 옳지 않은 것은?

① 공단은 보험료의 수납 또는 보험료납부의 확인에 관한 업무를 금융기관에 위탁할 수 있다.

② 공단은 보험급여비용의 지급에 관한 업무를 금융기관에 위탁할 수 있다.

③ 공단은 징수위탁근거법의 위탁에 따라 징수하는 연금보험료, 고용보험료, 산업재해보상보험료, 부담금 및 분담금 등의 수납 업무를 금융기관에 위탁할 수 있다.

④ 공단은 보험료와 징수위탁보험료 등의 징수 업무를 국가기관에 위탁할 수 있다.

10 다음 중 국민건강보험법상 제58조와 제59조에 대한 설명으로 옳은 것은?

① 제3자의 행위로 보험급여사유가 생겨 가입자에게 보험급여를 한 경우 제3자에게 손해배상을 청구할 수 없다.

② 보험급여를 받은 사람이 제3자로부터 손해배상을 받은 경우에도 보험급여를 한다.

③ 보험급여를 받을 권리는 양도할 수 없다.

④ 요양비 등 수급계좌에 입금된 요양비는 압류할 수 있다.

11 다음 법 조항의 빈칸에 공통으로 들어갈 단어로 옳은 것은?

> ① 직장가입자의 보험료율은 1천분의 80의 범위에서 심의위원회의 의결을 거쳐 _____으로 정한다.
> ② 국외에서 업무에 종사하고 있는 직장가입자에 대한 보험료율은 제1항에 따라 정해진 보험료율의 100분의 50으로 한다.
> ③ 지역가입자의 보험료부과점수당 금액은 심의위원회의 의결을 거쳐 _____으로 정한다.

① 보건복지부령

② 대통령령

③ 국민건강보험법 시행령

④ 노인장기요양보호법

12 다음 〈보기〉 중 옳지 않은 것은 모두 몇 개인가?

> **보기**
> ㉠ 공단은 직장가입자와 지역가입자의 재정을 통합하여 운영한다.
> ㉡ 공단은 국민연금사업·고용보험사업·산업재해보상보험사업·임금채권보장사업에 대한 회계를 공단의 다른 회계와 통합하여 회계처리하여야 한다.
> ㉢ 공단은 회계연도마다 예산안을 편성하여 이사회의 의결을 거친 후 보건복지부장관의 승인을 받아야 한다.
> ㉣ 공단은 지출할 현금이 부족한 경우에는 차입할 수 있다. 다만, 1년 이상 장기로 차입하려면 이사회의 의결을 거쳐야 한다.

① 없음

② 1개

③ 2개

④ 3개

13 다음 중 국민건강보험법 제38조와 제39조에 대한 내용으로 옳지 않은 것은?

① 공단은 회계연도마다 결산상의 잉여금 중에서 그 연도의 보험급여에 든 비용의 100분의 5 이상에 상당하는 금액을 그 연도에 든 비용의 100분의 50에 이를 때까지 준비금으로 적립하여야 한다.

② 제1항에 따른 준비금은 부족한 보험급여 비용에 충당하거나 지출할 현금이 부족할 때 외에는 사용할 수 없으며, 현금 지출에 준비금을 사용한 경우에는 다음 해 3월 15일까지 이를 보전하여야 한다.

③ 공단은 회계연도마다 결산보고서와 사업보고서를 작성하여 다음 해 2월 말일까지 보건복지부장관에게 보고하여야 한다.

④ 공단은 재난적의료비 지원사업에 사용되는 비용에 충당하기 위하여 매년 예산의 범위에서 출연할 수 있다. 이 경우 출연 금액의 상한 등에 필요한 사항은 대통령령으로 정한다.

14 다음 〈보기〉의 빈칸 ㉠ ~ ㉢에 들어갈 단어를 순서대로 바르게 나열한 것은?

> **보기**
>
> **업무정지(법 제98조 제1항)**
>
> ___㉠___ 은 요양기관이 다음 각 호의 어느 하나에 해당하면 그 요양기관에 대하여 ___㉡___ 의 범위에서 기간을 정하여 ___㉢___ 를 명할 수 있다.
> 1. 속임수나 그 밖의 부당한 방법으로 보험자・가입자 및 피부양자에게 요양급여비용을 부담하게 한 경우
> 2. 제97조 제2항에 따른 명령에 위반하거나 거짓 보고를 하거나 거짓 서류를 제출하거나, 소속 공무원의 검사 또는 질문을 거부・방해 또는 기피한 경우
> 3. 정당한 사유 없이 요양기관이 제41조의3 제1항에 따른 결정을 신청하지 아니하고 속임수나 그 밖의 부당한 방법으로 행위・치료재료를 가입자 또는 피부양자에게 실시 또는 사용하고 비용을 부담시킨 경우

	㉠	㉡	㉢
①	보건복지부장관	180일	과징금 부과
②	보건복지부장관	1년	업무정지
③	국민건강보험공단	2년	과징금 부과
④	국민건강보험공단	3년	업무정지

15 다음 중 국민건강보험법상 보험료에 대한 설명으로 옳지 않은 것은?

① 지역가입자의 월별 보험료액은 세대 단위로 산정한다.
② 직장가입자의 소득월액보험료는 직장가입자와 해당 사업주가 각각 보험료액의 100분의 50씩 부담한다.
③ 사립학교 교직원인 직장가입자의 보수월액보험료는 그 직장가입자가 100분의 50을, 사립학교를 설립・운영하는 자가 100분의 30을, 국가가 100분의 20을 각각 부담한다.
④ 직장가입자가 공무원인 경우 보수월액보험료는 그 직장가입자와 해당 공무원이 소속되어 있는 국가 또는 지방자치단체가 각각 보험료액의 100분의 50씩 부담한다.

16 다음 법 조항의 빈칸에 들어갈 내용으로 옳은 것은?

> 공단은 보험료 등의 납부의무자가 납부기한까지 보험료 등을 내지 아니하면 그 납부기한이 지난 날부터 매 1일이 경과할 때마다 체납된 보험료 등의 _____에 해당하는 금액을 가산한 연체금을 징수한다. 이 경우 연체금은 체납된 보험료 등의 1천분의 30을 넘지 못한다.

① 5십분의 1 ② 1백분의 1
③ 5백분의 1 ④ 1천분의 1

01 다음 〈보기〉 중 건강보험 가입자가 건강보험 자격을 잃는 시기로 옳지 않은 것을 모두 고르면?

> **보기**
> ㉠ 사망한 날의 다음 날
> ㉡ 수급권자가 된 날의 다음 날
> ㉢ 국내에 거주하지 아니하게 된 날의 다음 날
> ㉣ 국적을 잃은 날

① ㉠, ㉡ ② ㉠, ㉢
③ ㉡, ㉣ ④ ㉢, ㉣

02 다음 중 국민건강보험공단 임원에 대한 설명으로 옳지 않은 것은?

① 공단은 임원으로서 이사장 1명, 이사 14명 및 감사 1명을 둔다.
② 상임이사는 보건복지부령으로 정하는 추천 절차를 거쳐 이사장이 임명한다.
③ 감사는 임원추천위원회가 복수로 추천한 사람 중에서 기획재정부장관의 제청으로 대통령이 임명한다.
④ 비상임이사는 노동조합·사용자단체·시민단체·소비자단체·농어업인단체 및 노인단체가 추천하는 각 1명을 이사장이 임명한다.

03 다음 〈보기〉 중 요양급여를 실시하는 항목으로 옳은 것을 모두 고르면?

> **보기**
> ㉠ 진찰·검사 ㉡ 간병
> ㉢ 약제·치료재료의 지급 ㉣ 처치·수술 및 그 밖의 치료
> ㉤ 외래 진료

① ㉠, ㉡, ㉢ ② ㉠, ㉡, ㉣
③ ㉠, ㉢, ㉣ ④ ㉡, ㉣, ㉤

04 다음 중 국민건강보험공단 설립등기에 포함되는 항목으로 옳지 않은 것은?

① 목적   ② 명칭

③ 주된 사무소 및 분사무소의 소재지   ④ 이사회의 운영

05 다음 중 국민건강보험법 제109조에 대한 설명으로 옳지 않은 것은?

① 주민등록법 제6조 제1항 제3호에 따라 등록한 사람은 지역가입자가 된다.

② 출입국관리법 제31조에 따라 외국인등록을 한 사람으로서 보건복지부령으로 정하는 체류자격이 있는 사람은 지역가입자가 된다.

③ 재외동포의 출입국과 법적 지위에 관한 법률 제6조에 따라 국내거소신고를 한 사람은 직장가입자가 된다.

④ 국내체류가 법률에 위반되는 경우로서 대통령령으로 정하는 사유가 있는 경우 가입자 및 피부양자가 될 수 없다.

06 다음 중 벌칙에 대한 설명으로 옳은 것은?

① 가입자 및 피부양자의 개인정보를 누설한 자는 3년 이하의 징역 또는 5천만 원 이하의 벌금에 처한다.

② 가입자 및 피부양자의 개인정보를 직무상 목적 외의 용도로 이용 또는 제3자에게 제공한 자는 5년 이하의 징역 또는 5천만 원 이하의 벌금에 처한다.

③ 공동이용하는 전산정보자료를 목적 외의 용도로 이용하거나 활용한 자는 3년 이하의 징역 또는 3천만 원 이하의 벌금에 처한다.

④ 거짓이나 그 밖의 부정한 방법으로 보험급여를 받거나 타인으로 하여금 보험급여를 받게 한 사람은 3년 이하의 징역 또는 3천만 원 이하의 벌금에 처한다.

07 다음 중 벌칙과 과태료에 대한 설명으로 옳지 않은 것은?

① 보고 또는 서류제출을 하지 아니한 자, 거짓으로 보고하거나 거짓 서류를 제출한 자, 검사나 질문을 거부·방해 또는 기피한 자는 1천만 원 이하의 벌금에 처한다.

② 요양비 명세서나 요양 명세를 적은 영수증을 내주지 아니한 자는 500만 원 이하의 벌금에 처한다.

③ 정당한 사유 없이 신고·서류제출을 하지 아니하거나 거짓으로 신고·서류제출을 한 자는 1천만 원 이하의 과태료를 부과한다.

④ 행정처분을 받은 사실 또는 행정처분절차가 진행 중인 사실을 지체 없이 알리지 아니한 자는 500만 원 이하의 과태료를 부과한다.

08 다음 중 보험료와 보수월액에 대한 설명으로 옳은 것은?

① 보험료는 가입자의 자격을 취득한 날이 속하는 달부터 가입자의 자격을 잃은 날의 다음 날이 속하는 달까지 징수한다.

② 보험료를 징수할 때 가입자의 자격이 변동된 경우에는 변동된 날이 속하는 다음 달의 보험료는 변동되기 전의 자격을 기준으로 징수한다.

③ 월별 보험료액은 가입자의 보험료 평균액의 일정비율에 해당하는 금액을 고려하여 대통령령으로 정하는 기준에 따라 상한 및 하한을 정한다.

④ 휴직이나 그 밖의 사유로 보수의 전부 또는 일부가 지급되지 아니하는 가입자의 보수월액보험료는 해당 사유가 생긴 달의 보수월액을 기준으로 산정한다.

09 다음 중 요양급여를 실시하는 요양기관으로 옳지 않은 것은?

① 의료법에 따라 개설된 의료기관

② 약사법에 따라 설립된 한국희귀·필수의약품센터

③ 지역보건법에 따른 보건소·보건의료원 및 보건지소

④ 의료법에 따라 개설된 한국국제보건의료재단

10 다음 사례를 보고 A씨가 받을 징역 또는 벌금으로 옳은 것은?

〈사례〉

2022년 11월 18일 대행청구단체에서 일하는 A씨는 K종합병원에 거짓으로 요양급여비용 500만 원을 청구했다.

① 1년 이하의 징역 또는 2천만 원 이하의 벌금

② 2년 이하의 징역 또는 2천만 원 이하의 벌금

③ 3년 이하의 징역 또는 3천만 원 이하의 벌금

④ 4년 이하의 징역 또는 3천만 원 이하의 벌금

01 다음 중 국민건강보험법상 2년 이하의 징역 2,000만 원 이하의 벌금에 해당하는 것은?

① 가입자 및 피부양자의 개인정보를 직무상 목적 외의 용도로 이용 또는 정당한 사유 없이 제3자에게 제공한 자

② 대행청구단체의 종사자로서 거짓이나 그 밖의 부정한 방법으로 요양급여비용을 청구한 자

③ 보건복지부장관에게 거짓으로 보고하거나 거짓 서류를 제출한 자

④ 거짓이나 그 밖의 부정한 방법으로 보험급여를 받은 자

02 다음 〈보기〉 중 보험료를 징수하기 위해 그 금액을 납부의무자에게 납입 고지할 때, 반드시 있어야 하는 것을 모두 고르면?

> **보기**
>
> ㄱ. 납부해야 하는 금액 ㄴ. 징수하려는 보험료의 종류
> ㄷ. 납부장소 ㄹ. 납부기한

① ㄱ, ㄴ ② ㄷ, ㄹ

③ ㄱ, ㄴ, ㄹ ④ ㄱ, ㄴ, ㄷ, ㄹ

03 다음 법 조항의 빈칸에 공통으로 들어갈 용어로 옳은 것은?

> _____를 결정함에 있어 경제성 또는 치료효과성 등이 불확실하여 그 검증을 위하여 추가적인 근거가 필요하거나, 경제성이 낮아도 가입자와 피부양자의 건강회복에 잠재적 이득이 있는 등의 경우에는 예비적인 _____인 선별급여를 지급한다.

① 선별급여 ② 요양비

③ 요양급여 ④ 부가급여

04 다음 중 외국인 유학생의 국민건강보험에 대한 설명으로 옳지 않은 것은?

① 초중고 유학생은 입국일부터 건강보험에 당연가입이 된다.

② 보험 적용 조건에 해당되지만 직장이 없는 경우 지역가입자로 가입된다.

③ 건강보험료 체납내역은 체류기간 연장신청이나 체류기간 심사 시 반영된다.

④ 건강보험료는 전체가입자의 가장 낮은 보험료로 적용된다.

05 국내에 거주하는 국민은 건강보험의 가입자 또는 피부양자가 된다. 다음 중 피부양자에 해당하지 않는 사람은?

① 직장가입자의 배우자

② 직장가입자의 직계존속

③ 직장가입자의 직계존속의 배우자

④ 직장가입자의 직계비속

06 사업장의 사용자는 직장가입자가 되는 근로자·공무원 및 교직원을 사용하는 사업장이 된 경우 보험자에게 신고하여야 한다. 이때, 조건이 성립한 경우로부터 며칠 이내에 신고해야 하는가?

① 5일 ② 7일

③ 14일 ④ 15일

07 다음 중 건강보험증에 대한 설명으로 옳지 않은 것은?

① 가입자 또는 피부양자가 신청하는 경우 건강보험증을 발급해야 한다.

② 가입자 또는 피부양자가 요양급여를 받을 때에는 건강보험증을 요양기관에 제출해야 한다.

③ 누구든지 건강보험증을 다른 사람에게 양도하거나 대여하여 보험급여를 받을 수 없다.

④ 가입자 및 피부양자는 자격을 잃은 후에도 자격을 증명하던 서류를 사용하여 보험급여를 받을 수 있다.

08 다음 중 국민건강보험공단의 정관에 적어야 하는 사항이 아닌 것은?

① 임직원에 관한 사항

② 사무소의 소재지

③ 이사회의 운영

④ 이사장의 성명·주소 및 주민등록번호

09 다음 중 요양기관에 대한 설명으로 옳지 않은 것은?

① 의료법에 따라 개설된 의료기관, 약사법에 따라 등록된 약국 등이 있다.

② 전문요양기관은 정당한 이유 없이 요양급여를 거부하지 못한다.

③ 선별급여를 실시하는 요양기관은 선별급여의 평가를 위해 필요한 자료를 제출해야 한다.

④ 보건복지부장관은 보건복지부령으로 정하는 기준에 해당하는 요양기관을 전문요양기관으로 반드시 인정해야 하고, 인정서를 발급해야 한다.

10 다음은 국민건강보험법의 목적이다. 빈칸 ㉠, ㉡에 들어갈 용어를 순서대로 바르게 나열한 것은?

국민건강보험법은 국민의 질병·부상에 대한 예방·진단·치료·재활과 출산·사망 및 건강증진에 대하여 _____㉠_____를 실시함으로써 국민보건 향상과 _____㉡_____ 증진에 이바지함을 목적으로 한다.

	㉠	㉡
①	요양급여	사회보장
②	요양급여	사회복지
③	보험급여	공공부조
④	보험급여	사회보장

PART 1

국민건강보험법

1. 목적 및 정의

(1) 목적(제1조)

국민건강보험법은 국민의 질병, 부상에 대한 예방, 진단, 치료, 재활과 출산, 사망 및 건강증진에 대하여 보험급여를 실시함으로써 국민보건 향상과 사회보장 증진에 이바지함을 목적으로 한다.

(2) 관장(제2조)

국민건강보험법에 따른 건강보험사업은 보건복지부장관이 맡아 주관한다.

(3) 정의(제3조)

① 근로자 : 직업의 종류와 관계없이 근로의 대가로 보수를 받아 생활하는 사람(법인의 이사와 그 밖의 임원을 포함한다)으로서 **공무원 및 교직원을 제외한 사람**

② 사용자 : 다음 각 목의 어느 하나에 해당하는 자

가. 근로자가 소속되어 있는 사업장의 **사업주**

나. 공무원이 소속되어 있는 기관의 장으로서 대통령령으로 정하는 사람

다. 교직원이 소속되어 있는 **사립학교**(사립학교교직원 연금법에 규정된 사립학교를 말한다)를 설립·운영하는 자

> **더 알아보기**
>
> 적용 범위(사립학교교직원 연금법 제3조)
> ① 이 법은 다음 각 호에 규정된 학교기관에서 근무하는 교직원에게 적용한다.
>   1. 사립학교법에 따른 사립학교 및 이를 설치·경영하는 학교경영기관
>   2. 초·중등교육법의 특수학교 중 사립학교 및 이를 설치·경영하는 학교경영기관
>   3. 제1호와 제2호에 해당하지 아니하는 사립학교 및 학교경영기관 중 특히 교육부장관이 지정하는 사립학교와 이를 설치·경영하는 학교경영기관
> ② 제1항에도 불구하고 이 법은 다음 각 호의 어느 하나에 해당하는 사람에 대해서는 적용하지 아니한다.
>   1. 공무원연금법의 적용을 받는 공무원
>   2. 군인연금법의 적용을 받는 군인
>   3. 2017년 1월 1일 이후 교직원으로 신규 임용되는 경우로서 임용 당시 다음 각 목의 구분에 따른 정년을 초과한 교직원
>   가. 교원 : 교육공무원법에 따라 교육공무원에게 적용되는 정년
>   나. 사무직원 : 국가공무원법에 따라 일반직공무원에게 적용되는 정년

③ 사업장 : 사업소나 사무소
④ 공무원 : 국가나 지방자치단체에서 상시 공무에 종사하는 사람
⑤ 교직원 : 사립학교나 사립학교의 경영기관에서 근무하는 교원과 직원

2. 국민건강보험종합계획 및 건강보험정책심의위원회

(1) 국민건강보험종합계획의 수립 등(제3조의2)

① 종합계획의 수립·변경 주체 : 보건복지부장관은 국민건강보험법에 따른 건강보험의 건전한 운영을 위하여 건강보험정책심의위원회의 심의를 거쳐 5년마다 국민건강보험종합계획("종합계획")을 수립하여야 한다. 수립된 종합계획을 변경할 때도 또한 같다.

② 종합계획에 포함되어야 하는 사항
   1. 긴강보험정책의 기본목표 및 추진방향
   2. 건강보험 보장성 강화의 추진계획 및 추진방법
   3. 건강보험의 중장기 재정 전망 및 운영
   4. 보험료 부과체계에 대한 사항
   5. 요양급여비용에 대한 사항
   6. 건강증진 사업에 대한 사항
   7. 취약계층 지원에 대한 사항
   8. 건강보험에 대한 통계 및 정보의 관리에 대한 사항
   9. 그 밖에 건강보험의 개선을 위하여 필요한 사항으로 대통령령으로 정하는 사항

③ 시행계획의 실시 : 보건복지부장관은 종합계획에 따라 매년 연도별 시행계획을 건강보험정책심의위원회의 심의를 거쳐 수립·시행하여야 한다.

④ 추진실적의 평가 : 보건복지부장관은 매년 시행계획에 따른 추진실적을 평가하여야 한다.

⑤ 보건복지부장관의 보고 : 보건복지부장관은 다음 각 호의 사유가 발생한 경우 관련 사항에 대한 보고서를 작성하여 지체 없이 국회 소관 상임위원회에 보고하여야 한다.
   1. 종합계획의 수립 및 변경
   2. 시행계획의 수립
   3. 시행계획에 따른 추진실적의 평가

⑥ 자료의 제출 요구 : 보건복지부장관은 종합계획의 수립, 시행계획의 수립·시행 및 시행계획에 따른 추진실적의 평가를 위하여 필요하다고 인정하는 경우 관계 기관의 장에게 자료의 제출을 요구할 수 있다. 이 경우 자료의 제출을 요구받은 자는 특별한 사유가 없으면 이에 따라야 한다.

⑦ 그 밖에 종합계획의 수립 및 변경, 시행계획의 수립·시행 및 시행계획에 따른 추진실적의 평가 등에 필요한 사항은 대통령령으로 정한다.

(2) 건강보험정책심의위원회(제4조)

① **심의위원회의 심의·의결** : 건강보험정책에 대한 다음 각 호의 사항을 심의·의결하기 위하여 보건복지부장관 소속으로 **건강보험정책심의위원회**("심의위원회")를 둔다.

1. 종합계획 및 시행계획에 대한 사항(심의에 한정한다)
2. 요양급여의 기준
3. 요양급여비용에 대한 사항
4. 직장가입자의 보험료율
5. 지역가입자의 보험료부과점수당 금액
6. 그 밖에 건강보험에 대한 주요 사항으로서 대통령령으로 정하는 사항

② **심의위원회의 구성**(제2항·제3항)

　㉠ 위원장 1명과 부위원장 1명을 포함한 25명의 위원으로 구성(제2항)

　㉡ 위원장은 보건복지부차관이 되고, 부위원장은 위원 중에서 위원장이 지명하는 사람(제3항)

③ **심의위원회의 위원** : 다음 각 호에 해당하는 사람을 **보건복지부장관**이 심의위원회의 위원으로 임명 또는 위촉한다(제4항).

1. 근로자단체 및 사용자단체가 추천하는 각 2명
2. 시민단체(비영리민간단체지원법에 따른 비영리민간단체를 말한다), 소비자단체, 농어업인단체 및 자영업자단체가 추천하는 각 1명

더 알아보기

비영리민간단체(비영리민간단체지원법 제2조)

영리가 아닌 공익활동을 수행하는 것을 주된 목적으로 하는 민간단체로서 다음 각 호의 요건을 갖춘 단체를 말한다.
1. 사업의 직접 수혜자가 불특정 다수일 것
2. 구성원 상호간에 이익분배를 하지 아니할 것
3. 사실상 특정 정당 또는 선출직 후보를 지지·지원 또는 반대할 것을 주된 목적으로 하거나, 특정 종교의 교리 전파를 주된 목적으로 설립·운영되지 아니할 것
4. 상시 구성원수가 <u>100인 이상</u>일 것
5. 최근 1년 이상 공익활동 실적이 있을 것
6. 법인이 아닌 단체일 경우에는 대표자 또는 관리인이 있을 것

---

3. 의료계를 대표하는 단체 및 약업계를 대표하는 단체가 추천하는 8명
4. 다음 각 목에 해당하는 8명
　가. 대통령령으로 정하는 중앙행정기관 소속 공무원 2명
　나. 국민건강보험공단의 이사장 및 건강보험심사평가원의 원장이 추천하는 각 1명
　다. 건강보험에 대한 학식과 경험이 풍부한 4명

④ **심의위원회 위원의 임기** : 심의위원회 위원(제4항 제4호 가목에 따른 위원은 제외한다)의 임기는 3년으로 한다. 다만, 위원의 사임 등으로 새로 위촉된 위원의 임기는 전임위원 임기의 남은 기간으로 한다(제5항).

⑤ 심의위원회의 운영 등에 필요한 사항은 대통령령으로 정한다(제6항).

※ 다음 문제의 진위 여부를 판단해 ○ 또는 ×를 선택하시오.

01 국민건강보험법은 국민의 질병에 대한 예방·진단과 출산 및 건강증진에 대하여 의료서비스를 실시함으로써 국민보건 향상과 사회보장 증진에 이바지함을 목적으로 한다. [○|×]

02 국민건강보험법에 따른 건강보험사업은 국민건강보험공단이 맡아 주관한다. [○|×]

03 국민건강보험법에서 정의하는 "근로자"에는 공무원이 포함되지 않지만, 공무원이 소속되어 있는 기관의 장은 "사용자"가 될 수 있다. [○|×]

04 국민건강보험법에서 정의하는 "근로자"에는 교직원이 제외되므로, 사립학교의 운영자 또한 국민건강보험법에서 정의하는 "사용자"에 포함될 수 없다. [○|×]

05 국민건강보험종합계획의 수립 주기는 5년이다. [○|×]

06 국민건강보험종합계획을 수립하거나 변경할 때는 건강보험정책심의위원회의 심의를 거쳐야 한다. [○|×]

07 취약계층에 대한 사항은 공공보건의료에 대한 법률에서 관장하므로 국민건강보험법에서 규정하는 국민건강보험종합계획에는 취약계층에 대한 사항이 포함되지 않는다. [○|×]

08 보건복지부장관은 국민건강보험종합계획에 따라 시행되는 연도별 시행계획을 수립해야 한다. [○|×]

09 보건복지부장관은 2년마다 연도별 시행계획에 따른 추진실적을 평가하여야 한다. [○|×]

10 보건복지부장관은 연도별 시행계획에 따른 추진실적의 평가를 위해 관계 기관의 장에게 자료의 제출을 요구할 수 있다. [○|×]

11 보건복지부장관 소속의 건강보험정책심의위원회는 건강보험정책에 대한 사항을 심의할 수 있을 뿐이며, 의결권을 갖지 못한다. [○|×]

12 건강보험정책심의위원회는 국민건강보험종합계획과 연도별 시행계획에 대한 사항을 심의할 수 있을 뿐이며, 의결권을 갖지 못한다. [O|X]

13 보건복지부차관은 건강보험정책심의위원회의 위원장으로서 부위원장을 지명할 수 있다. [O|X]

14 건강보험정책심의위원회의 위원 임명권과 위촉권을 가진 주체는 보건복지부차관이다. [O|X]

15 건강보험정책심의위원회는 위원장과 부위원장을 포함해 모두 30명의 위원으로 구성된다. [O|X]

16 국민건강보험공단의 이사장과 건강보험심사평가원의 원장은 건강보험정책심의위원회의 위원을 각 1명씩 추천할 수 있다. [O|X]

17 건강보험정책심의위원회는 보건복지부에 소속되므로 운영에 필요한 사항은 보건복지부령으로 정한다. [O|X]

OX문제 정답

01	02	03	04	05	06	07	08	09	10	11	12	13	14	15	16	17			
×	×	○	×	○	○	×	○	×	○	×	○	○	×	×	○	×			

01 국민건강보험법은 국민의 질병·부상에 대한 예방·진단·치료·재활과 출산·사망 및 건강증진에 대하여 보험급여를 실시함으로써 국민보건 향상과 사회보장 증진에 이바지함을 목적으로 한다(법 제1조).

02 국민건강보험법에 따른 건강보험사업은 보건복지부장관이 맡아 주관한다(법 제2조).

04 교직원이 소속되어 있는 사립학교를 설립·운영하는 자는 "사용자"가 된다(법 제3조 제2호 다목).

07 종합계획에는 취약계층 지원에 대한 사항이 포함되어야 한다(법 제3조의2 제2항 제7호).

09 보건복지부장관은 매년 시행계획에 따른 추진실적을 평가하여야 한다(법 제3조의2 제4항).

11 건강보험정책심의위원회는 건강보험정책에 대한 사항을 심의할 뿐만 아니라 의결권을 갖는다(법 제4조 제1항).

14 심의위원회의 위원의 임명권과 위촉권을 가진 주체는 보건복지부장관이다(법 제4조 제4항).

15 심의위원회는 위원장 1명과 부위원장 1명을 포함하여 25명의 위원으로 구성한다(법 제4조 제2항).

17 심의위원회의 운영 등에 필요한 사항은 대통령령으로 정한다(법 제4조 제6항).

정답 및 해설 p.018

01 다음 중 건강보험사업을 규정하는 국민건강보험법에 대한 설명으로 옳은 것은?

① 국민건강보험법에 따른 건강보험사업은 보건복지부차관이 맡아 주관한다.

② 국민건강보험법에서 정의하는 근로자에는 법인의 이사, 임원 등이 포함되지 않는다.

③ 국민건강보험종합계획에 따라 수립되는 연도별 시행계획을 수립하는 주체는 보건복지부장관
   이다.

④ 이미 수립된 국민건강보험종합계획을 변경할 때는 건강보험정책심의위원회의 심의를 거치지 않
   는다.

02 다음 중 국민건강보험종합계획을 수립하는 주기와 심의하는 기관을 바르게 짝지은 것은?

① 3년 : 진료심사평가위원회

② 3년 : 건강보험정책심의위원회

③ 5년 : 진료심사평가위원회

④ 5년 : 건강보험정책심의위원회

03 다음 〈보기〉 중 국민건강보험종합계획에 포함되어야 하는 사항을 모두 고르면?

> **보기**
>
> ㉠ 건강보험의 단기 운영
> ㉡ 취약계층 지원에 대한 사항
> ㉢ 보험료 부과체계에 대한 사항
> ㉣ 건강보험 수익성 강화의 추진계획
> ㉤ 건강보험정책의 기본목표 및 추진방향
> ㉥ 건강보험에 대한 통계 및 정보의 관리에 대한 사항

① ㉠, ㉡, ㉣, ㉥

② ㉠, ㉢, ㉤, ㉥

③ ㉡, ㉢, ㉤, ㉥

④ ㉡, ㉣, ㉤, ㉥

04 국민건강보험종합계획에 따른 연도별 시행계획을 수립하고 추진실적을 평가하는 주체는?

① 보건복지부장관
② 국민건강보험공단의 이사장
③ 건강보험심사평가원의 원장
④ 건강보험정책심의위원회의 위원장

05 다음 중 국민건강보험종합계획 및 연도별 시행계획의 수립에 대한 설명으로 옳지 않은 것은?

① 시행계획에 따른 추진실적의 평가에 대한 보고서를 작성해 국회 소관 상임위원회에 보고해야 한다.
② 종합계획을 수립할 때뿐만 아니라 수립된 종합계획을 변경할 때도 건강보험정책심의위원의 심의를 거쳐야 한다.
③ 보건복지부장관은 종합계획·시행계획의 수립·시행을 위해 필요할 경우에는 관계 기관의 장에게 자료의 제출을 요구할 수 있다.
④ 종합계획·시행계획의 수립 및 시행계획에 따른 추진실적의 평가 등에 필요한 사항은 보건복지부령으로 정한다.

06 다음 중 건강보험정책심의위원회에 대한 설명으로 옳은 것은?

① 건강보험정책에 대한 사항을 심의하는 심의위원회는 대통령에 소속된다.
② 심의위원회는 건강보험정책에 대한 사항을 심의할 뿐이며, 의결권을 갖지 못한다.
③ 보건복지부장관이 심의위원회의 위원장을 맡으며, 부위원장은 대통령이 지명한다.
④ 심의위원회는 위원장과 부위원장을 포함해 모두 25명의 위원으로 구성되며, 위원의 임기는 3년이다.

07 다음 〈보기〉 중 건강보험정책심의위원회에서 심의·의결하는 사항을 모두 고르면?

> **보기**
>
> ㉠ 요양급여의 기준
> ㉡ 요양급여비용에 대한 사항
> ㉢ 직장가입자의 보수월액 및 소득월액
> ㉣ 지역가입자의 보험료부과점수당 금액
> ㉤ 국민건강보험종합계획 및 연도별 시행계획에 대한 사항

① ㉠, ㉡, ㉢
② ㉠, ㉡, ㉣
③ ㉡, ㉢, ㉣
④ ㉡, ㉣, ㉤

1. 적용 대상, 가입자 및 사업장

(1) 적용 대상 등(제5조)

① 적용 대상 : 국내에 거주하는 국민은 건강보험의 가입자 또는 피부양자가 된다. 다만, 다음 각 호의 어느 하나에 해당하는 사람은 제외한다.

1. 의료급여법에 따라 의료급여를 받는 사람("수급권자")

> **더 알아보기**
>
> 수급권자(의료급여법 제3조 제1항)
> 1. 국민기초생활 보장법에 따른 의료급여 수급자
> 2. 재해구호법에 따른 이재민으로서 보건복지부장관이 의료급여가 필요하다고 인정한 사람
> 3. 의사상자 등 예우 및 지원에 대한 법률에 따라 의료급여를 받는 사람
> 4. 입양특례법에 따라 국내에 입양된 18세 미만의 아동
> 5. 독립유공자예우에 대한 법률, 국가유공자 등 예우 및 지원에 대한 법률 및 보훈보상대상자 지원에 대한 법률의 적용을 받고 있는 사람과 그 가족으로서 국가보훈처장이 의료급여가 필요하다고 추천한 사람 중에서 보건복지부장관이 의료급여가 필요하다고 인정한 사람
> 6. 무형문화재 보전 및 진흥에 대한 법률에 따라 지정된 국가무형문화재의 보유자(명예보유자를 포함한다)와 그 가족으로서 문화재청장이 의료급여가 필요하다고 추천한 사람 중에서 보건복지부장관이 의료급여가 필요하다고 인정한 사람
> 7. 북한이탈주민의 보호 및 정착지원에 대한 법률의 적용을 받고 있는 사람과 그 가족으로서 보건복지부장관이 의료급여가 필요하다고 인정한 사람
> 8. 5·18 민주화운동 관련자 보상 등에 대한 법률에 따라 보상금 등을 받은 사람과 그 가족으로서 보건복지부장관이 의료급여가 필요하다고 인정한 사람
> 9. 노숙인 등의 복지 및 자립지원에 대한 법률에 따른 노숙인 등으로서 보건복지부장관이 의료급여가 필요하다고 인정한 사람
> 10. 그 밖에 생활유지 능력이 없거나 생활이 어려운 사람으로서 대통령령으로 정하는 사람
>   - 일정한 거소가 없는 사람으로서 경찰관서에서 무연고자로 확인된 사람
>   - 그 밖에 보건복지부령으로 정하는 사람

2. 독립유공자예우에 대한 법률 및 국가유공자 등 예우 및 지원에 대한 법률에 따라 의료보호를 받는 사람("유공자 등 의료보호대상자"). 다만, 다음 각 목의 어느 하나에 해당하는 사람은 가입자 또는 피부양자가 된다.

가. 유공자 등 의료보호대상자 중 건강보험의 적용을 보험자에게 신청한 사람

나. 건강보험을 적용받고 있던 사람이 유공자 등 의료보호대상자로 되었으나 건강보험의 적용배제신청을 보험자에게 하지 아니한 사람

② 피부양자 : 다음 각 호의 어느 하나에 해당하는 사람 중 **직장가입자에게 주로 생계를 의존하는 사람**으로서 소득 및 재산이 보건복지부령으로 정하는 기준 이하에 해당하는 사람

1. 직장가입자의 **배우자**
2. 직장가입자의 **직계존속**(배우자의 직계존속을 포함한다)
3. 직장가입자의 **직계비속**(배우자의 직계비속을 포함한다)과 그 **배우자**
4. 직장가입자의 **형제·자매**

③ 피부양자 자격의 인정 기준, 취득·상실시기 및 그 밖에 필요한 사항은 **보건복지부령으로 정한다.**

(2) 가입자의 종류(제6조)

① 가입자의 구분 : 직장가입자와 지역가입자로 구분

② 직장가입자의 대상 : 모든 사업장의 근로자 및 사용자와 공무원 및 교직원은 직장가입자가 된다. 다만, 다음 각 호의 어느 하나에 해당하는 사람은 제외한다.

1. 고용 기간이 1개월 미만인 일용근로자
2. 병역법에 따른 **현역병**(지원에 의하지 아니하고 임용된 하사를 포함한다), **전환복무**된 사람 및 군 간부후보생
3. 선거에 당선되어 취임하는 공무원으로서 매월 보수 또는 보수에 준하는 급료를 받지 아니하는 사람
4. 그 밖에 사업장의 특성, 고용 형태 및 사업의 종류 등을 고려하여 **대통령령**으로 정하는 사업장의 근로자 및 사용자와 공무원 및 교직원

③ **지역가입자** : 직장가입자와 그 피부양자를 제외한 가입자

(3) 사업장의 신고(제7조)

사업장의 사용자는 다음 각 호의 어느 하나에 해당하게 되면 그때부터 14일 이내에 **보건복지부령**으로 정하는 바에 따라 보험자에게 신고하여야 한다. 제1호에 해당되어 보험자에게 신고한 내용이 변경된 경우에도 또한 같다.

1. 직장가입자가 되는 근로자ㆍ공무원 및 교직원을 사용하는 사업장("적용대상사업장")이 된 경우
2. **휴업ㆍ폐업** 등 보건복지부령으로 정하는 사유가 발생한 경우

2. 자격의 취득 및 변동ㆍ상실 시기

(1) 자격의 취득 시기 등(제8조)

① 가입자의 자격 취득 시기 : 가입자는 **국내에 거주하게 된 날**에 직장가입자 또는 지역가입자의 자격을 얻는다. 다만, 다음 각 호의 어느 하나에 해당하는 사람은 그 해당되는 날에 각각 자격을 얻는다.

1. 수급권자이었던 사람은 그 대상자에서 제외된 날
2. 직장가입자의 피부양자이었던 사람은 그 자격을 잃은 날
3. 유공자 등 의료보호대상자이었던 사람은 그 대상자에서 제외된 날
4. 보험자에게 건강보험의 적용을 신청한 유공자 등 의료보호대상자는 그 신청한 날

② 신고 기한 : 자격을 얻은 경우 그 직장가입자의 사용자 및 지역가입자의 세대주는 그 명세를 보건복지부령으로 정하는 바에 따라 자격을 취득한 날부터 14일 이내에 보험자에게 신고하여야 한다.

(2) 자격의 변동 시기 등(제9조)

① 가입자 자격의 변동 시기 : 가입자는 다음 각 호의 어느 하나에 해당하게 된 날에 그 자격이 변동된다.

1. 지역가입자가 적용대상사업장의 사용자로 되거나, 근로자ㆍ공무원 또는 교직원("근로자 등")으로 사용된 날
2. 직장가입자가 다른 적용대상사업장의 사용자로 되거나 근로자 등으로 사용된 날
3. 직장가입자인 근로자 등이 그 사용관계가 끝난 날의 다음 날

4. 적용대상사업장에 휴업·폐업 등 보건복지부령으로 정하는 사유가 발생한 날의 다음 날

5. 지역가입자가 다른 세대로 전입한 날

② 신고 기한 : 제1항에 따라 자격이 변동된 경우 직장가입자의 **사용자**와 지역가입자의 **세대주**는 다음 각 호의 구분에 따라 그 명세를 **보건복지부령**으로 정하는 바에 따라 자격이 변동된 날부터 14일 이내에 보험자에게 신고하여야 한다.

1. 제1항 제1호 및 제2호에 따라 자격이 변동된 경우 : 직장가입자의 사용자

2. 제1항 제3호부터 제5호까지의 규정에 따라 자격이 변동된 경우 : 지역가입자의 세대주

③ 법무부장관 및 국방부장관은 직장가입자나 지역가입자가 병역법에 따른 현역병(지원에 의하지 아니하고 임용된 하사를 포함한다), 전환복무된 사람 및 군간부후보생 또는 교도소, 그 밖에 이에 준하는 시설에 수용되어 있는 경우에 해당하면 **보건복지부령**으로 정하는 바에 따라 그 사유에 해당된 날부터 1개월 이내에 보험자에게 알려야 한다.

(3) 자격 취득·변동 사항의 고지(제9조의2)

국민건강보험공단은 제공받은 자료를 통하여 가입자 자격의 취득 또는 변동 여부를 확인하는 경우에는 자격 취득 또는 변동 후 **최초로** 납부의무자에게 보험료 납입 고지를 할 때 보건복지부령으로 정하는 바에 따라 자격 취득 또는 변동에 대한 사항을 알려야 한다.

(4) 자격의 상실 시기 등(제10조)

① 가입자 자격의 상실 시기 : 가입자는 다음 각 호의 어느 하나에 해당하게 된 날에 그 자격을 잃는다.

1. 사망한 날의 다음 날

2. 국적을 잃은 날의 다음 날

3. 국내에 거주하지 아니하게 된 날의 다음 날

4. 직장가입자의 피부양자가 된 날

5. 수급권자가 된 날

6. 건강보험을 적용받고 있던 사람이 유공자 등 의료보호대상자가 되어 건강보험의 적용배제신청을 한 날

② 신고 기한 : 자격을 잃은 경우 직장가입자의 **사용자**와 지역가입자의 **세대주**는 그 명세를 보건복지부령으로 정하는 바에 따라 자격을 잃은 날부터 14일 이내에 보험자에게 신고하여야 한다.

3. 자격취득 등의 확인 및 건강보험증

(1) 자격취득 등의 확인(제11조)

① 가입자 자격의 취득·변동 및 상실은 자격의 취득·변동 및 상실의 시기로 **소급하여 효력**을 발생한다. 이 경우 보험자는 그 사실을 확인할 수 있다.

② 가입자나 가입자이었던 사람 또는 피부양자나 피부양자이었던 사람은 제1항에 따른 확인을 청구할 수 있다.

(2) 건강보험증(제12조)

① 국민건강보험공단은 가입자 또는 피부양자가 신청하는 경우 건강보험증을 발급하여야 한다.

② 가입자 또는 피부양자가 요양급여를 받을 때에는 **건강보험증을 요양기관에 제출**하여야 한다. 다만, 천재지변이나 그 밖의 부득이한 사유가 있으면 그러하지 아니하다.

③ 가입자 또는 피부양자는 주민등록증, 운전면허증, 여권, 그 밖에 보건복지부령으로 정하는 본인 여부를 확인할 수 있는 **신분증명서**로 요양기관이 그 자격을 확인할 수 있으면 **건강보험증을 제출하지 아니할 수 있다.**

④ 가입자·피부양자는 자격을 잃은 후 자격을 증명하던 서류를 사용하여 보험급여를 받아서는 아니 된다.

⑤ 누구든지 건강보험증이나 신분증명서를 다른 사람에게 양도하거나 대여하여 보험급여를 받게 하여서는 아니 된다.

⑥ 누구든지 건강보험증이나 신분증명서를 양도 또는 대여를 받거나 그 밖에 이를 부정하게 사용하여 보험급여를 받아서는 아니 된다.

⑦ 건강보험증의 신청 절차와 방법, 서식과 그 교부 및 사용 등에 필요한 사항은 **보건복지부령**으로 정한다.

※ 다음 문제의 진위 여부를 판단해 ○ 또는 ×를 선택하시오.

01 의료급여법에 따라 의료급여를 받는 수급권자는 건강보험의 가입자 또는 피부양자가 될 수 없다.

[○|×]

02 유공자 등 의료보호대상자는 원칙적으로 건강보험의 가입자 또는 피부양자가 될 수 있다. [○|×]

03 직장가입자에게 주로 생계를 의존하는 배우자의 직계존속·직계비속 등은 피부양자가 될 수 없다.

[○|×]

04 직장가입자에게 주로 생계를 의존하는 직장가입자의 직계비속의 배우자는 피부양자가 될 수 있다.

[○|×]

05 모든 사업장의 근로자는 직장가입자가 되지만, 사용자와 공무원·교직원은 그렇지 않다. [○|×]

06 고용 기간이 1개월 미만인 일용근로자는 직장가입자가 될 수 없다. [○|×]

07 현역병, 전환복무된 사람 및 군간부후보생은 직장가입자가 될 수 없다. [○|×]

08 선거에 당선되어 취임하는 공무원으로서 매월 보수를 받지 않는 사람은 직장가입자가 될 수 있다.

[○|×]

09 직장가입자를 사용하는 적용대상사업장이 된 경우에는 14일 이내에 보험자에게 신고해야 한다.

[○|×]

10 직장가입자를 사용하는 적용대상사업장이 휴업·폐업한 경우에는 보험자에게 신고하지 않을 수 있다.

[○|×]

11 직장가입자의 피부양자이었던 사람은 그 자격을 잃은 날에 직장가입자 또는 지역가입자의 자격을 얻는다.

[○|×]

12 수급권자이었던 사람은 그 대상자에서 제외된 날로부터 30일 이후에 직장가입자 또는 지역가입자의 자격을 얻는다.

[○|×]

13 유공자 등 의료보호대상자이었던 사람은 그 대상자에서 제외된 날로부터 14일 이후에 건강보험의 자격자가 될 수 있다. [○|×]

14 직장가입자가 아니었던 사람이 직장가입자의 자격을 얻은 경우에 그 직장가입자의 사용자는 자격 취득일로부터 14일 이내에 보험자에게 신고해야 한다. [○|×]

15 직장가입자가 다른 적용대상사업장의 사용자로 되거나 근로자 등으로 사용된 경우에는 그날로부터 그 자격이 변동된다. [○|×]

16 직장가입자인 근로자 등이 그 사용관계가 끝난 경우에는 그날로부터 14일 이후에 그 자격이 변동된다. [○|×]

17 지역가입자가 다른 세대로 전입한 경우에는 그날로부터 그 자격이 변동된다. [○|×]

18 적용대상사업장이 휴업 또는 폐업함에 따라 직장가입자인 근로자 등의 자격이 변동된 경우에는 지역가입자의 세대주가 보험자에게 신고해야 한다. [○|×]

19 국방부장관은 직장가입자나 지역가입자가 현역병이 된 경우에는 그날로부터 1개월 이내에 보험자에게 알려야 한다. [○|×]

20 국민건강보험공단은 가입자 자격의 변동 여부를 확인한 경우에는 그 변동 후 최초로 납부의무자에게 보험료 납입 고지를 할 때 변동에 대한 사항을 알려야 한다. [○|×]

21 가입자가 사망했을 경우에는 사망한 날부터 그 자격을 잃는다. [○|×]

22 가입자가 직장가입자의 피부양자가 되어 그 자격을 잃은 경우에는 직장가입자이 사용자와 지역가입자의 세대주는 그 명세를 보험자에게 신고해야 한다. [○|×]

23 가입자 또는 피부양자가 요양급여를 받을 때에는 건강보험증을 요양기관에 제출하는 것이 원칙이다. [○|×]

24 가입자 또는 피부양자는 주민등록증 등의 신분증명서로 가입 자격을 증명할 수 있는 경우에도 요양기관에 건강보험증을 반드시 제출해야 한다. [○|×]

25 건강보험증을 다른 사람에게 양도하는 것은 불가능하지만, 다른 사람에게 대여해 보험급여를 받게 하는 것은 허용된다. [○|×]

01	02	03	04	05	06	07	08	09	10	11	12	13	14	15	16	17	18	19	20
○	×	×	○	×	○	○	×	○	×	○	×	×	○	○	×	○	○	○	○
21	22	23	24	25															
×	○	○	×	×															

02 유공자 등 의료보호대상자는 원칙적으로는 가입자 또는 피부양자가 될 수 없다. 다만 유공자 등 의료보호대상자 중 건강보험의 적용을 보험자에게 신청한 사람 또는 건강보험을 적용받고 있던 사람이 유공자 등 의료보호대상자로 되었으나 건강보험의 적용배제신청을 보험자에게 하지 아니한 사람은 가입자 또는 피부양자가 된다(법 제5조 제1항).

03 직장가입자에게 주로 생계를 의존하는 배우자의 직계존속·직계비속 등은 피부양자가 될 수 있다. 피부양자는 직장가입자의 배우자의 직계존속·직계비속 중에 직장가입자에게 주로 생계를 의존하는 사람으로서 소득 및 재산이 보건복지부령으로 정하는 기준 이하에 해당하는 사람을 말한다(법 제5조 제2항 제2호·제3호).

05 모든 사업장의 근로자 및 사용자와 공무원 및 교직원은 직장가입자가 된다(법 제6조 제2항).

08 선거에 당선되어 취임하는 공무원으로서 매월 보수 또는 보수에 준하는 급료를 받지 아니하는 사람은 직장가입자가 될 수 없다(법 제6조 제2항 제3호).

10 사업장의 사용자는 휴업·폐업 등 보건복지부령으로 정하는 사유가 발생한 경우 14일 이내에 보건복지부령으로 정하는 바에 따라 보험자(공단)에게 신고하여야 한다(법 제7조 제2호).

12 수급권자이었던 사람은 그 대상자에서 제외된 날부터 직장가입자 또는 지역가입자의 자격을 얻는다(법 제8조 제1항 제1호).

13 유공자 등 의료보호대상자이었던 사람은 그 대상자에서 제외된 날부터 직장가입자 또는 지역가입자의 자격을 얻는다(법 제8조 제1항 제3호).

16 직장가입자인 근로자 등은 그 사용관계가 끝난 날의 다음 날부터 그 자격이 변동된다(법 제9조 제1항 제3호).

21 가입자는 사망한 날의 다음 날부터 그 자격을 잃는다(법 제10조 제1항 제1호).

24 가입자 또는 피부양자는 주민등록증, 운전면허증, 여권, 그 밖에 보건복지부령으로 정하는 본인 여부를 확인할 수 있는 신분증명서로 요양기관이 그 자격을 확인할 수 있으면 건강보험증을 제출하지 아니할 수 있다(법 제12조 제3항).

25 누구든지 건강보험증이나 신분증명서를 다른 사람에게 양도하거나 대여하여 보험급여를 받게 하여서는 아니 된다(법 제12조 제5항).

01 다음 중 건강보험의 적용 대상에 대한 설명으로 옳지 않은 것은?

① 직장가입자 A의 동생인 B가 A에게 주로 생계를 의존하더라도 B는 피부양자가 될 수 없다.

② 직장가입자 A의 사위인 C가 A에게 주로 생계를 의존할 경우에 C는 피부양자가 될 수 있다.

③ 유공자 등 의료보호대상자 중 건강보험의 적용을 보험자에게 신청한 사람은 건강보험의 가입자 또는 피부양자가 될 수 있다.

④ 국내에 거주하는 국민은 건강보험의 가입자 또는 피부양자가 되지만, 의료급여법에 따른 수급권자는 건강보험 적용 대상에서 제외된다.

02 다음 중 직장가입자의 종류에 대한 설명으로 옳지 않은 것은?

① 고용 기간이 1개월 미만인 일용근로자는 직장가입자가 될 수 없다.

② 현역병, 전환복무된 사람, 군간부후보생 등은 직장가입자가 될 수 없다.

③ 모든 사업장의 근로자는 직장가입자가 될 수 있지만, 사용자는 그렇지 않다.

④ 선거에 당선되어 취임하는 공무원으로서 보수에 준하는 급료를 받지 않는 사람은 직장가입자가 될 수 없다.

03 다음 사업장의 신고에 대한 글의 빈칸 ㉠, ㉡에 들어갈 내용을 순서대로 바르게 나열한 것은?

> 직장가입자가 되는 근로자를 사용하는 적용대상사업장이 되었을 경우에는 그 때부터 ____㉠____ 는 ____㉡____ 이내에 보험자에게 신고해야 한다.

	㉠	㉡		㉠	㉡
①	근로자	14일	②	근로자	30일
③	사용자	14일	④	사용자	30일

04 다음 중 자격의 취득 시기 등에 대한 설명으로 옳은 것은?

① 수급권자이었던 사람은 그 대상자에서 제외된 날의 다음 날에 자격을 얻는다.

② 직장가입자의 피부양자이었던 사람은 그 자격을 잃은 날의 다음 날에 자격을 얻는다.

③ 유공자 등 의료보호대상자이었던 사람은 그 대상자에서 제외된 날부터 자격을 얻는다.

④ 자격을 얻은 경우 그 직장가입자의 사용자 및 지역가입자의 세대주는 그 명세를 자격을 취득한 날부터 30일 이내에 보험자에게 신고해야 한다.

05 다음 중 자격의 변동 시기 등에 대한 설명으로 옳지 않은 것은?

① 지역가입자가 적용대상사업장의 사용자로 사용된 날에 자격이 변동된다.

② 적용대상사업장이 폐업의 사유가 발생한 날부터 14일 이후에 자격이 변동된다.

③ 자격이 변동된 경우 직장가입자의 사용자와 지역가입자의 세대주는 그 명세를 자격이 변동된 날부터 14일 이내에 보험자에게 신고해야 한다.

④ 직장가입자가 다른 적용대상사업장의 근로자 등으로 사용됨에 따라 자격이 변동된 경우에는 그 직장가입자의 사용자가 보험자에게 신고해야 한다.

06 다음 중 자격의 상실 시기 등에 대한 설명으로 옳지 않은 것은?

① 가입자는 사망한 날의 다음 날에 그 자격을 잃는다.

② 가입자는 수급권자가 된 날의 다음 날에 그 자격을 잃는다.

③ 가입자는 직장가입자의 피부양자가 된 날에 그 자격을 잃는다.

④ 가입자는 국내에 거주하지 않게 된 날의 다음 날에 그 자격을 잃는다.

07 가입자 자격을 잃은 경우에 그날부터 며칠 이내에 누구에게 신고해야 하는가?

① 14일 이내에 보험자에게 신고해야 한다.

② 30일 이내에 보험자에게 신고해야 한다.

③ 14일 이내에 보건복지부장관에게 신고해야 한다.

④ 30일 이내에 보건복지부장관에게 신고해야 한다.

08 다음 중 건강보험증에 대한 설명으로 옳은 것은?

① 건강보험증을 발급하는 주체는 보건복지부장관이다.

② 피부양자가 요양급여를 받을 때에는 요양기관에 건강보험증을 반드시 제출해야 한다.

③ 가입자는 자격을 상실한 이후에는 자격을 증명하던 서류를 사용하여 보험급여를 받을 수 없다.

④ 본인 여부를 확인할 수 있는 신분증명서로 요양기관이 그 자격을 확인할 수 있더라도 요양기관에 건강보험증을 반드시 제출해야 한다.

09 다음 중 국민건강보험법 가입자 또는 피부양자가 아닌 사람은?

① 직장가입자의 배우자 A

② 직장가입자의 형제·자매 B

③ 국내에 거주하는 국민 C

④ 의료급여법에 따라 의료급여를 받는 D

1. 국민건강보험공단의 업무

(1) 보험자(제13조)

건강보험의 보험자는 국민건강보험공단("공단")으로 한다.

(2) 국민건강보험공단의 업무 등(제14조)

① 공단이 관장하는 업무
1. 가입자 및 피부양자의 자격 관리
2. 보험료와 그 밖에 국민건강보험법에 따른 징수금의 부과·징수
3. 보험급여의 관리
4. 가입자 및 피부양자의 질병의 조기발견·예방 및 건강관리를 위하여 요양급여 실시 현황과 건강검진 결과 등을 활용하여 실시하는 예방사업으로서 대통령령으로 정하는 사업
5. 보험급여 비용의 지급
6. 자산의 관리·운영 및 증식사업
7. 의료시설의 운영
8. 건강보험에 대한 교육훈련 및 홍보
9. 건강보험에 대한 조사연구 및 국제협력
10. 국민건강보험법에서 공단의 업무로 정하고 있는 사항
11. 국민연금법, 고용보험 및 산업재해보상보험의 보험료징수 등에 대한 법률, 임금채권보장법 및 석면피해구제법("징수위탁근거법")에 따라 위탁받은 업무
12. 그 밖에 국민건강보험법 또는 다른 법령에 따라 위탁받은 업무
13. 그 밖에 건강보험과 관련하여 보건복지부장관이 필요하다고 인정한 업무

② 자산의 관리·운영 및 증식사업 : 안정성과 수익성을 고려하여 다음 각 호의 방법에 따라야 한다.
1. 체신관서 또는 은행법에 따른 은행에의 예입 또는 신탁
2. 국가·지방자치단체 또는 은행법에 따른 은행이 직접 발행하거나 채무이행을 보증하는 유가증권의 매입
3. 특별법에 따라 설립된 법인이 발행하는 유가증권의 매입
4. 자본시장과 금융투자업에 대한 법률에 따른 신탁업자가 발행하거나 같은 법에 따른 집합투자업자가 발행하는 수익증권의 매입
5. 공단의 업무에 사용되는 부동산의 취득 및 일부 임대
6. 그 밖에 공단 자산의 증식을 위하여 대통령령으로 정하는 사업

③ 수수료·사용료의 징수 : 공단은 특정인을 위하여 업무를 제공하거나 공단 시설을 이용하게 할 경우 공단의 정관으로 정하는 바에 따라 그 업무의 제공 또는 시설의 이용에 대한 수수료와 사용료를 징수할 수 있다.

④ 정보의 공개 : 공단은 공공기관의 정보공개에 대한 법률에 따라 건강보험과 관련하여 보유·관리하고 있는 정보를 공개한다.

2. 공단의 성립

(1) 법인격 등(제15조)

① 공단은 **법인**으로 한다.

② 공단은 주된 사무소의 소재지에서 설립등기를 힘으로써 성립한다.

(2) 사무소(제16조)

① 공단의 주된 사무소의 소재지는 **정관**으로 정한다.

② 공단은 필요하면 **정관으로 정하는** 바에 따라 분사무소를 둘 수 있다.

(3) 정관(제17조)

① 공단의 정관에 적어야 할 사항

　　1. 목적

　　2. 명칭

　　3. 사무소의 소재지

　　4. 임직원에 대한 사항

　　5. 이사회의 운영

　　6. 재정운영위원회에 대한 사항

　　7. 보험료 및 보험급여에 대한 사항

　　8. 예산 및 결산에 대한 사항

　　9. 자산 및 회계에 대한 사항

　　10. 업무와 그 집행

　　11. 정관의 변경에 대한 사항

　　12. 공고에 대한 사항

② 공단은 정관을 변경하려면 **보건복지부장관의** 인가를 받아야 한다.

(4) 등기(제18조)

공단의 설립등기에는 다음 각 호의 사항을 포함하여야 한다.

1. 목적

2. 명칭

3. 주된 사무소 및 분사무소의 소재지

4. 이사장의 성명·주소 및 주민등록번호

(5) 해산(제19조)

공단의 해산에 관하여는 **법률**로 정한다.

(6) 임원(제20조)

① **공단의 임원** : 이사장 1명, 이사 14명 및 감사 1명(이사장, 이사 중 5명 및 감사는 상임)

② **이사장의 임명** : 이사장은 공공기관의 운영에 대한 법률에 따른 **임원추천위원회**가 복수로 추천한 사람 중에서 **보건복지부장관의 제청으로 대통령이 임명**

더 알아보기

임원추천위원회(공공기관의 운영에 대한 법률 제29조)

① 공기업·준정부기관의 임원 후보자를 추천하고, 공기업·준정부기관의 장("기관장") 후보자와의 계약안에 대한 사항의 협의 등을 수행하기 위하여 <u>공기업·준정부기관에 임원추천위원회를 둔다.</u>

② 임원추천위원회는 그 공기업·준정부기관의 <u>비상임이사와 이사회가 선임한 위원으로 구성한다.</u>

③ 공기업·준정부기관의 임직원과 공무원은 임원추천위원회의 위원이 될 수 없다. 다만, 그 공기업·준정부기관의 비상임이사, 교육공무원법에 따른 교원과 그 준정부기관의 주무기관 소속 공무원은 그러하지 아니하다.

④ 이사회가 선임하는 위원의 정수는 임원추천위원회 위원 정수의 <u>2분의 1 미만으로</u> 한다. 다만, 임원추천위원회 구성 당시 비상임이사가 1명인 경우에는 이사회가 선임하는 위원의 정수를 <u>2분의 1로</u> 할 수 있다.

⑤ 임원추천위원회의 위원장은 임원추천위원회 위원인 공기업·준정부기관의 <u>비상임이사 중에서 임원추천위원회 위원의 호선으로</u> 선출한다.

⑥ 임원추천위원회 구성 당시 비상임이사가 없는 공기업·준정부기관은 <u>이사회가 선임한 외부위원으로</u> 임원추천위원회를 구성하며, 위원장은 외부위원 중 호선으로 선출한다.

⑦ 임원추천위원회는 회의의 심의·의결 내용 등이 기록된 회의록을 작성·보존하고 이를 공개하여야 한다. 다만, 공공기관의 정보공개에 대한 법률 제9조 제1항 각 호의 어느 하나에 해당하는 경우에는 공개하지 아니할 수 있다.

⑧ 임원추천위원회의 구성, 운영 및 후보자 추천 기한 등에 관하여 필요한 사항은 <u>대통령령으로</u> 정한다.

③ **상임이사의 임명** : 보건복지부령으로 정하는 추천 절차를 거쳐 **이사장이 임명**

④ **비상임이사의 임명** : 다음 각 호의 사람을 **보건복지부장관이 임명**

   1. 노동조합·사용자단체·시민단체·소비자단체·농어업인단체 및 노인단체가 추천하는 각 1명

   2. 대통령령으로 정하는 바에 따라 추천하는 관계 공무원 3명

⑤ **감사의 임명** : 임원추천위원회가 복수로 추천한 사람 중에서 기획재정부장관의 제청으로 대통령이 임명

더 알아보기

이사회의 구성

이사장(1명)	• 국민건강보험공단의 이사장

이사(14명)	• 상임이사 : 5명
	• 비상임이사 : 9명
	  – 노동조합, 사용자단체, 시민단체, 소비자단체, 농어업인단체, 노인단체에서 각각 1명씩 추천하는 6명
	  – 기획재정부장관, 보건복지부장관, 인사혁신처장이 그 소속 3급 공무원 또는 고위 공무원단에 속하는 일반직 공무원 중에서 각각 1명씩 지명하는 3명

감사(1명)	임원추천위원회에서 추천하는 1명

⑥ **실비변상** : 비상임이사는 정관으로 정하는 바에 따라 실비변상을 받을 수 있다.

⑦ **임원의 임기** : 이사장의 임기는 3년, 이사(공무원인 이사는 제외한다)와 감사의 임기는 각각 2년

(7) **징수이사(제21조)**

① **징수이사의 자격** : 상임이사 중 보험료와 그 밖에 국민건강보험법에 따른 징수금의 부과·징수 및 징수위탁근거법에 따라 위탁받은 업무를 담당하는 이사("**징수이사**")는 경영, 경제 및 사회보험에 대한 학식과 경험이 풍부한 사람으로서 보건복지부령으로 정하는 자격을 갖춘 사람 중에서 선임한다.

② **징수이사의 임명 과정(제2항부터 제5항)**

    ㉠ 징수이사 후보를 추천하기 위하여 공단에 **이사를 위원으로 하는 징수이사추천위원회**("**추천위원회**")를 둔다. 이 경우 추천위원회의 위원장은 **이사장이 지명하는 이사**로 한다(제2항).

    ㉡ 추천위원회는 주요 일간신문에 징수이사 후보의 모집 공고를 하여야 하며, 이와 별도로 적임자로 판단되는 징수이사 후보를 조사하거나 전문단체에 조사를 의뢰할 수 있다(제3항).

    ㉢ 추천위원회는 모집한 사람을 보건복지부령으로 정하는 징수이사 후보 심사기준에 따라 심사하여야 하며, 징수이사 후보로 추천될 사람과 계약 조건에 관하여 협의하여야 한다(제4항).

    ㉣ 이사장은 심사와 협의 결과에 따라 **징수이사 후보와 계약**을 체결하여야 하며, 이 경우 상임이사의 임명으로 본다(제5항).

③ 계약 조건에 대한 협의, 계약 체결 등에 필요한 사항은 **보건복지부령**으로 정한다(제6항).

3. 공단의 조직 운영

(1) 임원의 직무(제22조)

① **이사장** : 공단을 대표하고 업무를 총괄하며, 임기 중 공단의 경영성과에 대하여 책임을 진다.

② **상임이사** : 이사장의 명을 받아 공단의 업무를 집행한다.

③ **이사장의 직무 대행** : 이사장이 부득이한 사유로 그 직무를 수행할 수 없을 때에는 정관으로 정하는 바에 따라 **상임이사 중 1명**이 그 직무를 대행하고, 상임이사가 없거나 그 직무를 대행할 수 없을 때에는 **정관으로 정하는 임원**이 그 직무를 대행한다.

④ **감사** : 공단의 업무, 회계 및 재산 상황을 감사한다.

(2) 임원 결격사유(제23조)

다음 각 호의 어느 하나에 해당하는 사람은 공단의 임원이 될 수 없다.

1. 대한민국 국민이 아닌 사람
2. 공공기관의 운영에 대한 법률에 따라 국가공무원법의 결격사유에 해당하는 사람 또는 **해임된 날부터 3년**이 지나지 아니한 사람

(3) 임원의 당연퇴임 및 해임(제24조)

① **당연퇴임 사유** : 임원이 임원 결격사유의 어느 하나에 해당하게 되거나 임명 당시 그에 해당하는 사람으로 확인되면 그 임원은 당연퇴임한다.

② **해임 사유** : 임명권자는 임원이 다음 각 호의 어느 하나에 해당하면 그 임원을 해임할 수 있다.

    1. 신체장애나 정신장애로 직무를 수행할 수 없다고 인정되는 경우

    2. 직무상 의무를 위반한 경우

    3. 고의나 중대한 과실로 공단에 손실이 생기게 한 경우

4. 직무 여부와 관계없이 품위를 손상하는 행위를 한 경우
5. 국민건강보험법에 따른 보건복지부장관의 명령을 위반한 경우

(4) 임원의 겸직 금지 등(제25조)

① 겸직 금지 : 공단의 상임임원과 직원은 그 직무 외에 **영리를 목적으로 하는 사업**에 종사하지 못한다.
② 겸직 금지의 예외 : 공단의 상임임원이 임명권자 또는 제청권자의 허가를 받거나 공단의 직원이 이사장의 허가를 받은 경우에는 비영리 목적의 업무를 겸할 수 있다.

(5) 이사회(제26조)

① 공단의 주요 사항(공공기관의 운영에 대한 법률 제17조 제1항 각 호의 사항을 말한다)을 심의·의결하기 위하여 공단에 **이사회**를 둔다.

> **더 알아보기**
>
> 주요 사항(공공기관의 운영에 대한 법률 제17조 제1항)
> 1. 경영목표, 예산, 운영계획 및 중장기재무관리계획
> 2. 예비비의 사용과 예산의 이월
> 3. 결산
> 4. 기본재산의 취득과 처분
> 5. 장기차입금의 차입 및 사채의 발행과 그 상환 계획
> 6. 생산 제품과 서비스의 판매가격
> 7. 잉여금의 처분
> 8. 다른 기업체 등에 대한 출자·출연
> 9. 다른 기업체 등에 대한 채무보증. 다만, 다른 법률에 따라 보증업무를 수행하는 공기업·준정부기관의 경우 그 사업 수행을 위한 채무보증은 제외한다.
> 10. 정관의 변경
> 11. 내규의 제정과 변경
> 12. 임원의 보수
> 13. 공기업·준정부기관의 장("기관장")이 필요하다고 인정하여 이사회의 심의·의결을 요청하는 사항
> 14. 그 밖에 이사회가 특히 필요하다고 인정하는 사항

② 이사회는 이사장과 이사로 구성한다.
③ 감사는 이사회에 출석하여 발언할 수 있다.
④ 이사회의 의결 사항 및 운영 등에 필요한 사항은 **대통령령**으로 정한다.

> **더 알아보기**
>
> 이사회의 운영
> • 회의
>   - 정기회의 : 2월과 10월(연 2회)
>   - 임시회의 : 이사장이 회의가 필요하다고 인정할 때 또는 재적이사 3분의 1 이상이 회의의 목적을 명시하여 서면으로 요구할 때(수시)
> • 의결 방법 : 재적이사 과반수의 출석으로 개의하고, 재적이사 과반수의 찬성으로 의결함

(6) 직원의 임면(제27조)

이사장은 정관으로 정하는 바에 따라 직원을 임면(任免)한다.

(7) 벌칙 적용 시 공무원 의제(제28조)

공단의 임직원은 형법 제129조부터 제132조까지의 규정을 적용할 때 공무원으로 본다.

> **더 알아보기**
>
> 공무원의 직무에 대한 죄(형법 제129조부터 제132조)
> - 수뢰, 사전수뢰(제129조)
>   ① 공무원 또는 중재인이 그 직무에 관하여 뇌물을 수수, 요구 또는 약속한 때에는 5년 이하의 징역 또는 10년 이하의 자격정지에 처한다.
>   ② 공무원 또는 중재인이 될 자가 그 담당할 직무에 관하여 청탁을 받고 뇌물을 수수, 요구 또는 약속한 후 공무원 또는 중재인이 된 때에는 3년 이하의 징역 또는 7년 이하의 자격정지에 처한다.
> - 제3자뇌물제공(제130조) : 공무원 또는 중재인이 그 직무에 관하여 부정한 청탁을 받고 제3자에게 뇌물을 공여하게 하거나 공여를 요구 또는 약속한 때에는 5년 이하의 징역 또는 10년 이하의 자격정지에 처한다.
> - 수뢰후부정처사, 사후수뢰(제131조)
>   ① 공무원 또는 중재인이 전2조의 죄를 범하여 부정한 행위를 한 때에는 1년 이상의 유기징역에 처한다.
>   ② 공무원 또는 중재인이 그 직무상 부정한 행위를 한 후 뇌물을 수수, 요구 또는 약속하거나 제3자에게 이를 공여하게 하거나 공여를 요구 또는 약속한 때에도 전항의 형과 같다.
>   ③ 공무원 또는 중재인이었던 자가 그 재직 중에 청탁을 받고 직무상 부정한 행위를 한 후 뇌물을 수수, 요구 또는 약속한 때에는 5년 이하의 징역 또는 10년 이하의 자격정지에 처한다.
>   ④ 전3항의 경우에는 10년 이하의 자격정지를 병과할 수 있다.
> - 알선수뢰(제132조) : 공무원이 그 지위를 이용하여 다른 공무원의 직무에 속한 사항의 알선에 관하여 뇌물을 수수, 요구 또는 약속한 때에는 3년 이하의 징역 또는 7년 이하의 자격정지에 처한다.

(8) 규정 등(제29조)

공단의 조직·인사·보수 및 회계에 대한 규정은 이사회의 의결을 거쳐 보건복지부장관의 승인을 받아 정한다.

(9) 대리인의 선임(제30조)

이사장은 공단 업무에 대한 모든 재판상의 행위 또는 재판 외의 행위를 대행하게 하기 위하여 공단의 이사 또는 직원 중에서 대리인을 선임할 수 있다.

(10) 대표권의 제한(제31조)

① 이사장은 공단의 이익과 자기의 이익이 상반되는 사항에 대하여는 공단을 대표하지 못한다. 이 경우 감사가 공단을 대표한다.
② 공단과 이사장 사이의 소송은 제1항을 준용한다.

(11) 이사장 권한의 위임(제32조)

국민건강보험법에 규정된 이사장의 권한 중 급여의 제한, 보험료의 납입 고지 등 대통령령으로 정하는 사항은 정관으로 정하는 바에 따라 분사무소의 장에게 위임할 수 있다.

(12) 재정운영위원회(제33조)

① 요양급여비용의 계약 및 결손처분 등 보험재정에 관련된 사항을 심의·의결하기 위하여 공단에 재정
운영위원회를 둔다.

② 재정운영위원회의 위원장은 공익을 대표하는 위원 10명 중에서 호선한다.

(13) 재정운영위원회의 구성 등(제34조)

① 재정운영위원회의 위원 구성(30명)

　　1. 직장가입자를 대표하는 위원 10명

　　2. 지역가입자를 대표하는 위원 10명

　　3. 공익을 대표하는 위원 10명

② 위원의 임명·위촉권자 : 다음 각 호의 사람을 보건복지부장관이 임명하거나 위촉한다.

　　1. 제1항 제1호의 위원은 노동조합과 사용자단체에서 추천하는 각 5명

　　2. 제1항 제2호의 위원은 대통령령으로 정하는 바에 따라 농어업인단체·도시자영업자단체 및 시민
단체에서 추천하는 사람

　　3. 제1항 제3호의 위원은 대통령령으로 정하는 관계 공무원 및 건강보험에 대한 학식과 경험이 풍부
한 사람

③ 재정운영위원회 위원(공무원인 위원은 제외)의 임기 : 2년으로 한다. 다만, 위원의 사임 등으로 새로
위촉된 위원의 임기는 전임위원 임기의 남은 기간으로 한다.

④ 재정운영위원회의 운영 등에 필요한 사항은 대통령령으로 정한다.

4. 공단의 회계 운영

(1) 회계(제35조)

① 공단의 회계연도 : 정부의 회계연도에 따른다.

② 재정의 통합 운영 : 공단은 직장가입자와 지역가입자의 재정을 통합하여 운영한다.

③ 회계의 구분 : 공단은 건강보험사업 및 징수위탁근거법의 위탁에 따른 국민연금사업·고용보험사업·
산업재해보상보험사업·임금채권보장사업에 대한 회계를 공단의 다른 회계와 구분하여 각각 회계처
리하여야 한다.

(2) 예산(제36조)

공단은 회계연도마다 예산안을 편성하여 이사회의 의결을 거친 후 보건복지부장관의 승인을 받아야 한
다. 예산을 변경할 때에도 또한 같다.

(3) 차입금(제37조)

공단은 지출할 현금이 부족한 경우에는 차입할 수 있다. 다만, 1년 이상 장기로 차입하려면 보건복지부
장관의 승인을 받아야 한다.

(4) 준비금(제38조)

① 준비금의 적립 : 공단은 회계연도마다 결산상의 잉여금 중에서 그 연도의 보험급여에 든 비용의 100분의 5 이상에 상당하는 금액을 그 연도에 든 비용의 100분의 50에 이를 때까지 준비금으로 적립하여야 한다.

② 준비금의 사용 : 준비금은 부족한 **보험급여 비용**에 충당하거나 **지출할 현금이 부족할 때** 외에는 사용할 수 없으며, 현금 지출에 준비금을 사용한 경우에는 해당 회계연도 중에 이를 **보전(補塡)**하여야 한다.

③ 준비금의 관리 및 운영 방법 등에 필요한 사항은 **보건복지부장관**이 정한다.

(5) 결산(제39조)

① 결산의 보고 : 공단은 회계연도마다 결산보고서와 사업보고서를 작성하여 다음해 2월 말일까지 보건복지부장관에게 보고하여야 한다.

② 결산의 공고 : 공단은 결산보고서와 사업보고서를 보건복지부장관에게 보고하였을 때에는 보건복지부령으로 정하는 바에 따라 그 내용을 공고하여야 한다.

(6) 재난적의료비 지원사업에 대한 출연(제39조의2)

공단은 재난적의료비 지원에 대한 법률에 따른 **재난적의료비 지원사업**에 사용되는 비용에 충당하기 위하여 매년 예산의 범위에서 **출연**할 수 있다. 이 경우 출연 금액의 상한 등에 필요한 사항은 **대통령령**으로 정한다.

> **더 알아보기**
>
> 재난적의료비
> • "재난적의료비"란 재난적의료비 지원에 대한 법률에 따른 지원대상자가 속한 가구의 소득·재산 수준에 비추어 볼 때 지원대상자가 부담하기에 과도한 의료비로서 대통령령으로 정하는 기준에 따라 산정된 비용을 말한다(재난적의료비 지원에 대한 법률 제2조).
> • 재난적 의료비는 다음 각 호의 구분에 따른 금액을 초과하는 경우 해당 의료비를 말한다(재난적의료비 지원에 대한 법률 시행령 제3조 제2항).
>   1. 1회의 입원진료 비용과 그 진료 과정에서 구입한 의약품 비용
>   2. 최종 외래진료 이전 1년 이내에 동일한 질환의 치료를 위한 외래진료에서 발생한 비용과 그 진료 과정에서 구입한 의약품 비용
>   3. 최종 입원진료 또는 외래진료 이전 1년 이내의 입원진료와 외래진료가 동일한 질환에 대한 일련의 치료 과정에 해당하는 것으로 인정되는 경우에는 해당 입원진료·외래진료 비용 및 각각의 진료 과정에서 구입한 의약품 비용

(7) 민법의 준용(제40조)

공단에 관하여 국민건강보험법과 공공기관의 운영에 대한 법률에서 정한 사항 외에는 민법 중 재단법인에 대한 규정을 준용한다.

※ 다음 문제의 진위 여부를 판단해 ○ 또는 ×를 선택하시오.

01 국민건강보험공단은 의료시설의 운영 업무를 관장하지 않는다.   [○ | ×]

02 국민건강보험공단은 건강보험에 대한 조사연구, 국제협력, 교육훈련 및 홍보 업무를 관장한다.
    [○ | ×]

03 국민건강보험공단은 은행에의 예입·신탁, 유가증권·수익증권의 매입, 부동산의 취득·임대 등의 방법을 통해 자산을 관리·증식한다.   [○ | ×]

04 국민건강보험공단은 법인으로 하며, 정관으로써 분사무소를 둘 수 있다.   [○ | ×]

05 국민건강보험공단의 정관을 변경하려면 대통령의 인가를 받아야 한다.   [○ | ×]

06 자산 및 회계에 대한 사항은 국민건강보험공단의 정관에 포함되지 않는다.   [○ | ×]

07 국민건강보험공단은 임원으로서 이사장 외에도 이사 14명 및 감사 1명을 둔다.   [○ | ×]

08 국민건강보험공단의 이사 중 5명과 감사는 상임으로 한다.   [○ | ×]

09 국민건강보험공단의 이사장은 임원추천위원회에서 추천한 사람 중에서 보건복지부장관이 임명한다.
    [○ | ×]

10 국민건강보험공단의 상임이사와 비상임이사는 모두 보건복지부장관이 임명한다.   [○ | ×]

11 노동조합, 사용자단체, 시민단체, 소비자단체, 농어업인단체, 노인단체 등에서 각 1명씩 추천한 비상임이사는 실비변상을 받을 수 있다.   [○ | ×]

12 국민건강보험공단의 이사장과 이사, 감사 등의 임기는 모두 3년으로 한다.   [○ | ×]

13 보건복지부장관이 지명하는 이사가 징수이사추천위원회의 위원장을 맡는다.   [○ | ×]

14 징수이사추천위원회는 징수이사 후보를 조사하거나 전문단체에 조사를 의뢰할 수 있다.　　[○ | ×]

15 국민건강보험공단의 이사장이 직무를 수행할 수 없을 때는 상임이사 중 1명이 직무를 대행한다.
　　　　　　　　　　　　　　　　　　　　　　　　　　　　　　　　　　　　　[○ | ×]

16 국민건강보험공단 이사장의 허가를 받은 상임인원은 비영리 목적의 업무를 겸할 수 있다.　[○ | ×]

17 국민건강보험공단 이사회의 의결 사항 및 운영 등에 필요한 사항은 보건복지부령으로 정한다.
　　　　　　　　　　　　　　　　　　　　　　　　　　　　　　　　　　　　　[○ | ×]

18 국민건강보험공단의 직원은 형법 제129조부터 제132조까지의 규정을 적용할 때 공무원으로 본다.
　　　　　　　　　　　　　　　　　　　　　　　　　　　　　　　　　　　　　[○ | ×]

19 국민건강보험공단의 조직·인사·보수·회계 등에 대한 규정을 정할 때는 대통령의 승인을 받아야 한다.
　　　　　　　　　　　　　　　　　　　　　　　　　　　　　　　　　　　　　[○ | ×]

20 국민건강보험공단의 이사장은 공단 업무에 대한 재판 외의 행위를 대행하게 하기 위해 이사나 직원 중에서 대리인을 선임할 수 있다.　　　　　　　　　　　　　　　　　　　　　　[○ | ×]

21 국민건강보험공단의 이익과 이사장의 이익이 대립하는 사항에 대해서는 감사가 국민건강보험공단을 대표한다.　　　　　　　　　　　　　　　　　　　　　　　　　　　　　　　[○ | ×]

22 국민건강보험공단 이사장의 권한 중 급여의 제한, 보험료의 납입고지 등은 분사무소의 장에게 위임할 수 있다.　　　　　　　　　　　　　　　　　　　　　　　　　　　　　　　[○ | ×]

23 재정운영위원회는 요양급여비용의 계약, 결손처분 등 보험재정에 관련된 사항을 심의·의결하는 역할을 한다.　　　　　　　　　　　　　　　　　　　　　　　　　　　　　　　　[○ | ×]

24 재정운영위원회의 위원장은 위원 중에서 이사장이 임명한다.　　　　　　　　　　[○ | ×]

25 재정운영위원회의 위원은 모두 45명이다.　　　　　　　　　　　　　　　　　[○ | ×]

26 재정운영위원회의 위원은 보건복지부장관이 임명하거나 위촉한다.　　　　　　　[○ | ×]

27 재정운영위원회 위원 중에서 공무원인 위원을 제외한 다른 위원의 임기는 2년이다.　[○ | ×]

28 국민건강보험공단은 직장가입자와 지역가입자의 재정을 분리해 운영한다.   [○|×]

29 국민건강보험공단은 건강보험사업 및 국민연금사업·고용보험사업·산업재해보상보험사업·임금채권
    보장사업에 대한 회계를 다른 회계와 구분해 각각 회계처리한다.   [○|×]

30 국민건강보험공단의 예산안은 보건복지부장관의 승인을 받아야 하며, 변경할 때도 보건복지부장관의 승
    인이 필요하다.   [○|×]

31 국민건강보험공단이 현금을 1년 이상의 장기로 차입하려 할 때는 기획재정부장관의 승인을 받아야 한다.
                                                                    [○|×]

32 국민건강보험공단은 회계연도마다 결산상의 잉여금 중에서 그 연도의 보험급여에 든 비용의 5% 이상에
    상당하는 금액을 그 연도에 든 비용의 50%에 이를 때까지 준비금으로 적립해야 한다.   [○|×]

33 준비금은 부족한 보험급여 비용에 충당하거나 지출할 현금이 부족할 때 외에는 사용할 수 없다.
                                                                    [○|×]

34 현금 지출에 준비금을 사용한 경우에는 다음 회계연도까지 이를 보전해야 한다.   [○|×]

35 회계연도마다 작성하는 결산보고서와 사업보고서는 당해 연도 12월 말일까지 보건복지부장관에게 보고해
    야 한다.   [○|×]

36 국민건강보험공단은 재난적의료비 지원사업에 사용되는 비용에 충당하기 위해 매년 예산의 범위에서
    출연할 수 있다.   [○|×]

37 건강보험의 보험자는 국민건강보험공단으로 한다.   [○|×]

38 국민건강보험공단의 설립등기에는 이사장의 주민등록번호가 포함되어야 한다.   [○|×]

39 국민건강보험공단의 해산에 관하여는 정관으로 정한다.   [○|×]

40 국민건강보험공단의 감사의 임명에 대한 제청권은 기획재정부장관에게 있다.   [○|×]

41 징수이사로 선임될 수 있는 자격은 보건복지부령으로 정한다.　　　　　　　　[○ | ×]

42 대한민국의 국적을 갖지 않은 사람도 국민건강보험공단의 감사가 될 수 있다.　　　[○ | ×]

43 국민건강보험공단의 이사로 재직 중에 신체장애나 정신장애로 직무를 수행할 수 없다고 인정되는 경우에
도 남은 임기 동안 이사의 지위를 유지할 수 있다.　　　　　　　　　　　　　　　[○ | ×]

44 임명권자는 임원이 직무 여부와 관계없이 품위를 손상하는 행위를 한 경우 그 임원을 해임할 수 있다.
　　　　　　　　　　　　　　　　　　　　　　　　　　　　　　　　　　　　　　[○ | ×]

45 준비금의 관리 및 운영 방법 등에 필요한 사항은 기획재정부장관이 정한다.　　　　[○ | ×]

01	02	03	04	05	06	07	08	09	10	11	12	13	14	15	16	17	18	19	20
×	○	○	○	×	×	○	○	×	×	○	○	×	×	○	○	○	×	○	×	○
21	22	23	24	25	26	27	28	29	30	31	32	33	34	35	36	37	38	39	40
○	○	○	×	×	○	○	×	○	○	×	○	○	×	×	○	○	○	×	×
41	42	43	44	45															
○	×	×	○	×															

01 공단은 의료시설의 운영 업무를 관장한다(법 제14조 제1항 제7호).

05 공단은 정관을 변경하려면 보건복지부장관의 인가를 받아야 한다(법 제17조 제2항).

06 공단의 정관에는 자산 및 회계에 대한 사항을 적어야 한다(법 제17조 제1항 제9호).

09 공단의 이사장은 임원추천위원회에서 복수로 추천한 사람 중에서 보건복지부장관 제청으로 대통령이 임명한다(법 제20조 제2항).

10 공단의 상임이사는 이사장이 임명하고, 비상임이사는 보건복지부장관이 임명한다(법 제20조 제3항·제4항).

12 이사장의 임기는 3년, 이사(공무원인 이사는 제외)와 감사의 임기는 각각 2년으로 한다(법 제20조 제7항).

13 추천위원회의 위원장은 이사장이 지명하는 이사로 한다(법 제21조 제2항).

17 이사회의 의결 사항 및 운영 등에 필요한 사항은 대통령령으로 정한다(법 제26조 제4항).

19 공단의 조직·인사·보수 및 회계에 대한 규정을 정할 때는 보건복지부장관의 승인을 받아야 한다(법 제29조).

24 재정운영위원회의 위원장은 위원 중에서 호선한다(법 제33조 제2항).

25 재정운영위원회는 직장가입자를 대표하는 위원 10명, 지역가입자를 대표하는 위원 10명, 공익을 대표하는 위원 10명으로 구성한다(법 제34조 제1항 제1호부터 제3호). 따라서 재정운영위원회의 위원은 모두 30명이다.

28 공단은 직장가입자와 지역가입자의 재정을 통합하여 운영한다(법 제35조 제2항).

31 공단은 지출할 현금이 부족한 경우에는 차입할 수 있다. 다만, 1년 이상 장기로 차입하려면 보건복지부장관의 승인을 받아야 한다(법 제37조).

34 현금 지출에 준비금을 사용한 경우에는 해당 회계연도 중에 이를 보전하여야 한다(법 제38조 제2항 후단).

35 공단은 회계연도마다 결산보고서와 사업보고서를 작성하여 다음해 2월 말일까지 보건복지부장관에게 보고하여야 한다(법 제39조 제1항).

39 국민건강보험공단의 해산에 관하여는 <u>법률</u>로 정한다(법 제19조).

40 감사는 임원추천위원회가 복수로 추천한 사람 중에서 기획재정부장관의 제청으로 <u>대통령</u>이 임명한다(법 제20조 제5항).

42 <u>대한민국 국민이 아닌 사람</u>은 공단의 임원이 될 수 없다(법 제23조 제1호).

43 임원이 제23조 각 호의 어느 하나에 해당하게 되거나 임명 당시 그에 해당하는 사람으로 확인되면 그 임원은 당연퇴임한다. 임명권자는 임원이 신체장애나 정신장애로 직무를 수행할 수 없다고 인정되는 경우에는 <u>그 임원을 해임할 수 있다</u>(법 제24조 제2항 제1호).

45 제1항에 따른 준비금의 관리 및 운영 방법 등에 필요한 사항은 <u>보건복지부장관</u>이 정한다(법 제38조 제3항).

PART 1 국민건강보험법 · **33**

01 다음 〈보기〉 중 국민건강보험공단에서 관장하는 업무로 옳은 것을 모두 고르면?

> **보기**
>
> ㉠ 의료시설의 운영
> ㉡ 요양급여비용의 심사
> ㉢ 요양급여의 적정성 평가
> ㉣ 보험료와 징수금의 부과·징수
> ㉤ 심사기준 및 평가기준의 개발
> ㉥ 건강보험에 대한 교육훈련 및 홍보
> ㉦ 징수위탁근거법에 따라 위탁받은 업무

① ㉠, ㉡, ㉢, ㉥

② ㉠, ㉣, ㉥, ㉦

③ ㉡, ㉢, ㉥, ㉦

④ ㉡, ㉣, ㉤, ㉥, ㉦

02 다음 중 국민건강보험공단의 업무에 대한 설명으로 옳지 않은 것은?

① 건강보험과 관련해 보유하고 있는 정보를 공개한다.

② 자산의 관리·운영· 증식을 위해 은행이 채무이행을 보증하는 유가증권을 매입할 수 있다.

③ 신탁업자, 집합투자업자가 발행하는 수익증권을 매입하는 방법으로 자산을 증식할 수 있다.

④ 특정인을 위해 공단의 시설을 이용하게 할 경우 이용에 대한 수수료·사용료를 징수하지 못한다.

03 다음 중 국민건강보험공단의 성립 및 운용에 대한 설명으로 옳지 않은 것은?

① 공단은 법인으로 하며, 주된 사무소의 소재지에서 설립등기를 함으로써 성립한다.

② 공단이 정관을 변경하려면 기획재정부장관의 재청과 대통령의 인가를 받아야 한다.

③ 주된 사무소의 소재지와 분사무소의 설치 여부 등을 결정할 때는 정관을 통해 정한다.

④ 설립등기에는 목적, 명칭, 주된 사무소 및 분사무소의 소재지, 이사장의 성명·주소 및 주민등록번호 등이 포함되어야 한다.

04 다음 중 국민건강보험공단의 임원에 대한 설명으로 옳지 않은 것은?

① 이사는 14명, 감사는 1명이며, 이사 중 9명은 비상임으로 한다.

② 이사장의 임기는 3년, 공무원이 아닌 이사와 감사의 임기는 2년으로 한다.

③ 감사는 임원추천위원회가 복수로 추천한 사람 가운데 보건복지부장관이 임명한다.

④ 이사장은 대통령이, 상임이사는 이사장이, 비상임이사는 보건복지부장관이 임명한다.

05 다음 중 국민건강보험공단의 징수이사에 대한 설명으로 옳지 않은 것은?

① 징수이사는 보험료의 부과·징수 및 징수위탁근거법에 따라 위탁받은 업무를 담당한다.

② 징수이사추천위원회는 보건복지부에 소속되며, 위원장은 보건복지부장관이 지명하는 이사로 한다.

③ 징수이사추천위원회는 일간신문에 징수이사 후보의 모집 공고를 해야 하며, 징수이사 후보를 조사하거나 전문단체에 조사를 의뢰할 수 있다.

④ 징수이사추천위원회와 징수이사 후보가 협의하는 계약 조건, 이사장과 징수이사 후보 사이의 계약 체결 등에 필요한 사항은 보건복지부령으로 정한다.

06 다음 중 국민건강보험공단의 임원에 대한 설명으로 옳지 않은 것은?

① 대한민국의 국적을 가지지 않은 사람은 공단의 임원이 될 수 없다.

② 임명권자는 직무 여부와 관계없이 품위를 손상하는 행위를 한 임원을 해임할 수 있다.

③ 임원으로 임명될 당시에는 대한민국 국민이었으나 이후에 그 국적을 상실하면 당연히 퇴임해야 한다.

④ 이사장이 직무를 수행할 수 없을 때에는 새로운 이사장이 임명될 때까지 보건복지부차관이 그 임무를 대행한다.

07 다음 중 국민건강보험공단의 임원이나 직원이 비영리 목적으로 겸직을 하려고 할 때, 이를 허가할 수 없는 주체는?

① 공단의 이사장   ② 기획재정부장관

③ 보건복지부장관   ④ 보건복지부차관

08 다음 중 국민건강보험법의 규정에 대한 설명으로 옳지 않은 것은?

① 감사는 이사회의 구성원은 아니지만 이사회에서 발언할 수 있는 권한이 있다.

② 공단의 조직과 회계 등에 대한 규정은 건강보험정책심의위원회의 심의를 거쳐 대통령의 승인으로 결정된다.

③ 이사장은 공단 업무에 대한 재판 외의 행위를 대행하게 하기 위해 이사나 직원 중에서 대리인을 선임할 수 있다.

④ 이사장과 공단이 이익이 서로 대립되는 사항 또는 공단과 이사장 사이에서 소송이 발생한 경우에는 감사가 공단을 대표한다.

09 다음 중 국민건강보험공단의 재정운영위원회에 대한 설명으로 옳지 않은 것은?

① 재정운영위원회의 위원장은 위원 중에서 호선하며, 임기는 2년이다.

② 재정운영위원회의 위원은 직장가입자, 지역가입자 및 공익 등 각각을 대표하는 위원 10명씩 총 30명으로 구성된다.

③ 재정운영위원회의 위원 중에 직장가입자를 대표하는 위원은 노동조합과 사용자단체에서 동수로 추천한다.

④ 재정운영위원회는 요양급여비용의 계약 및 결손처분 등 보험재정에 관련된 사항을 심의할 수 있으나 의결할 권한은 없다.

04 　보험급여

1. 요양급여와 선별급여

(1) 요양급여(제41조)

① 요양급여의 실시 : 가입자와 피부양자의 질병, 부상, 출산 등에 대하여 다음 각 호의 요양급여를 실시한다.

　1. 진찰・검사

　2. 약제・치료재료의 지급

　3. 처치・수술 및 그 밖의 치료

　4. 예방・재활

　5. 입원

　6. 간호

　7. 이송

② 요양급여의 범위("요양급여대상")

　1. 제1항 각 호의 요양급여(약제는 제외한다) : 보건복지부장관이 비급여대상으로 정한 것을 제외한 일체의 것

　2. 약제 : 요양급여대상으로 **보건복지부장관**이 결정하여 고시한 것

③ 요양급여의 방법・절차・범위・상한 등의 기준은 **보건복지부령**으로 정한다.

④ 보건복지부장관은 요양급여의 기준을 정할 때 업무나 일상생활에 지장이 없는 질환에 대한 치료 등 보건복지부령으로 정하는 사항은 요양급여대상에서 제외되는 사항("비급여대상")으로 정할 수 있다.

(2) 약제에 대한 요양급여비용 상한금액의 감액 등(제41조의2)

① 상한금액의 일부 감액 : 보건복지부장관은 약사법에 따른 의약품 등의 판매 질서의 위반과 관련된 약제에 대하여는 요양급여비용 상한금액(약제별 요양급여비용의 상한으로 정한 금액을 말한다. 이하 같다)의 100분의 20을 넘지 아니하는 범위에서 그 금액의 일부를 감액할 수 있다.

> **더 알아보기**
>
> 의약품 등의 판매 질서(약사법 제47조 제2항)
> 의약품공급자(법인의 대표자나 이사, 그 밖에 이에 종사하는 자를 포함하고, 법인이 아닌 경우 그 종사자를 포함한다) 및 의약품공급자로부터 의약품의 판매촉진 업무를 위탁받은 자(법인의 대표자나 이사, 그 밖에 이에 종사하는 자를 포함하고, 법인이 아닌 경우 그 종사자를 포함한다)는 의약품 채택・처방유도・거래유지 등 판매촉진을 목적으로 약사・한약사(해당 약국 종사자를 포함한다)・의료인・의료기관 개설자(법인의 대표자나 이사, 그 밖에 이에 종사하는 자를 포함한다. 이하 이 조에서 같다) 또는 의료기관 종사자에게 금전, 물품, 편익, 노무, 향응, 그 밖의 경제적 이익("경제적 이익 등")을 제공하거나 약사・한약사・의료인・의료기관 개설자 또는 의료기관 종사자로 하여금 약국 또는 의료기관이 경제적 이익 등을 취득하게 하여서는 아니 된다. 다만, 견본품 제공, 학술대회 지원, 임상시험 지원, 제품설명회, 대금결제 조건에 따른 비용할인, 시판 후 조사 등의 행위("견본품 제공 등의 행위")로서 식품의약품안전처장과 협의하여 보건복지부령으로 정하는 범위 안의 경제적 이익 등인 경우에는 그러하지 아니하다.

② 보건복지부장관은 요양급여비용의 상한금액이 감액된 약제가 감액된 날부터 5년의 범위에서 **대통령령**으로 정하는 기간 내에 다시 감액의 대상이 된 경우에는 요양급여비용 상한금액의 100분의 40을 넘지 아니하는 범위에서 요양급여비용 상한금액의 일부를 감액할 수 있다.

③ 요양급여의 적용 정지기간 : 보건복지부장관은 요양급여비용의 상한금액이 감액된 약제가 감액된 날부터 5년의 범위에서 **대통령령**으로 정하는 기간 내에 다시 약사법에 따른 의약품 등의 판매 질서의 위반과 관련된 경우에는 해당 약제에 대하여 1년의 범위에서 기간을 정하여 **요양급여의 적용을 정지**할 수 있다.

④ 요양급여비용 상한금액의 감액 및 요양급여 적용 정지의 기준, 절차, 그 밖에 필요한 사항은 **대통령령**으로 정한다.

(3) 행위 · 치료재료 및 약제에 대한 요양급여대상 여부의 결정(제41조의3)

① 요양급여대상 결정 신청(제1항 · 제2항)

ㄱ 요양기관, 치료재료의 제조업자 · 수입업자 등 보건복지부령으로 정하는 자는 요양급여대상 또는 비급여대상으로 결정되지 아니한 진찰 · 검사, 처치 · 수술 및 그 밖의 치료, 예방 · 재활의 요양급여에 대한 행위 및 치료재료("**행위 · 치료재료**")에 대하여 요양급여대상 여부의 결정을 보건복지부장관에게 신청하여야 한다(제1항).

ㄴ 약사법에 따른 약제의 제조업자 · 수입업자 등 보건복지부령으로 정하는 자는 요양급여대상에 포함되지 아니한 약제에 대하여 **보건복지부장관**에게 요양급여대상 여부의 결정을 신청할 수 있다(제2항).

② 결정의 통보 : 신청을 받은 보건복지부장관은 정당한 사유가 없으면 **보건복지부령**으로 정하는 기간 이내에 요양급여대상 또는 비급여대상의 여부를 결정하여 **신청인에게 통보**하여야 한다(제3항).

③ 직권으로 결정 : 보건복지부장관은 신청이 없는 경우에도 환자의 진료상 반드시 필요하다고 보건복지부령으로 정하는 경우에는 **직권으로** 행위 · 치료재료 및 약제의 요양급여대상의 여부를 결정할 수 있다(제4항).

④ 요양급여대상 여부의 결정 신청의 시기, 절차, 방법 및 업무의 위탁 등에 필요한 사항과 요양급여대상 여부의 결정 절차 및 방법 등에 대한 사항은 **보건복지부령**으로 정한다(제5항).

(4) 선별급여(제41조의4)

① 선별급여의 지정 : 요양급여를 결정함에 있어 경제성 또는 치료효과성 등이 불확실하여 그 검증을 위하여 추가적인 근거가 필요하거나, 경제성이 낮아도 가입자와 피부양자의 건강회복에 잠재적 이득이 있는 등 대통령령으로 정하는 경우에는 예비적인 요양급여인 선별급여로 지정하여 실시할 수 있다.

② 요양급여의 적합성 평가 : 보건복지부장관은 **대통령령**으로 정하는 절차와 방법에 따라 선별급여에 대하여 주기적으로 요양급여의 적합성을 평가하여 요양급여 여부를 다시 결정하고, 요양급여의 기준을 조정하여야 한다.

(5) 방문요양급여(제41조의5)

가입자 또는 피부양자가 질병이나 부상으로 거동이 불편한 경우 등 **보건복지부령**으로 정하는 사유에 해당하는 경우에는 가입자 또는 피부양자를 직접 방문하여 요양급여를 실시할 수 있다.

2. 요양기관과 요양급여비용

(1) 요양기관(제42조)

① 요양기관의 범위 : 요양급여(간호와 이송은 제외한다)는 다음 각 호의 요양기관에서 실시한다. 이 경우 보건복지부장관은 공익이나 국가정책에 비추어 요양기관으로 적합하지 아니한 **대통령령**으로 정하는 의료기관 등은 요양기관에서 제외할 수 있다.

1. 의료법에 따라 개설된 **의료기관**

> **더 알아보기**
>
> 의료기관(의료법 제3조 제1항·제2항)
> ① 의료기관 : 의료인이 공중(公衆) 또는 특정 다수인을 위하여 의료·조산의 업("의료업")을 하는 곳
> ② 의료기관의 구분
>   1. 의원급 의료기관 : 의사, 치과의사 또는 한의사가 주로 외래환자를 대상으로 각각 그 의료행위를 하는 의료기관(의원, 치과의원, 한의원)
>   2. 조산원 : 조산사가 조산과 임산부 및 신생아를 대상으로 보건활동과 교육·상담을 하는 의료기관
>   3. 병원급 의료기관 : 의사, 치과의사 또는 한의사가 주로 입원환자를 대상으로 의료행위를 하는 의료기관(병원, 치과병원, 한방병원, 요양병원, 정신병원, 종합병원)

2. 약사법에 따라 등록된 **약국**
3. 약사법에 따라 설립된 **한국희귀·필수의약품센터**

> **더 알아보기**
>
> 한국희귀·필수의약품센터의 설립(약사법 제91조 제1항)
> 다음 각 호의 의약품에 대한 각종 정보 제공 및 공급(조제 및 투약 업무를 포함한다) 등에 대한 업무를 하기 위하여 한국희귀·필수의약품센터를 둔다.
> 1. 희귀의약품
> 2. 국가필수의약품
> 3. 그 밖에 국민 보건상 긴급하게 도입할 필요가 있거나 안정적 공급 지원이 필요한 의약품으로서 식품의약품안전처장이 필요하다고 인정하는 의약품

4. 지역보건법에 따른 보건소·보건의료원 및 보건지소
5. 농어촌 등 보건의료를 위한 특별조치법에 따라 설치된 **보건진료소**

② 전문요양기관의 인정 : 보건복지부장관은 효율적인 요양급여를 위하여 필요하면 **보건복지부령**으로 정하는 바에 따라 시설·장비·인력 및 진료과목 등 보건복지부령으로 정하는 기준에 해당하는 요양기관을 **전문요양기관**으로 인정할 수 있다. 이 경우 해당 전문요양기관에 인정서를 발급하여야 한다.

③ 전문요양기관 인정의 취소 : 보건복지부장관은 전문요양기관으로 인정받은 요양기관이 다음 각 호의 어느 하나에 해당하는 경우에는 그 인정을 취소한다.

1. 제2항 전단에 따른 인정기준에 미달하게 된 경우
2. 제2항 후단에 따라 발급받은 인정서를 반납한 경우

④ 전문요양기관으로 인정된 요양기관 또는 의료법에 따른 **상급종합병원**에 대하여는 요양급여의 절차 및 요양급여비용을 다른 요양기관과 달리 할 수 있다.

상급종합병원 지정(의료법 제3조의4 제1항)
보건복지부장관은 다음 각 호의 요건을 갖춘 종합병원 중에서 중증질환에 대하여 <u>난이도가 높은 의료행위를 전문적으로 하는</u> 종합병원을 상급종합병원으로 지정할 수 있다.
1. 보건복지부령으로 정하는 20개 이상의 진료과목을 갖추고 각 진료과목마다 전속하는 전문의를 둘 것
2. 의료법에 따라 전문의가 되려는 자를 수련시키는 기관일 것
3. 보건복지부령으로 정하는 인력ㆍ시설ㆍ장비 등을 갖출 것
4. 질병군별 환자구성 비율이 보건복지부령으로 정하는 기준에 해당할 것

⑤ 요양기관은 정당한 이유 없이 요양급여를 거부하지 못한다.

(2) 요양기관의 선별급여 실시에 대한 관리(제42조의2)

① **선별급여 실시 조건의 충족** : 선별급여 중 자료의 축적 또는 의료 이용의 관리가 필요한 경우에는 보건복지부장관이 해당 선별급여의 실시 조건을 사전에 정하여 이를 충족하는 요양기관만이 해당 선별급여를 실시할 수 있다.

② **자료의 제출** : 선별급여를 실시하는 요양기관은 선별급여의 평가를 위하여 필요한 자료를 제출하여야 한다.

③ **선별급여 실시의 제한** : 보건복지부장관은 요양기관이 선별급여의 실시 조건을 충족하지 못하거나 자료를 제출하지 아니할 경우에는 해당 선별급여의 실시를 제한할 수 있다.

④ 선별급여의 실시 조건, 자료의 제출, 선별급여의 실시 제한 등에 필요한 사항은 **보건복지부령**으로 정한다.

(3) 요양기관 현황에 대한 신고(제43조)

① **신고사항** : 요양기관은 요양급여비용을 최초로 청구하는 때에 요양기관의 시설ㆍ장비 및 인력 등에 대한 현황을 건강보험심사평가원("심사평가원")에 신고하여야 한다.

② **신고기한** : 요양기관은 신고한 내용(요양급여비용의 증감에 관련된 사항만 해당한다)이 변경된 경우에는 그 변경된 날부터 15일 이내에 보건복지부령으로 정하는 바에 따라 **심사평가원에 신고하여야** 한다.

③ 신고의 범위, 대상, 방법 및 절차 등에 필요한 사항은 **보건복지부령**으로 정한다.

(4) 비용의 일부부담(제44조)

① **본인일부부담금** : 요양급여를 받는 자는 대통령령으로 정하는 바에 따라 비용의 일부("본인일부부담금")를 본인이 부담한다. 이 경우 선별급여에 대해서는 다른 요양급여에 비하여 본인일부부담금을 상향 조정할 수 있다.

② **본인부담상한액의 초과액을 부담하는 주체** : 본인이 연간 부담하는 본인일부부담금의 총액이 대통령령으로 정하는 금액("본인부담상한액")을 초과한 경우에는 공단이 그 초과 금액을 부담하여야 한다.

③ 본인부담상한액은 가입자의 소득수준 등에 따라 정한다.

④ 본인일부부담금 총액 산정 방법, 본인부담상한액을 넘는 금액의 지급 방법 및 가입자의 소득수준 등에 따른 본인부담상한액 설정 등에 필요한 사항은 **대통령령**으로 정한다.

(5) 요양급여비용의 산정 등(제45조)

① **계약의 당사자** : 요양급여비용은 공단의 이사장과 대통령령으로 정하는 의약계를 대표하는 사람들의 **계약**으로 정한다. 이 경우 계약기간은 1년으로 한다.

② 계약이 체결되면 그 계약은 공단과 각 요양기관 사이에 체결된 것으로 본다.

③ **계약의 체결 기한** : 계약은 그 직전 계약기간 만료일이 속하는 연도의 5월 31일까지 체결하여야 하며, 그 기한까지 계약이 체결되지 아니하는 경우 보건복지부장관이 그 직전 계약기간 만료일이 속하는 연도의 6월 30일까지 심의위원회의 의결을 거쳐 요양급여비용을 정한다. 이 경우 보건복지부장관이 정하는 요양급여비용은 계약으로 정한 요양급여비용으로 본다.

④ **요양급여비용의 고시** : 요양급여비용이 정해지면 보건복지부장관은 그 요양급여비용의 명세를 지체 없이 고시하여야 한다.

⑤ **계약의 심의·의결 주체** : 공단의 이사장은 재정운영위원회의 심의·의결을 거쳐 계약을 체결하여야 한다.

⑥ **자료의 요청** : 심사평가원은 공단의 이사장이 계약을 체결하기 위하여 필요한 자료를 요청하면 그 요청에 성실히 따라야 한다.

⑦ 계약의 내용과 그 밖에 필요한 사항은 **대통령령**으로 정한다.

(6) 약제·치료재료에 대한 요양급여비용의 산정(제46조)

약제·치료재료에 대한 요양급여비용은 요양기관의 약제·치료재료 구입금액 등을 고려하여 **대통령령**으로 정하는 바에 따라 달리 산정할 수 있다.

(7) 요양급여비용의 청구와 지급 등(제47조)

① **요양급여비용의 지급청구** : 요양기관은 공단에 요양급여비용의 지급을 청구할 수 있다. 이 경우 요양급여비용에 대한 심사청구는 공단에 대한 요양급여비용의 청구로 본다.

② **요양급여비용의 심사청구** : 요양급여비용을 청구하려는 요양기관은 **심사평가원**에 요양급여비용의 심사청구를 하여야 하며, 심사청구를 받은 심사평가원은 이를 심사한 후 지체 없이 그 내용을 공단과 요양기관에 알려야 한다.

③ **요양급여비용의 지급**

　㉠ 심사 내용을 통보받은 공단은 지체 없이 그 내용에 따라 요양급여비용을 요양기관에 지급한다. 이 경우 이미 낸 본인일부부담금이 통보된 금액보다 더 많으면 요양기관에 지급할 금액에서 더 많이 낸 금액을 공제하여 해당 가입자에게 지급하여야 한다.

　㉡ 공단은 ㉠ 전단에 따라 요양급여비용을 요양기관에 지급하는 경우 해당 요양기관이 공단에 납부하여야 하는 보험료 또는 그 밖에 이 법에 따른 징수금을 체납한 때에는 요양급여비용에서 이를 공제하고 지급할 수 있다.

④ **보험료 등과의 상계** : 공단은 가입자에게 지급하여야 하는 금액을 그 가입자가 내야 하는 보험료와 그 밖에 국민건강보험법에 따른 징수금("보험료 등")과 **상계**할 수 있다.

⑤ **요양급여비용의 조정** : 공단은 심사평가원이 요양급여의 적정성을 평가하여 공단에 통보하면 그 평가 결과에 따라 요양급여비용을 가산하거나 감액조정하여 지급한다. 이 경우 평가 결과에 따라 요양급여비용을 가산하거나 감액하여 지급하는 기준은 **보건복지부령**으로 정한다.

⑥ 심사청구 대행기관 : 요양기관은 심사청구를 다음 각 호의 단체가 대행하게 할 수 있다.
1. 의료법에 따른 의사회·치과의사회·한의사회·조산사회 또는 신고한 각각의 지부 및 분회

더 알아보기

중앙회와 지부(의료법 제28조 제1항)
의사·치과의사·한의사·조산사 및 간호사는 대통령령으로 정하는 바에 따라 각각 전국적 조직을 두는 <u>의사회·</u>
<u>치과의사회·한의사회·조산사회 및 간호사회</u>("중앙회")를 각각 설립하여야 한다.

2. 의료법에 따른 의료기관 단체

더 알아보기

의료기관 단체의 설립(의료법 제52조)
① 병원급 의료기관의 장은 의료기관의 건전한 발전과 국민보건 향상에 기여하기 위하여 <u>전국 조직을 두는 단체</u>를
설립할 수 있다.
② 제1항에 따른 단체는 법인으로 한다.

3. 약사법에 따른 약사회 또는 신고한 지부 및 분회

더 알아보기

의료기관 단체의 설립(약사법 제11조 제1항)
약사(藥師)는 약사(藥事)에 대한 연구와 약사윤리 확립, 약사의 권익 증진 및 자질 향상을 위하여 대통령령으로
정하는 바에 따라 <u>대한약사회</u>("약사회")를 설립하여야 한다.

약사회 및 한약사회의 지부 등(약사법 제14조 제1항)
약사회 및 한약사회는 대통령령으로 정하는 바에 따라 특별시·광역시·특별자치시·도·특별자치도("시·도")에
지부를 설치하여야 하며, 특별시·광역시의 구와 시(특별자치도의 경우에는 행정시를 말한다)·군에 분회를 설치할
수 있다.

⑦ 요양급여비용의 청구·심사·지급 등의 방법과 절차에 필요한 사항은 **보건복지부령**으로 정한다.

(8) 요양급여비용의 지급 보류(제47조의2)

① 요양급여비용의 지급을 보류하는 경우 : 공단은 요양급여비용의 지급을 청구한 요양기관이 의료법
에 따른 의료기관 개설 또는 약사법에 따른 약국 개설등록을 위반하였다는 사실을 수사기관의 수사
결과로 확인한 경우에는 해당 요양기관이 청구한 **요양급여비용의 지급**을 보류할 수 있다. 이 경우
요양급여비용 지급 보류 처분의 효력은 해당 요양기관이 그 처분 이후 청구하는 요양급여비용에 대
해서도 미친다.

의료인과 의료기관의 장의 의무(의료법 제4조 제2항)
의료인은 다른 의료인 또는 의료법인 등의 명의로 의료기관을 개설하거나 운영할 수 없다.

의료기관의 개설(의료법 제33조 제2항, 제8항)
② 다음 각 호의 어느 하나에 해당하는 자가 아니면 의료기관을 개설할 수 없다. 이 경우 의사는 종합병원·병원·요양병원·정신병원 또는 의원을, 치과의사는 치과병원 또는 치과의원을, 한의사는 한방병원·요양병원 또는 한의원을, 조산사는 조산원만을 개설할 수 있다.
1. 의사, 치과의사, 한의사 또는 조산사
2. 국가나 지방자치단체
3. 의료업을 목적으로 설립된 법인("의료법인")
4. 민법이나 특별법에 따라 설립된 비영리법인
5. 공공기관의 운영에 대한 법률에 따른 준정부기관, 지방의료원의 설립 및 운영에 대한 법률에 따른 지방의료원, 한국보훈복지의료공단법에 따른 한국보훈복지의료공단
⑧ 제2항 제1호의 의료인은 어떠한 명목으로도 둘 이상의 의료기관을 개설·운영할 수 없다. 다만, 2 이상의 의료인 면허를 소지한 자가 의원급 의료기관을 개설하려는 경우에는 하나의 장소에 한하여 면허 종별에 따른 의료기관을 함께 개설할 수 있다.

약국 개설등록(약사법 제20조 제1항)
약사 또는 한약사가 아니면 약국을 개설할 수 없다.

약국의 관리의무(약사법 제21조 제1항)
약사 또는 한약사는 하나의 약국만을 개설할 수 있다.

② **의견 제출** : 공단은 요양급여비용의 지급을 보류하기 전에 해당 요양기관에 의견 제출의 기회를 주어야 한다.

③ **이자의 가산** : 법원의 무죄 판결이 확정되는 등 대통령령으로 정하는 사유로 요양기관이 의료법에 따른 의료기관 개설 또는 약사법에 따른 약국 개설등록을 위반한 혐의가 입증되지 아니한 경우에는 공단은 지급 보류된 요양급여비용에 지급 보류된 기간 동안의 **이자를 가산**하여 해당 요양기관에 지급하여야 한다.

④ 지급 보류 절차 및 의견 제출의 절차 등에 필요한 사항, 지급 보류된 요양급여비용 및 이자의 지급 절차와 이자의 산정 등에 필요한 사항은 **대통령령**으로 정한다.

(9) 요양급여의 차등 지급(제47조의3)

지역별 의료자원의 불균형 및 의료서비스 격차의 해소 등을 위하여 지역별로 요양급여비용을 달리 정하여 지급할 수 있다.

(10) 요양급여 대상 여부의 확인 등(제48조)

① 가입자나 피부양자는 본인일부부담금 외에 자신이 부담한 비용이 요양급여 대상에서 제외되는 비용인지 여부에 대하여 **심사평가원에 확인**을 요청할 수 있다.

② 제1항에 따른 확인 요청을 받은 심사평가원은 그 결과를 요청한 사람에게 알려야 한다. 이 경우 확인을 요청한 비용이 요양급여 대상에 해당되는 비용으로 확인되면 그 내용을 공단 및 관련 요양기관에 알려야 한다.

③ 제2항 후단에 따라 통보받은 요양기관은 받아야 할 금액보다 더 많이 징수한 금액("과다본인부담금")을 지체 없이 확인을 요청한 사람에게 지급하여야 한다. 다만, 공단은 해당 요양기관이 과다본인부담금을 지급하지 아니하면 해당 요양기관에 지급할 요양급여비용에서 과다본인부담금을 공제하여 확인을 요청한 사람에게 지급할 수 있다.

(11) 요양비(제49조)

① 요양비의 지급 : 공단은 가입자나 피부양자가 보건복지부령으로 정하는 긴급하거나 그 밖의 부득이한 사유로 요양기관과 비슷한 기능을 하는 기관으로서 보건복지부령으로 정하는 기관(업무정지기간 중인 요양기관을 포함한다. 이하 "준요양기관"이라 한다)에서 질병·부상·출산 등에 대하여 요양을 받거나 요양기관이 아닌 장소에서 출산한 경우에는 그 요양급여에 상당하는 금액을 보건복지부령으로 정하는 바에 따라 가입자나 피부양자에게 요양비로 지급한다.

② 명세서·영수증 발급 : 준요양기관은 보건복지부장관이 정하는 요양비 명세서나 요양 명세를 적은 영수증을 요양을 받은 사람에게 내주어야 하며, 요양을 받은 사람은 그 명세서나 영수증을 공단에 제출하여야 한다.

③ 요양비 지급청구의 위임 : 제1항 및 제2항에도 불구하고 준요양기관은 요양을 받은 가입자나 피부양자의 위임이 있는 경우 공단에 요양비의 지급을 직접 청구할 수 있다. 이 경우 공단은 지급이 청구된 내용의 적정성을 심사하여 준요양기관에 요양비를 지급할 수 있다.

④ 제3항에 따른 준요양기관의 요양비 지급 청구, 공단의 적정성 심사 등에 필요한 사항은 보건복지부령으로 정한다.

3. 부가급여, 장애인에 대한 특례, 건강검진

(1) 부가급여(제50조)

공단은 국민건강보험법에서 정한 요양급여 외에 대통령령으로 정하는 바에 따라 임신·출산 진료비, 장제비, 상병수당, 그 밖의 급여를 실시할 수 있다.

(2) 장애인에 대한 특례(제51조)

① 보조기기에 대한 보험급여 : 공단은 장애인복지법에 따라 등록한 장애인인 가입자 및 피부양자에게는 장애인·노인 등을 위한 보조기기 지원 및 활용촉진에 대한 법률에 따른 보조기기에 대하여 보험급여를 할 수 있다.

더 알아보기

보조기기(장애인·노인 등을 위한 보조기기 지원 및 활용촉진에 대한 법률 제3조 제2호)
"보조기기"란 장애인 등의 신체적·정신적 기능을 향상·보완하고 일상 활동의 편의를 돕기 위하여 사용하는 각종 기계·기구·장비로서 보건복지부령으로 정하는 다음의 것을 말한다.
1. 개인 치료용 보조기기
2. 기술 훈련용 보조기기
3. 보조기 및 의지(義肢)
4. 개인 관리 및 보호용 보조기기
5. 개인 이동용 보조기기

6. 가사용 보조기기
7. 가정·주택용 가구 및 개조용품
8. 의사소통 및 정보전달용 보조기기
9. 물건 및 기구 조작용 보조기기
10. 환경 개선 및 측정용 보조기기
11. 고용 및 직업훈련용 보조기기
12. 레크리에이션용 보조기기
13. 그 밖에 다른 법령에 따른 장애인 등을 위한 기계·기구·장비로서 보건복지부장관이 정하는 보조기기

② 보험급여 지급청구의 위임 : 장애인인 가입자 또는 피부양자에게 보조기기를 판매한 자는 가입자나 피부양자의 위임이 있는 경우 공단에 보험급여를 직접 청구할 수 있다. 이 경우 공단은 지급이 청구된 내용의 적정성을 심사하여 보조기기를 판매한 자에게 보조기기에 대한 보험급여를 지급할 수 있다.

③ 제1항에 따른 보조기기에 대한 보험급여의 범위·방법·절차, 제2항에 따른 보조기기 판매업자의 보험급여 청구, 공단의 적정성 심사 및 그 밖에 필요한 사항은 **보건복지부령**으로 정한다.

(3) 건강검진(제52조)

① 건강검진의 실시 : 공단은 가입자와 피부양자에 대하여 질병의 조기 발견과 그에 따른 요양급여를 하기 위하여 건강검진을 실시한다.

② 건강검진의 종류 및 대상

1. 일반건강검진 : 직장가입자, 세대주인 지역가입자, 20세 이상인 지역가입자 및 20세 이상인 피부양자

2. 암검진 : 암관리법에 따른 암의 종류별 검진주기와 연령 기준 등에 해당하는 사람

더 알아보기

암검진사업
• 암검진사업의 범위, 대상자, 암의 종류·검진주기, 연령 기준 등에 관하여 필요한 사항은 대통령령으로 정한다. 이 경우 보건복지부장관은 암의 발생률, 생존율, 사망률 등 암 통계 및 치료에 대한 자료를 고려하여 암검진사업의 대상자, 암의 종류·검진주기 등을 정하여야 한다(암관리법 제11조 제2항).
• 암검진사업의 대상이 되는 암의 종류 : 위암, 간암, 대장암, 유방암, 자궁경부암, 폐암(암관리법 시행령 제8조 제1항)
• 암의 종류별 검진주기와 연령 기준 등(암관리법 시행령 별표 1)

암의 종류	검진주기	연령 기준 등
위암	2년	40세 이상의 남·여
간암	6개월	40세 이상의 남·여 중 간암 발생 고위험군
대장암	1년	50세 이상의 남·여
유방암	2년	40세 이상의 여성
자궁경부암	2년	20세 이상의 여성
폐암	2년	54세 이상 74세 이하의 남·여 중 폐암 발생 고위험군

1. "간암 발생 고위험군"이란 간경변증, B형간염 항원 양성, C형간염 항체 양성, B형 또는 C형 간염 바이러스에 의한 만성 간질환 환자를 말한다.
2. "폐암 발생 고위험군"이란 30갑년[하루 평균 담배소비량(갑)×흡연기간(년)] 이상의 흡연력을 가진 현재 흡연자와 폐암 검진의 필요성이 높아 보건복지부장관이 정하여 고시하는 사람을 말한다.

3. 영유아건강검진 : 6세 미만의 가입자 및 피부양자

③ 건강검진 항목의 설계 : 건강검진의 검진항목은 **성별, 연령** 등의 특성 및 생애 주기에 맞게 설계되어야 한다.

④ 긴강검진의 횟수·질차와 그 밖에 필요한 사항은 **대통령령**으로 정한다.

4. 보험급여

(1) 급여의 제한(제53조)

① 보험급여를 하지 않는 경우 : 공단은 보험급여를 받을 수 있는 사람이 다음 각 호의 어느 하나에 해당하면 보험급여를 하지 아니한다.

1. 고의 또는 중대한 과실로 인한 범죄행위에 그 원인이 있거나 고의로 사고를 일으킨 경우
2. 고의 또는 중대한 과실로 공단이나 요양기관의 요양에 대한 지시에 따르지 아니한 경우
3. 고의 또는 중대한 과실로 공단이 보험급여를 할 때 필요하다고 인정해 보험급여를 받는 사람에게 요구한 보험급여를 확인하는 문서와 그 밖의 물건의 제출을 거부하거나 질문 또는 진단을 기피한 경우
4. 업무 또는 공무로 생긴 질병·부상·재해로 다른 법령에 따른 보험급여나 보상(報償) 또는 보상(補償)을 받게 되는 경우

② 공단은 보험급여를 받을 수 있는 사람이 다른 법령에 따라 국가나 지방자치단체로부터 **보험급여에 상당하는 급여**를 받거나 보험급여에 상당하는 **비용**을 **지급**받게 되는 경우에는 그 한도에서 보험급여를 하지 아니한다.

③ 공단은 가입자가 대통령령으로 정하는 기간 이상 다음 각 호의 **보험료를 체납**한 경우 그 **체납한 보험료를 완납**할 때까지 그 가입자 및 피부양자에 대하여 보험급여를 실시하지 아니할 수 있다. 다만, 월별 보험료의 총체납횟수(이미 납부된 체납보험료는 총체납횟수에서 제외하며, 보험료의 체납기간은 고려하지 아니한다)가 대통령령으로 정하는 횟수 미만이거나 가입자 및 피부양자의 소득·재산 등이 **대통령령**으로 정하는 기준 미만인 경우에는 그러하지 아니하다.

1. 소득월액보험료[(소득월액)×(보험료율)]
2. 세대단위의 보험료
   [(지역가입자가 속한 세대의 월별 보험료액)=(보험료부과점수)×(보험료부과점수당 금액)]

④ 공단은 보수월액보험료 납부의무를 부담하는 **사용자가 보수월액보험료를 체납**한 경우에는 그 체납에 대하여 **직장가입자 본인에게 귀책사유가 있는 경우**에 한하여 제3항의 규정을 적용한다. 이 경우 해당 직장가입자의 피부양자에게도 제3항의 규정을 적용한다.

⑤ 공단으로부터 분할납부 승인을 받고 그 승인된 보험료를 **1회 이상** 낸 경우에는 보험급여를 할 수 있다. 다만, 분할납부 승인을 받은 사람이 정당한 사유 없이 5회(승인받은 분할납부 횟수가 5회 미만인 경우에는 해당 분할납부 횟수를 말한다) 이상 그 승인된 보험료를 내지 아니한 경우에는 그러하지 아니하다.

⑥ 보험급여를 하지 아니하는 기간("급여제한기간")에 받은 보험급여는 다음 각 호의 어느 하나에 해당하는 경우에만 보험급여로 인정한다.

1. 공단이 급여제한기간에 보험급여를 받은 사실이 있음을 가입자에게 통지한 날부터 2개월이 지난 날이 속한 달의 납부기한 이내에 체납된 보험료를 완납한 경우

2. 공단이 급여제한기간에 보험급여를 받은 사실이 있음을 가입자에게 통지한 날부터 2개월이 지난 날이 속한 달의 납부기한 이내에 분할납부 승인을 받은 체납보험료를 1회 이상 낸 경우. 다만, 분할납부 승인을 받은 사람이 정당한 사유 없이 5회 이상 그 승인된 보험료를 내지 아니한 경우에는 그러하지 아니하다.

(2) 급여의 정지(제54조)

보험급여를 받을 수 있는 사람이 다음 각 호의 어느 하나에 해당하면 그 기간에는 **보험급여를 하지 아니 한다.** 다만, 제3호 및 제4호의 경우에는 **요양급여를** 실시한다.
1. 삭제
2. 국외에 체류하는 경우
3. 병역법에 따른 현역병(지원에 의하지 아니하고 임용된 하사를 포함한다), 전환복무된 사람 및 군간 부후보생에 해당하게 된 경우
4. 교도소, 그 밖에 이에 준하는 시설에 수용되어 있는 경우

(3) 급여의 확인(제55조)

공단은 보험급여를 할 때 필요하다고 인정되면 보험급여를 받는 사람에게 문서와 그 밖의 물건을 제출하도록 요구하거나 관계인을 시켜 **질문 또는 진단하게** 할 수 있다.

5. 요양비 등

(1) 요양비 등의 지급(제56조)

공단은 국민건강보험법에 따라 지급의무가 있는 요양비 또는 부가급여의 청구를 받으면 지체 없이 이를 지급하여야 한다.

(2) 요양비 등 수급계좌(제56조의2)

① 요양비 등의 지급 방법 : 공단은 국민건강보험법에 따른 보험급여로 지급되는 현금("요양비 등")을 받는 수급자의 신청이 있는 경우에는 요양비 등을 수급자 명의의 지정된 계좌("요양비 등 수급계좌") 로 입금하여야 한다. 다만, 정보통신장애나 그 밖에 대통령령으로 정하는 불가피한 사유로 요양비 등 수급계좌로 이체할 수 없을 때에는 직접 현금으로 지급하는 등 **대통령령**으로 정하는 바에 따라 요양비 등을 지급할 수 있다.
② 요양비 등 수급계좌가 개설된 금융기관은 요양비 등 수급계좌에 요양비 등만이 입금되도록 하고, 이를 관리하여야 한다.
③ 요양비 등 수급계좌의 신청 방법·절차와 관리에 필요한 사항은 **대통령령**으로 정한다.

(3) 부당이득의 징수(제57조)

① 부당이득의 징수 : 공단은 속임수나 그 밖의 **부당한 방법**으로 보험급여를 받은 사람·준요양기관 및 보조기기 판매업자나 보험급여 비용을 받은 요양기관에 대하여 그 보험급여나 보험급여 비용에 상당하는 금액을 징수한다.

② 요양기관 개설자의 징수금 연대 납부 : 공단은 제1항에 따라 속임수나 그 밖의 부당한 방법으로 보험급여 비용을 받은 요양기관이 다음 각 호의 어느 하나에 해당하는 경우에는 해당 요양기관을 개설한 자에게 그 요양기관과 연대하여 같은 항에 따른 징수금을 납부하게 할 수 있다.

1. 의료법을 위반하여 의료기관을 개설할 수 없는 자가 의료인의 면허나 의료법인 등의 명의를 대여받아 개설·운영하는 의료기관
2. 약사법을 위반하여 약국을 개설할 수 없는 자가 약사 등의 면허를 대여받아 개설·운영하는 약국
3. 의료법을 위반하여 개설·운영하는 의료기관

> **더 알아보기**
>
> 의료인과 의료기관의 장의 의무(의료법 제4조 제2항)
> 의료인은 다른 의료인 또는 의료법인 등의 명의로 의료기관을 개설하거나 운영할 수 없다.

4. 약사법을 위반하여 개설·운영하는 약국

③ 사용자나 가입자의 거짓 보고나 거짓 증명(건강보험증이나 신분증명서를 양도·대여하여 다른 사람이 보험급여를 받게 하는 것을 포함한다), 요양기관의 거짓 진단 또는 준요양기관이나 보조기기를 판매한 자의 속임수 및 그 밖의 부당한 방법으로 보험급여가 실시된 경우 공단은 이들에게 보험급여를 받은 사람과 연대하여 제1항에 따른 징수금을 내게 할 수 있다.

④ 공단은 속임수나 그 밖의 부당한 방법으로 보험급여를 받은 사람과 같은 세대에 속한 가입자(속임수나 그 밖의 부당한 방법으로 보험급여를 받은 사람이 피부양자인 경우에는 그 직장가입자를 말한다)에게 속임수나 그 밖의 부당한 방법으로 보험급여를 받은 사람과 연대하여 징수금을 내게 할 수 있다.

⑤ 요양기관이 가입자나 피부양자로부터 속임수나 그 밖의 부당한 방법으로 요양급여비용을 받은 경우 공단은 해당 요양기관으로부터 이를 징수하여 가입자나 피부양자에게 지체 없이 지급하여야 한다. 이 경우 공단은 가입자나 피부양자에게 지급하여야 하는 금액을 그 가입자 및 피부양자가 내야 하는 보험료 등과 상계할 수 있다.

(4) 부당이득 징수금 체납자의 인적사항 등 공개(제57조의2)

① 인적사항 등의 공개 : 공단은 징수금을 납부할 의무가 있는 요양기관 또는 요양기관을 개설한 자가 납입 고지 문서에 기재된 납부기한의 다음 날부터 1년이 경과한 징수금을 1억 원 이상 체납한 경우 징수금 발생의 원인이 되는 위반행위, 체납자의 인적사항 및 체납액 등 대통령령으로 정하는 사항("인적사항 등")을 공개할 수 있다. 다만, 체납된 징수금과 관련하여 이의신청, 심판청구가 제기되거나 행정소송이 계류 중인 경우 또는 그 밖에 체납된 금액의 일부 납부 등 대통령령으로 정하는 사유가 있는 경우에는 그러하지 아니하다.

② 인적사항 등의 공개 여부를 심의하기 위하여 공단에 부당이득징수금체납정보공개심의위원회를 둔다.

③ 공개대상자의 선정 : 공단은 부당이득징수금체납정보공개심의위원회의 심의를 거친 인적사항 등의 공개대상자에게 공개대상자임을 서면으로 통지하여 소명의 기회를 부여하여야 하며, 통지일부터 6개월이 경과한 후 체납자의 납부이행 등을 고려하여 공개대상자를 선정한다.

④ 공개 방법 : 인적사항 등의 공개는 관보에 게재하거나 공단 인터넷 홈페이지에 게시하는 방법으로 한다.

⑤ 제1항부터 제4항까지에서 규정한 사항 외에 인적사항 등의 공개 절차 및 부당이득징수금체납정보공개심의위원회의 구성·운영 등에 필요한 사항은 대통령령으로 정한다.

(5) 구상권(제58조)

① 구상권 : 공단은 제3자의 행위로 보험급여사유가 생겨 가입자 또는 피부양자에게 보험급여를 한 경우에는 그 급여에 들어간 비용 한도에서 그 제3자에게 손해배상을 청구할 권리를 얻는다.

② 보험급어의 제한 : 보험급여를 받은 사람이 제3자로부터 이미 손해배상을 받은 경우에는 공단은 그 배상액 한도에서 보험급여를 하지 아니한다.

(6) 수급권 보호(제59조)

① 보험급여를 받을 권리는 양도하거나 압류할 수 없다.

② 요양비 등 수급계좌에 입금된 요양비 등은 압류할 수 없다.

(7) 현역병 등에 대한 요양급여비용 등의 지급(제60조)

① 요양급여비용과 요양비의 예탁 : 공단은 제54조 제3호[병역법에 따른 현역병(지원에 의하지 아니하고 임용된 하사를 포함), 전환복무 된 사람 및 군간부후보생] 및 제4호(교도소, 그 밖에 이에 준하는 시설에 수용되어 있는 경우)에 해당하는 사람이 요양기관에서 대통령령으로 정하는 치료 등("요양급여")을 받은 경우 그에 따라 공단이 부담하는 비용("요양급여비용")과 요양비를 법무부장관·국방부장관·경찰청장·소방청장 또는 해양경찰청장으로부터 예탁받아 지급할 수 있다. 이 경우 법무부장관·국방부장관·경찰청장·소방청장 또는 해양경찰청장은 예산상 불가피한 경우 외에는 연간(年間) 들어갈 것으로 예상되는 요양급여비용과 요양비를 대통령령으로 정하는 바에 따라 미리 공단에 예탁하여야 한다.

② 요양급여, 요양급여비용 및 요양비 등에 대한 사항은 제41조, 제41조의4, 제42조, 제42조의2, 제44조부터 제47조까지, 제47조의2, 제48조, 제49조, 제55조, 제56조, 제56조의2 및 제59조 제2항을 준용한다.

(8) 요양급여비용의 정산(제61조)

공단은 산업재해보상보험법에 따른 근로복지공단이 국민건강보험법에 따라 요양급여를 받을 수 있는 사람에게 산업재해보상보험법에 따른 요양급여를 지급한 후 그 지급결정이 취소되어 해당 요양급여의 비용을 청구하는 경우에는 그 요양급여가 국민건강보험법에 따라 실시할 수 있는 요양급여에 상당한 것으로 인정되면 그 요양급여에 해당하는 금액을 지급힐 수 있다.

※ 다음 문제의 진위 여부를 판단해 ○ 또는 ×를 선택하시오.

01 가입자나 피부양자의 출산에 대한 이송(移送)도 요양급여의 실시 대상에 포함된다.   [○ | ×]

02 요양급여대상의 범위는 국민건강보험공단의 이사장이 결정한다.   [○ | ×]

03 보건복지부장관은 의약품 등의 판매 질서 위반과 관련된 약제에 대하여는 요양급여비용 상한금액의 100분의 40을 넘지 않는 범위에서 그 금액의 일부를 감액할 수 있다.   [○ | ×]

04 요양기관, 치료재료의 제조업자·수입업자 등은 요양급여대상이나 비급여대상으로 결정되지 않은 진찰·검사·처치·수술·치료·예방·재활의 요양급여에 대한 행위 및 치료재료("행위·치료재료")에 대해 요양급여대상 여부의 결정을 보건복지부장관에게 신청해야 한다.   [○ | ×]

05 요양급여를 결정할 때는 경제성, 치료효과성 등이 불확실해 그 검증을 위해 추가적인 근거가 필요한 경우에는 예비적인 요양급여인 선별급여로 지정해 실시할 수 있다.   [○ | ×]

06 가입자 또는 피부양자가 질병이나 부상으로 거동이 불편한 경우에는 가입자 또는 피부양자를 직접 방문해 요양급여를 실시할 수 있다.   [○ | ×]

07 보건복지부장관은 효율적인 요양급여를 위하여 필요하면 시설·장비·인력 및 진료과목 등의 기준에 해당하는 요양기관을 전문요양기관으로 인정할 수 있다.   [○ | ×]

08 선별급여 중 자료의 축적 또는 의료 이용의 관리가 필요한 경우에는 보건복지부장관이 사전에 정한 해당 선별급여의 실시 조건을 충족한 요양기관만이 해당 선별급여를 실시할 수 있다.   [○ | ×]

09 요양기관은 요양급여비용을 최초로 청구하는 때에 요양기관의 시설·장비 및 인력 등에 대한 현황을 국민건강보험공단에 신고해야 한다.   [○ | ×]

10 선별급여에 대해서는 다른 요양급여에 비해 본인일부부담금을 상향 조정할 수 있다.   [○ | ×]

11 요양급여를 받는 자 본인이 연간 부담하는 본인일부부담금의 총액이 본인부담상한액을 초과한 경우에는 보건복지부가 그 초과 금액을 부담해야 한다.   [○ | ×]

12 요양급여비용은 보건복지부장관과 의약계를 대표하는 사람들의 계약으로 정하며, 계약기간은 3년으로 한다. [○|×]

13 요양급여비용을 청구하려는 요양기관은 건강보험심사평가원에 요양급여비용의 심사청구를 해야 하며, 건강보험심사평가원은 그 심사 결과를 국민건강보험공단과 요양기관에 알려야 한다. [○|×]

14 요양기관은 요양급여비용의 심사청구를 약사회나 의사회의 지부가 대행하게 할 수 있다. [○|×]

15 국민건강보험공단은 요양급여비용의 지급을 청구한 병원이 개설·운영에 대한 법규를 위반한 혐의가 있음을 수사기관의 수사로 확인한 경우 해당 병원이 청구한 요양급여비용을 일단 지급해야 하지만, 이후에 법원의 최종 재판 결과 혐의가 사실로 확정되면 해당 병원은 이미 지급받았던 요양급여비용을 반환해야 한다. [○|×]

16 어떠한 경우에도 지역별로 요양급여비용을 달리 정하여 지급할 수 없다. [○|×]

17 국민건강보험공단은 요양기관이 과다본인부담금을 가입자나 피부양자에게 지급하지 않으면 해당 요양기관에 지급할 요양급여비용에서 과다본인부담금을 공제해 가입자나 피부양자에게 지급할 수 있다. [○|×]

18 국민건강보험공단은 가입자가 긴급한 사유로 업무정지기간 중인 요양기관에서 질병·부상·출산 등에 대해 요양을 받은 경우에는 그 요양급여에 상당하는 금액을 가입자에게 요양비로 지급하지 않는다. [○|×]

19 준요양기관은 요양을 받은 피부양자가 위임하는 경우에 공단에 요양비의 지급을 직접 청구할 수 있다. [○|×]

20 국민건강보험공단은 요양급여 외에 임신·출산 진료비, 장제비, 상병수당의 급여를 실시할 수 없다. [○|×]

21 피부양자에게 보조기기를 판매한 자는 어떠한 경우에도 피부양자를 대신해 국민건강보험공단에 보험급여를 직접 청구할 수 없다. [○|×]

22 직장가입자, 세대주인 지역가입자, 20세 이상인 지역가입자 및 20세 이상인 피부양자 등은 일반건강검진의 대상이 되며, 6세 미만의 가입자 및 피부양자는 영유아건강검진의 대상이 된다. [○|×]

23 보험급여를 받을 수 있는 사람이 중대한 과실로 요양기관의 요양에 대한 지시에 따르지 않더라도 국민건강보험공단은 보험급여를 해야 한다. [○|×]

24 가입자가 보험료를 체납하더라도 가입자 및 피부양자의 소득·재산 등이 대통령령으로 정하는 기준 미만인 경우에는 그 가입자 및 피부양자에게 보험급여를 실시한다. [○|×]

25 보험급여를 받을 수 있는 사람이 국외에 체류하는 경우 또는 현역병으로 입대한 경우에는 그 기간 동안 국민건강보험공단은 보험급여를 하지 않는다. [○|×]

26 국민건강보험공단이 수급자 명의의 지정된 요양비 등 수급계좌로 요양비 등을 입금할 때 요양비 등 수급계좌가 개설된 금융기관은 요양비 등 수급계좌에 요양비 등만이 입금되도록 해야 한다. [○|×]

27 국민건강보험공단은 부당한 방법으로 보험급여를 받은 준요양기관에 대하여 그 보험급여에 상당하는 금액의 전부 또는 일부를 징수한다. [○|×]

28 요양기관이 가입자로부터 속임수로 요양급여비용을 받은 것에 대해 국민건강보험공단이 해당 요양기관으로부터 이를 징수해 가입자에게 지급하는 경우에 가입자에게 지급하는 금액을 그 가입자가 내야 하는 보험료 등과 상계할 수 없다. [○|×]

29 국민건강보험공단은 제3자의 행위로 보험급여사유가 생겨 가입자에게 보험급여를 한 경우에 그 급여에 들어간 비용 한도에서 그 제3자에게 손해배상을 청구할 권리가 있다. [○|×]

30 보험급여를 받을 권리는 양도하거나 압류할 수 없으나, 요양비 등 수급계좌에 입금된 요양비 등은 압류할 수 있다. [○|×]

31 국민건강보험공단은 현역병이 요양기관에서 요양급여를 받은 경우 그에 따라 공단이 부담하는 요양급여비용과 요양비를 국방부장관으로부터 예탁받아 지급할 수 있다. [○|×]

32 국민건강보험공단은 근로복지공단이 요양급여를 받을 수 있는 사람에게 요양급여를 지급한 후 그 지급결정이 취소되어 해당 요양급여의 비용을 청구하는 경우에는 그 요양급여가 국민건강보험법에 따라 실시할 수 있는 요양급여에 상당한 것으로 인정되면 그 요양급여에 해당하는 금액을 지급할 수 있다. [○|×]

33 요양급여의 방법·절차·범위·상한 등의 기준은 보건복지부장관이 정한다. [○|×]

34 보건복지부장관은 요양급여비용의 상한금액이 감액된 약제가 감액된 날부터 3년 내에 다시 감액의 대상이 된 경우에는 요양급여비용 상한금액의 100분의 50을 넘지 않는 범위에서 요양급여비용 상한금액의 일부를 감액할 수 있다. [○|×]

35 약제에 대한 요양급여비용 상한금액의 감액 및 요양급여 적용 정지의 기준, 절차는 보건복지부령으로 정한다. [○|×]

36 약제의 제조업자·수입업자 등은 요양급여대상에 포함되지 않은 약제에 대해 보건복지부장관에게 요양급여대상 여부의 결정을 신청할 수 있다. [○|×]

37 요양급여대상 여부의 결정 신청의 시기, 절차, 방법 및 업무의 위탁 등에 필요한 사항과 요양급여대상 여부의 결정 절차 및 방법 등에 관한 사항은 대통령령으로 정한다. [○|×]

38 국민건강보험공단의 이사장은 보건복지부령으로 정하는 절차·방법에 따라 선별급여에 대해 주기적으로 요양급여의 적합성을 평가해 요양급여 여부를 다시 결정해야 한다. [○|×]

39 국가정책에 비추어 요양기관으로 적합하지 아니한 한국희귀·필수의약품센터는 요양급여를 실시할 수 있는 요양기관에서 제외될 수 있다. [○|×]

40 전문요양기관으로 인정된 요양기관 또는 상급종합병원에 대해서 요양급여의 절차 및 요양급여비용을 다른 요양기관과 달리 할 수 없다. [○|×]

41 요양기관이 신고한 요양기관의 시설·장비 및 인력 등에 대한 현황이 변경된 경우에는 그 변경된 날부터 30일 이내에 국민건강보험공단에 신고해야 한다. [○|×]

42 본인부담상한액은 가입자의 소득수준 등에 따라 정한다. [○|×]

43 본인일부부담금 총액 산정 방법, 본인부담상한액을 넘는 금액의 지급 방법 및 가입자의 소득수준 등에 따른 본인부담상한액 설정 등에 필요한 사항은 대통령령으로 정한다. [○|×]

44 요양급여비용을 산정하는 계약은 그 직전 계약기간 만료일이 속하는 연도의 5월 31일까지 체결하여야 하며, 그 기한까지 계약이 체결되지 못하면 보건복지부장관이 그 직전 계약기간 만료일이 속하는 연도의 6월 30일까지 정한다. [○|×]

45 약제·치료재료에 대한 요양급여비용은 요양기관의 약제·치료재료 구입금액 등을 고려해 보건복지부령으로 정하는 바에 따라 달리 산정할 수 있다. [○|×]

46 건강보험심사평가원이 국민건강보험공단에 통보한 요양급여의 적정성 평가 결과에 따라 공단이 요양급여비용을 가산 또는 감액 조정해 지급할 경우에 요양급여비용 가산·감액 기준은 대통령령으로 정한다. [○|×]

47 가입자는 본인일부부담금 외에 자신이 부담한 비용이 요양급여 대상에서 제외되는 비용인지 여부에 대하여 건강보험심사평가원에 확인을 요청할 수 있다. [○|×]

48 준요양기관은 요양비 명세서나 요양 명세를 적은 영수증을 요양을 받은 사람에게 내주어야 하며, 요양을 받은 사람은 그 명세서나 영수증을 국민건강보험공단에 제출해야 한다. [○|×]

49 보조기기에 대한 보험급여의 범위·방법·절차 등에 필요한 사항은 대통령령으로 정한다. [○|×]

50 가입자와 피부양자의 질병을 조기에 발견하기 위한 건강검진을 주관해 실시하는 주체는 보건복지부장관이다. [○|×]

51 영유아건강검진의 대상은 6세 미만의 가입자 및 피부양자이다. [○|×]

52 건강검진의 횟수·절차와 그 밖에 필요한 사항은 보건복지부령으로 정한다. [○|×]

53 보험급여를 받을 수 있는 사람이 업무·공무로 생긴 질병으로 인해 다른 법령으로 정하는 보험급여나 보상을 받게 되는 경우에는 국민건강보험공단은 보험급여를 하지 않는다. [○|×]

54 보험료를 체납한 가입자는 국민건강보험공단으로부터 분할납부 승인을 받고 그 승인된 보험료를 2회 이상 낸 경우에는 보험급여를 받을 수 있다. [○|×]

55 가입자의 보험료 체납으로 인한 급여제한기간에 보험급여를 받은 사실이 있음을 국민건강보험공단이 가입자에게 통지한 날부터 2개월이 지난 날이 속한 달의 납부기한 이내에 체납된 보험료를 완납한 경우에는 받은 보험급여를 보험급여로 인정한다. [○|×]

OX문제 정답

01	02	03	04	05	06	07	08	09	10	11	12	13	14	15	16	17	18	19	20
O	X	X	O	O	O	O	O	O	X	O	X	X	O	O	X	X	O	X	X
21	**22**	**23**	**24**	**25**	**26**	**27**	**28**	**29**	**30**	**31**	**32**	**33**	**34**	**35**	**36**	**37**	**38**	**39**	**40**
X	O	O	O	O	O	X	O	X	O	X	X	X	O	X	O	X	X	O	X
41	**42**	**43**	**44**	**45**	**46**	**47**	**48**	**49**	**50**	**51**	**52**	**53**	**54**	**55**					
X	O	O	O	X	X	O	O	X	X	O	X	O	X	O					

02 요양급여와 약제의 범위, 즉 요양급여대상은 <u>보건복지부장관이 정한다</u>(법 제41조 제2항 제1호・제2호).

03 보건복지부장관은 의약품 등의 판매 질서 위반과 관련된 약제에 대하여는 요양급여비용 상한금액의 <u>100분의 20을 넘지 않는 범위</u>에서 그 금액의 일부를 감액할 수 있다(법 제41조의2 제1항).

09 요양기관은 요양급여비용을 최초로 청구하는 때에 요양기관의 시설・장비 및 인력 등에 대한 현황을 <u>건강보험심사평가원에 신고하여야 한다</u>(법 제43조 제1항).

11 본인이 연간 부담하는 본인일부부담금의 총액이 본인부담상한액을 초과한 경우에는 <u>공단이 그 초과 금액을 부담하여야 한다</u>(법 제44조 제2항).

12 계약기간은 <u>1년으로 한다</u>(법 제45조 제1항 후단).

15 공단은 요양급여비용의 지급을 청구한 병원이 개설・운영에 대한 법규를 위반한 혐의가 있음을 수사기관의 수사로 확인한 경우에는 해당 병원이 청구한 요양급여비용의 <u>지급을 보류할 수 있다</u>(법 제47조의2 제1항 전단).

16 지역별 의료자원의 불균형 및 의료서비스 격차의 해소 등을 위하여 지역별로 요양급여비용을 <u>달리 정하여 지급할 수 있다</u>(법 제47조의3).

18 공단은 가입자나 피부양자가 급하거나 그 밖의 부득이한 사유로 업무정지기간 중인 요양기관에서 질병・부상・출산 등에 대해 요양을 받거나 요양기관이 아닌 장소에서 출산한 경우에는 그 요양급여에 상당하는 금액을 가입자나 피부양자에게 <u>요양비로 지급한다</u>(법 제49조 제1항).

20 공단은 국민건강보험법에서 정한 요양급여 외에 대통령령으로 정하는 바에 따라 임신・출산 진료비, 장제비, 상병수당, 그 밖의 <u>급여를 실시할 수 있다</u>(법 제50조).

21 장애인인 가입자 또는 피부양자에게 보조기기를 판매한 자는 가입자나 피부양자의 위임이 있는 경우 공단에 보험급여를 <u>직접 청구할 수 있다</u>(법 제51조 제2항 전단).

23 공단은 보험급여를 받을 수 있는 사람이 고의 또는 중대한 과실로 요양기관의 요양에 대한 지시에 따르지 아니한 경우 <u>보험급여를 하지 않는다</u>(법 제53조 제1항 제2호).

28 공단은 가입자나 피부양자에게 지급하여야 하는 금액을 그 가입자 및 피부양자가 내야 하는 보험료 등과 <u>상계할 수 있다</u>(법 제57조 제5항 후단).

30 요양비 등 수급계좌에 입금된 요양비 등은 <u>압류할 수 없다</u>(법 제59조 제2항).

33 요양급여의 방법·절차·범위·상한 등의 기준은 <u>보건복지부령</u>으로 정한다(법 제41조 제3항).

34 보건복지부장관은 제1항에 따라 요양급여비용의 상한금액이 감액된 약제가 감액된 날부터 <u>5년의 범위</u>에서 대통령령으로 정하는 기간 내에 다시 제1항에 따른 감액의 대상이 된 경우에는 요양급여비용 상한금액의 <u>100분의 40</u>을 넘지 아니하는 범위에서 요양급여비용 상한금액의 일부를 감액할 수 있다(법 제41조의2 제2항).

35 요양급여비용 상한금액의 감액 및 요양급여 적용 정지의 기준, 절차, 그 밖에 필요한 사항은 <u>대통령령</u>으로 정한다(법 제41조의2 제4항).

37 요양급여대상 여부의 결정 신청의 시기, 절차, 방법 및 업무의 위탁 등에 필요한 사항과 요양급여대상 여부의 결정 절차 및 방법 등에 관한 사항은 <u>보건복지부령</u>으로 정한다(법 제41조의3 제5항).

38 <u>보건복지부장관</u>은 대통령령으로 정하는 절차와 방법에 따라 선별급여에 대하여 주기적으로 요양급여의 적합성을 평가하여 요양급여 여부를 다시 결정하고, 요양급여의 기준을 조정하여야 한다(법 제41조의4 제2항).

40 전문요양기관으로 인정된 요양기관 또는 상급종합병원에 대해서 요양급여의 절차 및 요양급여비용을 다른 요양기관과 <u>달리 할 수 있다</u>(법 제42조 제4항).

41 요양기관이 신고한 요양기관의 시설·장비 및 인력 등에 대한 현황이 변경된 경우에는 그 변경된 날부터 <u>15일</u> 이내에 <u>심사평가원</u>에 신고해야 한다(법 제43조 제2항).

45 약제·치료재료에 대한 요양급여비용은 요양기관의 약제·치료재료 구입금액 등을 고려해 <u>대통령령</u>으로 정하는 바에 따라 달리 산정할 수 있다(법 제46조).

46 건강보험심사평가원이 국민건강보험공단에 통보한 요양급여의 적정성 평가 결과에 따라 공단이 요양급여비용을 가산 또는 감액 조정해 지급할 경우에 요양급여비용 가산·감액 기준은 <u>보건복지부령</u>으로 정한다(법 제47조 제6항).

49 보조기기에 대한 보험급여의 범위·방법·절차, 보조기기 판매업자의 보험급여 청구, 공단의 적정성 심사 및 그 밖에 필요한 사항은 <u>보건복지부령</u>으로 정한다(법 제51조 제3항).

50 공단은 가입자와 피부양자에 대하여 질병의 조기 발견과 그에 따른 요양급여를 하기 위하여 건강검진을 실시한다(법 제52조 제1항).

52 건강검진의 횟수·절차와 그 밖에 필요한 사항은 <u>대통령령</u>으로 정한다(법 제52조 제4항).

54 보험료를 체납한 가입자는 국민건강보험공단으로부터 분할납부 승인을 받고 그 승인된 보험료를 <u>1회 이상</u> 낸 경우에는 보험급여를 받을 수 있다(법 제53조 제5항).

01 다음 중 요양급여의 범위, 즉 요양급여대상을 결정하여 고시하는 주체는 누구인가?

① 대통령   ② 보건복지부차관

③ 보건복지부장관   ④ 국민건강보험공단 이사장

02 다음 중 약제에 대한 요양급여비용 상한금액의 감액과 관련된 글의 빈칸 ㈀ ~ ㈃에 들어갈 내용을 순서대로 바르게 나열한 것은?

> ㉮ 보건복지부장관은 약사법에 따른 의약품 등의 판매 질서의 위반과 관련된 약제에 대하여는 요양 급여비용 상한금액의   ㈀ 를 넘지 않는 범위에서 그 금액의 일부를 감액할 수 있다.
> ㉯ 보건복지부장관은 위의 ㉮에 따라 요양급여비용의 상한금액이 감액된 약제가 감액된 날부터 5 년의 범위에서 대통령령으로 정하는 기간 내에 다시 위의 ㉮에 따른 감액의 대상이 된 경우에는 요양급여비용 상한금액의   ㈁ 를 넘지 않는 범위에서 요양급여비용 상한금액의 일부를 감액 할 수 있다.
> ㉰ 보건복지부장관은 위의 ㉯에 따라 요양급여비용의 상한금액이 감액된 약제가 감액된 날부터 5 년의 범위에서 대통령령으로 정하는 기간 내에 다시 약사법에 따른 의약품 등의 판매 질서의 위 반과 관련된 경우에는 해당 약제에 대하여   ㈂ 의 범위에서 기간을 정하여 요양급여의 적용을 정지할 수 있다.

	㈀	㈁	㈂
①	10%	40%	1년
②	20%	40%	1년
③	20%	50%	2년
④	40%	50%	2년

03 다음 중 요양급여대상 여부의 결정에 대한 설명으로 옳은 것은?

① 요양급여대상 여부의 결정 신청의 시기, 설자, 방법 및 업무의 위탁 등에 필요한 사항 등에 대한 사항은 대통령령으로 정한다.

② 보건복지부장관은 환자의 진료상 필수적이라고 인정하는 경우에는 직권으로 행위·치료재료 및 약제의 요양급여대상의 여부를 결정할 수 있다.

③ 약제의 제조업자·수입업자는 요양급여대상에 포함되지 않은 약제의 요양급여대상 여부의 결정을 국민건강보험공단 이사장에게 신청할 수 있다.

④ 요양기관은 요양급여대상 또는 비급여대상으로 결정되지 않은 진찰·검사·처치·수술·치료·예방·재활의 요양급여대상 여부의 결정을 국민건강보험공단 이사장에게 신청할 수 있다.

04 다음 중 예비적인 요양급여인 선별급여를 결정해 고시하는 주체는 누구인가?

① 대통령
② 보건복지부차관
③ 보건복지부장관
④ 국민건강보험공단 이사장

05 다음 〈보기〉 중 국민건강보험법상 요양급여를 실시하는 요양기관으로 옳은 것을 모두 고르면?

> **보기**
> ㉠ 약사법에 따라 등록된 약국
> ㉡ 의료법에 따라 개설된 의료기관
> ㉢ 약사법에 따라 설립된 한국희귀·필수의약품센터
> ㉣ 지역보건법에 따른 보건소·보건의료원 및 보건지소
> ㉤ 농어촌 등 보건의료를 위한 특별조치법에 따라 설치된 보건진료소
> ㉥ 사회복지사업법에 따라 급식 및 치료를 제공하는 주간·단기 보호시설

① ㉠, ㉡, ㉤, ㉥
② ㉡, ㉢, ㉣, ㉥
③ ㉡, ㉣, ㉤, ㉥
④ ㉠, ㉡, ㉢, ㉣, ㉤

06 다음 중 전문요양기관에 대한 설명으로 옳지 않은 것은?

① 요양기관 중에서 선별해 전문요양기관으로 인정할 수 있는 주체는 보건복지부장관이다.

② 전문요양기관 인정서를 반납한 경우에는 그 인정이 취소된다.

③ 전문요양기관의 인정기준에 미달하게 된 경우에는 그 인정이 취소된다.

④ 전문요양기관으로 인정된 요양기관에 대하여 요양급여의 절차 및 요양급여비용을 다른 요양기관과 달리 할 수 없다.

07 다음 중 선별급여의 실시 조건, 선별급여의 평가에 필요한 자료의 제출, 선별급여의 실시 제한 등에 필요한 사항을 정하는 주체는 누구인가?

① 대통령

② 보건복지부장관

③ 건강보험심사평가원장

④ 국민건강보험공단 이사장

08 다음 〈보기〉 중 국민건강보험공단이 요양급여비용과 요양비를 법무부장관·국방부장관·경찰청장·소방청장·해양경찰청장으로부터 예탁 받아 지급할 수 있는 경우에 해당하는 사람을 모두 고르면?

> **보기**
> ㉠ 교도소에 수용된 사람
> ㉡ 병역법에 따른 현역병
> ㉢ 지원에 의해 임용된 하사
> ㉣ 병역법에 따른 군간부후보생
> ㉤ 병역법에 따른 전환복무된 사람

① ㉠, ㉢, ㉣

② ㉡, ㉢, ㉤

③ ㉢, ㉣, ㉤

④ ㉠, ㉡, ㉣, ㉤

09 다음 중 비용의 본인일부부담금에 대한 글의 빈칸 ㉠, ㉡에 들어갈 내용을 순서대로 바르게 나열한 것은?

> ㉮ 요양급여를 받는 자는 비용의 일부("본인일부부담금")를 본인이 부담한다. 이때 선별급여에 대해서는 다른 요양급여에 비해 본인일부부담금을 _____㉠_____ 조정할 수 있다.
> ㉯ 위의 ㉮에 따라 본인이 연간 부담하는 본인일부부담금의 총액이 대통령령으로 정하는 금액("본인부담상한액")을 초과한 경우에는 _____㉡_____이/가 그 초과 금액을 부담해야 한다.

	㉠	㉡
①	상향	보건복지부
②	하향	보건복지부
③	상향	국민건강보험공단
④	하향	국민건강보험공단

10 다음 중 비용의 본인부담상한액에 대한 글의 빈칸 ㉠, ㉡에 들어갈 내용을 순서대로 바르게 나열한 것은?

> ㉮ 본인부담상한액은 가입자의 _____㉠_____ 등에 따라 정한다.
> ㉯ 본인일부부담금 총액 산정 방법, 본인부담상한액을 넘는 금액의 지급 방법 및 위의 ㉮에 따른 가입자의 _____㉠_____ 등에 따른 본인부담상한액 설정 등에 필요한 사항은 _____㉡_____으로 정한다.

	㉠	㉡
①	연령	대통령령
②	소득수준	대통령령
③	연령	보건복지부령
④	소득수준	보건복지부령

11 다음 중 국민건강보험공단의 요양급여비용의 산정 계약에 대한 설명으로 옳은 것은?

① 요양급여비용은 공단 이사장과 요양기관을 대표하는 사람들의 계약으로 정하며, 계약기간은 3년으로 한다.

② 공단의 이사장은 건강보험정책심의위원회의 심의·의결을 거쳐 요양급여비용의 산정 등과 관련한 계약을 체결해야 한다.

③ 건강보험심사평가원은 공단의 이사장이 요양급여비용의 산정 등과 관련한 계약을 체결하기 위해 자료를 요청하면 그 요청에 성실히 따라야 한다.

④ 요양급여비용의 산정 등과 관련한 계약은 그 직전 계약기간 만료일이 속하는 연도의 3월 31일까지 체결하며, 그 기한까지 계약이 체결되지 못하면 보건복지부장관이 재정위원회의 의결을 거쳐 요양급여비용을 정한다.

12 다음 중 요양급여비용의 산정·청구·지급 등에 대한 설명으로 옳은 것은?

① 약제·치료재료에 대한 요양급여비용은 요양기관의 약제·치료재료 구입금액 등을 고려해 달리 산정할 수 없다.

② 요양기관은 국민건강보험공단에 요양급여비용의 지급을 청구할 수 있으며, 이때 요양급어비용에 대한 심사청구는 공단에 대한 요양급여비용의 청구로 본다.

③ 요양급여비용을 청구하려는 요양기관은 국민건강보험공단에 요양급여비용의 심사청구를 해야 하며, 심사청구를 받은 공단은 이를 심사한 그 내용을 건강보험심사평가원과 요양기관에 알려야 한다.

④ 심사 내용을 통보받은 기관이 내용에 따라 요양급여비용을 요양기관에 지급할 경우에 이미 낸 본인일부부담금이 통보된 금액보다 더 많더라도 요양기관에 지급할 금액에서 더 많이 낸 금액을 공제해 해당 가입자에게 지급하지는 않는다.

13 다음 중 요양급여비용의 청구와 지급에 대한 설명으로 옳은 것은?

① 요양급여비용의 청구·심사·지급 등의 방법과 절차에 필요한 사항은 대통령령으로 정한다.

② 요양기관은 요양급여비용의 심사청구를 의사회·조산사회·약사회 또는 각각의 지부·분회가 대행하게 할 수 있다.

③ 요양급여의 적정성에 대한 건강보험심사평가원의 평가 결과에 따라 공단이 요양급여비용을 가산 또는 감액 조정해 지급할 때 그 기준은 대통령령으로 정한다.

④ 가입자가 이미 낸 본인일부부담금이 건강보험심사평가원에서 심사한 금액보다 더 많아서 국민건강보험공단이 요양기관에 지급할 금액에서 더 많이 낸 금액을 공제해 해당 가입자에게 지급할 경우에 가입자에게 지급하여야 하는 금액을 그 가입자가 내야 하는 보험료 등과 상계할 수 없다.

14 다음 중 요양급여비용의 차등 지급 및 지급 보류에 대한 설명으로 옳은 것은?

① 지역별 의료자원의 불균형을 위해 지역별로 요양급여비용을 달리 정하여 지급할 수 있다.

② 지급 보류된 요양급여비용 및 이자의 지급 절차와 이자의 산정에 필요한 사항은 보건복지부령으로 정한다.

③ 다른 의료법인의 명의로 개설되었다는 사실이 수사기관의 수사 결과로 확인된 의료기관이 요양급여비용의 지급을 청구하면 국민건강보험공단은 그 지급을 당연히 보류해야 하며, 이때 해당 요양기관에 의견 제출의 기회를 주지 않을 수 있다.

④ 다른 의료법인의 명의로 개설되었다는 혐의가 입증되지 않아 법원의 무죄 판결이 확정된 의료기관에 대해 국민건강보험공단이 그 확정 판결 전까지 요양급여비용의 지급을 보류했다면 지급 보류된 금액만을 지급하며 그 보류된 기간 동안의 이자는 가산하지 않는다.

15 다음 〈보기〉 중 요양급여 대상 여부의 확인에 대한 설명으로 옳은 것을 모두 고르면?

보기
> ㉠ 가입자는 본인일부부담금 외에 자신이 부담한 비용이 요양급여 대상에서 제외되는 비용인지 여부에 대해 건강보험심사평가원에 확인을 요청할 수 있다.
> ㉡ 위의 ㉠에 따른 요청을 받은 기관은 확인한 결과 확인을 요청한 비용이 요양급여 대상에 해당되는 비용인 경우에는 그 내용을 관련 요양기관에 알려야 한다.
> ㉢ 위의 ㉡에 따라 통보받은 요양기관이 과다본인부담금을 확인을 요청한 사람에게 지급해야 할 경우에 그 요양기관이 과다본인부담금을 지급하지 않더라도 국민건강보험공단은 해당 요양기관에 지급할 요양급여비용에서 과다본인부담금을 공제해 확인을 요청한 사람에게 지급할 수 없다.

① ㉠, ㉡

② ㉠, ㉢

③ ㉡, ㉢

④ ㉠, ㉡, ㉢

16 다음 중 요양비에 대한 설명으로 옳지 않은 것은?

① 준요양기관은 요양을 받은 피부양자가 위임할 때는 국민건강보험공단에 요양비의 지급을 직접 청구할 수 있다.

② 위의 ①의 경우 준요양기관의 요양비 지급 청구, 국민건강보험공단의 적정성 심사 등에 필요한 사항은 보건복지부령을 따른다.

③ 부득이하게 업무정지기간 중인 준요양기관에서 출산에 대한 요양을 받은 가입자는 요양급여에 상당하는 금액을 지급받을 수 없다.

④ 준요양기관에서 요양을 받은 사람은 해당 준요양기관에서 발급한 요양비 명세서나 요양 명세를 적은 영수증을 국민건강보험공단에 제출해야 한다.

17 다음 중 국민건강보험공단의 장애인에 대한 특례 및 부가급여의 설명으로 옳지 않은 것은?

① 공단은 장애인인 피부양자에게 보조기기에 대하여 보험급여를 할 수 있다.

② 장애인인 가입자에게 보조기기를 판매한 자는 어떠한 경우라도 공단에 보험급여를 직접 청구할 수 없다.

③ 공단이 보험급여를 실시하는 보조기기에 대한 보험급여의 범위·방법·절차 등에 필요한 사항은 보건복지부령으로 정한다.

④ 공단은 국민건강보험법에서 정한 요양급여 외에도 임신·출산 진료비, 장제비, 상병수당을 실시할 수 있다.

18 다음 중 건강검진에 대한 설명으로 옳은 것은?

① 만 8세인 피부양자는 영유아건강검진 대상에 포함된다.

② 30세 미만의 지역가입자는 일반건강검진의 대상이 아니다.

③ 건강검진의 횟수·절차와 관련한 사항은 대통령령으로 정한다.

④ 가입자와 피부양자를 대상으로 건강검진을 주관·실시하는 주체는 보건복지부이다.

19 다음 중 보험급여의 제한에 대한 설명으로 옳지 않은 것은?

① 공무로 생긴 질병 때문에 국민건강보험법이 아닌 다른 법령에 따른 보험급여를 받더라도 국민건강보험공단은 보험급여를 해야 한다.

② 가입자가 소득월액보험료를 체납한 경우에는 완납할 때까지 국민건강보험공단은 그 가입자 및 피부양자에 대하여 보험급여를 실시하지 않을 수 있다.

③ 보험급여를 받을 수 있는 사람이 지방자치단체로부터 보험급여에 상당하는 비용을 지급받는 경우에 국민건강보험공단은 그 한도에서 보험급여를 하지 않는다.

④ 납부의무를 부담하는 사용자가 보수월액보험료를 체납했을 때 그 체납에 대한 귀책사유가 직장가입자 본인에게 있는 경우에는 체납한 보험료를 완납할 때까지 국민건강보험공단은 그 가입자에게 보험급여를 실시하지 않을 수 있다.

20 다음 〈보기〉 중 보험급여의 제한에 대한 설명으로 옳은 것을 모두 고르면?

> **보기**
>
> ㉠ 보험료를 체납한 가입자가 국민건강보험공단으로부터 분할납부 승인을 받고 그 승인된 보험료를 1회 이상 낸 경우에는 보험급여를 할 수 있다.
>
> ㉡ 위의 ㉠의 경우에 분할납부 승인을 받은 사람이 정당한 사유 없이 5회 이상 그 승인된 보험료를 내지 아니한 때에는 국민건강보험공단은 보험급여를 하지 않을 수 있다.
>
> ㉢ 국민건강보험공단이 보험급여를 하지 않는 급여제한기간에 보험급여를 받은 사실이 있음을 가입자에게 통지한 날부터 2개월이 지난 날이 속한 달의 납부기한 이내에 체납된 보험료를 완납한 경우에는 급여제한기간에 받은 보험급여를 보험급여로 인정한다.

① ㉠, ㉡　　　　　　　　　　② ㉠, ㉢

③ ㉡, ㉢　　　　　　　　　　④ ㉠, ㉡, ㉢

21 다음 〈보기〉 중 보험급여를 받을 수 있는 사람에 대한 급여를 정지하는 경우로 옳은 것을 모두 고르면?

> **보기**
> ㉠ 국외에 체류하는 경우
> ㉡ 현역병 및 간부후보생에 해당하게 된 경우
> ㉢ 교도소 또는 교도소에 준하는 시설에 수용되어 있는 경우

① ㉠, ㉡

② ㉠, ㉢

③ ㉡, ㉢

④ ㉠, ㉡, ㉢

22 다음 중 요양비 등 수급계좌에 대한 설명으로 옳지 않은 것은?

① 수급자가 신청할 때는 보험급여로 지급되는 현금(요양비 등)을 수급자 명의의 지정된 계좌(요양비 등 수급계좌)로 입금해야 한다.

② 요양비 등을 요양비 등 수급계좌에 이체할 수 없을 때는 직접 현금으로 지급할 수 있다.

③ 요양비 등 수급계좌가 개설된 금융기관은 요양비 등 수급계좌에 요양비 등뿐만 아니라 다른 현금의 입출금이 가능하도록 해야 한다.

④ 요양비 등 수급계좌의 신청 방법·절차와 관리에 필요한 사항은 대통령령으로 정한다.

23 다음 중 부당이득의 징수에 대한 설명으로 옳지 않은 것은?

① 속임수로 보험급여를 받은 사람과 같은 세대에 속한 가입자에게 속임수로 보험급여를 받은 사람과 연대해 징수금을 내게 할 수 있다.

② 국민건강보험공단은 부당한 방법으로 보험급여를 받은 보조기기 판매업자에 대해 그 보험급여에 상당하는 금액의 전부 또는 일부를 징수한다.

③ 준요양기관의 속임수로 보험급여가 실시된 경우에 국민건강보험공단은 해당 준요양기관에게 보험급여를 받은 사람과 연대해 징수금을 내게 할 수 있다.

④ 의료법을 위반해 부당한 방법으로 개설된 의료기관이 속임수로 보험급여 비용을 받을 경우에 국민건강보험공단은 해당 의료기관의 개설자에게 그 요양기관과 연대해 징수금을 납부하게 할 수 없다.

24 다음 중 부당이득 징수금 체납자의 인적사항 등 공개에 대한 설명으로 옳지 않은 것은?

① 부당이득 징수금 체납자의 인적사항 등의 공개 여부를 심의하는 주체는 국민건강보험공단의 재정 운영위원회이다.

② 징수금을 납부할 의무가 있는 요양기관 개설자가 납입 고지 문서에 기재된 납부기한의 다음 날부터 1년이 경과한 징수금을 1억 원 이상 체납한 경우에 국민건강보험공단은 인적사항 등을 공개할 수 있다.

③ 위의 ②의 경우에 체납된 금액의 일부 납부 등의 사유가 있을 때는 국민건강보험공단은 인적사항 등을 공개할 수 없다.

④ 부당이득 징수금 체납자의 인적사항 등의 공개는 관보에 게재하거나 국민건강보험공단 인터넷 홈페이지에 게시하는 방법으로 한다.

25 다음 중 수급권 보호 및 구상권에 대한 설명으로 옳은 것은?

① 보험급여를 받을 권리는 양도할 수 없지만 압류할 수는 있다.

② 요양비 등 수급계좌에 입금된 요양비 등은 압류할 수 있다.

③ 제3자의 행위로 보험급여사유가 발생해 국민건강보험공단이 가입자에게 보험급여를 한 경우에 국민건강보험공단은 그 급여에 들어간 비용 한도에서 그 제3자에게 손해배상을 청구할 수 있다.

④ 위의 ③에 따라 보험급여를 받은 사람이 제3자로부터 이미 손해배상을 받았더라도 국민건강보험공단은 보험급여를 해야 한다.

26 다음 〈보기〉 중 국민건강보험법상 부가급여에 해당하는 것을 모두 고르면?(단, 시행 여부와 관계 없이 법령의 규정에 따른다)

보기	
가. 건강검진 비용	나. 장제비
다. 본인부담금	라. 상병수당

① 가, 나, 다　　　　　　　　　　② 가, 다

③ 나, 라　　　　　　　　　　　　④ 라

1. 건강보험심사평가원의 업무

(1) 건강보험심사평가원의 설립(제62조)

요양급여비용을 심사하고 요양급여의 적정성을 평가하기 위하여 건강보험심사평가원을 설립한다.

(2) 심사평가원의 업무 등(제63조)

① 심사평가원이 관장하는 업무
1. 요양급여비용의 심사
2. 요양급여의 적정성 평가
3. 심사기준 및 평가기준의 개발
4. 제1호부터 제3호까지의 규정에 따른 업무와 관련된 조사연구 및 국제협력
5. 다른 법률에 따라 지급되는 급여비용의 심사 또는 의료의 적정성 평가에 관하여 위탁받은 업무
6. 그 밖에 국민건강보험법 또는 다른 법령에 따라 위탁받은 업무
7. 건강보험과 관련하여 보건복지부장관이 필요하다고 인정한 업무
8. 그 밖에 보험급여 비용의 심사와 보험급여의 적정성 평가와 관련하여 대통령령으로 정하는 업무
② 제1항 제8호에 따른 보험급여의 적정성 평가의 기준·절차·방법 등에 필요한 사항은 보건복지부장관이 정하여 고시한다.

2. 건강보험심사평가원의 성립

(1) 법인격 등(제64조)

① 심사평가원은 법인으로 한다.
② 심사평가원은 주된 사무소의 소재지에서 설립등기를 함으로써 성립한다.

(2) 임원(제65조)

① 임원의 구성 : 심사평가원에 임원으로서 원장, 이사 15명 및 감사 1명을 둔다. 이 경우 원장, 이사 중 4명 및 감사는 상임으로 한다.
② 원장 : 임원추천위원회가 복수로 추천한 사람 중에서 **보건복지부장관의 제청**으로 대통령이 임명한다.
③ 상임이사 : 보건복지부령으로 정하는 추천 절차를 거쳐 원장이 임명한다.
④ 비상임이사 : 다음 각 호의 사람 중에서 10명과 대통령령으로 정하는 바에 따라 추천한 관계 공무원 1명을 보건복지부장관이 임명한다.
1. 공단이 추천하는 1명
2. 의약관계단체가 추천하는 5명
3. 노동조합·사용자단체·소비자단체 및 농어업인단체가 추천하는 각 1명

⑤ **감사** : 임원추천위원회가 복수로 추천한 사람 중에서 **기획재정부장관의 제청**으로 **대통령**이 임명한다.

⑥ **실비변상** : 비상임이사는 정관으로 정하는 바에 따라 실비변상을 받을 수 있다.

⑦ **임기** : 원장의 임기는 3년, 이사(공무원인 이사는 제외한다)와 감사의 임기는 각각 2년으로 한다.

3. 진료심사평가위원회와 자금의 조달

(1) 진료심사평가위원회(제66조)

① **심사위원회의 설치** : 심사평가원의 업무를 효율적으로 수행하기 위하여 심사평가원에 **진료심사평가위원회**("심사위원회")를 둔다.

② **심사위원회의 구성** : 위원장을 포함하여 90명 이내의 상근 심사위원과 1,000명 이내의 비상근 심사위원으로 구성하며, **진료과목별 분과위원회**를 둘 수 있다.

③ **심사위원의 임명·위촉**(제3항·제4항)

    ㉠ 상근 심사위원 : 심사평가원의 원장이 보건복지부령으로 정하는 사람 중에서 임명한다(제3항).

    ㉡ 비상근 심사위원 : 심사평가원의 원장이 보건복지부령으로 정하는 사람 중에서 위촉한다(제4항).

④ **심사위원의 해임·해촉** : 심사평가원의 원장은 심사위원이 다음 각 호의 어느 하나에 해당하면 그 심사위원을 해임 또는 해촉할 수 있다(제5항).

    1. 신체장애나 정신장애로 직무를 수행할 수 없다고 인정되는 경우

    2. 직무상 의무를 위반하거나 직무를 게을리한 경우

    3. 고의나 중대한 과실로 심사평가원에 손실이 생기게 한 경우

    4. 직무 여부와 관계없이 품위를 손상하는 행위를 한 경우

⑤ 제1항부터 제5항까지에서 규정한 사항 외에 심사위원회 위원의 자격·임기 및 심사위원회의 구성·운영 등에 필요한 사항은 **보건복지부령**으로 정한다(제6항).

(2) 자금의 조달 등(제67조)

① **부담금의 징수** : 심사평가원은 요양급여비용의 심사, 요양급여의 적정성 평가, 심사기준 및 평가기준의 개발 및 이러한 업무와 관련된 조사연구 및 국제협력, 그 밖에 국민건강보험법 또는 다른 법령에 따라 위탁받은 업무, 건강보험과 관련하여 보건복지부장관이 필요하다고 인정한 업무, 그 밖에 보험급여 비용의 심사와 보험급여의 적정성 평가와 관련하여 **대통령령**으로 징하는 입무 등을 하기 위하여 공단으로부터 부담금을 징수할 수 있다.

② **수수료** : 심사평가원은 다른 법률에 따라 지급되는 급여비용의 심사 또는 의료의 적정성 평가에 대한 업무를 위탁받은 경우에는 **위탁자로부터 수수료**를 받을 수 있다.

③ 부담금 및 수수료의 금액·징수 방법 등에 필요한 사항은 **보건복지부령**으로 정한다.

(3) 준용 규정(제68조)

심사평가원에 관하여 제14조 제3항·제4항, 제16조, 제17조(같은 조 제1항 제6호 및 제7호는 제외한다), 제18조, 제19조, 제22조부터 제32조까지, 제35조 제1항, 제36조, 제37조, 제39조 및 제40조를 준용한다. 이 경우 "공단"은 "심사평가원"으로, "이사장"은 "원장"으로 본다.

※ 다음 문제의 진위 여부를 판단해 ○ 또는 ×를 선택하시오.

01 요양급여비용을 심사하고 요양급여의 적정성을 평가하는 주체는 건강보험심사평가원이다. [○|×]

02 건강보험심사평가원은 요양급여비용의 심사에 따른 업무와 관련된 국제협력의 업무를 관장한다.
[○|×]

03 보험급여의 적정성 평가의 기준·절차·방법 등에 필요한 사항은 건강보험심사평가원장이 정한다.
[○|×]

04 건강보험심사평가원의 임원은 원장을 비롯해 각 5명씩의 상임·비상임이사와 감사 1명 등 모두 12명으로 구성된다. [○|×]

05 건강보험심사평가원장은 건강보험정책심의위원회에서 추천하는 후보 중에서 보건복지부장관이 임명한다.
[○|×]

06 건강보험심사평가원의 상임이사는 보건복지부장관이 임명한다. [○|×]

07 건강보험심사평가원의 비상임이사는 건강보험심사평가원장이 임명한다. [○|×]

08 건강보험심사평가원의 감사는 기획재정부장관의 제청으로 대통령이 임명한다. [○|×]

09 건강보험심사평가원의 원장, 이사(공무원인 이사는 제외), 감사 등의 임기는 모두 3년으로 동일하다.
[○|×]

10 진료심사평가위원회는 건강보험심사평가원에 소속된다. [○|×]

11 진료심사평가위원회의 심사위원은 90명 이내의 상근 심사위원과 1,000명 이내의 비상근 심사위원으로 구성된다. [○|×]

12 진료심사평가위원회의 상근 심사위원은 보건복지부장관이 임명한다. [○|×]

13 진료심사평가위원회의 비상근 심사위원은 건강보험심사평가원장이 위촉한다. [○ | ×]

14 진료심사평가위원회의 심사위원을 해임·해촉할 수 있는 주체는 보건복지부장관이다. [○ | ×]

15 진료심사평가위원회의 구성·운영 및 위원의 자격·임기 등에 필요한 구체적인 사항은 보건복지부령으로 정한다. [○ | ×]

16 건강보험심사평가원은 다른 법률에 따라 지급되는 급여비용의 심사에 관해 위탁받은 업무를 하기 위해 국민건강보험공단으로부터 부담금을 징수할 수 있다. [○ | ×]

17 건강보험심사평가원은 다른 법률에 따라 의료의 적정성 평가에 대한 업무를 위탁받은 경우에는 위탁자로부터 수수료를 받을 수 있다. [○ | ×]

18 건강보험심사평가원이 징수하거나 받을 수 있는 부담금·수수료의 금액·징수 방법 등에 필요한 사항은 보건복지부령으로 정한다. [○ | ×]

19 건강보험심사평가원은 회계연도마다 편성한 예산안을 승인하는 주체는 보건복지부장관이며, 이를 변경할 때는 보건복지부차관의 승인이 필요하다. [○ | ×]

20 건강보험심사평가원은 지출할 현금이 부족한 경우에는 차입할 수 있으며, 1년 이상 장기로 차입하려면 보건복지부장관의 승인을 받아야 한다. [○ | ×]

01	02	03	04	05	06	07	08	09	10	11	12	13	14	15	16	17	18	19	20
○	○	×	×	×	×	×	○	×	○	○	×	○	×	○	×	○	○	×	○

03 보험급여의 적정성 평가의 기준·절차·방법 등에 필요한 사항은 <u>보건복지부장관</u>이 정하여 고시한다(법 제63조 제2항).

04 심사평가원에 임원으로서 원장, <u>이사 15명</u> 및 감사 1명을 둔다. 이 경우 원장, <u>이사 중 4명</u> 및 감사는 <u>상임</u>으로 한다(법 제65조 제1항).

05 원장은 <u>임원추천위원회</u>가 복수로 추천한 사람 중에서 보건복지부장관의 제청으로 <u>대통령</u>이 임명한다(법 제65조 제2항).

06 상임이사는 보건복지부령으로 정하는 추천 절차를 거쳐 <u>원장</u>이 임명한다(법 제65조 제3항).

07 비상임이사는 <u>보건복지부장관</u>이 임명한다(법 제65조 제4항).

09 원장의 임기는 3년, 이사(공무원인 이사는 제외한다)와 감사의 임기는 각각 <u>2년</u>으로 한다(법 제65조 제7항).

12 상근 심사위원은 <u>심사평가원의 원장</u>이 임명한다(법 제66조 제3항).

14 <u>심사평가원의 원장</u>은 심사위원을 해임 또는 해촉할 수 있다(법 제66조 제5항).

16 심사평가원은 다른 법률에 따라 지급되는 급여비용의 심사에 관해 위탁받은 업무를 하기 위해 <u>공단으로부터 부담금을 징수할 수 없다</u>(법 제67조 제1항 제외 조항).

19 공단은 회계연도마다 예산안을 편성하여 이사회의 의결을 거친 후 <u>보건복지부장관</u>의 승인을 받아야 한다. 예산을 변경할 때에도 또한 같다(법 제68조 및 법 제36조).

01 다음 〈보기〉 중 건강보험심사평가원에서 관장하는 업무로 옳은 것을 모두 고르면?

> **보기**
> ㉠ 보험급여의 관리　　　　　　　　㉡ 요양급여비용의 심사
> ㉢ 보험급여 비용의 지급　　　　　　㉣ 요양급여의 적정성 평가
> ㉤ 심사기준 및 평가기준의 개발

① ㉠, ㉡, ㉣　　　　　　　　　　　② ㉠, ㉢, ㉣
③ ㉡, ㉢, ㉤　　　　　　　　　　　④ ㉡, ㉣, ㉤

02 다음 중 건강보험심사평가원의 임원에 대한 설명으로 옳은 것은?

① 감사는 상임으로 하며, 이사는 각 5명씩 동수의 상임・비상임이사로 이루어진다.
② 상임이사는 건강보험심사평가원장이, 비상임이사는 보건복지부장관이 각각 임명한다.
③ 원장은 건강보험정책심의위원회에서 추천한 사람 중에서 보건복지부장관이 임명한다.
④ 감사는 진료심사평가위원회에서 추천한 사람 중에서 원장의 제청으로 보건복지부장관이 임명한다.

03 다음 중 진료심사평가위원회에 대한 설명으로 옳은 것은?

① 100명 이내의 상근 심사위원과 500명 이내의 비상근 심사위원으로 구성된다.
② 상근 심사위원은 건강보험심사평가원장의 제청으로 보건복지부장관이 임명한다.
③ 비상근 심사위원을 위촉할 수 있는 권한을 가진 주체는 건강보험심사평가원장이다.
④ 상근・비상근 심사위원을 해임하거나 해촉할 수 있는 권한을 가진 주체는 보건복지부장관이다.

04 다음 중 건강보험심사평가원의 자금의 조달에 대한 설명으로 옳지 않은 것은?

① 건강보험심사평가원은 심사기준의 개발 업무를 하기 위해 국민건강보험공단으로부터 부담금을 징수할 수 있다.

② 건강보험심사평가원은 국민건강보험법이 아닌 다른 법률에 의해 지급되는 급여비용의 심사와 관련해 위탁받은 업무를 할 때도 국민건강보험공단으로부터 부담금을 징수할 수 있다.

③ 건강보험심사평가원은 국민건강보험법이 아닌 다른 법률에 따라 의료의 적정성 평가에 대한 업무를 위탁받은 경우에는 위탁자로부터 수수료를 받을 수 있다.

④ 건강보험심사평가원이 징수하거나 받을 수 있는 부담금·수수료의 금액 에 필요한 사항은 보건복지부령으로 정한다.

05 다음 중 국민건강보험법상 요양급여비용을 청구하려는 요양기관이 요양급여비용의 심사를 청구하여야 하는 기관은?

① 보건복지부　　　　　　　　　　② 대행청구단체

③ 건강보험심사평가원　　　　　　　④ 건강보험정책심의위원회

1. 보험료의 부과

(1) 보험료(제69조)

① 징수 대상 : 공단은 건강보험사업에 드는 비용에 충당하기 위하여 보험료의 납부의무자로부터 보험료를 징수한다.

② 징수 기간 : 보험료는 가입자의 자격을 취득한 날이 속하는 달의 다음 달부터 가입자의 자격을 잃은 날의 전날이 속하는 달까지 징수한다. 다만, 가입자의 자격을 매월 1일에 취득한 경우 또는 제5조 제1항 제2호 가목(유공자 등 의료보호대상자 중 건강보험의 적용을 보험자에게 신청한 사람)에 따른 건강보험 적용 신청으로 가입자의 자격을 취득하는 경우에는 그 달부터 징수한다.

③ 자격 변동 시 징수 기준 : 보험료를 징수할 때 가입자의 자격이 변동된 경우에는 변동된 날이 속하는 달의 보험료는 변동되기 전의 자격을 기준으로 징수한다. 다만, 가입자의 자격이 매월 1일에 변동된 경우에는 변동된 자격을 기준으로 징수한다.

④ 직장가입자의 월별 보험료액 : 다음 각 호에 따라 산정한 금액으로 한다.

　1. 보수월액보험료 : 보수월액에 보험료율을 곱하여 얻은 금액

　2. 소득월액보험료 : 소득월액에 보험료율을 곱하여 얻은 금액

⑤ 지역가입자의 월별 보험료액 : 세대단위로 산정하되, 지역가입자가 속한 세대의 월별 보험료액은 보험료부과점수에 보험료부과점수당 금액을 곱한 금액으로 한다.

⑥ 월별 보험료액을 정하는 기준 : 가입자의 보험료 평균액의 일정 비율에 해당하는 금액을 고려하여 대통령령으로 정하는 기준에 따라 상한 및 하한을 정한다.

(2) 보수월액(제70조)

① 직장가입자의 보수월액의 산정 기준 : 직장가입자가 지급받는 보수를 기준으로 하여 산정한다.

② 휴직자 등의 보수월액보험료 산정 기준 : 휴직이나 그 밖의 사유로 보수의 전부 또는 일부가 지급되지 아니하는 가입자("휴직자 등")의 보수월액보험료는 해당 사유가 생기기 전 달의 보수월액을 기준으로 산정한다.

③ 보수의 정의 : 근로자 등이 근로를 제공하고 사용자·국가 또는 지방자치단체로부터 지급받는 금품(실비변상적인 성격을 갖는 금품은 제외한다)으로서 대통령령으로 정하는 것을 말한다. 이 경우 보수 관련 자료가 없거나 불명확한 경우 등 대통령령으로 정하는 사유에 해당하면 보건복지부장관이 정하여 고시하는 금액을 보수로 본다.

④ 보수월액의 산정 및 보수가 지급되지 아니하는 사용자의 보수월액의 산정 등에 필요한 사항은 대통령령으로 정한다.

(3) 소득월액(제71조)

① 소득월액의 산정 : 보수월액의 산정에 포함된 보수를 제외한 직장가입자의 소득("보수외소득")이 대통령령으로 정하는 금액을 초과하는 경우 '[(연간 보수외소득) − (대통령령으로 정하는 금액)] $\times \dfrac{1}{12}$' 에 따라 산정한다.

② 소득월액을 산정하는 기준, 방법 등 소득월액의 산정에 필요한 사항은 대통령령으로 정한다.

(4) 보험료부과점수(제72조)

① 보험료부과점수의 산정 기준 : 제69조 제5항에 따른 보험료부과점수는 지역가입자의 소득 및 재산을 기준으로 산정한다. 다만, 대통령령으로 정하는 지역가입자가 실제 거주를 목적으로 대통령령으로 정하는 기준 이하의 주택을 구입 또는 임차하기 위하여 금융실명거래 및 비밀보장에 대한 법률에 따른 금융회사 등으로부터 대출을 받고 그 사실을 공단에 통보하는 경우에는 해당 대출금액을 대통령령으로 정하는 바에 따라 평가하여 보험료부과점수 산정 시 제외한다.

② 보험료부과점수의 산정방법과 산정기준을 정할 때 법령에 따라 **재산권의 행사가 제한되는 재산**에 대하여는 다른 재산과 달리 정할 수 있다.

③ **금융정보 등의 제출** : 지역가입자는 제1항 단서에 따라 공단에 통보할 때 신용정보의 이용 및 보호에 대한 법률에 따른 신용정보, 금융실명거래 및 비밀보장에 대한 법률에 따른 금융자산, 금융거래의 내용에 대한 자료·정보 중 대출금액 등 대통령령으로 정하는 자료·정보(**"금융정보 등"**)를 공단에 제출하여야 하며, 제1항 단서에 따른 보험료부과점수 산정을 위하여 필요한 금융정보 등을 공단에 제공하는 것에 대하여 동의한다는 서면을 함께 제출하여야 한다.

④ 제1항 및 제2항에 따른 보험료부과점수의 산정방법·산정기준 등에 필요한 사항은 **대통령령**으로 정한다.

(5) 보험료부과제도개선위원회(제72조의2)

① **제도개선위원회의 설치** : 보험료부과와 관련된 제도 개선을 위하여 **보건복지부장관 소속**으로 관계 중앙행정기관 소속 **공무원 및 민간전문가로 구성**된 보험료부과제도개선위원회(**"제도개선위원회"**)를 둔다.

② 제도개선위원회의 심의 사항
  1. 가입자의 소득 파악 실태에 대한 조사 및 연구에 대한 사항
  2. 가입자의 소득 파악 및 소득에 대한 보험료 부과 강화를 위한 개선 방안에 대한 사항
  3. 그 밖에 보험료부과와 관련된 제도 개선 사항으로서 위원장이 회의에 부치는 사항

③ 보건복지부장관은 제도개선위원회 운영 결과를 **국회에 보고**하여야 한다.

④ 제도개선위원회의 구성·운영 등에 관하여 필요한 사항은 **대통령령**으로 정한다.

(6) 보험료부과제도에 대한 적정성 평가(제72조의3)

① **적정성 평가** : 보건복지부장관은 피부양자 인정기준(**"인정기준"**)과 보험료, 보수월액, 소득월액 및 보험료부과점수의 산정기준 및 방법 등(**"산정기준"**)에 대하여 적정성을 평가하고, 국민건강보험법 시행일로부터 4년이 경과한 때 이를 조정하여야 한다.

② **적정성 평가 시 고려 사항** : 보건복지부장관은 적정성 평가를 하는 경우에는 다음 각 호를 종합적으로 고려하여야 한다.
  1. 제도개선위원회가 심의한 가입자의 소득 파악 현황 및 개선방안
  2. 공단의 소득 관련 자료 보유 현황
  3. 소득세법에 따른 종합소득(종합과세되는 종합소득과 분리과세되는 종합소득을 포함한다) 과세 현황

종합소득(소득세법 제4조 제1항 제1호)
소득세법에 따라 과세되는 모든 소득에서 퇴직소득, 금융투자소득 및 양도소득에 따른 소득을 제외한 소득으로서,
이자소득·배당소득·사업소득·근로소득·연금소득·기타소득을 합산한 것

4. 직장가입자에게 부과되는 보험료와 지역가입자에게 부과되는 보험료 간 형평성

5. 인정기준 및 산정기준의 조정으로 인한 보험료 변동

6. 그 밖에 적정성 평가 대상이 될 수 있는 사항으로서 보건복지부장관이 정하는 사항

③ 적정성 평가의 절차, 방법 및 그 밖에 적정성 평가를 위하여 필요한 사항은 **대통령령**으로 정한다.

(7) 보험료율 등(제73조)

① 직장가입자의 보험료율은 1,000분의 80의 범위에서 심의위원회의 의결을 거쳐 **대통령령**으로 정한다.

② 국외에서 업무에 종사하고 있는 직장가입자에 대한 보험료율은 제1항에 따라 정해진 보험료율의 100분의 50으로 한다.

③ 지역가입자의 보험료부과점수당 금액은 심의위원회의 의결을 거쳐 **대통령령**으로 정한다.

2. 보험료 부담의 면제 및 경감

(1) 보험료의 면제(제74조)

① **보험료 면제 경우** : 공단은 직장가입자가 제54조 제2호부터 제4호까지의 어느 하나에 해당하는 경우(같은 조 제2호에 해당하는 경우에는 1개월 이상의 기간으로서 대통령령으로 정하는 기간 이상 국외에 체류하는 경우에 한정한다. 이하 이 조에서 같다) 그 가입자의 보험료를 면제한다. 다만, 제54조 제2호에 해당하는 직장가입자의 경우에는 국내에 거주하는 피부양자가 없을 때에만 보험료를 면제한다.

② **보험료부과점수 제외 경우** : 지역가입자가 제54조 제2호부터 제4호까지의 어느 하나에 해당하면 그 가입자가 속한 세대의 보험료를 산정할 때 그 가입자의 보험료부과점수를 제외한다.

③ **적용 기간** : 보험료의 면제나 보험료의 산정에서 제외되는 보험료부과점수에 대하여는 제54조 제2호부터 제4호까지의 어느 하나에 해당하는 **급여정지 사유가 생긴 날이 속하는 달의 다음 달부터 사유가 없어진 날이 속하는 달까지 적용한다**. 다만, 다음 각 호의 어느 하나에 해당하는 경우에는 그 달의 보험료를 면제하지 아니하거나 보험료의 산정에서 보험료부과점수를 제외하지 아니한다.

1. 급여정지 사유가 매월 1일에 없어진 경우

2. 제54조 제2호(국외에 체류하는 경우)에 해당하는 가입자 또는 그 피부양자가 국내에 입국하여 입국일이 속하는 달에 보험급여를 받고 그 달에 출국하는 경우

(2) 보험료의 경감 등(제75조)

① **보험료 경감 대상** : 다음 각 호의 어느 하나에 해당하는 가입자 중 보건복지부령으로 정하는 가입자에 대하여는 그 가입자 또는 그 가입자가 속한 세대의 보험료의 일부를 경감할 수 있다.

1. 섬, 벽지, 농어촌 등 대통령령으로 정하는 지역에 거주하는 사람

2. 65세 이상인 사람

3. 장애인복지법에 따라 등록한 **장애인**

4. 국가유공자 등 예우 및 지원에 대한 법률 제4조 제1항 제4호(전상군경), 제6호(공상군경), 제12호(4·19혁명부상자), 제15호(공상공무원) 및 제17호(국가사회발전 특별공로상이자)에 따른 **국가유공자**

더 알아보기

적용 대상 국가유공자(국가유공자 등 예우 및 지원에 대한 법률 제4조 제1항)
- **전상(戰傷)군경** : 군인이나 경찰공무원으로서 전투 또는 이에 준하는 직무수행 중 상이를 입고 전역(퇴역·면역 또는 상근예비역 소집해제를 포함한다)하거나 퇴직(면직을 포함한다)한 사람(군무원으로서 1959년 12월 31일 이전에 전투 또는 이에 준하는 직무수행 중 상이를 입고 퇴직한 사람을 포함한다) 또는 6개월 이내에 전역이나 퇴직하는 사람으로서 그 상이 정도가 국가보훈처장이 실시하는 신체검사에서 상이등급으로 판정된 사람(제4호)
- **공상(公傷)군경** : 군인이나 경찰·소방 공무원으로서 국가의 수호·안전보장 또는 국민의 생명·재산 보호와 직접적인 관련이 있는 직무수행이나 교육훈련 중 상이(질병을 포함한다)를 입고 전역하거나 퇴직한 사람 또는 6개월 이내에 전역이나 퇴직하는 사람으로서 그 상이 정도가 국가보훈처장이 실시하는 신체검사에서 상이등급으로 판정된 사람(제6호)
- **4·19 혁명부상자** : 1960년 4월 19일을 전후한 혁명에 참가하여 상이를 입은 사람으로서 그 상이 정도가 국가보훈처장이 실시하는 신체검사에서 상이등급으로 판정된 사람(제12호)
- **공상공무원** : 국가공무원법 및 지방공무원법에 따른 공무원(군인과 경찰·소방 공무원은 제외한다)과 국가나 지방자치단체에서 일상적으로 공무에 종사하는 대통령령으로 정하는 직원으로서 국민의 생명·재산 보호와 직접적인 관련이 있는 직무수행이나 교육훈련 중 상이(질병을 포함한다)를 입고 퇴직하거나 6개월 이내에 퇴직하는 사람으로서 그 상이 정도가 국가보훈처장이 실시하는 신체검사에서 상이등급으로 판정된 사람(제15호)
- **국가사회발전 특별공로상이자** : 국가사회발전에 현저한 공이 있는 사람 중 그 공로와 관련되어 상이를 입은 사람으로서 그 상이 정도가 국가보훈처장이 실시하는 신체검사에서 상이등급으로 판정되어 국무회의에서 국가유공자 등 예우 및 지원에 대한 법률의 적용 대상자로 의결된 사람(제17호)

---

5. 휴직자

6. 그 밖에 생활이 어렵거나 천재지변 등의 사유로 보험료를 경감할 필요가 있다고 보건복지부장관이 정하여 고시하는 사람

② 보험료 감액 사유 : 보험료 납부의무자가 다음 각 호의 어느 하나에 해당하는 경우에는 **대통령령**으로 정하는 바에 따라 보험료를 감액하는 등 재산상의 이익을 제공할 수 있다.

1. 보험료의 납입 고지를 전자문서로 받는 경우
2. 보험료를 계좌 또는 신용카드 자동이체의 방법으로 내는 경우

③ 보험료 경감의 방법·절차 등에 필요한 사항은 **보건복지부장관**이 정하여 고시한다.

(3) 보험료의 부담(제76조)

① 보수월액보험료 부담 비율 : 직장가입자의 보수월액보험료는 **직장가입자**와 다음 각 호의 구분에 따른 자가 각각 보험료액의 100분의 50씩 부담한다. 다만, 직장가입자가 교직원으로서 사립학교에 근무하는 교원이면 보험료액은 그 직장가입자가 100분의 50을, 교직원이 소속되어 있는 사립학교를 설립·운영하는 자가 100분의 30을, 국가가 100분의 20을 각각 부담한다.

1. 직장가입자가 근로자인 경우에는 근로자가 소속되어 있는 사업장의 **사업주**
2. 직장가입자가 공무원인 경우에는 그 공무원이 소속되어 있는 **국가 또는 지방자치단체**
3. 직장가입자가 교직원(사립학교에 근무하는 교원은 제외한다)인 경우에는 교직원이 소속되어 있는 **사립학교를 설립·운영하는 자**

② 직장가입자의 소득월액보험료는 **직장가입자**가 부담한다.

③ 지역가입자의 보험료는 그 가입자가 속한 세대의 **지역가입자 전원**이 연대하여 부담한다.

④ 직장가입자가 교직원인 경우 교직원이 소속되어 있는 사립학교를 설립·운영하는 자가 부담액 전부를 부담할 수 없으면 그 부족액을 학교에 속하는 회계에서 부담하게 할 수 있다.

3. 보험료의 납부

(1) 보험료 납부의무(제77조)

① 직장가입자의 보험료 납부의무 : 다음 각 호의 구분에 따라 그 각 호에서 정한 자가 납부한다.

   1. 보수월액보험료 : **사용자**. 이 경우 사업장의 사용자가 2명 이상인 때에는 그 사업장의 사용자는 해당 직장가입자의 보험료를 연대하여 납부한다.

   2. 소득월액보험료 : **직장가입자**

② 지역가입자의 보험료 납부의무 : 그 가입자가 속한 세대의 지역가입자 **전원**이 **연대하여 납부**한다. 다만, 소득 및 재산이 없는 미성년자와 소득 및 재산 등을 고려하여 **대통령령**으로 정하는 기준에 해당하는 미성년자는 납부의무를 부담하지 아니한다.

③ 보험료액의 공제 : 사용자는 보수월액보험료 중 직장가입자가 부담하여야 하는 그 달의 보험료액을 그 보수에서 공제하여 납부하여야 한다. 이 경우 직장가입자에게 공제액을 알려야 한다.

(2) 제2차 납부의무(제77조의2)

① 제2차 납무의무 부담 : 법인의 재산으로 그 법인이 납부하여야 하는 보험료, 연체금 및 체납처분비를 충당하여도 부족한 경우에는 해당 법인에게 보험료의 납부의무가 부과된 날 현재의 **무한책임사원** 또는 **과점주주**(국세기본법 제39조 각 호의 어느 하나에 해당하는 자를 말한다)가 그 **부족한 금액**에 대하여 제2차 납부의무를 진다. 다만, 과점주주의 경우에는 그 부족한 금액을 그 법인의 발행주식 총수(의결권이 없는 주식은 제외한다) 또는 출자총액으로 나눈 금액에 해당 과점주주가 실질적으로 권리를 행사하는 주식 수(의결권이 없는 주식은 제외한다) 또는 출자액을 곱하여 산출한 금액을 한도로 한다.

더 알아보기

출자자의 제2차 납세의무(국세기본법 제39조)

법인(대통령령으로 정하는 증권시장에 주권이 상장된 법인은 제외한다. 이하 이 조에서 같다)의 재산으로 그 법인에 부과되거나 그 법인이 납부할 국세 및 강제징수비에 충당하여도 부족한 경우에는 그 국세의 납세의무 성립일 현재 <u>다음 각 호의 어느 하나에 해당하는 자는 그 부족한 금액에 대하여 제2차 납세의무를 진다</u>. 다만, 제2호에 따른 과점주주의 경우에는 그 부족한 금액을 그 법인의 발행주식 총수(의결권이 없는 주식은 제외한다. 이하 이 조에서 같다) 또는 출자총액으로 나눈 금액에 해당 과점주주가 실질적으로 권리를 행사하는 주식 수(의결권이 없는 주식은 제외한다) 또는 출자액을 곱하여 산출한 금액을 한도로 한다.

1. 무한책임사원으로서 다음 각 목의 어느 하나에 해당하는 사원
   가. 합명회사의 사원
   나. 합자회사의 무한책임사원
2. 주주 또는 다음 각 목의 어느 하나에 해당하는 사원 1명과 그의 특수관계인 중 대통령령으로 정하는 자로서 그들의 소유주식 합계 또는 출자액 합계가 해당 법인의 발행 주식 총수 또는 출자총액의 100분의 50을 초과하면서 그 법인의 경영에 대하여 지배적인 영향력을 행사하는 자들("과점주주")
   가. 합자회사의 유한책임사원
   나. 유한책임회사의 사원
   다. 유한회사의 사원

② 양수인의 제2차 납부의무 : 사업이 양도·양수된 경우에 양도일 이전에 양도인에게 납부의무가 부과된 보험료, 연체금 및 체납처분비를 양도인의 재산으로 충당하여도 부족한 경우에는 **사업의 양수인**이 그 부족한 금액에 대하여 양수한 재산의 가액을 한도로 제2차 납부의무를 진다. 이 경우 양수인의 범위 및 양수한 재산의 가액은 **대통령령**으로 정한다.

(3) 보험료의 납부기한(제78조)

① 납부기한 : 보험료 납부의무가 있는 자는 가입자에 대한 그 달의 보험료를 그 **다음 달 10일까지** 납부하여야 한다. 다만, 직장가입자의 소득월액보험료 및 지역가입자의 보험료는 **보건복지부령**으로 정하는 바에 따라 분기별로 납부할 수 있다.

② 납부기한의 연장 : 공단은 납입 고지의 송달 지연 등 보건복지부령으로 정하는 사유가 있는 경우 납부의무자의 신청에 따라 납부기한부터 **1개월의 범위**에서 납부기한을 연장할 수 있다. 이 경우 납부기한 연장을 신청하는 방법, 절차 등에 필요한 사항은 **보건복지부령**으로 정한다.

(4) 가산금(제78조의2)

① 가산금의 부과 : 사업장의 사용자가 대통령령으로 정하는 사유에 해당되어 직장가입자가 될 수 없는 자를 거짓으로 보험자에게 직장가입자로 신고한 경우 공단은 제1호의 금액에서 제2호의 금액을 뺀 금액의 100분의 10에 **상당하는 가산금**을 그 사용자에게 부과하여 징수한다.

1. 사용자가 직장가입자로 신고한 사람이 직장가입자로 처리된 기간 동안 그 가입자가 부담하여야 하는 보험료의 총액
2. 제1호의 기간 동안 공단이 해당 가입자에 대하여 산정하여 부과한 보험료의 총액

② 가산금의 부과 예외 : 공단은 **가산금이 소액**이거나 그 밖에 가산금을 징수하는 것이 적절하지 아니하다고 인정되는 등 **대통령령**으로 정하는 경우에는 징수하지 아니할 수 있다.

(5) 보험료 등의 납입 고지(제79조)

① 납입 고지 문서 기재 사항 : 공단은 보험료 등을 징수하려면 그 금액을 결정하여 납부의무자에게 다음 각 호의 사항을 적은 문서로 **납입 고지**를 하여야 한다.

1. 징수하려는 보험료 등의 종류
2. 납부해야 하는 금액
3. 납부기한 및 장소

② 전자문서로의 고지(제2항·제3항)

㉠ 공단은 납입 고지를 할 때 납부의무자의 신청이 있으면 전자문서교환방식 등에 의하여 **전자문서**로 고지할 수 있다. 이 경우 전자문서 고지에 대한 신청 방법·절차 등에 필요한 사항은 **보건복지부령**으로 정한다(제2항).

㉡ 공단이 전자문서로 고지하는 경우에는 전자문서가 보건복지부령으로 정하는 정보통신망에 저장되거나 납부의무자가 지정한 전자우편주소에 입력된 때에 납입 고지가 그 납부의무자에게 도달된 것으로 본다(제3항).

③ 직장가입자의 사용자가 2명 이상인 경우 또는 지역가입자의 세대가 2명 이상으로 구성된 경우 그중 1명에게 한 고지는 해당 사업장의 다른 사용자 또는 세대 구성원인 다른 지역가입자 **모두에게 효력**이 있는 것으로 본다(제4항).

④ **납입 고지의 유예** : 휴직자 등의 보험료는 휴직 등의 사유가 끝날 때까지 **보건복지부령**으로 정하는 바에 따라 **납입 고지를 유예**할 수 있다(제5항).

⑤ 공단은 제2차 납부의무자에게 납입의 고지를 한 경우에는 해당 법인인 사용자 및 사업 양도인에게 그 사실을 통지하여야 한다(제6항).

(6) 신용카드 등으로 하는 보험료 등의 납부(제79조의2)

① 공단이 납입 고지한 보험료 등을 납부하는 자는 보험료 등의 납부를 대행할 수 있도록 대통령령으로 정하는 기관 등("**보험료 등 납부대행기관**")을 통하여 신용카드, 직불카드 등("**신용카드 등**")으로 납부할 수 있다.

② 신용카드 등으로 보험료 등을 납부하는 경우에는 보험료 등 **납부대행기관의 승인일**을 납부일로 본다.

③ 보험료 등 납부대행기관은 보험료 등의 납부자로부터 보험료 등의 납부를 대행하는 대가로 **수수료**를 받을 수 있다.

④ 보험료 등 납부대행기관의 지정 및 운영, 수수료 등에 필요한 사항은 **대통령령**으로 정한다.

4. 연체금과 체납처분

(1) 연체금(제80조)

① **연체금의 징수** : 공단은 보험료 등의 납부의무자가 납부기한까지 보험료 등을 내지 아니하면 그 납부기한이 지난 날부터 매 1일이 **경과할 때마다** 다음 각 호에 해당하는 연체금을 징수한다.

　1. 보험료 또는 보험급여 제한 기간 중 받은 보험급여에 대한 징수금을 체납한 경우 : 해당 체납금액의 1,500분의 1에 해당하는 금액. 이 경우 연체금은 해당 체납금액의 1,000분의 20을 넘지 못한다.

　2. 제1호 외에 국민건강보험법에 따른 징수금을 체납한 경우 : 해당 체납금액의 1,000분의 1에 해당하는 금액. 이 경우 연체금은 해당 체납금액의 1,000분의 30을 넘지 못한다.

② **연체금의 가산** : 공단은 보험료 등의 납부의무자가 체납된 보험료 등을 내지 아니하면 **납부기한 후 30일이 지난 날부터 매 1일이 경과할 때마다** 다음 각 호에 해당하는 연체금을 제1항에 따른 연체금에 더하여 징수한다.

　1. 보험료 또는 보험급여 제한 기간 중 받은 보험급여에 대한 징수금을 체납한 경우 : 해당 체납금액의 6,000분의 1에 해당하는 금액. 이 경우 연체금은 해당 체납금액의 1,000분의 50을 넘지 못한다.

　2. 제1호 외에 국민건강보험법에 따른 징수금을 체납한 경우 : 해당 체납금액의 3,000분의 1에 해당하는 금액. 이 경우 연체금은 해당 체납금액의 1,000분의 90을 넘지 못한다.

③ 공단은 천재지변이나 그 밖에 보건복지부령으로 정하는 부득이한 사유가 있으면 연체금을 징수하지 아니할 수 있다.

(2) 보험료 등의 독촉 및 체납처분(제81조)

① 보험료 등의 독촉(제1항·제2항)

㉠ 공단은 보험료 등을 내야 하는 자가 보험료 등을 내지 아니하면 기한을 정하여 독촉할 수 있다. 이 경우 직장가입자의 사용자가 2명 이상인 경우 또는 지역가입자의 세대가 2명 이상으로 구성된 경우에는 그중 1명에게 한 독촉은 해당 사업장의 다른 사용자 또는 세대 구성원인 다른 지역가입자 모두에게 효력이 있는 것으로 본다(제1항).

㉡ 독촉할 때에는 10일 이상 15일 이내의 납부기한을 정하여 독촉장을 발부하여야 한다(제2항).

② 보험료 등의 체납처분(제3항·제4항)

㉠ 공단은 독촉을 받은 자가 그 납부기한까지 보험료 등을 내지 아니하면 **보건복지부장관의 승인**을 받아 국세 체납처분의 예에 따라 이를 징수할 수 있다(제3항).

㉡ 공단은 제3항에 따라 체납처분을 하기 전에 보험료 등의 체납 내역, 압류 가능한 재산의 종류, 압류 예정 사실 및 국세징수법에 따른 소액금융재산에 대한 압류금지 사실 등이 포함된 통보서를 발송하여야 한다. 다만, 법인 해산 등 긴급히 체납처분을 할 필요가 있는 경우로서 **대통령령**으로 정하는 경우에는 그러하지 아니하다(제4항).

더 알아보기

압류금지 재산
- 체납자의 생계 유지에 필요한 <u>소액금융재산</u>으로서 대통령령으로 정하는 것(국세징수법 제41조 제18호)
- 국세징수법 제41조 제18호에서 "대통령령으로 정하는 것"이란 다음 각 호의 구분에 따른 **보장성보험의 보험금, 해약환급금 및 만기환급금과 개인별 잔액이 185만 원 미만인 예금**(적금, 부금, 예탁금과 우편대체를 포함한다)을 말한다(동법 시행령 제31조).
  1. 사망보험금 중 1,000만 원 이하의 보험금
  2. 상해·질병·사고 등을 원인으로 체납자가 지급받는 보장성보험의 보험금 중 다음 각 목에 해당하는 보험금
     가. 진료비, 치료비, 수술비, 입원비, 약제비 등 치료 및 장애 회복을 위하여 실제 지출되는 비용을 보장하기 위한 보험금
     나. 치료 및 장애 회복을 위한 보험금 중 가목에 해당하는 보험금을 제외한 보험금의 2분의 1에 해당하는 금액
  3. 보장성보험의 해약환급금 중 150만 원 이하의 금액
  4. 보장성보험의 만기환급금 중 150만 원 이하의 금액

③ 공매의 대행(제5항·제6항)

㉠ 공단은 국세 체납처분의 예에 따라 압류하거나 압류한 재산의 공매에 대하여 전문지식이 필요하거나 그 밖에 특수한 사정으로 직접 공매하는 것이 적당하지 아니하다고 인정하는 경우에는 한국자산관리공사 설립 등에 대한 법률에 따라 설립된 **한국자산관리공사에 공매를 대행**하게 할 수 있다. 이 경우 공매는 공단이 한 것으로 본다(제5항).

㉡ 공단은 제5항에 따라 한국자산관리공사가 공매를 대행하면 **보건복지부령**으로 정하는 바에 따라 수수료를 지급할 수 있다(제6항).

(3) 부당이득 징수금의 압류(제81조의2)

① 제81조에도 불구하고 공단은 보험급여 비용을 받은 요양기관이 다음 각 호의 요건을 모두 갖춘 경우에는 제57조 제1항에 따른 징수금의 한도에서 해당 요양기관 또는 그 요양기관을 개설한 자(같은 조 제2항에 따라 해당 요양기관과 연대하여 징수금을 납부하여야 하는 자를 말한다. 이하 이 조에서 같다)의 재산을 보건복지부장관의 승인을 받아 압류할 수 있다.

1. 의료법 제33조 제2항 또는 약사법 제20조 제1항을 위반하였다는 사실로 기소된 경우
2. 요양기관 또는 요양기관을 개설한 자에게 강제집행, 국세 강제징수 등 대통령령으로 정하는 사유가 있어 그 재산을 압류할 필요가 있는 경우
② 공단은 제1항에 따라 재산을 압류하였을 때에는 해당 요양기관 또는 그 요양기관을 개설한 자에게 문서로 그 압류 사실을 통지하여야 한다.
③ 공단은 다음 각 호의 어느 하나에 해당할 때에는 제1항에 따른 압류를 즉시 해제하여야 한다.
1. 제2항에 따른 통지를 받은 자가 제57조 제1항에 따른 징수금에 상당하는 다른 재산을 담보로 제공하고 압류 해제를 요구하는 경우
2. 법원의 무죄 판결이 확정되는 등 대통령령으로 정하는 사유로 해당 요양기관이 의료법 제33조 제2항 또는 약사법 제20조 제1항을 위반한 혐의가 입증되지 아니한 경우
④ 제1항에 따른 압류 및 제3항에 따른 압류 해제에 관하여 이 법에서 규정한 것 외에는 국세징수법을 준용한다.

(4) 체납 또는 결손처분 자료의 제공(제81조의3)

① 체납 등 자료의 제공 : 공단은 보험료 징수 또는 공익목적을 위하여 필요한 경우에 신용정보의 이용 및 보호에 대한 법률에 따른 종합신용정보집중기관이 다음 각 호의 어느 하나에 해당하는 체납자 또는 결손처분자의 인적사항·체납액 또는 결손처분액에 대한 자료("체납 등 자료")를 요구할 때에는 그 자료를 제공할 수 있다. 다만, 체납된 보험료나 국민건강보험법에 따른 그 밖의 징수금과 관련하여 행정심판 또는 행정소송이 계류 중인 경우, 그 밖에 **대통령령**으로 정하는 사유가 있을 때에는 그러하지 아니하다.

> **더 알아보기**
>
> 종합신용정보집중기관(신용정보의 이용 및 보호에 대한 법률 제25조 제2항 제1호)
> 대통령령으로 정하는 금융기관 전체로부터의 신용정보를 집중관리·활용하는 신용정보집중기관

1. 국민건강보험법에 따른 납부기한의 다음 날부터 1년이 지난 보험료, 국민건강보험법에 따른 그 밖의 징수금과 체납처분비의 총액이 500만 원 이상인 자
2. 결손처분한 금액의 총액이 500만 원 이상인 자
② 체납 등 자료의 제공절차에 필요한 사항은 **대통령령**으로 정한다.
③ 체납 등 자료를 제공받은 자는 이를 업무 외의 목적으로 누설하거나 이용하여서는 아니 된다.

(5) 보험료의 납부증명(제81조의4)

① 납부사실의 증명 : 보험료의 납부의무자는 국가, 지방자치단체 또는 공공기관의 운영에 대한 법률에 따른 공공기관으로부터 공사·제조·구매·용역 등 대통령령으로 정하는 계약의 대가를 지급받는 경우에는 보험료와 그에 따른 연체금 및 체납처분비의 납부사실을 증명하여야 한다. 다만, 납부의무자가 계약대금의 전부 또는 일부를 체납한 보험료로 납부하려는 경우 등 대통령령으로 정하는 경우에는 그러하지 아니하다.

공공기관(공공기관의 운영에 대한 법률 제4조 제1항)

기획재정부장관은 국가·지방자치단체가 아닌 법인·단체 또는 기관("기관")으로서 다음 각 호의 어느 하나에 해당하는 기관을 공공기관으로 지정할 수 있다.

1. 다른 법률에 따라 직접 설립되고 정부가 출연한 기관
2. 정부지원액(법령에 따라 직접 정부의 업무를 위탁받거나 독점적 사업권을 부여받은 기관의 경우에는 그 위탁업무나 독점적 사업으로 인한 수입액을 포함한다)이 총수입액의 2분의 1을 초과하는 기관
3. 정부가 100분의 50 이상의 지분을 가지고 있거나 100분의 30 이상의 지분을 가지고 임원 임명권한 행사 등을 통하여 당해 기관의 정책 결정에 사실상 지배력을 확보하고 있는 기관
4. 정부와 제1호부터 제3호의 어느 하나에 해당하는 기관이 합하여 100분의 50 이상의 지분을 가지고 있거나 100분의 30 이상의 지분을 가지고 임원 임명권한 행사 등을 통하여 당해 기관의 정책 결정에 사실상 지배력을 확보하고 있는 기관
5. 제1호부터 제4호의 어느 하나에 해당하는 기관이 단독으로 또는 2개 이상의 기관이 합하여 100분의 50 이상의 지분을 가지고 있거나 100분의 30 이상의 지분을 가지고 임원 임명권한 행사 등을 통하여 당해 기관의 정책 결정에 사실상 지배력을 확보하고 있는 기관
6. 제1호부터 제4호의 어느 하나에 해당하는 기관이 설립하고, 정부 또는 설립 기관이 출연한 기관

② 납부증명의 갈음 : 납부의무자가 납부사실을 증명하여야 할 경우 계약을 담당하는 주무관서 또는 공공기관은 납부의무자의 동의를 받아 공단에 조회하여 보험료와 그에 따른 **연체금 및 체납처분비**의 납부 여부를 확인하는 것으로 납부증명을 갈음할 수 있다.

(6) 서류의 송달(제81조의5)

보험료 등의 납입 고지 및 보험료 등의 독촉 및 체납처분에 대한 서류의 송달에 관하여는 국세기본법 제8조(같은 조 제2항 단서는 제외한다)부터 제12조까지의 규정을 준용한다. 다만, 우편송달에 의하는 경우 그 방법은 **대통령령**으로 정하는 바에 따른다.

(7) 체납보험료의 분할납부(제82조)

① 분할납부의 승인 조건 : 공단은 보험료를 3회 이상 체납한 자가 신청하는 경우 **보건복지부령**으로 정하는 바에 따라 분할납부를 승인할 수 있다.

② 분할납부 신청 고지 : 공단은 보험료를 3회 이상 체납한 자에 대하여 국세 체납처분의 예에 따른 징수를 하기 전에 분할납부를 신청할 수 있음을 알리고, 보건복지부령으로 정하는 바에 따라 분할납부 신청의 절차·방법 등에 대한 사항을 안내하여야 한다.

③ 분할납부의 승인 취소 : 공단은 분할납부 승인을 받은 자가 정당한 사유 없이 5회(승인받은 분할납부 횟수가 5회 미만인 경우에는 해당 분할납부 횟수를 말한다) 이상 그 승인된 보험료를 납부하지 아니하면 그 분할납부의 승인을 취소한다.

④ 분할납부의 승인과 취소에 대한 절차·방법·기준 등에 필요한 사항은 **보건복지부령**으로 정한다.

(8) 고액·상습체납자의 인적사항 공개(제83조)

① 인적사항 등의 공개 조건 : 공단은 국민건강보험법에 따른 납부기한의 다음 날부터 1년이 경과한 보험료, 연체금과 체납처분비(결손처분한 보험료, 연체금과 체납처분비로서 징수권 소멸시효가 완성되지 아니한 것을 포함한다)의 총액이 1,000만 원 이상인 체납자가 납부능력이 있음에도 불구하고 체납한 경우 그 인적사항·체납액 등("인적사항 등")을 공개할 수 있다. 다만, 체납된 보험료, 연체금과 체납처분비와 관련하여 이의신청, 심판청구가 제기되거나 행정소송이 계류 중인 경우 또는 그 밖에 체납된 금액의 일부 납부 등 **대통령령**으로 정하는 사유가 있는 경우에는 그러하지 아니하다.

② 인적사항 등의 공개 여부 심의 기관 : 체납자의 인적사항 등에 대한 공개 여부를 심의하기 위하여 공단에 보험료정보공개심의위원회를 둔다.

③ 공단은 보험료정보공개심의위원회의 심의를 거친 인적사항 등의 공개대상자에게 공개대상자임을 서면으로 통지하여 소명의 기회를 부여하여야 하며, 통지일부터 6개월이 경과한 후 체납액의 납부이행 등을 감안하여 공개대상자를 선정한다.

④ 체납자 인적사항 등의 공개는 관보에 게재하거나 공단 인터넷 홈페이지에 게시하는 방법에 따른다.

⑤ 체납자 인적사항 등의 공개와 관련한 납부능력의 기준, 공개절차 및 위원회의 구성·운영 등에 필요한 사항은 **대통령령**으로 정한다.

(9) 결손처분(제84조)

① 결손처분 사유 : 공단은 다음 각 호의 어느 하나에 해당하는 사유가 있으면 **재정운영위원회의 의결**을 받아 보험료 등을 결손처분 할 수 있다.

1. 체납처분이 끝나고 체납액에 충당될 배분금액이 그 체납액에 미치지 못하는 경우
2. 해당 권리에 대한 소멸시효가 완성된 경우
3. 그 밖에 징수할 가능성이 없다고 인정되는 경우로서 **대통령령**으로 정하는 경우

② 공단은 제1항 제3호에 따라 결손처분을 한 후 압류할 수 있는 다른 재산이 있는 것을 발견한 때에는 지체 없이 그 **처분을 취소**하고 **체납처분**을 하여야 한다.

(10) 보험료 등의 징수 순위(제85조)

보험료 등은 국세와 지방세를 제외한 다른 채권에 우선하여 징수한다. 다만, 보험료 등의 납부기한 전에 전세권·질권·저당권 또는 동산·채권 등의 담보에 대한 법률에 따른 담보권의 설정을 등기 또는 등록한 사실이 증명되는 재산을 매각할 때에 그 매각대금 중에서 보험료 등을 징수하는 경우 그 전세권·질권·저당권 또는 동산·채권 등의 담보에 대한 법률에 따른 담보권으로 담보된 채권에 대하여는 그러하지 아니하다.

(11) 보험료 등의 충당과 환급(제86조)

① 공단은 납부의무자가 보험료 등, 연체금 또는 체납처분비로 낸 금액 중 과오납부한 금액이 있으면 **대통령령**으로 정하는 바에 따라 그 과오납금을 보험료 등, 연체금 또는 체납처분비에 우선 충당하여야 한다.

② 금액의 환급 : 공단은 충당하고 남은 금액이 있는 경우 대통령령으로 정하는 바에 따라 납부의무자에게 환급하여야 한다.

③ 이자의 가산 : 제1항 및 제2항의 경우 과오납금에 **대통령령**으로 정하는 이자를 가산하여야 한다.

※ 다음 문제의 진위 여부를 판단해 O 또는 ×를 선택하시오.

01 납부의무자로부터 징수하는 보험료는 가입자의 자격을 취득한 날이 속하는 달부터 가입자의 자격을 잃은 날이 속하는 달까지 징수한다. [O | ×]

02 가입자의 자격을 매월 1일에 취득한 경우에는 그 달부터 보험료를 징수한다. [O | ×]

03 보험료를 징수할 때 가입자의 자격이 변동된 경우에는 변동된 날이 속하는 달의 보험료는 변동되기 전의 자격을 기준으로 징수한다. [O | ×]

04 직장가입자의 보수월액보험료는 보수월액에 보험료율을 곱해 계산한다. [O | ×]

05 직장가입자의 소득월액보험료는 소득월액에 보험료율을 곱해 계산한다. [O | ×]

06 지역가입자의 월별 보험료액은 세대 단위로 산정하되, 지역가입자가 속한 세대의 월별 보험료액은 '(보험료부과점수)×(보험료부과점수당 금액)×0.75'로 계산한다. [O | ×]

07 직장가입자 및 지역가입자의 월별 보험료액은 가입자의 보험료 평균액의 일정 비율에 해당하는 금액을 고려해 상한 및 하한을 정한다. [O | ×]

08 직장가입자의 보수월액은 직장가입자가 지급받는 보수를 기준으로 하여 산정한다. [O | ×]

09 보수의 일부가 지급되지 않는 가입자의 보수월액보험료는 해당 사유가 생기기 전 연도의 보수월액의 평균을 기준으로 산정한다. [O | ×]

10 직장가입자의 보수월액의 산정 기준이 되는 보수는 근로자 등이 근로를 제공하고 사용자로부터 지급받는 금품을 뜻하며, 이때 금품에는 실비변상적인 성격의 금품이 포함된다. [O | ×]

11 보수 관련 자료가 없거나 불명확한 경우 등 대통령령으로 정하는 사유에 해당하면 보건복지부장관이 정해 고시하는 금액을 보수로 본다. [O | ×]

12 보수월액의 산정 및 보수가 지급되지 아니하는 사용자의 보수월액의 산정 등에 필요한 사항은 보건복지부령으로 정한다. [O | ×]

13 보수월액의 산정에 포함된 보수를 제외한 직장가입자의 소득(보수외소득)이 대통령령으로 정하는 금액을 초과하는 경우에 소득월액은 '[(연간 보수외소득)−(대통령령으로 정하는 금액)]×$\frac{1}{12}$'로 산정한다.

[○|×]

14 소득월액을 산정하는 기준, 방법 등 소득월액의 산정에 필요한 사항은 보건복지부령으로 정한다.

[○|×]

15 보험료부과점수는 지역가입자의 소득만을 기준으로 산정한다.

[○|×]

16 보험료부과점수의 산정방법과 산정기준을 정할 때 법령에 따라 재산권의 행사가 제한되는 재산에 대하여는 다른 재산과 달리 정할 수 있다.

[○|×]

17 보험료부과와 관련된 제도 개선을 위해 설치되는 보험료부과제도개선위원회는 국민건강보험공단 소속으로 한다.

[○|×]

18 보험료부과제도개선위원회는 가입자의 소득 파악 실태에 관한 조사 및 연구에 관한 사항을 심의한다.

[○|×]

19 국민건강보험공단 이사장은 보험료부과제도개선위원회 운영 결과를 보건복지부장관에게 보고해야 한다.

[○|×]

20 보건복지부장관은 피부양자 인정기준과 보험료, 보수월액, 소득월액 및 보험료부과점수의 산정 기준 및 방법 등에 대해 적정성을 평가해야 한다.

[○|×]

21 피부양자 인정기준과 보험료, 보수월액, 소득월액 및 보험료부과점수의 산정 기준 및 방법 등의 적정성을 평가할 때는 보험료부과제도개선위원회가 심의한 가입자의 소득 파악 현황 및 개선방안을 고려해야 한다.

[○|×]

22 직장가입자의 보험료율은 1,000분의 80의 범위에서 재정운영위원회의 의결을 거쳐 국민건강보험공단 이사장이 정한다.

[○|×]

23 지역가입자의 보험료부과점수당 금액은 건강보험정책심의위원회의 의결을 거쳐 대통령령으로 정한다.

[○|×]

24 국민건강보험공단은 직장가입자가 1개월 이상의 기간 동안 국외에 체류하는 경우에는 그 가입자의 보험료를 면제한다. [○│×]

25 위의 **24**번 문제에 해당하는 직장가입자의 경우에는 국내에 거주하는 피부양자가 있더라도 보험료를 면제한다. [○│×]

26 지역가입자가 보험급여의 정지 사유에 해당하면 그 가입자가 속한 세대의 보험료를 산정할 때 그 가입자의 보험료부과점수를 제외한다. [○│×]

27 보험료의 면제나 보험료의 산정에서 제외되는 보험료부과점수에 대하여는 보험급여의 정지 사유가 생긴 날이 속하는 달부터 사유가 없어진 날이 속하는 달의 다음 달까지 적용한다. [○│×]

28 등록장애인, 국가유공자, 휴직자 등의 하나에 해당하는 가입자에 대해서는 그 가입자 또는 그 가입자가 속한 세대의 보험료의 일부를 경감할 수 있다. [○│×]

29 보험료 납부의무자가 보험료의 납입 고지를 전자문서로 받거나 보험료를 자동이체의 방법으로 내는 경우에는 보험료를 감액할 수 있다. [○│×]

30 보험료 경감의 방법·절차 등에 필요한 사항은 기획재정부장관이 정해 고시한다. [○│×]

31 직장가입자가 근로자인 경우에 직장가입자의 보수월액보험료는 그 직장가입자와 사용자가 보험료액의 각각 40%와 60%를 부담한다. [○│×]

32 직장가입자가 교직원으로서 사립학교에 근무하는 교원인 경우에 보험료액은 그 직장가입자가 50%, 그 사립학교를 설립·운영하는 자가 30%, 국가가 20%의 비율로 분담한다. [○│×]

33 직장가입자의 소득월액보험료는 직장가입자 자신이 부담한다. [○│×]

34 지역가입자의 보험료는 그 가입자가 속한 세대의 지역가입자 전원이 연대해 부담한다. [○│×]

35 위의 **34**번 문제에서 소득·재산이 없는 미성년자는 납부의무를 부담하지 않는다. [○│×]

36 직장가입자가 교직원인 경우에 그 사립학교를 설립·운영하는 자가 부담액 전부를 부담할 수 없으면 그 부족액을 국가에서 부담할 수 있다. [○│×]

37 사업장의 사용자가 2명 이상인 때에는 그 사업장의 사용자는 해당 직장가입자의 보험료를 연대해 납부한다. [O | X]

38 사용자는 보수월액보험료 중 직장가입자가 부담해야 하는 그 달의 보험료액을 그 보수에서 공제해 납부해야 한다. [O | X]

39 법인의 재산으로 그 법인이 납부해야 하는 보험료, 연체금 및 체납처분비를 충당해도 부족한 경우에는 해당 법인에게 보험료의 납부의무가 부과된 날 현재의 무한책임사원 또는 과점주주가 그 부족한 금액에 대해 제2차 납부의무를 진다. [O | X]

40 위의 **39**번 문제에서 과점주주의 경우에는 그 부족한 금액을 그 법인의 발행주식 총수(의결권이 없는 주식을 포함한다) 또는 출자총액으로 나눈 금액에 해당 과점주주가 실질적으로 권리를 행사하는 주식 수(의결권이 없는 주식을 포함한다) 또는 출자액을 곱해 산출한 금액을 한도로 한다. [O | X]

41 사업이 양도·양수된 경우에 양도일 이전에 양도인에게 납부의무가 부과된 보험료, 연체금 및 체납처분비를 양도인의 재산으로 충당해도 부족한 경우에는 사업의 양수인이 그 부족한 금액에 대해 양수한 재산의 가액을 한도로 제2차 납부의무를 진다. [O | X]

42 보험료 납부의무가 있는 자는 가입자에 대한 그 달의 보험료를 그 다음 달 말일까지 납부하여야 한다. [O | X]

43 위의 **42**번 문제에서 직장가입자의 소득월액보험료 및 지역가입자의 보험료는 분기별로 납부할 수 있다. [O | X]

44 납입 고지의 송달 지연 등의 사유가 있는 경우 납부의무자의 신청에 따라 납부기한부터 3개월의 범위에서 납부기한을 연장할 수 있다. [O | X]

45 사업장의 사용자가 직장가입자가 될 수 없는 자를 거짓으로 보험자에게 직장가입자로 신고한 경우 사용자가 직장가입자로 신고한 사람이 직장가입자로 처리된 기간 동안 그 가입자가 부담해야 하는 보험료의 총액에서 같은 기간 동안 국민건강보험공단이 해당 가입자에 대해 부과한 보험료의 총액을 뺀 금액의 100분의 10에 상당하는 가산금이 그 사용자에게 부과된다. [O | X]

46 위의 **45**번 문제에서 부과되는 가산금이 소액인 경우에도 국민건강보험공단은 그 가산금을 반드시 징수해야 한다. [O | X]

47 국민건강보험공단은 보험료 등을 징수하려면 그 금액을 결정해 납부의무자에게 징수하려는 보험료 등의 종류, 납부해야 하는 금액, 납부기한 및 장소 등을 적은 문서로 납입 고지를 해야 한다. [○ | ×]

48 위의 **47**번 문제에서 납입 고지되는 문서는 전자문서교환방식 등에 의한 전자문서로 고지할 수 없으므로 반드시 등기우편으로 송달해야 한다. [○ | ×]

49 직장가입자의 사용자가 2명 이상인 경우 그중 1명에게 한 보험료 등의 납입 고지는 해당 사업장의 다른 사용자에게 효력이 없으므로 사용자 모두에게 고지해야 한다. [○ | ×]

50 휴직자 등의 보험료는 휴직 등의 사유가 끝날 때까지 납입 고지를 유예할 수 있다. [○ | ×]

51 국민건강보험공단은 제2차 납부의무자에게 납입의 고지를 한 경우에는 해당 법인인 사용자 및 사업 양도인에게 그 사실을 통지해야 한다. [○ | ×]

52 국민건강보험공단이 납입 고지한 보험료 등을 납부하는 자는 보험료 등 납부대행기관을 통해 직불카드로 납부할 수 없다. [○ | ×]

53 위의 **52**번 문제에서 보험료 등을 납부하는 자가 신용카드로 납부하는 경우에는 보험료 등 납부대행기관의 승인일을 납부일로 본다. [○ | ×]

54 보험료 등 납부대행기관은 보험료 등의 납부자로부터 납부를 대행하는 대가로 수수료를 받을 수 없다. [○ | ×]

55 보험료 등 납부대행기관의 지정 및 운영 등에 필요한 사항은 기획재정부령으로 정한다. [○ | ×]

56 국민건강보험공단은 보험료 등의 납부의무자가 납부기한까지 보험료 등을 내지 않으면 그 납부기한이 지난 날부터 매 1일이 경과할 때마다 연체금을 징수한다. [○ | ×]

57 위의 **56**번 문제에서 보험료를 체납한 납부의무자에게 연체금을 징수하려고 할 경우에는 해당 체납금액의 1,500분의 5에 해당하는 금액을 연체금으로 징수한다. [○ | ×]

58 국민건강보험공단은 천재지변이나 부득이한 사유가 있으면 연체금을 징수하지 않을 수 있다. [○ | ×]

59 보험료 등의 납부의무자가 보험료 등을 연체해 국민건강보험공단이 그에게 납부를 독촉하는 경우에 직장가입자의 사용자가 2명 이상인 때는 그중 1명에게 한 독촉은 해당 사업장의 다른 사용자 모두에게 효력이 있다. [○ | ×]

60 위의 **59**번 문제의 경우에 국민건강보험공단은 15일 이상 30일 이내의 납부기한을 정하여 독촉장을 발부해야 한다. [○|×]

61 독촉을 받은 자가 그 납부기한까지 보험료 등을 내지 않으면 국민건강보험공단은 기획재정부장관의 승인을 받아 국세 체납처분의 예에 따라 이를 징수할 수 있다. [○|×]

62 위의 **60**번 문제에서 국민건강보험공단은 체납처분을 하기 전에 보험료 등의 체납 내역, 압류 가능한 재산의 종류, 압류 예정 사실 및 소액금융재산에 대한 압류금지 사실 등이 포함된 통보서를 발송해야 한다. [○|×]

63 국민건강보험공단은 보험급여 비용을 받은 요양기관이 의료법을 위반했다는 사실로 기소된 경우 징수금의 한도에서 해당 요양기관의 재산을 보건복지부장관의 승인을 받아 압류할 수 있다. [○|×]

64 국민건강보험공단은 보험료 징수를 위해 종합신용정보집중기관이 납부기한의 다음 날부터 1년이 지난 (보험료)+(징수금)+(체납처분비)의 총액이 500만 원 이상인 자의 인적사항, 체납액에 관한 자료를 요구할 때에는 그 자료를 제공할 수 있다. [○|×]

65 체납 등 자료의 제공절차에 필요한 사항은 보건복지부령으로 정한다. [○|×]

66 보험료의 납부의무자는 국가, 지방자치단체, 공공기관으로부터 공사·제조·구매·용역 등의 계약의 대가를 지급받는 경우에는 보험료와 그에 따른 연체금 및 체납처분비의 납부사실을 증명해야 한다. [○|×]

67 위의 **66**번 문제에서 보험료의 납부의무자가 계약대금의 전부 또는 일부를 체납한 보험료로 납부하려는 경우에도 보험료와 그에 따른 연체금 및 체납처분비의 납부사실을 증명해야 한다. [○|×]

68 위의 **66**번 문제에서 보험료의 납부의무자가 납부사실을 증명하여야 할 경우에 해당 공사·제조·구매·용역 등의 계약을 담당하는 기관은 납부의무자의 동의를 얻어 국민건강보험공단에 조회해 보험료와 그에 따른 연체금 및 체납처분비의 납부여부를 확인하는 것으로 납부증명을 갈음할 수 있다. [○|×]

69 국민건강보험공단은 보험료를 3회 이상 체납한 자가 신청하는 경우 분할납부를 승인할 수 있다. [○|×]

70 위의 **69**번 문제에서 국민건강보험공단은 보험료를 체납한 자에 대해 국세 체납처분의 예에 따른 체납처분을 하기 전에 분할납부를 신청할 수 있음을 알리고, 분할납부 신청의 절차·방법 등에 관한 사항을 안내해야 한다. [○|×]

71 국민건강보험공단은 분할납부 승인을 받은 자가 정당한 사유 없이 1회 이상 그 승인된 보험료를 납부하지 않으면 그 분할납부의 승인을 취소한다. [O | X]

72 분할납부의 승인과 취소에 관한 절차·방법·기준 등에 필요한 사항은 대통령령으로 정한다. [O | X]

73 국민건강보험공단은 납부기한의 다음 날부터 1년이 지난 보험료, 연체금과 체납처분비의 총액이 1,000만 원 이상인 체납자가 납부능력이 있음에도 불구하고 체납한 경우 그 인적사항·체납액 등을 공개할 수 있다. [O | X]

74 위의 73번 문제에서 체납된 보험료, 연체금과 체납처분비와 관련해 이의신청, 심판청구가 제기되거나 행정소송이 계류 중인 경우에도 인적사항 등을 공개할 수 있다. [O | X]

75 위의 73번 문제에 따른 체납자의 인적사항 등에 대한 공개 여부를 심의하기 위해 국민건강보험공단에 재정운영위원회를 둔다. [O | X]

76 국민건강보험공단은 보험료정보공개심의위원회의 심의를 거친 인적사항 등의 공개대상자에게 소명의 기회를 부여해야 하며, 통지일부터 3개월이 경과한 후 체납액의 납부이행 등을 감안해 공개대상자를 선정한다. [O | X]

77 체납자 인적사항 등의 공개는 관보에 게재하거나 국민건강보험공단 인터넷 홈페이지에 게시하는 방법에 따른다. [O | X]

78 국민건강보험공단은 체납처분이 끝나고 체납액에 충당될 배분금액이 그 체납액에 미치지 못하는 경우에 건강보험정책심의위원회의 의결을 받아 보험료 등을 결손처분할 수 있다. [O | X]

79 보험료 등은 국세와 지방세를 제외한 다른 채권에 우선해 징수한다. [O | X]

80 보험료 등의 납부기한 전에 전세권·질권·저당권의 설정을 등록한 사실이 증명되는 재산을 매각할 때에 그 매각대금 중에서 보험료 등을 징수하는 경우 그 전세권·질권·저당권으로 담보된 채권에 대해서 보험료 등을 우선해 징수한다. [O | X]

OX문제 정답

01	02	03	04	05	06	07	08	09	10	11	12	13	14	15	16	17	18	19	20
×	○	○	○	○	×	○	○	×	×	○	×	○	×	×	○	×	○	×	○
21	22	23	24	25	26	27	28	29	30	31	32	33	34	35	36	37	38	39	40
○	×	○	○	×	○	×	○	×	×	○	○	○	○	×	○	○	○	○	×
41	42	43	44	45	46	47	48	49	50	51	52	53	54	55	56	57	58	59	60
○	×	○	×	○	×	○	○	×	○	○	○	○	×	○	○	×	○	○	×
61	62	63	64	65	66	67	68	69	70	71	72	73	74	75	76	77	78	79	80
×	○	○	○	×	○	×	○	○	○	×	×	○	×	×	○	○	×	○	×

01 납부의무자로부터 징수하는 보험료는 <u>가입자의 자격을 취득한 날이 속하는 달의 다음 달부터 가입자의 자격을 잃은 날의 전날이 속하는 달까지</u> 징수한다(법 제69조 제2항).

06 지역가입자의 월별 보험료액은 세대 단위로 산정하되, 지역가입자가 속한 세대의 월별 보험료액은 <u>보험료부과점수에 보험료부과점수당 금액을 곱한 금액</u>으로 한다(법 제69조 제5항).

09 휴직이나 그 밖의 사유로 보수의 일부가 지급되지 않는 가입자의 보수월액보험료는 해당 사유가 생기기 전 달의 보수월액의 평균을 기준으로 산정한다(법 제70조 제2항).

10 직장가입자의 보수월액의 산정 기준이 되는 보수는 근로자 등이 근로를 제공하고 사용자로부터 지급받는 금품을 뜻하며, 이때 금품에는 <u>실비변상적인 성격의 금품은 제외</u>한다(법 제70조 제3항).

12 보수월액의 산정 및 보수가 지급되지 아니하는 사용자의 보수월액의 산정 등에 필요한 사항은 <u>대통령령</u>으로 정한다(법 제70조 제4항).

14 소득월액을 산정하는 기준, 방법 등 소득월액의 산정에 필요한 사항은 <u>대통령령</u>으로 정한다(법 제71조 제2항).

15 보험료부과점수는 <u>지역가입자의 소득 및 재산을 기준</u>으로 산정한다(법 제72조 제1항).

17 보험료부과와 관련된 제도 개선을 위해 설치되는 보험료부과제도개선위원회는 <u>보건복지부장관 소속</u>으로 한다(법 제72조의2 제1항).

19 <u>보건복지부장관</u>은 보험료부과제도개선위원회 운영 결과를 <u>국회</u>에 보고해야 한다(법 제72조의2 제3항).

22 직장가입자의 보험료율은 1,000분의 80의 범위에서 심의위원회의 의결을 거쳐 <u>대통령령</u>으로 정한다(법 제73조 제1항).

25 국외에 체류하는 경우에 해당하는 직장가입자의 경우에는 <u>국내에 거주하는 피부양자가 없을 때에만 보험료를 면제</u>한다(법 제74조 제1항).

27 보험료의 면제나 보험료의 산정에서 제외되는 보험료부과점수에 대하여는 <u>보험급여의 정지 사유가 생긴 날이 속하는 달의 다음 달부터 사유가 없어진 날이 속하는 달까지 적용한다</u>(법 제74조 제3항).

30 보험료 경감의 방법·절차 등에 필요한 사항은 <u>보건복지부장관이 정해 고시한다</u>(법 제75조 제3항).

31 직장가입자가 근로자인 경우에 직장가입자의 보수월액보험료는 그 직장가입자와 사용자(근로자가 소속되어 있는 사업장의 사업주)가 각각 <u>보험료액의 100분의 50씩</u> 부담한다(법 제76조 제1항).

36 직장가입자가 교직원인 경우에 그 사립학교를 설립·운영하는 자가 부담액 전부를 부담할 수 없으면 그 부족액을 <u>학교에 속하는 회계에서</u> 부담할 수 있다(법 제76조 제4항).

40 과점주주의 경우에는 그 부족한 금액을 그 법인의 발행주식 총수(의결권이 없는 주식은 <u>제외한다</u>) 또는 출자총액으로 나눈 금액에 해당 과점주주가 실질적으로 권리를 행사하는 주식 수(의결권이 없는 주식은 <u>제외한다</u>) 또는 출자액을 곱하여 산출한 금액을 한도로 한다(법 제77조의2 제1항).

42 보험료 납부의무가 있는 자는 가입자에 대한 그 달의 보험료를 <u>그 다음 달 10일까지</u> 납부하여야 한다(법 제78조 제1항).

44 납입 고지의 송달 지연 등의 사유가 있는 경우 납부의무자의 신청에 따라 <u>납부기한부터 1개월의 범위에서</u> 납부기한을 연장할 수 있다(법 제78조 제2항).

46 공단은 가산금이 소액이거나 그 밖에 가산금을 징수하는 것이 적절하지 아니하다고 인정되는 등 대통령령으로 정하는 경우에는 <u>징수하지 않을 수 있다</u>(법 제78조의2 제2항).

48 납입 고지를 할 때 납부의무자의 신청이 있으면 전자문서교환방식 등에 의하여 <u>전자문서로 고지할 수 있다</u>. 이 경우 전자문서 고지에 대한 신청 방법·절차 등에 필요한 사항은 보건복지부령으로 정한다(법 제79조 제2항).

49 직장가입자의 사용자가 2명 이상인 경우 또는 지역가입자의 세대가 2명 이상으로 구성된 경우 그중 1명에게 한 <u>고지는 해당 사업장의 다른 사용자 또는 세대 구성원인 다른 지역가입자 모두에게 효력이 있는 것으로 본다</u>(법 제79조 제4항).

52 국민건강보험공단이 납입 고지한 보험료 등을 납부하는 자는 보험료 등 납부대행기관을 통해 <u>직불카드로 납부할 수 있다</u>(법 제79조의2 제1항).

54 보험료 등 납부대행기관은 보험료 등의 납부자로부터 보험료 등의 납부를 대행하는 대가로 <u>수수료를 받을 수 있다</u>(법 제79조의2 제3항).

55 보험료 등 납부대행기관의 지정 및 운영 등에 필요한 사항은 <u>대통령령으로 정한다</u>(법 제79조의2 제4항).

57 보험료를 체납한 납부의무자에게 연체금을 징수하려고 할 경우에는 <u>해당 체납금액의 1,500분의 1</u>에 해당하는 금액을 연체금으로 징수한다(법 제80조 제1항 제1호).

60 국민건강보험공단은 <u>10일 이상 15일 이내의</u> 납부기한을 정하여 독촉장을 발부해야 한다(법 제81조 제2항).

61 독촉을 받은 자가 그 납부기한까지 보험료 등을 내지 않으면 국민건강보험공단은 <u>보건복지부장관의 승인</u>을 받아 국세 체납처분의 예에 따라 이를 징수할 수 있다(법 제81조 제3항).

65 　체납 등 자료의 제공절차에 필요한 사항은 <u>대통령령</u>으로 정한다(법 제81조의3 제1항).

67 　보험료의 납부의무자가 <u>계약대금의 전부 또는 일부를 체납한 보험료로 납부하려는 경우</u>, 보험료와 그에 따른 연체금 및 체납처분비의 납부사실을 <u>증명하지 않아도 된다</u>(법 제81조의4 제1항).

71 　국민건강보험공단은 분할납부 승인을 받은 자가 정당한 사유 없이 <u>5회 이상</u> 그 승인된 보험료를 납부하지 않으면 그 분할납부의 승인을 취소한다(법 제82조 제3항).

72 　분할납부의 승인과 취소에 관한 절차·방법·기준 등에 필요한 사항은 <u>보건복지부령</u>으로 정한다(법 제82조 제4항).

74 　체납된 보험료, 연체금과 체납처분비와 관련해 이의신청, 심판청구가 제기되거나 행정소송이 계류 중인 경우에도 인적사항 등을 <u>공개하지 않을 수 있다</u>(법 제83조 제1항).

75 　체납자의 인적사항 등에 대한 공개 여부를 심의하기 위해 국민건강보험공단에 <u>보험료정보공개심의위원회</u>를 둔다(법 제83조 제2항).

76 　국민건강보험공단은 보험료정보공개심의위원회의 심의를 거친 인적사항 등의 공개대상자에게 공개대상자임을 서면으로 통지하여 소명의 기회를 부여하여야 하며, 통지일부터 <u>6개월</u>이 경과한 후 체납액의 납부이행 등을 감안하여 공개대상자를 선정한다(법 제83조 제3항).

78 　국민건강보험공단은 체납처분이 끝나고 체납액에 충당될 배분금액이 그 체납액에 미치지 못하는 경우에 <u>재정운영위원회의 의결</u>을 받아 보험료 등을 결손처분할 수 있다(법 제84조 제1항 제1호).

80 　보험료 등은 국세와 지방세를 제외한 다른 채권에 우선하여 징수한다. 다만, 보험료 등의 납부기한 전에 전세권·질권·저당권 또는 동산·채권 등의 담보에 관한 법률에 따른 담보권의 설정을 등기 또는 등록한 사실이 증명되는 재산을 매각할 때에 그 매각대금 중에서 보험료 등을 징수하는 경우 그 <u>전세권·질권·저당권 또는 동산·채권 등의 담보에 관한 법률에 따른 담보권으로 담보된 채권에 대하여는 그러하지 아니하다</u>(법 제85조).

정답 및 해설 p.028

01 다음 〈보기〉 중 보험료의 징수에 대한 설명으로 옳은 것을 모두 고르면?

> **보기**
>
> ⊙ 보험료는 원칙적으로 가입자의 자격을 취득한 날이 속하는 달의 다음 달부터 가입자의 자격을 잃은 날의 전날이 속하는 달까지 징수한다.
> ⓒ 유공자 등 의료보호대상자로서 건강보험의 적용을 보험자에게 신청해 가입자의 자격을 취득하는 경우에는 그 달부터 보험료를 징수한다.
> ⓒ 보험료를 징수할 때 가입자의 자격이 변동된 경우에는 원칙적으로 변동된 날이 속하는 달의 보험료는 변동되기 전의 자격을 기준으로 징수한다.
> ⓔ 지역가입자가 속한 세대의 월별 보험료액은 보험료부과점수에 보험료부과점수당 금액을 곱한 금액으로 한다.
> ⓜ 월별 보험료액은 가입자의 보험료 평균액의 일정 비율에 해당하는 금액을 고려해 상한 및 하한을 정한다.

① ⊙, ⓒ, ⓔ, ⓜ
② ⊙, ⓒ, ⓔ, ⓜ
③ ⓒ, ⓒ, ⓔ, ⓜ
④ ⊙, ⓒ, ⓒ, ⓔ, ⓜ

02 다음 중 보수월액에 대한 설명으로 옳지 않은 것은?

① 직장가입자의 보수월액은 그가 지급받는 보수를 기준으로 결정된다.
② 휴직으로 인해 보수의 일부를 지급받지 못하는 가입자의 보수월액보험료는 해당 사유가 생기기 전 달의 보수월액을 기준으로 결정된다.
③ 직장가입자가 지급받는 보수는 근로자 등이 근로를 제공하고 사용자로부터 받는 금품으로서, 실비변상적인 성격을 갖는 금품도 보수에 포함된다.
④ 직장가입자가 지급받는 보수와 관련한 자료가 불명확한 경우에는 보건복지부장관이 정해 고시하는 금액을 보수로 본다.

03 소득월액을 산정하는 다음의 계산식에서 빈칸에 들어갈 내용으로 옳은 것은?

$$[(\text{연간 보수외소득}) - (\text{대통령령으로 정하는 금액})] \div \_\_\_\_$$

① 10
② 12
③ 15
④ 20

04 다음 중 보수월액과 소득월액에 대한 설명에서 빈칸 ㉠ ~ ㉣에 들어갈 내용이 나머지 셋과 다른 하나는?

> • 보수월액의 산정 및 보수가 지급되지 아니하는 사용자의 보수월액의 산정 등에 필요한 사항은 ㉠ (으)로 정한다.
> • 소득월액을 산정하는 기준, 방법 등 소득월액의 산정에 필요한 사항은 ㉡ (으)로 정한다.
> • 가입자의 보수월액을 산정할 때 기준이 되는 직장가입자가 지급받는 보수는 근로자 등이 근로를 제공하고 사용자·국가 또는 지방자치단체로부터 지급받는 금품(실비변상적인 성격을 갖는 금품은 제외한다)으로서 ㉢ (으)로 정하는 것을 말한다. 이 경우 보수 관련 자료가 없거나 불명확한 경우 등 ㉢ (으)로 정하는 사유에 해당하면 ㉣ 이/가 정하여 고시하는 금액을 보수로 본다.

① ㉠

② ㉡

③ ㉢

④ ㉣

05 다음 중 보험료부과점수에 대한 설명으로 옳지 않은 것은?

① 보험료부과점수를 산정할 때는 지역가입자의 소득 및 재산이 기준이 된다.

② 보험료부과점수의 산정방법에 필요한 사항은 대통령령으로 정한다.

③ 지역가입자가 금융회사 등으로부터 주택 구입 자금을 대출을 받은 사실을 국민건강보험공단에 통보할 경우에는 보험료부과점수 산정에 필요한 금융정보 등을 공단에 제공하는 것을 동의한다는 서면을 제출해야 한다.

④ 보험료부과점수의 산정기준을 정할 때 법령에 따라 재산권의 행사가 제한되는 재산에 대해서 다른 재산과 달리 정할 수 없다.

06 다음 중 보험료부과제도개선위원회에 대한 설명으로 옳지 않은 것은?

① 제도개선위원회는 국민건강보험공단 산하 위원회로 민간전문가로만 구성된다.

② 제도개선위원회는 가입자의 소득 파악 실태에 연구에 대한 사항을 심의한다.

③ 제도개선위원회의 운영 결과를 국회에 보고하는 주체는 보건복지부장관이다.

④ 제도개선위원회의 구성·운영 등에 대해 필요한 사항은 대통령령을 따른다.

07 다음 중 보험료 부과제도에 대한 적정성 평가의 설명으로 옳은 것은?

① 피부양자 인정기준, 보험료, 보수월액, 소득월액 및 보험료부과점수의 산정 기준의 적정성을 평가하는 주체는 국민건강보험공단 이사장이다.

② 보험료 부과제도에 대한 적정성 평가를 하는 경우에는 공단의 소득 관련 자료 보유 현황을 고려하지 않는다.

③ 보험료 부과제도에 대한 적정성을 평가할 때는 직장가입자에게 부과되는 보험료와 지역가입자에게 부과되는 보험료 간 형평성을 고려해야 한다.

④ 보험료 부과제도에 대한 적정성 평가를 위하여 필요한 사항은 보건복지부령으로 정한다.

08 다음 중 보험료율 등에 대한 설명의 빈칸 ㉠ ~ ㉢에 들어갈 내용을 순서대로 바르게 나열한 것은?

> ㉮ 직장가입자의 보험료율은 ____㉠____ 의 범위에서 정한다.
> ㉯ 국외에서 업무에 종사하고 있는 직장가입자에 대한 보험료율은 위의 ㉮에 따라 정해진 보험료율의 ____㉡____ (으)로 한다.
> ㉰ 지역가입자의 보험료부과점수당 금액은 ____㉢____ 의 의결을 거쳐 대통령령으로 정한다.

	㉠	㉡	㉢
①	$\dfrac{80}{1,000}$	$\dfrac{50}{100}$	건강보험정책심의위원회
②	$\dfrac{40}{1,000}$	$\dfrac{25}{100}$	건강보험정책심의위원회
③	$\dfrac{80}{1,000}$	$\dfrac{50}{100}$	재정운영위원회
④	$\dfrac{40}{1,000}$	$\dfrac{25}{100}$	재정운영위원회

09 다음 중 보험료의 면제에 대한 설명으로 옳은 것은?

① 직장가입자가 1개월 미만으로 국외에 체류하는 경우에는 그 가입자의 보험료를 면제한다.

② 직장가입자가 현역병으로 입대하거나 교도소에 수용되면 그 가입자의 보험료는 면제된다.

③ 지역가입자가 군간부후보생이 된 경우에는 그 가입자가 속한 세대의 보험료를 산정할 때 그 가입자의 보험료부과점수를 제외하지 않는다.

④ 직장가입자의 보험료 면제에 대하여는 급여정지 사유가 생긴 날이 속하는 달부터 사유가 없어진 날이 속하는 달의 다음 달까지 적용한다.

10 다음 중 보험료의 경감에 대한 설명으로 옳지 않은 것은?

① 보험료 경감의 방법·절차 등에 필요한 사항을 정하는 주체는 보건복지부장관이다.

② 보험료 납부의무자가 보험료의 납입 고지를 전자문서로 받는 경우에는 보험료를 감액할 수 있다.

③ 보험료 납부의무자가 보험료를 계좌 자동이체의 방법으로 내는 경우에는 보험료를 감액할 수 없다.

④ 65세 이상인 사람, 장애인복지법에 따라 등록한 장애인, 국가유공자, 휴직자 등의 가입자에 대하여는 그 가입자가 속한 세대의 보험료의 일부를 경감할 수 있다.

11 다음 중 보험료의 부담에 대한 설명으로 옳지 않은 것은?

① 직장가입자가 근로자인 경우에는 그 직장가입자와 사업주가 보수월액보험료를 각각 50%씩 부담한다.

② 직장가입자가 사립학교의 교원인 경우에 보험료액은 그 직장가입자가 30%, 사립학교의 설립·운영자가 40%, 국가가 30%를 부담한다.

③ 지역가입자의 보험료는 그 가입자가 속한 세대의 지역가입자 전원이 연대해 부담한다.

④ 직장가입자가 사립학교의 교직원인 경우에 그 사립학교의 설립·운영자가 부담액 전부를 부담할 수 없으면 그 부족액을 학교에 속하는 회계에서 부담하게 할 수 있다.

12 다음 중 보험료 납부의무에 대한 설명으로 옳지 않은 것은?

① 직장가입자의 보수월액보험료는 사용자가 납부해야 한다.

② 지역가입자의 보험료는 그 가입자가 속한 세대의 지역가입자 전원이 연대하여 납부한다.

③ 소득 및 재산이 없는 미성년자라도 연대 납부의무를 부담한다.

④ 사용자는 보수월액보험료 중 직장가입자가 부담하는 그 달의 보험료액을 그 보수에서 공제하여 납부한다.

13 다음 〈보기〉 중 제2차 납부의무에 대한 설명으로 옳지 않은 것을 모두 고르면?

> **보기**
>
> ㉠ 법인의 재산으로 그 법인이 납부해야 하는 보험료, 연체금 및 체납처분비를 충당해도 부족할 때 해당 법인에게 보험료의 납부의무가 부과된 날 현재의 과점주주는 그 부족한 금액에 대해 제2차 납부의무를 부담한다.
> ㉡ 위의 ㉠의 경우에 제2차 납부의무를 부담하는 과점주주의 경우에는 그 부족한 금액을 그 법인의 발행주식 총수(의결권이 없는 주식을 포함한다) 또는 출자총액으로 나눈 금액에 해당 과점주주가 실질적으로 권리를 행사하는 주식 수(의결권이 없는 주식을 포함한다) 또는 출자액을 곱해 산출한 금액을 한도로 한다.
> ㉢ 사업이 양도·양수된 경우에 양도일 이전에 양도인에게 납부의무가 부과된 보험료, 연체금 및 체납처분비를 양도인의 재산으로 충당해도 부족한 경우에는 사업의 양수인이 그 부족한 금액에 대하여 양수한 재산의 가액을 한도로 제2차 납부의무를 진다.
> ㉣ 위의 ㉢의 경우에 양수인의 범위 및 양수한 재산의 가액은 기획재정부령으로 정한다.

① ㉠, ㉡

② ㉠, ㉣

③ ㉡, ㉣

④ ㉡, ㉢, ㉣

14 다음 〈보기〉 중 보험료의 납부기한에 대한 설명으로 옳지 않은 것을 모두 고르면?

> **보기**
>
> ㉠ 보험료 납부의무자는 가입자에 대한 그 달의 보험료를 그 다음 달 말일까지 납부해야 한다.
> ㉡ 직장가입자의 소득월액보험료는 분기별로 납부할 수 없다.
> ㉢ 납입 고지의 송달이 지연되었을 경우에는 정해진 납부기한부터 1개월의 범위에서 납부기한을 연장할 수 있다.
> ㉣ 위의 ㉢의 경우에 납부기한 연장을 신청하는 방법, 절차 등에 필요한 사항은 기획재정부부령으로 정한다.

① ㉠, ㉢

② ㉢, ㉣

③ ㉠, ㉡, ㉣

④ ㉡, ㉢, ㉣

15 다음 중 가산금에 대한 글의 빈칸에 들어갈 내용으로 옳은 것은?

사업장의 사용자가 직장가입자가 될 수 없는 자를 보험자에게 직장가입자로 거짓으로 신고한 경우에는 아래 ㉮의 금액에서 ㉯의 금액을 뺀 금액의 _____에 상당하는 가산금을 그 사용자에게 징수한다.
㉮ 사용자가 직장가입자로 신고한 사람이 직장가입자로 처리된 기간 동안 그 가입자가 지역가입자로서 부담해야 하는 보험료의 총액[(보험료부과점수)×(보험료부과점수당 금액)]
㉯ 위의 ㉮의 기간 동안 국민건강보험공단이 해당 가입자에 대하여 부과한 보험료의 총액

① 100분의 10
② 100분의 20
③ 100분의 30
④ 100분의 40

16 다음 중 보험료 등의 납입 고지에 대한 설명으로 옳지 않은 것은?

① 징수하려는 보험료 등의 종류, 납부해야 하는 금액, 납부기한 및 장소 등을 적은 문서로 알려야 한다.
② 납부의무자의 신청에 따라 전자문서로 납입 고지를 하는 경우에도 종이로 인쇄된 문서를 함께 우편으로 송달해야 한다.
③ 지역가입자의 세대가 2명 이상으로 구성된 경우 그중 1명에게 한 고지는 세대 구성원인 다른 지역가입자 모두에게 효력이 있다.
④ 휴직자 등의 보험료는 휴직 등의 사유가 끝날 때까지 납입 고지를 유예할 수 있다.

17 다음 〈보기〉 중 신용카드 등으로 하는 보험료 등에 대한 설명으로 옳지 않은 것을 모두 고르면?

> **보기**
> ㉠ 보험료 등을 납부하는 자는 보험료 등 납부대행기관을 통해 직불카드로 보험료 등을 납부할 수 있다.
> ㉡ 신용카드로 보험료 등을 납부하는 경우에는 보험료 등 납부대행기관의 승인일을 납부일로 본다.
> ㉢ 보험료 등 납부대행기관은 납부를 대행하는 대가로 수수료를 받을 수 없다.
> ㉣ 보험료 등 납부대행기관의 지정 및 운영에 필요한 사항은 보건복지부령으로 정한다.

① ㉠, ㉢
② ㉠, ㉣
③ ㉡, ㉣
④ ㉢, ㉣

18 다음 중 연체금에 대한 글의 빈칸 ㉠, ㉡에 들어갈 내용을 순서대로 바르게 나열한 것은?

㉮ 보험료 등의 납부의무자가 보험료 또는 보험급여 제한 기간 중 받은 보험급여에 대한 징수금을 체납한 경우에 납부의무자가 납부기한까지 보험료 등을 내지 않으면 국민건강보험공단은 그 납부기한이 지난 날부터 매 1일이 경과할 때마다 해당 체납금액의 ___㉠___ 에 해당하는 금액의 연체금을 징수한다. 이 경우 연체금은 해당 체납금액의 1,000분의 20을 넘지 못한다.

㉯ 보험료 등의 납부의무자가 보험료 또는 보험급여 제한 기간 중 받은 보험급여에 대한 징수금을 체납한 경우에 납부의무자가 체납된 보험료 등을 내지 않으면 국민건강보험공단은 납부기한 후 30일이 지난 날 부터 매 1일이 경과할 때마다 해당 체납금액의 ___㉡___ 에 해당하는 연체금을 위의 ㉮에 따른 연체금에 더하여 징수한다. 이 경우 연체금은 해당 체납금액의 1,000분의 50을 넘지 못한다.

	㉠	㉡		㉠	㉡
①	$\dfrac{1}{1,500}$	$\dfrac{1}{6,000}$	②	$\dfrac{1}{1,500}$	$\dfrac{1}{3,000}$
③	$\dfrac{1}{2,000}$	$\dfrac{1}{6,000}$	④	$\dfrac{1}{2,000}$	$\dfrac{1}{3,000}$

19 다음 중 보험료 등의 독촉 및 체납처분에 대한 설명으로 옳지 않은 것은?

① 보험료 등을 내야 하는 자가 보험료 등을 내지 않아 국민건강보험공단이 독촉할 때 직장가입자의 사용자가 2명 이상인 경우에는 그중 1명에게 한 독촉은 해당 사업장의 다른 사용자 모두에게 효력이 있다.

② 보험료 등을 내야 하는 자가 보험료 등을 내지 않아 국민건강보험공단이 기한을 정해 독촉할 때에는 30일 이상 60일 이내의 납부기한을 정해 독촉장을 발부한다.

③ 납입 독촉을 받은 자가 그 납부기한까지 보험료 등을 내지 않아 국민건강보험공단이 국세 체납처분의 예에 따라 체납처분을 하는 경우에 공단은 그 체납처분을 하기 전에 체납 내역, 압류 가능한 재산의 종류, 압류 예정 사실 및 소액금융재산에 대한 압류금지 사실 등이 포함된 통보서를 발송한다.

④ 국민건강보험공단은 국세 체납처분의 예에 따라 압류한 재산을 직접 공매하는 것이 적당하지 않을 때는 한국자산관리공사에 공매를 대행하게 할 수 있으며, 이 경우 공단은 한국자산관리공사에 수수료를 지급할 수 있다.

20 다음 중 체납 또는 결손처분 자료의 제공에 대한 글의 빈칸에 들어갈 내용으로 옳은 것은?

> 국민건강보험공단은 보험료 징수를 위해 필요한 경우에 종합신용정보집중기관이 국민건강보험법에 따른 납부기한의 다음 날부터 1년이 지난 보험료, 이 법에 따른 그 밖의 징수금과 체납처분비의 총액이 _____ 이상인 자에 해당하는 체납자의 인적사항·체납액에 대한 자료를 요구할 떼에는 그 자료를 제공할 수 있다. 다만, 체납된 보험료와 관련해 행정심판 또는 행정소송이 계류 중인 경우는 그렇지 않다.

① 100만 원   ② 300만 원
③ 500만 원   ④ 1,000만 원

21 다음 〈보기〉 중 보험료의 납부증명에 대한 설명으로 옳은 것을 모두 고르면?

> **보기**
> ㉠ 보험료의 납부의무자는 공공기관으로부터 공사·용역 등의 계약의 대가를 지급받는 경우에는 보험료와 그에 따른 연체금 및 체납처분비의 납부사실을 증명해야 한다.
> ㉡ 위의 ㉠의 경우에 납부의무자가 계약대금의 일부를 체납한 보험료로 납부하려는 때도 보험료와 그에 따른 연체금 및 체납처분비의 납부사실을 증명해야 한다.
> ㉢ 납부의무자가 위의 ㉠에 따라 납부사실을 증명해야 할 경우 위의 ㉠의 계약을 담당하는 공공기관은 국민건강보험공단에 조회해 보험료와 그에 따른 연체금 및 체납처분비의 납부여부를 확인하는 것으로 납부증명을 갈음할 수 있다.

① ㉠, ㉡   ② ㉠, ㉢
③ ㉡, ㉢   ④ ㉠, ㉡, ㉢

22 다음 중 체납보험료의 분할납부에 대한 글의 빈칸 ㉠, ㉡에 들어갈 내용을 순서대로 바르게 나열한 것은?

> ㉮ 국민건강보험공단은 보험료를 __㉠__ 회 이상 체납한 자가 신청하는 경우에는 분할납부를 승인할 수 있다.
> ㉯ 위의 ㉮에 따라 분할납부 승인을 받은 자가 정당한 사유 없이 __㉡__ 회(위의 ㉮에 따라 승인받은 분할납부 횟수가 __㉡__ 미만인 경우에는 해당 분할납부 횟수를 말한다) 이상 그 승인된 보험료를 납부하지 않을 경우 국민건강보험공단은 그 분할납부의 승인을 취소한다.

	㉠	㉡		㉠	㉡
①	3	3	②	3	5
③	5	5	④	5	7

23 다음 중 고액·상습체납자의 인적사항 공개에 대한 설명으로 옳은 것은?

① 납부기한의 다음 날부터 1년이 경과한 보험료, 연체금과 체납처분비의 총액이 500만 원 이상인 체납자의 인적사항·체납액 등은 공개될 수 있다.

② 위의 ①의 경우에 체납된 보험료, 연체금과 체납처분비와 관련해 이의신청이나 심판청구가 제기된 때에도 그 인적사항 등이 공개될 수 있다.

③ 국민건강보험공단은 인적사항 등의 공개대상자에게 공개대상자임을 서면으로 통지한 경우에 통지일부터 3개월이 지난 후 체납액의 납부이행 등을 감안해 공개대상자를 선정한다.

④ 체납자의 인적사항 등은 관보나 국민건강보험공단 홈페이지를 통해 공개되며, 공개와 관련한 납부능력의 기준, 공개절차 등에 필요한 사항은 대통령령으로 정한다.

24 다음 중 결손처분에 대한 설명으로 옳지 않은 것은?

① 국민건강보험공단이 보험료 등을 결손처분을 하려면 건강보험정책심의위원회의 심의를 거쳐야 한다.

② 체납처분이 끝나고 체납액에 충당될 배분금액이 그 체납액에 미치지 못하는 경우에는 보험료 등을 결손처분 할 수 있다.

③ 해당 권리에 대한 소멸시효가 완성된 경우에는 보험료 등을 결손처분 할 수 있다.

④ 징수할 가능성이 전혀 없어서 보험료 등을 결손처분을 한 후 압류할 수 있는 다른 재산이 있는 것을 발견한 때에는 그 결손처분을 취소하고 체납처분을 한다.

25 다음 〈보기〉 중 보험료 등의 징수 순위 및 보험료 등의 충당과 환급에 대한 설명으로 옳은 것을 모두 고르면?

> **보기**
>
> ㉠ 보험료 등은 국세와 지방세에 우선하여 징수한다.
> ㉡ 보험료 등의 납부기한 전에 전세권의 설정을 등기한 사실이 증명되는 재산을 매각할 때에 그 매각대금 중에서 보험료 등을 징수하는 경우 그 전세권으로 담보된 채권에 대해서는 보험료 등을 우선해 징수하지 않는다.
> ㉢ 납부의무자가 보험료 등·연체금, 체납처분비로 낸 금액 중 과오납부한 금액이 있으면 그 과오납금을 보험료 등·연체금 또는 체납처분비에 우선 충당된다.
> ㉣ 위의 ㉢에 따라 충당하고 남은 금액이 있어 납부의무자에게 환급할 경우에 과오납금에 이자를 가산하지 않는다.

① ㉠, ㉣

② ㉠, ㉡, ㉢

③ ㉡, ㉢

④ ㉡, ㉢, ㉣

1. 이의신청과 심판청구

(1) 이의신청(제87조)

① 공단에 대한 이의신청 : 가입자 및 피부양자의 자격, 보험료 등, 보험급여, 보험급여 비용에 대한 공단의 처분에 이의가 있는 자는 공단에 이의신청을 할 수 있다.

② 심사평가원에 대한 이의신청 : 요양급여비용 및 요양급여의 적정성 평가 등에 대한 심사평가원의 처분에 이의가 있는 공단, 요양기관 또는 그 밖의 자는 심사평가원에 이의신청을 할 수 있다.

③ 이의신청 기간 : 이의신청은 처분이 있음을 안 날부터 90일 이내에 문서(전자문서를 포함한다)로 하여야 하며 처분이 있은 날부터 180일을 지나면 제기하지 못한다. 다만, 정당한 사유로 그 기간에 이의신청을 할 수 없었음을 소명한 경우에는 그러하지 아니하다.

④ 요양기관이 요양급여 대상 여부의 확인 등에 따른 심사평가원의 확인에 대하여 이의신청을 하려면 통보받은 날부터 30일 이내에 하여야 한다.

⑤ 제1항부터 제4항까지에서 규정한 사항 외에 이의신청의 방법·결정 및 그 결정의 통지 등에 필요한 사항은 **대통령령**으로 정한다.

(2) 심판청구(제88조)

① 이의신청에 대한 결정에 불복하는 자는 **건강보험분쟁조정위원회에 심판청구**를 할 수 있다. 이 경우 심판청구의 제기기간 및 제기방법에 관하여는 제87조 제3항을 준용한다.

② 심판청구서의 제출 : 심판청구를 하려는 자는 대통령령으로 정하는 심판청구서를 처분을 한 **공단** 또는 **심사평가원**에 제출하거나 **건강보험분쟁조정위원회**에 제출하여야 한다.

③ 제1항 및 제2항에서 규정한 사항 외에 심판청구의 절차·방법·결정 및 그 결정의 통지 등에 필요한 사항은 **대통령령**으로 정한다.

2. 건강보험분쟁조정위원회와 행정소송

(1) 건강보험분쟁조정위원회(제89조)

① 분쟁조정위원회의 설치 : 제88조에 따른 심판청구를 심리·의결하기 위하여 보건복지부에 건강보험 분쟁조정위원회("분쟁조정위원회")를 둔다.

② 분쟁조정위원회의 구성 : 위원장을 포함하여 60명 이내의 위원으로 구성하고, 위원장을 제외한 위원 중 1명은 당연직위원으로 한다. 이 경우 공무원이 아닌 위원이 전체 위원의 과반수가 되도록 하여야 한다.

③ 분쟁조정위원회의 회의의 구성 : 위원장, 당연직위원 및 위원장이 매 회의마다 지정하는 7명의 위원을 포함하여 총 9명으로 구성하되, 공무원이 아닌 위원이 과반수가 되도록 하여야 한다.

④ 의결 조건 : 분쟁조정위원회는 구성원 **과반수의 출석**과 출석위원 **과반수의 찬성**으로 의결한다.

⑤ 사무국의 설치 : 분쟁조정위원회를 실무적으로 지원하기 위하여 분쟁조정위원회에 사무국을 둔다.

⑥ 제1항부터 제5항까지에서 규정한 사항 외에 분쟁조정위원회 및 사무국의 구성 및 운영 등에 필요한 사항은 **대통령령**으로 정한다.

⑦ **공무원 의제** : 분쟁조정위원회의 위원 중 공무원이 아닌 사람은 **형법 제129조부터 제132조까지의** 규정을 적용할 때 공무원으로 본다.

더 알아보기

공무원의 직무에 대한 죄(형법 제129조부터 제132조)
• 수뢰, 사전수뢰(제129조)
• 제3자뇌물제공(제130조)
• 수뢰후부정처사, 사후수뢰(제131조)
• 알선수뢰(제132조)

(2) 행정소송(제90조)

공단 또는 심사평가원의 처분에 이의가 있는 자와 이의신청 또는 심판청구에 대한 결정에 불복하는 자는 행정소송법에서 정하는 바에 따라 행정소송을 제기할 수 있다.

※ 다음 문제의 진위 여부를 판단해 ○ 또는 ×를 선택하시오.

01 가입자 및 피부양자의 자격, 보험료 등, 보험급여, 보험급여 비용에 대한 국민건강보험공단의 처분에 이의가 있는 자는 건강보험심사평가원에 이의신청을 할 수 있다. [○|×]

02 요양급여비용 및 요양급여의 적정성 평가 등에 대한 처분에 이의가 있는 요양기관 또는 그 밖의 자는 건강보험심사평가원에 이의신청을 할 수 있다. [○|×]

03 위의 02번 문제에 따른 이의신청은 처분이 있음을 안 날부터 30일 이내에 문서로 해야 하며, 처분이 있은 날부터 90일을 지나면 제기하지 못한다. [○|×]

04 가입자가 본인일부부담금 외에 자신이 부담한 비용이 요양급여 대상에서 제외되는 비용인지 여부에 대한 확인을 건강보험심사평가원에 요청해 그 비용이 요양급여 대상에 해당되는 비용으로 확인될 경우에 건강보험심사평가원은 그 내용을 관련 요양기관에 통보해야 한다. 이러한 건강보험심사평가원의 확인에 대해 요양기관이 이의신청을 하려면 통보받은 날부터 30일 이내에 하여야 한다. [○|×]

05 이의신청의 방법·결정 및 그 결정의 통지 등에 필요한 자세한 사항은 보건복지부령으로 정한다. [○|×]

06 이의신청에 대한 결정에 불복해 심판청구를 하려는 자는 해당 처분을 한 기관이나 건강보험분쟁조정위원회에 심판청구서를 제출해야 한다. [○|×]

07 심판청구의 절차·방법·결정 및 그 결정의 통지 등에 필요한 자세한 사항은 보건복지부령으로 정한다. [○|×]

08 심판청구를 심리·의결하는 건강보험분쟁조정위원회는 국민건강보험공단 산하에 설치된다. [○|×]

09 건강보험분쟁조정위원회는 위원장을 포함하여 60명 이내의 위원으로 구성되고, 위원장을 제외한 위원 중 1명은 당연직위원이다. [○|×]

10 건강보험분쟁조정위원회의 위원 중 공무원이 아닌 위원은 전체 위원의 50% 미만으로 제한된다. [○|×]

11 건강보험분쟁조정위원회의 회의는 위원장, 당연직위원 및 위원장이 매 회의마다 지정하는 7명의 위원을 포함해 구성된다. [○ | ×]

12 건강보험분쟁조정위원회의 회의에 참여하는 위원은 공무원이 아닌 위원이 과반수가 되어야 하며, 구성원 과반수의 출석과 출석위원 과반수의 찬성으로 의결한다. [○ | ×]

13 건강보험분쟁조정위원회 및 사무국의 구성 및 운영 등에 필요한 자세한 사항은 기획재정부령으로 정한다. [○ | ×]

14 건강보험분쟁조정위원회의 위원 중 공무원이 아닌 사람은 형법 제129조(수뢰·사전수뢰)부터 제132조(알선수뢰)까지의 규정을 적용할 때 공무원으로 의제하지 않는다. [○ | ×]

15 이의신청 또는 심판청구에 대한 결정에 불복하는 자는 행정소송을 제기할 수 있다. [○ | ×]

OX문제 정답

01	02	03	04	05	06	07	08	09	10	11	12	13	14	15					
×	○	×	○	×	○	×	×	○	×	○	○	×	×	○					

01 가입자 및 피부양자의 자격, 보험료 등, 보험급여, 보험급여 비용에 대한 공단의 처분에 이의가 있는 자는 공단에 이의신청을 할 수 있다(법 제87조 제1항).

03 이의신청은 처분이 있음을 안 날부터 90일 이내에 문서(전자문서를 포함한다)로 하여야 하며 처분이 있는 날부터 180일을 지나면 제기하지 못한다(법 제87조 제3항).

05 이의신청의 방법·결정 및 그 결정의 통지 등에 필요한 사항은 대통령령으로 정한다(법 제87조 제5항).

07 심판청구의 절차·방법·결정 및 그 결정의 통지 등에 필요한 사항은 대통령령으로 정한다(법 제88조 제3항).

08 심판청구를 심리·의결하기 위하여 보건복지부에 건강보험분쟁조정위원회를 둔다(법 제89조 제1항).

10 공무원이 아닌 위원이 전체 위원의 과반수가 되도록 하여야 한다(법 제89조 제2항 후단).

13 분쟁조정위원회 및 사무국의 구성 및 운영 등에 필요한 사항은 대통령령으로 정한다(법 제89조 제6항).

14 분쟁조정위원회의 위원 중 공무원이 아닌 사람은 형법 제129조부터 제132조까지의 규정을 적용할 때 공무원으로 본다(법 제89조 제7항).

정답 및 해설 p.034

01 다음 중 이의신청에 대한 설명으로 옳은 것은?

① 요양급여의 적정성 평가 등에 대한 건강보험심사평가원의 처분에 이의가 있는 요양기관은 국민건강보험공단에 이의신청을 할 수 있다.

② 피부양자의 자격, 보험급여 비용에 대한 국민건강보험공단의 처분에 대한 이의가 있는 자는 건강보험심사평가원에 이의신청을 할 수 있다.

③ 이의신청은 처분이 있음을 안 날부터 60일 이내에 문서로 하여야 하며 처분이 있은 날부터 90일을 지나면 제기하지 못한다.

④ 피부양자가 본인일부부담금 외에 자신이 부담한 비용이 요양급여 대상에서 제외되는 비용인지 확인해 달라는 요청에 따라 건강보험심사평가원에서 그 비용이 요양급여 대상에 해당된다고 확인하여 그 내용을 관련 요양기관에 통보했을 때 요양기관이 이의신청을 하려면 통보받은 날부터 30일 이내에 하여야 한다.

02 다음 중 심판청구에 대한 설명으로 옳은 것은?

① 이의신청에 대한 결정에 불복해 심판청구를 하려는 자는 보험료부과제도개선위원회에 심판청구를 할 수 있다.

② 심판청구는 처분이 있음을 안 날부터 90일 이내에 문서로 하며, 처분이 있은 날부터 180일을 지나면 제기할 수 없다.

③ 심판청구를 하려는 자는 처분을 한 기관이 아니라 보험료부과제도개선위원회에 심판청구서를 제출해야 한다.

④ 심판청구의 절차·방법·결정 및 그 결정의 통지 등에 필요한 자세한 사항은 기획재정부령으로 정한다.

03 다음 중 건강보험분쟁조정위원회에 대한 설명으로 옳은 것은?

① 심판청구를 심리·의결하는 건강보험분쟁조정위원회는 건강보험심사평가원 산하에 설치된다.

② 건강보험분쟁조정위원회는 90명 이내의 위원으로 구성하고, 위원장을 제외한 위원 중 3명은 당연직위원으로 한다.

③ 건강보험분쟁조정위원회의 회의는 위원장, 당연직위원 및 위원장이 매 회의마다 지정하는 7명의 위원을 포함하여 총 9명으로 구성된다.

④ 건강보험분쟁조정위원회의 회의는 구성원 3분의 2 이상의 출석과 출석위원 3분의 2 이상의 찬성으로 의결한다.

04 다음 중 건강보험분쟁조정위원회의 위원을 공무원으로 의제하는 경우가 아닌 것은?

① 직무유기
② 알선수뢰
③ 수뢰, 사전수뢰
④ 제3자뇌물제공

05 다음 글의 빈칸에 공통으로 들어갈 용어로 옳은 것은?

① 이의신청에 대한 결정에 불복하는 자는 제89조에 따른 _____에 심판청구를 할 수 있다. 이 경우 심판청구의 제기기간 및 제기방법에 관하여는 제87조 제3항을 준용한다.
② 제1항에 따라 심판청구를 하려는 자는 대통령령으로 정하는 심판청구서를 제87조 제1항 또는 제2항에 따른 처분을 한 공단 또는 심사평가원에 제출하거나 제89조에 따른 _____에 제출하여야 한다.
③ 제1항 및 제2항에서 규정한 사항 외에 심판청구의 절차·방법·결정 및 그 결정의 통지 등에 필요한 사항은 대통령령으로 정한다.

① 건강보험분쟁조정위원회

② 건강보험정책심의위원회

③ 보건복지부

④ 의료보험연합회

1. 소멸시효와 근로자의 권익 보호

(1) 시효(제91조)

① 소멸시효의 완성 : 다음 각 호의 권리는 3년 동안 행사하지 아니하면 소멸시효가 완성된다.
1. 보험료, 연체금 및 가산금을 징수할 권리
2. 보험료, 연체금 및 가산금으로 과오납부한 금액을 환급받을 권리
3. 보험급여를 받을 권리
4. 보험급여 비용을 받을 권리
5. 과다납부된 본인일부부담금을 돌려받을 권리
6. 제61조(요양급여비용의 정산)에 따른 근로복지공단의 권리

② 시효의 중단 : 시효는 다음 각 호의 어느 하나의 사유로 중단된다.
1. 보험료의 고지 또는 독촉
2. 보험급여 또는 보험급여 비용의 청구

③ 휴직자 등의 보수월액보험료를 징수할 권리의 소멸시효는 고지가 유예된 경우 휴직 등의 사유가 끝날 때까지 진행하지 아니한다.

④ 소멸시효기간, 시효 중단 및 시효 정지에 관하여 국민건강보험법에서 정한 사항 외에는 민법에 따른다.

(2) 기간 계산(제92조)

국민건강보험법이나 국민건강보험법에 따른 명령에 규정된 기간의 계산에 관하여 국민건강보험법에서 정한 사항 외에는 민법의 기간에 대한 규정을 준용한다.

(3) 근로자의 권익 보호(제93조)

제6조 제2항 각 호(직장가입자의 제외 규정)의 어느 하나에 해당하지 아니하는 모든 사업장의 근로자를 고용하는 사용자는 그가 고용한 근로자가 국민건강보험법에 따른 직장가입자가 되는 것을 방해하거나 자신이 부담하는 부담금이 증가되는 것을 피할 목적으로 정당한 사유 없이 근로자의 승급 또는 임금 인상을 하지 아니하거나 해고나 그 밖의 불리한 조치를 할 수 없다.

(4) 신고 등(제94조)

① 신고 또는 서류 제출 : 공단은 사용자, 직장가입자 및 세대주에게 다음 각 호의 사항을 신고하게 하거나 관계 서류(전자적 방법으로 기록된 것을 포함한다. 이하 같다)를 제출하게 할 수 있다.
1. 가입자의 거주지 변경
2. 가입자의 보수·소득
3. 그 밖에 건강보험사업을 위하여 필요한 사항

② 사실 여부의 확인 : 공단은 신고한 사항이나 제출받은 자료에 대하여 사실 여부를 확인할 필요가 있으면 소속 직원이 해당 사항에 관하여 조사하게 할 수 있다.

③ 증표의 제시 : 조사를 하는 소속 직원은 그 권한을 표시하는 증표를 지니고 관계인에게 보여 주어야 한다.

(5) 소득 축소 · 탈루 자료의 송부 등(제95조)

① 공단은 신고한 보수 또는 소득 등에 **축소 또는 탈루**가 있다고 인정하는 경우에는 **보건복지부장관**을 거쳐 소득의 축소 또는 탈루에 대한 사항을 문서로 **국세청장**에게 송부할 수 있다.

② 국세청장은 송부받은 사항에 대하여 국세기본법 등 관련 법률에 따른 세무조사를 하면 그 조사 결과 중 보수 · 소득에 대한 사항을 **공단**에 송부하여야 한다.

③ 송부 절차 등에 필요한 사항은 **대통령령**으로 정한다.

2. 자료 및 금융정보 등의 제공

(1) 자료의 제공(제96조)

① **공단이 요청할 수 있는 자료** : 공단은 국가, 지방자치단체, 요양기관, 보험업법에 따른 보험회사 및 보험료율 산출 기관, 공공기관의 운영에 대한 법률에 따른 공공기관, 그 밖의 공공단체 등에 대하여 다음 각 호의 업무를 수행하기 위하여 **주민등록 · 가족관계등록 · 국세 · 지방세 · 토지 · 건물 · 출입 국관리** 등의 자료로서 **대통령령**으로 정하는 자료를 제공하도록 요청할 수 있다.

1. 가입자 및 피부양자의 자격 관리, 보험료의 부과 · 징수, 보험급여의 관리 등 건강보험사업의 수행
2. 징수위탁근거법에 따라 위탁받은 업무의 수행

② **심사평가원이 요청할 수 있는 자료** : 심사평가원은 국가, 지방자치단체, 요양기관, 보험업법에 따른 보험회사 및 보험료율 산출 기관, 공공기관의 운영에 대한 법률에 따른 공공기관, 그 밖의 공공단체 등에 대하여 요양급여비용을 심사하고 요양급여의 적정성을 평가하기 위하여 **주민등록 · 출입국관리 · 진료기록 · 의약품공급** 등의 자료로서 대통령령으로 정하는 자료를 제공하도록 요청할 수 있다.

③ **보건복지부장관의 자료 요청** : 보건복지부장관은 관계 행정기관의 장에게 약제에 대한 **요양급여비 용 상한금액의 감액** 및 요양급여의 적용 정지를 위하여 필요한 자료를 제공하도록 요청할 수 있다.

④ **자료 제공** : 규정에 따라 자료 제공을 요청받은 자는 성실히 이에 따라야 한다.

⑤ **자료제공요청서 발송** : 공단 또는 심사평가원은 요양기관, 보험업법에 따른 보험회사 및 보험료율 산출 기관에 자료의 제공을 요청하는 경우 **자료 제공 요청 근거 및 사유, 자료 제공 대상자, 대상기 간, 자료 제공 기한, 제출 자료** 등이 기재된 자료제공요청서를 발송하여야 한다.

⑥ **비용의 면제** : 국가, 지방자치단체, 요양기관, 보험업법에 따른 보험료율 산출 기관, 그 밖의 공공기관 및 공공단체가 공단 또는 심사평가원에 제공하는 자료에 대하여는 **사용료와 수수료 등을 면제**한다.

(2) 금융정보 등의 제공(제96조의2)

① **금융정보 등의 요청** : 공단은 제72조 제1항 단서에 따른 **지역가입자의 보험료부과점수 산정**을 위하여 필요한 경우 신용정보의 이용 및 보호에 대한 법률 및 금융실명거래 및 비밀보장에 대한 법률에도 불구하고 지역가입자가 제72조 제3항에 따라 제출한 동의 서면을 전자적 형태로 바꾼 문서에 의하여 신용정보의 이용 및 보호에 대한 법률에 따른 **신용정보집중기관 또는 금융회사 등("금융기관 등")**의 장에게 금융정보 등을 제공하도록 요청할 수 있다.

② 제1항에 따라 금융정보 등의 제공을 요청받은 **금융기관 등의 장**은 신용정보의 이용 및 보호에 대한 법률 및 금융실명거래 및 비밀보장에 대한 법률에도 불구하고 **명의인의 금융정보 등을 제공하여야** 한다.

③ **명의인에 대한 통보** : 제2항에 따라 금융정보 등을 제공한 금융기관 등의 장은 **금융정보 등의 제공** 사실을 명의인에게 통보하여야 한다. 다만, **명의인이 동의한 경우에는** 신용정보의 이용 및 보호에 대한 법률 및 금융실명거래 및 비밀보장에 대한 법률에도 불구하고 **통보하지 아니할 수 있다.**

④ 제1항부터 제3항까지에서 규정한 사항 외에 금융정보 등의 제공 요청 및 제공 절차 등에 필요한 사항은 대통령령으로 정한다.

(3) 가족관계등록 전산정보의 공동이용(제96조의3)

① **전산정보의 공동이용** : 공단은 제96조 제1항 각 호의 업무를 수행하기 위하여 **전자정부법에 따라** 가족관계의 등록 등에 대한 법률에 따른 전산정보자료를 공동이용(개인정보 보호법에 따른 처리를 포함한다)할 수 있다.

> **더 알아보기**
>
> 가족관계등록부의 작성 및 기록사항(가족관계의 등록 등에 관한 법률 제9조)
> ① 가족관계등록부("등록부")는 전산정보처리조직에 의하여 입력·처리된 가족관계 등록사항에 대한 전산정보자료를 등록기준지에 따라 개인별로 구분하여 작성한다.
> ② 등록부에는 다음 사항을 기록하여야 한다.
>   1. 등록기준지
>   2. 성명·본·성별·출생연월일 및 주민등록번호
>   3. 출생·혼인·사망 등 가족관계의 발생 및 변동에 대한 사항
>   4. 가족으로 기록할 자가 대한민국 국민이 아닌 사람("외국인")인 경우에는 성명·성별·출생연월일·국적 및 외국인등록번호(외국인등록을 하지 아니한 외국인의 경우에는 대법원규칙으로 정하는 바에 따른 국내거소신고번호 등을 말한다. 이하 같다)
>   5. 그 밖에 가족관계에 대한 사항으로서 대법원규칙으로 정하는 사항
>
> 용어의 정의(개인정보 보호법 제2조 제2호)
> "처리"란 개인정보의 수집, 생성, 연계, 연동, 기록, 저장, 보유, 가공, 편집, 검색, 출력, 정정(訂正), 복구, 이용, 제공, 공개, 파기(破棄), 그 밖에 이와 유사한 행위를 말한다.

② 법원행정처장은 제1항에 따라 공단이 전산정보자료의 공동이용을 요청하는 경우 그 공동이용을 위하여 필요한 조치를 취하여야 한다.

③ 누구든지 제1항에 따라 공동이용하는 전산정보자료를 그 목적 외의 용도로 이용하거나 활용하여서는 아니 된다.

(4) 서류의 보존(제96조의4)

① **요양기관의 보존 사항** : 요양기관은 요양급여가 끝난 날부터 5년간 보건복지부령으로 정하는 바에 따라 요양급여비용의 청구에 대한 서류를 보존하여야 한다. 다만, **약국 등 보건복지부령으로 정하는** 요양기관은 처방전을 요양급여비용을 청구한 날부터 3년간 보존하여야 한다.

② **사용자의 보존 사항** : 사용자는 3년간 보건복지부령으로 정하는 바에 따라 자격 관리 및 보험료 산정 등 건강보험에 대한 서류를 보존하여야 한다.

③ 준요양기관의 보존 사항 : 제49조 제3항에 따라 요양비를 청구한 준요양기관은 요양비를 지급받은 날부터 3년간 보건복지부령으로 정하는 바에 따라 **요양비 청구에 대한 서류**를 보존하여야 한다.

④ 보조기기에 대한 보존 사항 : 제51조 제2항에 따라 보조기기에 대한 보험급여를 청구한 자는 보험급여를 지급받은 날부터 3년간 보건복지부령으로 정하는 바에 따라 **보험급여 청구에 대한 서류**를 보존하여야 한다.

3. 보고 및 업무정지

(1) 보고와 검사(제97조)

① 보건복지부장관의 보고 · 검사(제1항부터 제5항)

㉠ 사용자 · 직장가입자 · 세대주에 대한 보고 · 검사 : 보건복지부장관은 **사용자, 직장가입자** 또는 **세대주**에게 가입자의 이동 · 보수 · 소득이나 그 밖에 필요한 사항에 대한 보고 또는 서류 제출을 명하거나, 소속 공무원이 관계인에게 질문하게 하거나 관계 서류를 검사하게 할 수 있다(제1항).

㉡ 요양기관에 대한 보고 · 검사 : 보건복지부장관은 **요양기관**(제49조에 따라 요양을 실시한 기관을 포함한다)에 대하여 요양 · 약제의 지급 등 **보험급여**에 대한 보고 또는 서류 제출을 명하거나, 소속 공무원이 관계인에게 질문하게 하거나 관계 서류를 검사하게 할 수 있다(제2항).

㉢ 보험급여를 받은 자에 대한 보고 · 검사 : 보건복지부장관은 **보험급여를 받은 자**에게 해당 **보험급여의 내용**에 관하여 보고하게 하거나, 소속 공무원이 질문하게 할 수 있다(제3항).

㉣ 대행청구단체에 대한 보고 · 검사 : 보건복지부장관은 요양급여비용의 심사청구를 대행하는 단체("대행청구단체")에 필요한 자료의 제출을 명하거나, 소속 공무원이 대행청구에 대한 자료 등을 조사 · 확인하게 할 수 있다(제4항).

㉤ 의약품공급자에 대한 보고 · 검사 : 보건복지부장관은 약제에 대한 요양급여비용 상한금액의 감액 및 요양급여의 적용 정지를 위하여 필요한 경우에는 약사법에 따른 **의약품공급자**에 대하여 금전, 물품, 편익, 노무, 향응, 그 밖의 경제적 이익 등 제공으로 인한 **의약품 판매 질서 위반 행위**에 대한 보고 또는 서류 제출을 명하거나, 소속 공무원이 관계인에게 질문하게 하거나 관계 서류를 검사하게 할 수 있다(제5항).

② 질문 · 검사 · 조사 또는 확인을 하는 소속 공무원은 그 권한을 표시하는 증표를 지니고 관계인에게 보여 주어야 한다(제6항).

(2) 업무정지(제98조)

① 업무정지 처분기준 : 보건복지부장관은 요양기관이 다음 각 호의 어느 하나에 해당하면 그 요양기관에 대하여 1년의 범위에서 기간을 정하여 업무정지를 명할 수 있다.

1. 속임수나 그 밖의 부당한 방법으로 보험자 · 가입자 및 피부양자에게 요양급여비용을 부담하게 한 경우

2. 요양기관(요양을 실시한 기관을 포함한다)에 대하여 요양 · 약제의 지급 등 보험급여에 대한 보고 또는 서류 제출을 하라는 보건복지부장관의 명령에 위반하거나 거짓 보고를 하거나 거짓 서류를 제출하거나, 소속 공무원의 검사 또는 질문을 거부 · 방해 또는 기피한 경우

3. 정당한 사유 없이 요양기관이 요양급여대상 또는 비급여대상으로 결정되지 아니한 요양급여에 대한 행위·치료재료에 대하여 요양급여대상 여부의 결정을 보건복지부장관에게 신청하지 아니하고 속임수나 그 밖의 부당한 방법으로 행위·치료재료를 가입자 또는 피부양자에게 실시 또는 사용하고 비용을 부담시킨 경우

② 업무정지 처분을 받은 자는 해당 업무정지기간 중에는 요양급여를 하지 못한다.

③ 업무정지 처분의 승계 : 업무정지 처분의 효과는 그 처분이 확정된 요양기관을 양수한 자 또는 합병 후 존속하는 법인이나 합병으로 설립되는 법인에 승계되고, 업무정지 처분의 절차가 진행 중인 때에는 양수인 또는 합병 후 존속하는 법인이나 합병으로 설립되는 법인에 대하여 그 절차를 계속 진행할 수 있다. 다만, 양수인 또는 합병 후 존속하는 법인이나 합병으로 설립되는 법인이 그 처분 또는 위반 사실을 알지 못하였음을 증명하는 경우에는 그러하지 아니하다.

④ 행정처분의 고지 의무 : 업무정지 처분을 받았거나 업무정지 처분의 절차가 진행 중인 자는 행정처분을 받은 사실 또는 행정처분절차가 진행 중인 사실을 보건복지부령으로 정하는 바에 따라 양수인 또는 합병 후 존속하는 법인이나 합병으로 설립되는 법인에 지체 없이 알려야 한다.

⑤ 업무정지를 부과하는 위반행위의 종류, 위반 정도 등에 따른 행정처분기준이나 그 밖에 필요한 사항은 대통령령으로 정한다.

4. 과징금 및 제조업자의 금지행위

(1) 과징금(제99조)

① 업무정지 처분의 갈음 : 보건복지부장관은 요양기관이 속임수나 그 밖의 부당한 방법으로 보험자·가입자 및 피부양자에게 요양급여비용을 부담하게 한 경우 또는 정당한 사유 없이 요양기관이 요양급여대상 또는 비급여대상으로 결정되지 아니한 요양급여에 대한 행위·치료재료에 대하여 요양급여대상 여부의 결정을 보건복지부장관에게 신청하지 아니하고 속임수나 그 밖의 부당한 방법으로 행위·치료재료를 가입자 또는 피부양자에게 실시 또는 사용하고 비용을 부담시킨 경우에 해당하여 업무정지 처분을 하여야 하는 경우로서 그 업무정지 처분이 해당 요양기관을 이용하는 사람에게 심한 불편을 주거나 보건복지부장관이 정하는 특별한 사유가 있다고 인정되면 업무정지 처분을 갈음하여 속임수나 그 밖의 부당한 방법으로 부담하게 한 금액의 5배 이하의 금액을 과징금으로 부과·징수할 수 있다. 이 경우 보건복지부장관은 12개월의 범위에서 분할납부를 하게 할 수 있다.

② 요양급여 적용 정지의 갈음 : 보건복지부장관은 약제를 요양급여에서 적용 정지하는 경우 다음 각 호의 어느 하나에 해당하는 때에는 요양급여의 적용 정지에 갈음하여 대통령령으로 정하는 바에 따라 다음 각 호의 구분에 따른 범위에서 과징금을 부과·징수할 수 있다. 이 경우 보건복지부장관은 12개월의 범위에서 분할납부를 하게 할 수 있다.

1. 환자 진료에 불편을 초래하는 등 공공복리에 지장을 줄 것으로 예상되는 때 : 해당 약제에 대한 요양급여비용 총액의 100분의 200을 넘지 아니하는 범위

2. 국민 건강에 심각한 위험을 초래할 것이 예상되는 등 특별한 사유가 있다고 인정되는 때 : 해당 약제에 대한 요양급여비용 총액의 100분의 60을 넘지 아니하는 범위

③ 보건복지부장관은 제2항 전단에 따라 과징금 부과 대상이 된 약제가 과징금이 부과된 날부터 5년의 범위에서 대통령령으로 정하는 기간 내에 다시 제2항 전단에 따른 과징금 부과 대상이 되는 경우에는 대통령령으로 정하는 바에 따라 다음 각 호의 구분에 따른 범위에서 과징금을 부과·징수할 수 있다.

1. 제2항 제1호에서 정하는 사유로 과징금 부과대상이 되는 경우 : 해당 약제에 대한 요양급여비용 총액의 100분의 350을 넘지 아니하는 범위

2. 제2항 제2호에서 정하는 사유로 과징금 부과대상이 되는 경우 : 해당 약제에 대한 요양급여비용 총액의 100분의 100을 넘지 아니하는 범위

④ **요양급여비용 총액의 결정 기준** : 대통령령으로 해당 약제에 대한 요양급여비용 총액을 정할 때에는 그 약제의 과거 요양급여 실적 등을 고려하여 **1년간의 요양급여 총액을 넘지 않는 범위**에서 정하여야 한다.

⑤ **과징금 미납 시의 처분**(제5항·제6항)

㉠ 보건복지부장관은 제1항에 따른 과징금을 납부하여야 할 자가 납부기한까지 이를 내지 아니하면 대통령령으로 정하는 절차에 따라 그 과징금 부과 처분을 취소하고 **업무정지 처분**을 하거나 **국세 체납처분의 예에 따라** 이를 징수한다. 다만, 요양기관의 폐업 등으로 업무정지 처분을 할 수 없으면 국세 체납처분의 예에 따라 징수한다(제5항).

㉡ 보건복지부장관은 제2항 또는 제3항에 따른 과징금을 납부하여야 할 자가 납부기한까지 이를 내지 아니하면 **국세 체납처분의 예에 따라 징수한다**(제6항).

⑥ **과세정보의 요청** : 보건복지부장관은 과징금을 징수하기 위하여 필요하면 다음 각 호의 사항을 적은 문서로 관할 세무관서의 장 또는 지방자치단체의 장에게 **과세정보의 제공을 요청**할 수 있다(제7항).

1. 납세자의 인적사항

2. 사용 목적

3. 과징금 부과 사유 및 부과 기준

⑦ **과징금의 용도** : 제1항부터 제3항까지의 규정에 따라 징수한 과징금은 다음 각 호 외의 용도로는 사용할 수 없다. 이 경우 제2항 제1호 및 제3항 제1호에 따라 징수한 과징금은 제3호의 용도로 사용하여야 한다(제8항).

1. 제47조 제3항에 따라 공단이 **요양급여비용**으로 지급하는 자금

2. 응급의료에 대한 법률에 따른 **응급의료기금의 지원**

3. 재난적의료비 지원에 대한 법률에 따른 **재난적의료비 지원사업에 대한 지원**

⑨ 과징금의 금액과 그 납부에 필요한 사항 및 과징금의 용도별 지원 규모, 사용 절차 등에 필요한 사항은 **대통령령**으로 정한다.

(2) 위반사실의 공표(제100조)

① **위반사실의 공표 기준** : 보건복지부장관은 관련 서류의 위조·변조로 요양급여비용을 거짓으로 청구하여 업무정지 또는 과징금 등의 행정처분을 받은 요양기관이 다음 각 호의 어느 하나에 해당하면 그 위반 행위, 처분 내용, 해당 요양기관의 명칭·주소 및 대표자 성명, 그 밖에 다른 요양기관과의 구별에 필요한 사항으로서 대통령령으로 정하는 사항을 공표할 수 있다. 이 경우 공표 여부를 결정할 때에는 그 위반행위의 동기, 정도, 횟수 및 결과 등을 고려하여야 한다.

1. 거짓으로 청구한 금액이 1,500만 원 이상인 경우

2. 요양급여비용 총액 중 거짓으로 청구한 금액의 비율이 100분의 20 이상인 경우

② **공표심의위원회의 설치·운영**(제2항부터 제4항)

㉠ 보건복지부장관은 공표 여부 등을 심의하기 위하여 **건강보험공표심의위원회**("공표심의위원회")를 설치·운영한다(제2항).

ⓛ 보건복지부장관은 공표심의위원회의 심의를 거친 공표대상자에게 공표대상자인 사실을 알려 소명자료를 제출하거나 출석하여 의견을 진술할 기회를 주어야 한다(제3항).

ⓒ 보건복지부장관은 공표심의위원회가 제출된 소명자료 또는 진술된 의견을 고려하여 **공표대상자를 재심의**한 후 공표대상자를 선정한다(제4항).

③ 제1항부터 제4항까지에서 규정한 사항 외에 공표의 절차·방법, 공표심의위원회의 구성·운영 등에 필요한 사항은 **대통령령**으로 정한다(제5항).

(3) 제조업자 등의 금지행위 등(제101조)

① 금지행위 : 약사법에 따른 의약품의 제조업자·위탁제조판매업자·수입자·판매업자 및 의료기기법에 따른 의료기기 제조업자·수입업자·수리업자·판매업자·임대업자("제조업자 등")는 약제·치료재료와 관련하여 요양급여대상 여부를 결정하거나 요양급여비용을 산정할 때에 다음 각 호의 행위를 하여 보험자·가입자 및 피부양자에게 손실을 주어서는 아니 된다.

1. 속임수나 그 밖의 부당한 방법으로 보험자·가입자 및 피부양자에게 요양급여비용을 부담하게 한 요양기관의 행위에 개입

2. 보건복지부, 공단 또는 심사평가원에 거짓 자료의 제출

3. 그 밖에 속임수나 보건복지부령으로 정하는 부당한 방법으로 요양급여대상 여부의 결정과 요양급여비용의 산정에 영향을 미치는 행위

② 위반 사실의 조사 : 보건복지부장관은 제조업자 등이 제1항에 위반한 사실이 있는지 여부를 확인하기 위하여 그 제조업자 등에게 관련 서류의 제출을 명하거나, 소속 공무원이 관계인에게 질문을 하게 하거나 관계 서류를 검사하게 하는 등 필요한 조사를 할 수 있다. 이 경우 소속 공무원은 그 권한을 표시하는 증표를 지니고 이를 관계인에게 보여 주어야 한다.

③ 손실 상당액의 징수 : 공단은 제1항을 위반하여 보험자·가입자 및 피부양자에게 손실을 주는 행위를 한 제조업자 등에 대하여 손실에 상당하는 금액("손실 상당액")을 징수한다.

④ 손실 상당액의 지급 : 공단은 징수한 손실 상당액 중 가입자 및 피부양자의 손실에 해당되는 금액을 그 가입자나 피부양자에게 지급하여야 한다. 이 경우 공단은 가입자나 피부양자에게 지급하여야 하는 금액을 그 가입자 및 피부양자가 내야 하는 **보험료 등과 상계**할 수 있다.

⑤ 손실 상당액의 산정, 부과·징수절차 및 납부방법 등에 관하여 필요한 사항은 **대통령령**으로 정한다.

5. 정보의 유지 및 공단에 대한 감독

(1) 정보의 유지 등(제102조)

공단, 심사평가원 및 대행청구단체에 종사하였던 사람 또는 종사하는 사람은 다음 각 호의 행위를 하여서는 아니 된다.

1. 가입자 및 피부양자의 개인정보(개인정보 보호법에서 정의하는 개인정보를 말한다)를 누설하거나 직무상 목적 외의 용도로 이용 또는 정당한 사유 없이 제3자에게 제공하는 행위

> **더 알아보기**
>
> 개인정보의 정의(개인정보 보호법 제2조 제1호)
> "개인정보"란 살아 있는 개인에 대한 정보로서 다음 각 목의 어느 하나에 해당하는 정보를 말한다.
> 가. 성명, 주민등록번호 및 영상 등을 통하여 개인을 알아볼 수 있는 정보
> 나. 해당 정보만으로는 특정 개인을 알아볼 수 없더라도 다른 정보와 쉽게 결합하여 알아볼 수 있는 정보. 이 경우 쉽게 결합할 수 있는지 여부는 다른 정보의 입수 가능성 등 개인을 알아보는 데 소요되는 시간, 비용, 기술 등을 합리적으로 고려하여야 한다.
> 다. 가목 또는 나목을 제1호의2에 따라 가명처리함으로써 원래의 상태로 복원하기 위한 추가 정보의 사용·결합 없이는 특정 개인을 알아볼 수 없는 정보("가명정보")

2. 업무를 수행하면서 알게 된 정보(개인정보는 제외한다)를 누설하거나 직무상 목적 외의 용도로 이용 또는 제3자에게 제공하는 행위

(2) 공단 등에 대한 감독 등(제103조)

① 감독 기준 : 보건복지부장관은 공단과 심사평가원의 경영목표를 달성하기 위하여 다음 각 호의 사업이나 업무에 대하여 보고를 명하거나 그 사업이나 업무 또는 재산상황을 검사하는 등 감독을 할 수 있다.

1. 공단의 업무 및 심사평가원의 업무
2. 공공기관의 운영에 대한 법률에 따른 경영지침의 이행과 관련된 사업

> **더 알아보기**
>
> 경영지침(공공기관의 운영에 대한 법률 제50조)
> ① 기획재정부장관은 공기업·준정부기관의 운영에 대한 일상적 사항과 관련하여 공공기관운영위원회의 심의·의결을 거쳐 다음 각 호의 사항에 대한 지침("경영지침")을 정하고, 이를 공기업·준정부기관 및 주무기관의 장에게 통보하여야 한다.
> 1. 조직 운영과 정원·인사 관리에 대한 사항
> 2. 예산과 자금 운영에 대한 사항
> 3. 그 밖에 공기업·준정부기관의 재무건전성 확보를 위하여 기획재정부장관이 필요하다고 인정하는 사항
> ② 공기업·준정부기관의 투명하고 공정한 인사운영과 윤리경영 등을 위하여 필요한 경우 소관 정책을 관장하는 관계 행정기관의 장은 경영지침에 대한 의견을 기획재정부장관에게 제시할 수 있다.

3. 국민건강보험법 또는 다른 법령에서 공단과 심사평가원이 위탁받은 업무
4. 그 밖에 관계 법령에서 정하는 사항과 관련된 사업

② 보건복지부장관은 감독상 필요한 경우에는 정관이나 규정의 변경 또는 그 밖에 필요한 처분을 명할 수 있다.

6. 포상금 및 유사명칭의 사용금지

(1) 포상금 등의 지급(제104조)

① 공단은 다음 각 호의 어느 하나에 해당하는 자 또는 재산을 신고한 사람에 대하여 포상금을 지급할 수 있다. 다만, 공무원이 그 직무와 관련하여 제4호에 따른 은닉재산을 신고한 경우에는 그러하지 아니한다.
　　1. 속임수나 그 밖의 부당한 방법으로 보험급여를 받은 사람
　　2. 속임수나 그 밖의 부당한 방법으로 다른 사람이 보험급여를 받도록 한 자
　　3. 속임수나 그 밖의 부당한 방법으로 보험급여 비용을 받은 요양기관 또는 보험급여를 받은 준요양기관 및 보조기기 판매업자
　　4. 제57조에 따라 징수금을 납부하여야 하는 자의 은닉재산
② 공단은 건강보험 재정을 효율적으로 운영하는 데에 이바지한 요양기관에 대하여 장려금을 지급할 수 있다.
③ 제1항 제4호의 "은닉재산"이란 징수금을 납부하여야 하는 자가 은닉한 현금, 예금, 주식, 그 밖에 재산적 가치가 있는 유형·무형의 재산을 말한다. 다만, 다음 각 호의 어느 하나에 해당하는 재산은 제외한다.
　　1. 민법 제406조 등 관계 법령에 따라 사해행위(詐害行爲) 취소소송의 대상이 되어 있는 재산
　　2. 공단이 은닉사실을 알고 조사 또는 강제징수 절차에 착수한 재산
　　3. 그 밖에 은닉재산 신고를 받을 필요가 없다고 인정되어 대통령령으로 정하는 재산
④ 제1항 및 제2항에 따른 포상금 및 장려금의 지급 기준과 범위, 절차 및 방법 등에 필요한 사항은 대통령령으로 정한다.

(2) 유사명칭의 사용금지(제105조)

① 공단이나 심사평가원이 아닌 자는 국민건강보험공단, 건강보험심사평가원 또는 이와 유사한 명칭을 사용하지 못한다.
② 국민건강보험법으로 정하는 건강보험사업을 수행하는 자가 아닌 자는 보험계약 또는 보험계약의 명칭에 국민건강보험이라는 용어를 사용하지 못한다.

7. 소액 처리 및 정부지원

(1) 소액 처리(제106조)

공단은 징수하여야 할 금액이나 반환하여야 할 금액이 1건당 2,000원 미만인 경우(상계 처리할 수 있는 본인일부부담금 환급금 및 가입자나 피부양자에게 지급하여야 하는 금액은 제외한다)에는 징수 또는 반환하지 아니한다.

(2) 끝수 처리(제107조)

보험료 등과 보험급여에 대한 비용을 계산할 때 국고금관리법에 따른 끝수는 계산하지 아니한다.

(3) 제108조

삭제

(4) 보험재정에 대한 정부지원(제108조의2)

① 국가는 매년 예산의 범위에서 해당 연도 보험료 예상 수입액의 100분의 14에 상당하는 금액을 국고에서 공단에 지원한다.

② 공단은 **국민건강증진법**에서 정하는 바에 따라 같은 법에 따른 국민건강증진기금에서 자금을 지원받을 수 있다.

③ 공단은 제1항에 따라 지원된 재원을 다음 각 호의 사업에 사용한다.
  1. 가입자 및 피부양자에 대한 보험급여
  2. 건강보험사업에 대한 운영비
  3. 제75조 및 제110조 제4항에 따른 보험료 경감에 대한 지원

④ 공단은 제2항에 따라 지원된 재원을 다음 각 호의 사업에 사용한다.
  1. 건강검진 등 건강증진에 관한 사업
  2. 가입자와 피부양자의 흡연으로 인한 질병에 대한 보험급여
  3. 가입자와 피부양자 중 65세 이상 노인에 대한 보험급여

[본조신설 2023. 6. 13.]
※ 법률 제19445호(2023. 6. 13.) 제108조의2의 개정규정은 같은 법 부칙 제2조의 규정에 의하여 2027년 12월 31일까지 유효함

8. 특례 조항

(1) 외국인 등에 대한 특례(제109조)

① 외국인 특례 적용 기준 : 정부는 외국 정부가 사용자인 사업장의 근로자의 건강보험에 관하여는 외국 정부와 한 합의에 따라 이를 따로 정할 수 있다.

② 직장가입자가 되는 기준 : 국내에 체류하는 재외국민 또는 외국인("국내체류 외국인 등")이 적용대상 사업장의 근로자, 공무원 또는 교직원이고 제6조 제2항 각 호(직장가입자의 제외 규정)의 어느 하나에 해당하지 아니하면서 다음 각 호의 어느 하나에 해당하는 경우에는 제5조(적용 대상 등)에도 불구하고 직장가입자가 된다.

1. 주민등록법 제6조 제1항 제3호에 따라 등록한 재외국민

대상자(주민등록법 제6조 제1항)
시장·군수 또는 구청장은 30일 이상 거주할 목적으로 그 관할 구역에 주소나 거소("거주지")를 가진 다음 각 호의 사람("주민")을 이 법의 규정에 따라 등록하여야 한다. 다만, 외국인은 예외로 한다.
1. 거주자 : 거주지가 분명한 사람(제3호의 재외국민은 제외한다)
2. 거주불명자 : 거주불명으로 등록된 사람
3. 재외국민 : 재외동포의 출입국과 법적 지위에 대한 법률에 따른 국민으로서 해외이주법에 따른 영주귀국의 신고를 하지 아니한 사람 중 다음 각 목의 어느 하나의 경우
   가. 주민등록이 말소되었던 사람이 귀국 후 재등록 신고를 하는 경우
   나. 주민등록이 없었던 사람이 귀국 후 최초로 주민등록 신고를 하는 경우

2. 재외동포의 출입국과 법적 지위에 대한 법률 제6조에 따라 국내거소신고를 한 사람

국내거소신고(재외동포의 출입국과 법적 지위에 대한 법률 제6조)
① 재외동포체류자격으로 입국한 외국국적동포는 이 법을 적용받기 위하여 필요하면 대한민국 안에 거소를 정하여 그 거소를 관할하는 지방출입국·외국인관서의 장에게 국내거소신고를 할 수 있다.
② 신고한 국내거소를 이전한 때에는 14일 이내에 그 사실을 신거소(新居所)가 소재한 시·군·구(자치구가 아닌 구를 포함한다. 이하 같다) 또는 읍·면·동의 장이나 신거소를 관할하는 지방출입국·외국인관서의 장에게 신고하여야 한다.
③ 거소이전 신고를 받은 지방출입국·외국인관서의 장은 신거소가 소재한 시·군·구 또는 읍·면·동의 장에게, 시·군·구 또는 읍·면·동의 장은 신거소를 관할하는 지방출입국·외국인관서의 장에게 각각 이를 통보하여야 한다.
④ 국내거소신고서의 기재 사항, 첨부 서류, 그 밖에 신고의 절차에 관하여 필요한 사항은 대통령령으로 정한다.

3. 출입국관리법 제31조에 따라 외국인 등록을 한 사람
③ 지역가입자가 되는 기준 : 직장가입자에 해당하지 아니하는 국내체류 외국인 등이 다음 각 호의 요건을 모두 갖춘 경우에는 제5조(적용 대상의 제외 규정)에도 불구하고 지역가입자가 된다.
1. 보건복지부령으로 정하는 기간 동안 국내에 거주하였거나 해당 기간 동안 국내에 지속적으로 거주할 것으로 예상할 수 있는 사유로서 보건복지부령으로 정하는 사유에 해당될 것
2. 다음 각 목의 어느 하나에 해당할 것
   가. 주민등록법에 따라 등록한 사람 또는 재외동포의 출입국과 법적 지위에 대한 법률에 따라 국내거소신고를 한 사람
   나. 출입국관리법에 따라 외국인 등록을 한 사람으로서 보건복지부령으로 정하는 체류자격이 있는 사람
④ 피부양자가 되는 기준 : 제2항 각 호의 어느 하나에 해당하는 국내체류 외국인 등이 다음 각 호의 요건을 모두 갖춘 경우에는 제5조(적용 대상의 제외 규정)에도 불구하고 공단에 신청하면 피부양자가 될 수 있다.
1. 직장가입자와의 관계가 배우자, 직계존속(배우자의 직계존속을 포함한다), 직계비속(배우자의 직계비속을 포함한다)과 그 배우자, 형제·자매 중 어느 하나에 해당할 것
2. 보건복지부령으로 정하는 피부양자 자격의 인정 기준에 해당할 것

⑤ 가입자·피부양자가 될 수 없는 경우 : 제2항부터 제4항까지의 규정에도 불구하고 다음 각 호에 해당되는 경우에는 가입자 및 피부양자가 될 수 없다.
  1. 국내체류가 **법률에 위반되는 경우**로서 **대통령령**으로 정하는 사유가 있는 경우
  2. 국내체류 외국인 등이 외국의 법령, 외국의 보험 또는 사용자와의 계약 등에 따라 요양급여에 상당하는 의료보장을 받을 수 있어 사용자 또는 가입자가 **보건복지부령**으로 정하는 바에 따라 **가입 제외를 신청한 경우**

⑥ 제2항부터 제5항까지의 규정에서 정한 사항 외에 국내체류 외국인 등의 가입자 또는 피부양자 자격의 취득 및 상실에 대한 시기·절차 등에 필요한 사항은 제5조부터 제11조까지의 규정을 준용한다. 다만, 국내체류 외국인 등의 특성을 고려하여 특별히 규정해야 할 사항은 **대통령령**으로 다르게 정할 수 있다.

⑦ **자격 상실 시의 보험료 징수** : 가입자인 국내체류 외국인 등이 매월 2일 이후 지역가입자의 자격을 취득하고 그 자격을 취득한 날이 속하는 달에 보건복지부장관이 고시하는 사유로 해당 자격을 상실한 경우에는 제69조 제2항 본문에도 불구하고 그 자격을 취득한 날이 속하는 달의 보험료를 부과하여 징수한다.

⑧ **국내체류 외국인 등이 지역가입자인 경우 보험료 납부기한** : 국내체류 외국인 등(제9항 단서의 적용을 받는 사람에 한정한다)에 해당하는 지역가입자의 보험료는 제78조 제1항 본문에도 불구하고 그 **직전 월 25일까지 납부하여야** 한다. 다만, 다음 각 호에 해당되는 경우에는 공단이 정하는 바에 따라 납부하여야 한다.
  1. 자격을 취득한 날이 속하는 달의 보험료를 징수하는 경우
  2. 매월 26일 이후부터 말일까지의 기간에 자격을 취득한 경우

⑨ 제7항과 제8항에서 정한 사항 외에 가입자인 국내체류 외국인 등의 보험료 부과·징수에 대한 사항은 제69조부터 제86조까지의 규정을 준용한다. 다만, 대통령령으로 정하는 국내체류 외국인 등의 보험료 부과·징수에 대한 사항은 그 특성을 고려하여 보건복지부장관이 다르게 정하여 고시할 수 있다.

⑩ **보험급여의 정지** : 공단은 지역가입자인 국내체류 외국인 등(제9항 단서의 적용을 받는 사람에 한정한다)이 보험료를 체납한 경우에는 제53조 제3항에도 불구하고 체납일부터 체납한 보험료를 완납할 때까지 보험급여를 하지 아니한다. 이 경우 제53조 제3항 각 호 외의 부분 단서 및 같은 조 제5항·제6항은 적용하지 아니한다.

(2) 실업자에 대한 특례(제110조)

① 직장가입자 자격의 유지(제1항·제2항)
  ㉠ 사용관계가 끝난 사람 중 직장가입자로서의 자격을 유지한 기간이 보건복지부령으로 정하는 기간 동안 통산 1년 이상인 사람은 지역가입자가 된 이후 최초로 지역가입자 보험료를 고지받은 날부터 그 **납부기한에서 2개월이 지나기 이전까지** 공단에 직장가입자로서의 자격을 유지할 것을 신청할 수 있다(제1항).
  ㉡ 제1항에 따라 공단에 신청한 가입자("임의계속가입자")는 제9조(자격의 변동 시기 등)에도 불구하고 대통령령으로 정하는 기간 동안 직장가입자의 자격을 유지한다. 다만, 제1항에 따른 신청 후 최초로 내야 할 직장가입자 보험료를 그 납부기한부터 2개월이 지난 날까지 내지 아니한 경우에는 그 자격을 유지할 수 없다(제2항).

② 임의계속가입자의 보수월액 : 보수월액보험료가 산정된 최근 12개월간의 보수월액을 평균한 금액으로 한다(제3항).

③ 임의계속가입자의 보험료 경감 : 임의계속가입자의 보험료는 보건복지부장관이 정하여 고시하는 바에 따라 그 일부를 경감할 수 있다(제4항).

④ 임의계속가입자의 보수월액보험료 납부 주체 : 임의계속가입자의 보수월액보험료는 제76조 제1항 및 제77조 제1항 제1호에도 불구하고 그 임의계속가입자가 전액을 부담하고 납부한다(제5항).

⑤ 임의계속가입자에 대한 급여제한 : 임의계속가입자가 보험료를 납부기한까지 내지 아니하는 경우 그 급여제한에 관하여는 제53조 제3항·제5항 및 제6항을 준용한다. 이 경우 "제69조 제5항에 따른 세대단위의 보험료"는 "제110조 제5항에 따른 보험료"로 본다(제6항).

⑥ 임의계속가입자의 신청 방법·절차 등에 필요한 사항은 **보건복지부령**으로 정한다(제7항).

9. 위임·위탁 및 출연금

(1) 권한의 위임 및 위탁(제111조)

① 권한의 위임 대상 : 국민건강보험법에 따른 보건복지부장관의 권한은 대통령령으로 정하는 바에 따라 그 일부를 특별시장·광역시장·도지사 또는 특별자치도지사에게 위임할 수 있다.

② 권한의 위탁 대상 : 제97조(보고와 검사) 제2항에 따른 보건복지부장관의 권한은 대통령령으로 정하는 바에 따라 공단이나 심사평가원에 위탁할 수 있다.

(2) 업무의 위탁(제112조)

① 공단은 **대통령령**으로 정하는 바에 따라 다음 각 호의 업무를 **체신관서, 금융기관** 또는 그 밖의 자에게 위탁할 수 있다.
  1. 보험료의 수납 또는 보험료납부의 확인에 대한 업무
  2. 보험급여 비용의 지급에 대한 업무
  3. 징수위탁근거법의 위탁에 따라 징수하는 연금보험료, 고용보험료, 산업재해보상보험료, 부담금 및 분담금 등("**징수위탁보험료 등**")의 수납 또는 그 납부의 확인에 대한 업무

② 공단은 그 업무의 일부를 **국가기관, 지방자치단체** 또는 다른 법령에 따른 **사회보험 업무**를 수행하는 법인이나 그 밖의 자에게 위탁할 수 있다. 다만, 보험료와 징수위탁보험료 등의 징수 업무는 그러하지 아니하다.

③ 공단이 위탁할 수 있는 업무 및 위탁받을 수 있는 자의 범위는 **보건복지부령**으로 정한다.

(3) 징수위탁보험료 등의 배분 및 납입 등(제113조)

① 공단은 자신이 징수한 보험료와 그에 따른 징수금 또는 징수위탁보험료 등의 금액이 징수하여야 할 총액에 부족한 경우에는 대통령령으로 정하는 기준, 방법에 따라 이를 배분하여 **납부 처리**하여야 한다. 다만, 납부의무자가 다른 의사를 표시한 때에는 그에 따른다.

② 공단은 징수위탁보험료 등을 징수한 때에는 이를 지체 없이 해당 보험별 기금에 납입하여야 한다.

(4) 출연금의 용도 등(제114조)

① 공단은 국민연금법, 산업재해보상보험법, 고용보험법 및 임금채권보장법에 따라 국민연금기금, 산업재해보상보험및예방기금, 고용보험기금 및 임금채권보장기금으로부터 각각 지급받은 출연금을 징수위탁근거법에 따라 위탁받은 업무에 소요되는 비용에 사용하여야 한다.
② 지급받은 출연금의 관리 및 운용 등에 필요한 사항은 대통령령으로 정한다.

(5) 벌칙 적용에서 공무원 의제(제114조의2)

심의위원회 및 공표심의위원회 위원 중 공무원이 아닌 사람은 형법 제127조 및 제129조부터 제132조까지의 규정을 적용할 때에는 공무원으로 본다.

> **더 알아보기**
>
> 공무원의 직무에 대한 죄(형법 제127조 및 제129조부터 제132조)
> • 공무상 비밀의 누설(제127조) : 공무원 또는 공무원이었던 자가 법령에 의한 직무상 비밀을 누설한 때에는 2년 이하의 징역이나 금고 또는 5년 이하의 자격정지에 처한다.
> • 수뢰, 사전수뢰(제129조)
> • 제3자뇌물제공(제130조)
> • 수뢰후부정처사, 사후수뢰(제131조)
> • 알선수뢰(제132조)

※ 다음 문제의 진위 여부를 판단해 ○ 또는 ×를 선택하시오.

01 보험료, 연체금을 징수할 권리를 2년 동안 행사하지 않으면 그 권리는 소멸된다.   [○ | ×]

02 보험료, 연체금 및 가산금으로 과오납부한 금액을 환급받을 권리를 1년 동안 행사하지 않으면 소멸된다.
                                                                                    [○ | ×]

03 보험급여를 받을 권리의 소멸시효는 보험급여 또는 보험급여 비용의 청구로 인해 중단된다. [○ | ×]

04 휴직자 등의 보수월액보험료를 징수할 권리의 소멸시효는 보험료 납입 고지가 유예된 경우 휴직 등의
     사유가 끝날 때까지 진행하지 않는다.   [○ | ×]

05 소멸시효의 기간과 중단 및 정지 등에 관련한 자세한 사항은 민사소송법의 기간에 관한 규정을 준용한다.
                                                                                    [○ | ×]

06 국민건강보험법과 국민건강보험법에 따른 명령에 규정된 기간의 계산에 관해 국민건강보험법에서 정한
     사항 외에는 민법의 기간에 관한 규정을 준용한다.   [○ | ×]

07 가입자의 대상 제외 사유에 해당하지 않는 모든 사업장의 근로자를 고용하는 사용자는 자신이 부담하는
     부담금이 증가되는 것을 피할 목적으로 정당한 사유 없이 근로자에게 불리한 조치를 할 수 없다.
                                                                                    [○ | ×]

08 국민건강보험공단은 사용자, 직장가입자에게 가입자의 보수·소득 관계 서류를 제출하게 할 수 있다.
                                                                                    [○ | ×]

09 국민건강보험공단은 사용자, 직장가입자, 세대주가 제출한 자료에 대한 사실 여부를 확인하기 위해 소속
     직원이 조사하게 할 수 있다.   [○ | ×]

10 사용자, 직장가입자가 신고한 소득에 탈루가 있다고 인정하는 경우에 국민건강보험공단은 재정기획부장
     관을 거쳐 소득의 탈루에 관한 사항을 국세청장에게 송부할 수 있다.   [○ | ×]

11 위의 10번 문제에 경우에 국세청장은 송부받은 사항에 대해 세무조사를 한 조사 결과 중 보수·소득에
     관한 사항을 국민건강보험공단에 송부해야 한다.   [○ | ×]

12 징수위탁근거법에 따라 위탁받은 업무를 수행하기 위해 국민건강보험공단은 국가, 지방자치단체, 요양기관, 보험회사 및 보험료율 산출 기관, 공공기관 및 공공단체에 대해 주민등록·가족관계등록·국세·지방세·토지·건물·출입국관리 등의 자료를 요청할 수 있다. [○|×]

13 위의 **12**번 문제에 따라 국가, 지방자치단체, 요양기관, 보험료율 산출 기관, 공공기관 및 공공단체가 국민건강보험공단에 자료를 제공할 때는 그 제공에 대해 국민건강보험공단은 사용료와 수수료 등을 지급해야 한다. [○|×]

14 건강보험심사평가원은 요양급여비용의 심사와 요양급여의 적정성 평가를 위해 국가, 지방자치단체, 요양기관, 보험회사 및 보험료율 산출 기관, 공공기관 및 공공단체에 대해 주민등록·출입국관리·진료기록·의약품공급 등의 자료를 요청할 수 있다. [○|×]

15 약제에 대한 요양급여비용 상한금액의 감액 및 요양급여의 적용 정지를 위해 보건복지부장관은 관계 행정기관의 장에게 필요한 자료를 요청할 수 있다. [○|×]

16 국민건강보험공단은 가입자 및 피부양자의 자격 관리, 보험료의 부과·징수, 보험급여의 관리 등의 수행을 위해 전산정보자료를 공동이용할 수 없다. [○|×]

17 국민건강보험공단이 법원행정처장에게 전산정보자료의 공동이용을 요청하더라도 법원행정처장은 이에 필요한 조치를 하지 않을 수 있다. [○|×]

18 요양기관은 요양급여가 끝난 날부터 5년 동안 요양급여비용의 청구에 관한 서류를 보존해야 한다. [○|×]

19 약국은 처방전을 요양급여비용을 청구한 날부터 5년간 보존해야 한다. [○|×]

20 사용자는 10년 동안 자격 관리 및 보험료 산정 등 건강보험에 관한 서류를 보존해야 한다. [○|×]

21 국민건강보험공단에 요양비의 지급을 청구해 요양비를 지급받은 준요양기관은 그 요양비를 지급받은 날부터 5년 동안 요양비 청구에 관한 서류를 보존해야 한다. [○|×]

22 장애인인 가입자에게 판매한 보조기기에 대한 보험급여를 국민건강보험공단에 청구해 지급받은 자는 그 급여를 지급받은 날부터 3년 동안 보험급여 청구에 관한 서류를 보존해야 한다. [○|×]

23 보건복지부장관은 사용자, 직장가입자에게 가입자의 이동·보수·소득에 필요한 사항에 관한 보고를 명령하거나, 소속 공무원이 관계 서류를 검사하게 할 수 있다. [○|×]

24 보건복지부장관은 요양기관에게는 보험급여에 관한 보고를, 보험급여를 받은 자에게는 해당 보험급여의 내용에 관한 보고를 명령할 수 있다. [○|×]

25 보건복지부장관은 요양급여비용의 심사청구를 대행하는 단체에 필요한 자료의 제출을 직접 명령할 수 있지만, 소속 공무원이 대행청구에 관한 자료 등을 확인하게 할 수 없다. [○|×]

26 보건복지부장관은 약제에 대한 요양급여비용 상한금액의 감액 및 요양급여의 적용 정지를 위해 의약품 공급자에게 의약품 판매 질서 위반 행위에 관한 보고 또는 서류 제출을 명령할 수 있다. [○|×]

27 속임수로 보험자·가입자 및 피부양자에게 요양급여비용을 부담하게 한 요양기관에 대해 보건복지부장관은 3년의 범위 내에서 업무정지를 명령할 수 있다. [○|×]

28 위의 **27**번 문제에 따라 업무정지된 요양기관은 해당 업무정지기간 중에는 요양급여를 하지 못한다. [○|×]

29 위의 **27**번 문제에 따른 업무정지 처분의 효과는 그 처분이 확정된 요양기관을 양수한 자 또는 합병 후 존속하는 법인이나 합병으로 설립되는 법인에 승계된다. [○|×]

30 위의 **29**번 문제에서 양수인 또는 합병 후 존속하는 법인이나 합병으로 설립되는 법인이 그 처분 또는 위반사실을 알지 못하였음을 증명하는 경우에도 업무정지 처분의 효과는 승계된다. [○|×]

31 업무정지 처분을 받은 자는 행정처분을 받은 사실을 양수인 또는 합병 후 존속하는 법인이나 합병으로 설립되는 법인에 즉시 알려야 한다. [○|×]

32 업무정지를 부과하는 위반행위의 종류, 위반 정도 등에 따른 행정처분기준이나 그 밖에 필요한 자세한 사항은 보건복지부령으로 정한다. [○|×]

33 속임수로 보험자·가입자 및 피부양자에게 요양급여비용을 부담하게 한 요양기관에 대해 보건복지부장관이 업무정지 처분을 할 때는 그 업무정지 처분 때문에 해당 요양기관을 이용하는 사람이 불편을 겪더라도 그 업무정지 처분을 갈음해 과징금을 부과할 수 없다. [○|×]

34 보건복지부장관은 과징금을 납부하여야 할 자가 납부기한까지 이를 내지 아니하면 보건복지부령으로 정하는 절차에 따라 그 과징금 부과 처분을 취소하고 업무정지 처분을 하거나 국세 체납처분의 예에 따라 이를 징수한다. [○|×]

35 위의 **34**번 문제의 경우에 보건복지부장관은 24개월의 범위에서 분할납부를 하게 할 수 있다. [○ | ×]

36 과징금 부과 대상이 된 약제가 과징금이 부과된 날부터 5년 안에 다시 과징금 부과 대상이 된 경우에 공공복리에 지장을 줄 것으로 예상되는 때는 보건복지부장관은 해당 약제에 대한 요양급여비용 총액의 100분의 350을 넘지 않는 범위에서 과징금을 징수할 수 있다. [○ | ×]

37 위의 **36**번 문제에 따라 해당 약제에 대한 요양급여비용 총액을 정할 때에는 그 약제의 과거 요양급여 실적 등을 고려해 5년간의 요양급여 총액을 넘지 않는 범위에서 정해야 한다. [○ | ×]

38 업무정지 처분에 갈음해 과징금을 내야 하는 요양기관이 납부기한까지 납부하지 않으면 그 과징금 부과 처분이 취소되고 업무정지 처분을 받거나 국세 체납처분의 예에 따라 과징금이 징수된다. [○ | ×]

39 과징금의 징수를 위해 보건복지부장관은 납세자의 인적사항 등을 적은 문서로 관할 세무관서의 장에게 과세정보를 요청할 수 있다. [○ | ×]

40 징수된 과징금은 국민건강보험공단이 요양급여비용으로 지급하는 자금으로 사용되어야 한다. [○ | ×]

41 공공복리에 지장을 줄 것으로 예상되어 요양기관의 업무정지에 갈음해 징수된 과징금은 재난적의료비 지원사업에 대한 지원 용도로 사용된다. [○ | ×]

42 과징금의 금액과 그 납부에 필요한 사항 및 과징금의 용도별 지원 규모, 사용 절차 등에 필요한 자세한 사항은 기획재정부령으로 정한다. [○ | ×]

43 보건복지부장관은 서류의 위조로 요양급여비용을 거짓으로 청구해 업무정지 처분을 받은 요양기관이 거짓으로 청구한 금액이 500만 원 이상일 때는 다른 요양기관과의 구별에 필요한 사항을 공표할 수 있다. [○ | ×]

44 보건복지부장관은 위의 **43**번 문제에 따른 공표 여부를 심의하기 위해 건강보험공표심의위원회를 운영한다. [○ | ×]

45 위반사실의 공표의 절차·방법, 공표심의위원회의 구성·운영 등에 필요한 사항은 보건복지부령으로 정한다. [○ | ×]

46 제조업자 등은 약제·치료재료와 관련해 요양급여대상 여부를 결정하거나 요양급여비용을 산정할 때 보건복지부나 국민건강보험공단에 거짓 자료를 제출함으로써 보험자·가입자 및 피부양자에게 피해를 끼치지 말아야 한다. [○│×]

47 보건복지부장관은 제조업자 등이 위의 46번 문제에 위반한 사실이 있는지 확인하기 위해 소속 공무원이 관계 서류를 검사하게 할 수 있다. [○│×]

48 위의 46번 문제의 경우에 제조업자 등의 위반 사실이 드러나 국민건강보험공단이 제조업자 등에게 손실 상당액을 징수한 경우에 징수한 그 손실 상당액 중 가입자 및 피부양자의 손실에 해당되는 금액을 그 가입자나 피부양자에게 지급해야 한다. [○│×]

49 위의 48번 문제의 경우에 국민건강보험공단은 가입자나 피부양자에게 지급해야 하는 금액을 그 가입자 및 피부양자가 내야 하는 보험료 등과 상계할 수 없다. [○│×]

50 손실 상당액의 산정, 부과·징수절차 및 납부방법 등에 관하여 필요한 사항은 기획재정부령으로 정한다. [○│×]

51 국민건강보험공단, 대행청구단체 등에 종사했던 사람은 피부양자의 개인정보를 누설해서는 아니 된다. [○│×]

52 보건복지부장관은 국민건강보험공단의 업무에 대한 보고를 명령하고 재산상황을 검사하는 등 감독을 할 수 있다. [○│×]

53 위의 52번 문제의 경우에 보건복지부장관은 감독을 위해 정관이나 국민건강보험공단 규정의 변경을 권고할 수 있을 뿐이며, 명령할 수는 없다. [○│×]

54 국민건강보험공단은 징수금을 납부해야 하는 자의 은닉재산을 신고한 사람에게 포상금을 지급할 수 있다. [○│×]

55 국민건강보험공단은 건강보험 재정의 효율적 운영에 이바지한 요양기관에게 장려금을 지급할 수 있다. [○│×]

56 국민건강보험법에 따라 건강보험사업을 수행하는 자가 아닌 자는 보험계약 또는 보험계약의 명칭에 '국민건강보험'이라는 용어를 사용할 수 없다. [○│×]

57 국민건강보험공단은 징수 또는 반환해야 할 금액이 1건당 5,000원 미만인 경우에는 징수 또는 반환하지 않는다. [O | X]

58 보험료 등과 보험급여에 관한 비용을 계산할 때는 국고금관리법에 따른 끝수를 계산하지 않는다. [O | X]

59 정부는 외국 정부가 사용인인 사업장의 근로자의 건강보험에 대해서는 외국 정부와 한 합의에 따라 이를 따로 정할 수 있다. [O | X]

60 국내체류 외국인 등이 적용대상사업장의 근로자이고 고용 기간이 1개월 미만인 일용근로자에 해당하지 않으면서 외국인등록을 한 사람에 해당하는 경우에는 직장가입자가 된다. [O | X]

61 국내체류 외국인 등이 보건복지부령으로 정하는 기간 동안 국내에 거주했으며 국내거소신고를 한 사람에 해당하는 경우에는 지역가입자가 된다. [O | X]

62 국내체류 외국인 등이 직장가입자의 배우자 또는 직계존속·직계비속이면서 피부양자 자격의 인정 기준에 해당하는 경우에는 국민건강보험공단에 신청하면 피부양자가 될 수 있다. [O | X]

63 국내체류 외국인 등이 외국의 법령에 따라 요양급여에 상당하는 의료보장을 받을 수 있어 사용자가 가입 제외를 신청한 경우에도 가입자 및 피부양자가 될 수 있다. [O | X]

64 가입자인 국내체류 외국인 등이 매월 2일 이후 지역가입자의 자격을 취득하고 그 자격을 취득한 날이 속하는 달에 해당 자격을 상실한 경우에는 그 자격을 취득한 날이 속하는 달의 보험료를 징수하지 않는다. [O | X]

65 사용관계가 끝난 사람 중 직장가입자로서의 자격을 유지한 기간이 통산 1년 이상인 사람은 지역가입자가 된 이후 최초로 지역가입자 보험료를 고지받은 날부터 그 납부기한에서 2개월이 지나기 이전까지 국민건강보험공단에 직장가입자로서의 자격을 유지할 것을 신청할 수 있다. [O | X]

66 위의 65번 문제에 따라 국민건강보험공단에 신청한 가입자("임의계속가입자"라 한다)는 대통령령으로 정하는 기간 동안 직장가입자의 자격을 유지한다. [O | X]

67 임의계속가입자의 보수월액은 보수월액보험료가 산정된 최근 6개월 동안의 보수월액을 평균한 금액으로 한다. [O | X]

68 임의계속가입자의 보험료는 보건복지부장관이 정하여 고시하는 바에 따라 그 일부를 경감할 수 없다. [O | X]

69 임의계속가입자의 보수월액보험료는 그 임의계속가입자가 전액을 부담한다. [O | X]

70 임의계속가입자의 신청 방법·절차 등에 필요한 사항은 재정기획부령으로 정한다. [O | X]

71 국민건강보험법에 따른 보건복지부장관의 권한은 그 일부를 특별시장·광역시장·도지사·특별자치도 지사에게 위임할 수 있다. [O | X]

72 요양기관에 대한 보건복지부장관의 요양·약제의 지급 등 보험급여에 관한 보고 명령 권한은 국민건강 보험공단이나 건강보험심사평가원에 위탁할 수 있다. [O | X]

73 국민건강보험공단은 대통령령으로 정하는 바에 따라 보험급여비용의 지급에 관한 업무를 체신관서, 금융기관에 위탁할 수 없다. [O | X]

74 국민건강보험공단은 징수위탁보험료 등의 수납 또는 그 납부의 확인에 관한 업무를 체신관서, 금융기관에 위탁할 수 있다. [O | X]

75 국민건강보험공단은 보험료와 징수위탁보험료 등의 징수 업무를 지방자치단체나 사회보험 업무를 수행하는 법인에게 위탁할 수 있다. [O | X]

76 국민건강보험공단이 위탁할 수 있는 업무 및 위탁받을 수 있는 자의 범위는 대통령령으로 정한다. [O | X]

77 국민건강보험공단은 자신이 징수한 보험료와 그에 따른 징수금 또는 징수위탁보험료 등의 금액이 징수해야 할 총액에 부족한 경우에는 납부의무자가 다른 의사를 표시한 때에도 대통령령으로 정하는 기준, 방법에 따라 이를 배분해 납부 처리해야 한다. [O | X]

78 국민건강보험공단은 징수위탁보험료 등을 징수한 때에는 이를 3개월 이내에 해당 보험별 기금에 납입할 수 있다. [O | X]

79 국민건강보험공단은 국민연금기금, 산업재해보상보험및예방기금, 고용보험기금 및 임금채권보장기금으로부터 각각 지급받은 출연금을 징수위탁근거법에 따라 위탁받은 업무에 소요되는 비용에 사용해야 한다. [O | X]

80 지급받은 출연금의 관리 및 운용 등에 필요한 사항은 기획재정부령으로 정한다. [O | X]

01	02	03	04	05	06	07	08	09	10	11	12	13	14	15	16	17	18	19	20
×	×	○	○	×	○	○	○	○	×	○	○	×	○	○	×	×	○	×	×
21	22	23	24	25	26	27	28	29	30	31	32	33	34	35	36	37	38	39	40
×	○	○	○	×	○	○	○	×	○	×	×	×	○	×	○	×	○	○	×
41	42	43	44	45	46	47	48	49	50	51	52	53	54	55	56	57	58	59	60
○	×	×	×	×	○	○	×	○	○	○	×	×	○	×	○	×	○	○	○
61	62	63	64	65	66	67	68	69	70	71	72	73	74	75	76	77	78	79	80
○	○	×	×	○	○	×	×	○	○	○	×	○	×	○	×	×	○	×	×

01 보험료, 연체금 및 가산금을 징수할 권리는 <u>3년 동안</u> 행사하지 아니하면 소멸시효가 완성된다(법 제91조 제1항 제1호).

02 보험료, 연체금 및 가산금으로 과오납부한 금액을 환급받을 권리는 <u>3년 동안</u> 행사하지 아니하면 소멸시효가 완성된다(제91조 제1항 제2호).

05 소멸시효의 기간과 중단 및 정지 등에 관하여 이 법에서 정한 사항 외에는 <u>민법</u>에 따른다(법 제91조 제4항).

10 사용자, 직장가입자가 신고한 소득에 탈루가 있다고 인정하는 경우에 국민건강보험공단은 <u>보건복지부장관을 거쳐</u> 소득의 축소 또는 탈루에 관한 사항을 국세청장에게 송부할 수 있다(법 제95조 제1항).

13 국가, 지방자치단체, 요양기관, 보험료율 산출 기관, 공공기관 및 공공단체가 국민건강보험공단에 자료를 제공할 때는 그 제공에 대해 국민건강보험공단은 사용료와 수수료 등을 <u>면제한다</u>(법 제96조 제6항).

16 공단은 가입자 및 피부양자의 자격 관리, 보험료의 부과·징수, 보험급여의 관리 등 건강보험사업의 수행을 위하여 <u>전산정보자료를 공동이용할 수 있다</u>(제96조의3 제1항).

17 <u>법원행정처장</u>은 제1항에 따라 공단이 전산정보자료의 공동이용을 요청하는 경우 그 공동이용을 위하여 필요한 조치를 취하여야 한다(법 제96조의3 제2항).

19 약국은 처방전을 요양급여비용을 청구한 날부터 <u>3년간</u> 보존해야 한다(법 제96조의4 제1항).

20 사용자는 <u>3년간</u> 보건복지부령으로 정하는 바에 따라 자격 관리 및 보험료 산정 등 건강보험에 관한 서류를 보존해야 한다(법 제96조의4 제2항).

21 국민건강보험공단에 요양비의 지급을 청구해 요양비를 지급받은 준요양기관은 그 요양비를 지급받은 날부터 <u>3년 동안</u> 요양비 청구에 관한 서류를 보존해야 한다(법 제96조의4 제3항).

25 보건복지부장관은 요양급여비용의 심사청구를 대행하는 단체(이하 "대행청구단체"라 한다)에 필요한 자료의 제출을 명하거나, 소속 공무원이 대행청구에 관한 자료 등을 <u>조사·확인하게 할 수 있다</u>(법 제97조 제4항).

27 속임수로 보험자·가입자 및 피부양자에게 요양급여비용을 부담하게 한 요양기관에 대해 보건복지부장관은 <u>1년의 범위</u> 내에서 업무정지를 명령할 수 있다(법 제98조 제1항).

30 양수인 또는 합병 후 존속하는 법인이나 합병으로 설립되는 법인이 그 처분 또는 위반사실을 알지 못하였음을 증명하는 경우에는 <u>업무정지 처분의 효과는 승계되지 않는다</u>(법 제98조 제3항).

32 업무정지를 부과하는 위반행위의 종류, 위반 정도 등에 따른 행정처분기준이나 그 밖에 필요한 자세한 사항은 <u>대통령령으로 정한다</u>(법 제98조 제5항).

33 보건복지부장관은 요양기관이 업무정지 처분을 하여야 하는 경우로서 그 업무정지 처분이 해당 요양기관을 이용하는 사람에게 심한 불편을 주거나 보건복지부장관이 정하는 특별한 사유가 있다고 인정되면 업무정지 처분을 갈음하여 속임수나 그 밖의 부당한 방법으로 부담하게 한 <u>금액의 5배 이하의 금액을 과징금으로 부과·징수할 수 있다</u>(법 제99조 제1항).

34 보건복지부장관은 제1항에 따른 과징금을 납부하여야 할 자가 납부기한까지 이를 내지 아니하면 <u>대통령령으로 정하는</u> 절차에 따라 그 과징금 부과 처분을 취소하고 업무정지 처분을 하거나 국세 체납처분의 예에 따라 이를 징수한다(법 제99조 제5항).

35 보건복지부장관은 <u>12개월의 범위</u>에서 분할납부를 하게 할 수 있다(법 제99조 제2항).

37 해당 약제에 대한 요양급여비용 총액을 정할 때에는 그 약제의 과거 요양급여 실적 등을 고려해 <u>1년간</u>의 요양급여 총액을 넘지 않는 범위에서 정해야 한다(법 제99조 제4항).

40 징수된 과징금은 국민건강보험공단이 요양급여비용으로 지급하는 자금으로 <u>사용될 수 있다</u>(법 제99조 제8항 제1호).

42 과징금의 금액과 그 납부에 필요한 사항 및 과징금의 용도별 지원 규모, 사용 절차 등에 필요한 자세한 사항은 <u>대통령령으로 정한다</u>(법 제99조 제9항).

43 보건복지부장관은 서류의 위조로 요양급여비용을 거짓으로 청구해 업무정지 처분을 받은 요양기관이 거짓으로 청구한 금액이 <u>1,500만 원 이상</u>일 때는 다른 요양기관과의 구별에 필요한 사항을 공표할 수 있다(제100조 제1항 제1호).

45 위반사실의 공표의 절차·방법, 공표심의위원회의 구성·운영 등에 필요한 사항은 <u>대통령령으로 정한다</u>(법 제100조 제5항).

49 국민건강보험공단은 징수한 손실 상당액 중 가입자 및 피부양자의 손실에 해당되는 금액을 그 가입자나 피부양자에게 지급하여야 한다. 이 경우 공단은 가입자나 피부양자에게 지급하여야 하는 금액을 그 가입자 및 피부양자가 내야하는 보험료 등과 <u>상계할 수 있다</u>(법 제101조 제4항).

50 손실 상당액의 산정, 부과·징수절차 및 납부방법 등에 관하여 필요한 사항은 <u>대통령령으로 정한다</u>(법 제101조 제5항).

53 보건복지부장관은 감독상 필요한 경우에는 정관이나 규정의 변경 또는 그 밖에 필요한 처분을 <u>명령할 수 있다</u>(법 제103조 제2항).

57 국민건강보험공단은 징수 또는 반환해야 할 금액이 <u>1건당 2,000원 미만인 경우</u>에는 징수 또는 반환하지 않는다(법 제106조).

63 국내체류 외국인 등이 외국의 법령, 외국의 보험 또는 사용자와의 계약 등에 따라 요양급여에 상당하는 의료보장을 받을 수 있어 사용자 또는 가입자가 보건복지부령으로 정하는 바에 따라 가입 제외를 신청한 경우에는 <u>가입자 및 피부양자가 될 수 없다</u>(법 제109조 제5항 제2호).

64 가입자인 국내체류 외국인 등이 매월 2일 이후 지역가입자의 자격을 취득하고 그 자격을 취득한 날이 속하는 달에 보건복지부장관이 고시하는 사유로 해당 자격을 상실한 경우에는 그 자격을 취득한 날이 속하는 달의 <u>보험료를 부과하여 징수한다</u>(법 제109조 제7항).

67 임의계속가입자의 보수월액은 보수월액보험료가 산정된 <u>최근 12개월간의 보수월액</u>을 평균한 금액으로 한다(법 제110조 제3항).

68 임의계속가입자의 보험료는 보건복지부장관이 정하여 고시하는 바에 따라 <u>그 일부를 경감할 수 있다</u>(법 제110조 제4항).

70 임의계속가입자의 신청 방법·절차 등에 필요한 사항은 <u>보건복지부령으로 정한다</u>(법 제110조 제7항).

73 공단은 대통령령으로 정하는 바에 따라 보험급여비용의 지급에 대한 업무를 체신관서, 금융기관 또는 그 밖의 자에게 <u>위탁할 수 있다</u>(법 제112조 제1항 제2호).

75 국민건강보험공단은 그 업무의 일부를 국가기관, 지방자치단체 또는 다른 법령에 따른 사회보험 업무를 수행하는 법인이나 그 밖의 자에게 위탁할 수 있다. 다만, 보험료와 징수위탁보험료 등의 징수 업무는 <u>그러하지 아니하다</u>(법 제112조 제2항).

76 국민건강보험공단이 위탁할 수 있는 업무 및 위탁받을 수 있는 자의 범위는 <u>보건복지부령으로 정한다</u>(법 제112조 제3항).

77 공단은 자신이 징수한 보험료와 그에 따른 징수금 또는 징수위탁보험료 등의 금액이 징수하여야 할 총액에 부족한 경우에는 <u>대통령령으로 정하는 기준, 방법</u>에 따라 이를 배분하여 납부 처리해야 한다. 다만, 납부의무자가 다른 의사를 표시한 때에는 그에 따른다(법 제113조 제1항).

78 국민건강보험공단은 징수위탁보험료 등을 징수한 때에는 이를 <u>지체 없이 해당 보험별 기금</u>에 납입해야 한다(법 제113조 제2항).

80 지급받은 출연금의 관리 및 운용 등에 필요한 사항은 <u>대통령령으로 정한다</u>(법 제114조 제2항).

01 다음 〈보기〉 중 국민건강보험법상의 시효에 대한 설명으로 옳은 것을 모두 고르면?

> **보기**
>
> ㉠ 보험료・연체금 및 가산금을 징수할 권리와 보험료・연체금 및 가산금으로 과오납부한 금액을 환급받을 권리의 소멸시효기간은 1년이다.
> ㉡ 보험급여를 받을 권리, 보험급여 비용을 받을 권리, 과다납부된 본인일부부담금을 돌려받을 권리의 소멸시효기간은 3년이다.
> ㉢ 위의 ㉠과 ㉡의 소멸시효기간은 보험급여 또는 보험급여 비용의 청구의 사유로 중단된다.
> ㉣ 휴직자 등의 보수월액보험료를 징수할 권리의 소멸시효는 고지가 유예된 경우 휴직 등의 사유가 끝날 때까지 정지된다.
> ㉤ 소멸시효기간, 시효 중단 및 시효 정지 등에 관련한 자세한 사항은 민사소송법의 기간에 대한 규정을 준용한다.

① ㉠, ㉡, ㉢
② ㉠, ㉢, ㉤
③ ㉡, ㉢, ㉣
④ ㉢, ㉣, ㉤

02 다음 〈보기〉 중 국민건강보험법상의 신고 등에 대한 설명으로 옳은 것을 모두 고르면?

> **보기**
>
> ㉠ 공단은 세대주에게 가입자의 거주지 변경 관계 서류를 제출하게 할 수 있다.
> ㉡ 공단은 사용자, 직장가입자에게가입자의 거주지 변경 사항을 신고하게 할 수 있다.
> ㉢ 공단은 사용자, 직장가입자 및 세대주로부터 제출받은 자료의 사실 여부를 확인하기 위해 소속 직원이 해당 사항에 대한 조사를 하게 할 수 있다.
> ㉣ 위의 ㉢에 따라 조사를 하는 소속 직원은 그 권한을 표시하는 증표를 관계인에게 보여주어야 한다.

① ㉠, ㉡, ㉢
② ㉠, ㉢, ㉤
③ ㉡, ㉢, ㉣
④ ㉠, ㉡, ㉢, ㉣

03 다음 〈보기〉 중 소득 축소·탈루 자료의 송부 등에 대한 설명으로 옳지 않은 것을 모두 고르면?

> **보기**
> ㉠ 사용자, 직장가입자가 신고한 보수에 축소나 탈루가 있다고 인정될 경우에 공단은 관련 문서를 기획재정부장관을 거쳐 관할 세무관서의 징에게 송부할 수 있다.
> ㉡ 위의 ㉠의 경우에 송부받은 사항에 대하여 세무조사를 한 관할 세무관서의 장은 그 조사 결과 중 보수에 대한 사항을 기획재정부장관에게 송부하여야 한다.
> ㉢ 위의 ㉠ 및 ㉡에 따른 송부 절차 등에 필요한 자세한 사항은 기획재정부령으로 정한다.

① ㉠

② ㉠, ㉡

③ ㉡, ㉢

④ ㉠, ㉡, ㉢

04 다음 〈보기〉 중 자료의 제공에 대한 설명으로 옳은 것을 모두 고르면?

> **보기**
> ㉠ 국민건강보험공단은 가입자 및 피부양자의 지격 관리 업무를 수행하기 위해 요양기관에 대해 토지·건물 등의 자료를 요구할 수 있다.
> ㉡ 국민건강보험공단은 징수위탁근거법에 따라 위탁받은 업무를 수행하기 위해 지방자치단체에 대해 주민등록·가족관계등록·지방세 등의 자료를 요구할 수 있다.
> ㉢ 위의 ㉠ 및 ㉡에 따라 국민건강보험공단이 요양기관과 지방자치단체에 자료의 제공을 요구할 때는 자료의 제공에 따른 사용료나 수수료를 해당 기관에 지불해야 한다.
> ㉣ 건강보험심사평가원은 요양급여비용을 심사하기 위해 지방자치단체에 대해 주민등록·출입국관리 등의 자료의 제공을 요구할 수 없다.
> ㉤ 보건복지부장관은 약제에 대한 요양급여비용 상한금액의 감액을 위해 관계 행정기관의 장에게 필요한 자료를 요청할 수 없다.

① ㉠, ㉡

② ㉠, ㉢, ㉤

③ ㉡, ㉢, ㉤

④ ㉡, ㉣, ㉤

05 다음 중 소멸시효에 대한 설명으로 옳지 않은 것은?

① 보험료의 고지 또는 독촉의 사유로 인해 시효는 중단된다.

② 보험급여 또는 보험급여 비용의 청구로 인해 시효는 중단되지 않는다.

③ 과다납부된 본인일부부담금을 돌려받을 권리를 3년 동안 행사하지 않으면 소멸시효가 완성된다.

④ 휴직자의 보수월액보험료를 징수할 권리의 소멸시효는 고지가 유예된 경우 휴직 등의 사유가 끝날 때까지 진행하지 않는다.

06 다음 〈보기〉 중 가족관계등록 전산정보의 공동이용에 대한 설명으로 옳지 않은 것을 모두 고르면?

> **보기**
>
> ㉠ 국민건강보험공단은 보험료의 부과·징수의 수행을 위해 전산정보자료를 공동이용할 수 있다.
> ㉡ 국민건강보험공단은 징수위탁근거법에 따라 위탁받은 업무의 수행을 위해 전산정보자료를 공동이용할 수 있다.
> ㉢ 법원행정처장은 국민건강보험공단이 전산정보자료의 공동이용을 요청하는 경우 그 공동이용을 위해 필요한 조치를 직권으로 거절할 수 있다.
> ㉣ 국민건강보험공단은 공동이용하는 전산정보자료를 그 목적 외의 용도로 전용(轉用)할 수 있다.

① ㉠, ㉡

② ㉠, ㉡, ㉢

③ ㉢, ㉣

④ ㉡, ㉢, ㉣

07 다음 중 서류의 보존에 대한 글의 빈칸 ㉠ ~ ㉣에 들어갈 숫자를 모두 더하면 얼마인가?

> • 요양기관은 요양급여가 끝난 날부터 ㉠ 년 동안 요양급여비용의 청구에 대한 서류를 보존해야 한다. 다만, 약국은 처방전을 요양급여비용을 청구한 날부터 3년 동안 보존해야 한다.
> • 사용자는 ㉡ 년 동안 자격 관리 및 보험료 산정 등 건강보험에 대한 서류를 보존해야 한다.
> • 요양비를 청구한 준요양기관은 요양비를 지급받은 날부터 ㉢ 년 동안 요양비 청구에 대한 서류를 보존해야 한다.
> • 보조기기에 대한 보험급여를 청구한 자는 보험급여를 지급받은 날부터 ㉣ 년 동안 보험급여 청구에 대한 서류를 보존해야 한다.

① 10

② 12

③ 14

④ 17

08 다음 〈보기〉 중 국민건강보험법상의 보고 및 검사에 대한 설명으로 옳은 것을 모두 고르면?

ⓐ 보건복지부장관은 사용자, 직장가입자, 세대주에게 가입자의 이동·보수·소득에 대한 보고를 명할 수 있다.

ⓑ 보건복지부장관은 요양기관에 대해 소속 공무원이 보험급여에 관계된 서류를 검사하게 할 수 없다.

ⓒ 보건복지부장관은 요양급여비용의 심사청구를 대행하는 단체("대행청구단체")에 대해 소속 공무원이 대행청구에 대한 자료 등을 확인하게 할 수 없다.

ⓓ 보건복지부장관은 요양급여의 적용 정지를 위해 의약품공급자에 대해 경제적 이익 등 제공으로 인한 의약품 판매 질서 위반 행위에 대한 서류 제출을 명할 수 있다.

① ㉠, ㉡

② ㉠, ㉣

③ ㉡, ㉢

④ ㉡, ㉣

09 다음 중 요양기관의 업무정지에 대한 설명으로 옳지 않은 것은?

① 보건복지부장관의 보고 명령을 받고 거짓 서류를 제출한 요양기관은 1년 이내의 업무정지 처분을 받을 수 있다.

② 부당한 방법으로 보험자·가입자·부양자에게 요양급여비용을 부담하게 한 요양기관은 3년 이내의 업무정지 처분을 받을 수 있다.

③ 행위·치료재료에 대한 요양급여대상 여부의 결정을 보건복지부장관에게 신청하지 않고 속임수로 행위·치료재료를 가입자에게 실시하고 비용을 부담시킨 요양기관은 1년 이내의 업무정지 처분을 받을 수 있다.

④ 위의 ①∼③에 따라 업무정지 처분을 받은 요양기관은 해당 업무정지기간 중에는 요양급여를 할 수 없다.

10 다음 중 국민건강보험법상의 요양기관의 업무정지에 대한 설명으로 옳지 않은 것은?

① 업무정지 처분의 효과는 그 처분이 확정된 요양기관을 양수한 자에게 승계된다.

② 위의 ①의 경우에 양수인이 그 업무정지 처분 사실을 알지 못했음을 증명하더라도 업무정지 처분의 효과는 승계된다.

③ 업무정지 처분을 받은 자는 행정처분을 받은 사실을 양수인에게 지체 없이 알려야 한다.

④ 업무정지를 부과하는 위반 정도 등에 따른 행정처분기준에 필요한 자세한 사항은 대통령령으로 정한다.

11 다음 중 국민건강보험법상의 과징금에 대한 글의 빈칸 ⊙, ⓒ에 들어갈 내용으로 옳은 것은?

> 보건복지부장관은 요양기관이 다음 ㉮, ㉯의 경우에 해당하여 업무정지 처분을 해야 하는 경우로서 그 업무정지 처분이 해당 요양기관을 이용하는 사람에게 심한 불편을 주거나 보건복지부장관이 정하는 특별한 사유가 있다고 인정되면 업무정지 처분을 갈음해 속임수나 그 밖의 부당한 방법으로 부담하게 한 금액의 ___⊙___ 이하의 금액을 과징금으로 부과·징수할 수 있다. 이 경우 보건복지부장관은 ___ⓒ___의 범위에서 분할납부를 하게 할 수 있다.
> ㉮ 속임수나 그 밖의 부당한 방법으로 보험자·가입자 및 피부양자에게 요양급여비용을 부담하게 한 경우
> ㉯ 정당한 사유 없이 요양기관이 행위·치료재료에 대한 요양급여대상 여부의 결정을 보건복지부장관에게 신청하지 않고 속임수나 그 밖의 부당한 방법으로 행위·치료재료를 가입자 또는 피부양자에게 실시 또는 사용하고 비용을 부담시킨 경우

	⊙	ⓒ
①	5배	12개월
②	5배	18개월
③	10배	12개월
④	10배	18개월

12 다음 중 국민건강보험법상의 과징금에 대한 글의 빈칸 ㉠, ㉡에 들어갈 내용으로 옳은 것은?

> ㉮ 보건복지부장관은 약제를 요양급여에서 적용 정지하는 경우에 환자 진료에 불편을 초래하는 등 공공복리에 지장을 줄 것으로 예상되는 때에는 요양급여의 적용 정지에 갈음해 해당 약제에 대한 요양급여비용 총액의 ___㉠___ 를 넘지 않는 범위 내에서 과징금을 징수할 수 있다.
> ㉯ 위의 ㉮의 경우에 보건복지부장관은 ___㉡___ 의 범위에서 분할납부를 하게 할 수 있다.

	㉠	㉡
①	200%	12개월
②	200%	18개월
③	350%	12개월
④	350%	18개월

13 다음 중 국민건강보험법상의 과징금에 대한 글의 빈칸 ㉠, ㉡에 들어갈 내용으로 옳은 것은?

> ㉮ 보건복지부장관은 과징금 부과 대상이 된 약제가 그 과징금이 부과된 날부터 5년의 범위에서 대통령령으로 정하는 기간 내에 다시 과징금 부과 대상이 되는 경우에 국민 건강에 심각한 위험을 초래할 것이 예상되는 등 특별한 사유가 있다고 인정되는 때에는 해당 약제에 대한 요양급여비용 총액의 ___㉠___ 를 넘지 않는 범위에서 과징금을 징수할 수 있다.
> ㉯ 위의 ㉮에 따라 해당 약제에 대한 요양급여비용 총액을 정할 때에는 그 약제의 과거 요양급여 실적 등을 고려하여 ___㉡___ 간의 요양급여 총액을 넘지 않는 범위에서 정하여야 한다.

	㉠	㉡
①	60%	1년
②	60%	3년
③	100%	1년
④	100%	3년

14 다음 중 국민건강보험법상의 과징금에 대한 설명으로 옳지 않은 것은?

① 보건복지부장관은 과징금을 납부해야 하는 자가 납부기한까지 과징금을 내지 않으면 그 과징금 부과 처분을 취소하고 업무정지 처분을 하거나 국세 체납처분의 예에 따라 이를 징수한다.

② 보건복지부장관은 과징금의 징수를 위해 관할 세무관서의 장에게 과세정보의 제공을 요청할 수 있으나, 지방자치단체의 장에게는 그렇지 않다.

③ 징수된 과징금은 응급의료에 대한 법률에 따른 응급의료기금의 지원의 용도로 사용될 수 있다.

④ 공공복리에 지장을 줄 것으로 예상되어 요양기관의 업무정지에 갈음해 징수된 과징금은 재난적의료비 지원사업에 대한 지원 용도로 사용된다.

15 다음 중 위반사실의 공표에 대한 글의 빈칸 ㉠, ㉡에 들어갈 내용으로 옳은 것은?

보건복지부장관은 관련 서류를 변조로 요양급여비용을 거짓으로 청구해 업무정지 처분을 받은 요양기관이 거짓으로 청구한 금액이 ___㉠___ 이상인 경우 또는 요양급여비용 총액 중 거짓으로 청구한 금액의 비율이 ___㉡___ 이상인 경우에 해당하면 그 위반 행위와 그 밖에 다른 요양기관과의 구별에 필요한 사항을 공표할 수 있다.

	㉠	㉡
①	1,500만 원	20%
②	1,500만 원	50%
③	3,000만 원	20%
④	3,000만 원	50%

16 다음 〈보기〉 중 위반사실의 공표에 대한 설명으로 옳은 것을 모두 고르면?

> **보기**
>
> ㉠ 위반사실의 공표 여부를 심의하기 위해 국민건강보험공단 이사장이 건강보험공표심의위원회("공표심의위원회")를 설치·운영한다.
> ㉡ 공표심의위원회의 심의를 거친 위반사실의 공표대상자에게는 공표대상자인 사실을 알려 의견을 진술할 기회를 주어야 한다.
> ㉢ 공표심의위원회는 위반사실의 공표대상자 여부를 결정하기 전에 해당 공표대상자가 진술한 의견을 고려해 공표대상자를 재심의해야 한다.
> ㉣ 위의 ㉠~㉢의 사항 외에 위반사실 공표의 절차·방법에 필요한 자세한 사항은 대통령령에 따른다.

① ㉠, ㉢

② ㉠, ㉣

③ ㉠, ㉡, ㉢

④ ㉡, ㉢, ㉣

17 다음 〈보기〉 중 제조업자 등의 금지행위에 대한 설명으로 옳지 않은 것을 모두 고르면?

> **보기**
>
> ㉠ 제조업자 등은 약제·치료재료와 관련해 요양급여대상 여부를 결정할 때에 부당한 방법으로 보험자에게 요양급여비용을 부담하게 한 요양기관의 행위에 개입함으로써 보험자에게 손실을 주어서는 아니 된다.
> ㉡ 제조업자 등은 약제·치료재료와 관련해 요양급여비용을 산정할 때에 부당한 방법으로 요양급여비용의 산정에 영향을 미치는 행위를 함으로써 가입자·피부양자에게 손실을 주어서는 아니 된다.
> ㉢ 위의 ㉠과 ㉡을 위반해 보험자·가입자·피부양자에게 손실을 주는 행위를 한 제조업자 등에 대하여 손실에 상당하는 금액("손실 상당액")을 징수하는 주체는 보건복지부이다.
> ㉣ 위의 ㉢에 따라 징수된 손실 상당액 중 가입자 및 피부양자의 손실에 해당되는 금액을 그 가입자나 피부양자에게 지급해야 하는 경우에 그 지급액을 그 가입자 및 피부양자가 내야 하는 보험료 등과 상계할 수 없다.

① ㉠, ㉢   ② ㉡, ㉢
③ ㉢, ㉣   ④ ㉡, ㉢, ㉣

18 다음 중 국민건강보험법상 정보의 유지에 대한 설명으로 옳지 않은 것은?

① 대행청구단체에 종사했던 사람은 업무를 수행할 때 알게 된 정보를 누설할 수 없다.
② 건강보험심사평가원에 종사했던 사람은 가입자의 개인정보를 제3자에게 제공할 수 없다.
③ 국민건강보험공단에 종사했던 사람은 업무를 수행 중에 알게 된 정보를 제3자에게 제공할 수 없다.
④ 국민건강보험공단에 종사하는 사람은 피부양자의 개인정보를 임의로 직무상 목적 외의 용도로 활용할 수 있다.

19 다음 중 보건복지부장관의 감독에 대한 설명으로 옳지 않은 것은?

① 보건복지부장관은 국민건강보험공단의 경영지침의 이행과 관련된 사업에 대해 보고를 명할 수 있다.

② 보건복지부장관은 국민건강보험공단의 경영목표 달성을 위해 재산상황을 검사하는 등 감독을 할 수 있다.

③ 보건복지부장관은 국민건강보험공단이 징수위탁근거법에 따라 위탁받은 업무에 대해 보고를 명하거나 검사하는 등 감독을 할 수 있다.

④ 보건복지부장관은 국민건강보험공단을 감독하기 위해 정관이나 관련 규정의 변경을 규정의 변경을 권고할 수 있을 뿐이며, 명령하지 못한다.

20 다음 중 국민건강보험법상의 포상금 등의 지급에 대한 설명으로 옳지 않은 것은?

① 국민건강보험공단은 부당한 방법으로 보험급여를 받은 준요양기관을 신고한 사람에게 포상금을 지급할 수 있다.

② 국민건강보험공단은 속임수로 다른 사람이 보험급여를 받도록 한 자를 신고한 사람에게 포상금을 지급할 수 있다.

③ 국민건강보험공단은 건강보험 재정의 효율적 운영에 기여한 요양기관에 장려금을 지급할 수 있다.

④ 포상금·장려금의 지급 기준과 범위, 절차·방법 등에 필요한 자세한 사항은 기획재정부령을 따른다.

21 다음 중 국내체류 외국인의 특례에 대한 설명으로 옳은 것은?

① 국내체류 외국인 등이 외국의 보험에 따라 요양급여에 상당하는 의료보장을 받을 수 있어 사용자가 가입 제외를 신청한 경우에도 가입자가 될 수 있다.

② 가입자인 국내체류 외국인 등이 매월 2일 이후 지역가입자의 자격을 취득하고 그 자격을 취득한 날이 속하는 달에 해당 자격을 상실한 경우에는 그 자격을 취득한 날이 속하는 달의 보험료를 징수하지 않는다.

③ 보건복지부장관이 다르게 정하여 고시한 국내체류 외국인 등에 해당하는 지역가입자의 보험료는 그 직전 월 25일까지 납부해야 한다.

④ 보건복지부장관이 다르게 정하여 고시한 국내체류 외국인 등에 해당하는 지역가입자가 보험료를 체납한 경우에는 체납일이 속한 달의 다음 달부터 체납한 보험료를 완납할 때까지 보험급여를 하지 않는다.

22 다음 중 실업자의 특례에 대한 설명으로 옳은 것은?

① 사용관계가 끝난 사람 중 직장가입자의 자격 유지 기간이 통산 2년 이상인 사람은 지역가입자가 된 이후 최초로 지역가입자 보험료를 고지받은 날부터 그 납부기한에서 6개월이 지나기 이전까지 직장가입자로서의 자격을 유지할 것을 국민건강보험공단에 신청할 수 있다.

② 위의 ①에 따라 국민건강보험공단에 신청한 임의계속가입자는 대통령령으로 정하는 기간 동안 직장가입자의 자격을 유지한다.

③ 임의계속가입자의 보수월액은 보수월액보험료가 산정된 최근 6개월 동안의 보수월액을 평균해 산출한다.

④ 임의계속가입자의 보수월액보험료는 그 임의계속가입자와 국가가 각각 100분의 50씩 부담한다.

23 다음 중 국민건강보험법상 보건복지부장관의 권한을 직접 위임 · 위탁받을 수 있는 주체가 아닌 것은?

① 특별자치도지사

② 특별시장 · 광역시장

③ 보험업법에 따른 보험료율 산출 기관

④ 국민건강보험공단 및 건강보험심사평가원

1. 벌칙

(1) 벌칙(제115조)

① 가입자 및 피부양자의 개인정보를 누설하거나 직무상 목적 외의 용도로 이용 또는 정당한 사유 없이 제3자에게 제공한 자는 5년 이하의 징역 또는 5,000만 원 이하의 벌금에 처한다.

② 다음 각 호의 어느 하나에 해당하는 자는 3년 이하의 징역 또는 3,000만 원 이하의 벌금에 처한다.

  1. 대행청구단체의 종사자로서 거짓이나 그 밖의 부정한 방법으로 요양급여비용을 청구한 자

  2. 업무를 수행하면서 알게 된 정보를 누설하거나 직무상 목적 외의 용도로 이용 또는 제3자에게 제공한 자

③ 공동이용하는 전산정보자료를 목적 외의 용도로 이용하거나 활용한 자는 3년 이하의 징역 또는 1,000만 원 이하의 벌금에 처한다.

④ 거짓이나 그 밖의 부정한 방법으로 보험급여를 받거나 타인으로 하여금 보험급여를 받게 한 사람은 2년 이하의 징역 또는 2,000만 원 이하의 벌금에 처한다.

⑤ 다음 각 호의 어느 하나에 해당하는 자는 1년 이하의 징역 또는 1,000만 원 이하의 벌금에 처한다.

  1. 제42조의2 제1항 및 제3항을 위반하여 선별급여를 제공한 요양기관의 개설자

더 알아보기

요양기관의 선별급여 실시에 대한 관리(법 제42조의2 제1항 및 제3항)
① 선별급여 중 자료의 축적 또는 의료 이용의 관리가 필요한 경우에는 보건복지부장관이 해당 선별급여의 실시 조건을 사전에 정하여 이를 충족하는 요양기관만이 해당 선별급여를 실시할 수 있다.
③ 보건복지부장관은 요양기관이 선별급여의 실시 조건을 충족하지 못하거나 자료를 제출하지 아니할 경우에는 해당 선별급여의 실시를 제한할 수 있다.

  2. 제47조 제7항을 위반하여 대행청구단체가 아닌 자로 하여금 대행하게 한 자

더 알아보기

요양급여비용의 청구와 지급 등(법 제47조 제7항)
요양기관은 심사청구를 다음 각 호의 단체가 대행하게 할 수 있다.
1. 의료법에 따른 의사회·치과의사회·한의사회·조산사회 또는 신고한 각각의 지부 및 분회
2. 의료법에 따른 의료기관 단체
3. 약사법에 따른 약사회 또는 신고한 지부 및 분회

3. 제93조를 위반한 사용자

근로자의 권익 보호(법 제93조)
제6조 제2항 각 호(직장가입자의 제외 규정)의 어느 하나에 해당하지 아니하는 모든 사업장의 근로자를 고용하는
사용자는 그가 고용한 근로자가 국민건강보험법에 따른 직장가입자가 되는 것을 방해하거나 자신이 부담하는 부담
금이 증가되는 것을 피할 목적으로 <u>정당한 사유 없이 근로자의 승급 또는 임금 인상을 하지 아니하거나 해고나
그 밖의 불리한 조치를 할 수 없다.</u>

4. 제98조 제2항을 위반한 요양기관의 개설자

업무정지(법 제98조 제2항)
업무정지 처분을 받은 자는 해당 업무정지기간 중에는 요양급여를 하지 못한다.

(2) 벌칙(제116조)

제97조 제2항을 위반하여 보고 또는 서류 제출을 하지 아니한 자, 거짓으로 보고하거나 거짓 서류를
제출한 자, 검사나 질문을 거부·방해 또는 기피한 자는 1,000만 원 이하의 벌금에 처한다.

보고와 검사(법 제97조 제2항)
보건복지부장관은 요양기관(제49조에 따라 요양을 실시한 기관을 포함한다)에 대하여 요양·약제의 지급 등 보험급여
에 대한 보고 또는 서류 제출을 명하거나, 소속 공무원이 관계인에게 질문하게 하거나 관계 서류를 검사하게 할 수
있다.

(3) 벌칙(제117조)

제42조 제5항을 위반한 자 또는 제49조 제2항을 위반하여 요양비 명세서나 요양 명세를 적은 영수증을
내주지 아니한 자는 500만 원 이하의 벌금에 처한다.

요양기관(법 제42조 제5항)
요양기관은 정당한 이유 없이 요양급여를 거부하지 못한다.

요양비(법 제49조 제2항)
준요양기관은 보건복지부장관이 정하는 요양비 명세서나 요양 명세를 적은 영수증을 요양을 받은 사람에게 내주어야
하며, 요양을 받은 사람은 그 명세서나 영수증을 공단에 제출하여야 한다.

2. 양벌규정 및 과태료

(1) 양벌 규정(제118조)

법인의 대표자나 법인 또는 개인의 대리인, 사용인, 그 밖의 종사자가 그 법인 또는 개인의 업무에 관하여 벌칙(제115조부터 제117조까지)의 규정 중 어느 하나에 해당하는 위반행위를 하면 그 행위자를 벌하는 외에 그 법인 또는 개인에게도 해당 조문의 벌금형을 과(科)한다. 다만, 법인 또는 개인이 그 위반행위를 방지하기 위하여 해당 업무에 관하여 상당한 주의와 감독을 게을리하지 아니한 경우에는 그러하지 아니하다.

(2) 과태료(제119조)

① 삭제

② 삭제

③ 다음 각 호의 어느 하나에 해당하는 자에게는 500만 원 이하의 과태료를 부과한다.

　1. 제7조를 위반하여 신고를 하지 아니하거나 거짓으로 신고한 사용자

> **더 알아보기**
>
> 사업장의 신고(법 제7조)
> 사업장의 사용자는 다음 각 호의 어느 하나에 해당하게 되면 그때부터 14일 이내에 보건복지부령으로 정하는 바에 따라 보험자에게 신고하여야 한다. 제1호에 해당되어 보험자에게 신고한 내용이 변경된 경우에도 또한 같다.
> 1. 직장가입자가 되는 근로자·공무원 및 교직원을 사용하는 사업장("적용대상사업장")이 된 경우
> 2. 휴업·폐업 등 보건복지부령으로 정하는 사유가 발생한 경우

　2. 정당한 사유 없이 제94조 제1항을 위반하여 신고·서류제출을 하지 아니하거나 거짓으로 신고·서류제출을 한 자

> **더 알아보기**
>
> 신고 등(법 제94조 제1항)
> 공단은 사용자, 직장가입자 및 세대주에게 다음 각 호의 사항을 신고하게 하거나 관계 서류(전자적 방법으로 기록된 것을 포함한다. 이하 같다)를 제출하게 할 수 있다.
> 1. 가입자의 거주지 변경
> 2. 가입자의 보수·소득
> 3. 그 밖에 건강보험사업을 위하여 필요한 사항

3. 정당한 사유 없이 제97조 제1항, 제3항, 제4항, 제5항을 위반하여 보고 · 서류제출을 하지 아니하거나 거짓으로 보고 · 서류제출을 한 자

더 알아보기

보고와 검사(법 제97조 제1항, 제3항, 제4항, 제5항)
① 보건복지부장관은 사용자, 직장가입자 또는 세대주에게 가입자의 이동 · 보수 · 소득이나 그 밖에 필요한 사항에 대한 보고 또는 서류 제출을 명하거나, 소속 공무원이 관계인에게 질문하게 하거나 관계 서류를 검사하게 할 수 있다.
③ 보건복지부장관은 보험급여를 받은 자에게 해당 보험급여의 내용에 관하여 보고하게 하거나, 소속 공무원이 질문하게 할 수 있다.
④ 보건복지부장관은 요양급여비용의 심사청구를 대행하는 단체("대행청구단체")에 필요한 자료의 제출을 명하거나, 소속 공무원이 대행청구에 대한 자료 등을 조사 · 확인하게 할 수 있다.
⑤ 보건복지부장관은 약제에 대한 요양급여비용 상한금액의 감액 및 요양급여의 적용 정지를 위하여 필요한 경우에는 약사법에 따른 의약품공급자에 대하여 금전, 물품, 편익, 노무, 향응, 그 밖의 경제적 이익 등 제공으로 인한 의약품 판매 질서 위반 행위에 대한 보고 또는 서류 제출을 명하거나, 소속 공무원이 관계인에게 질문하게 하거나 관계 서류를 검사하게 할 수 있다.

4. 제98조 제4항을 위반하여 행정처분을 받은 사실 또는 행정처분절차가 진행 중인 사실을 지체 없이 알리지 아니한 자

더 알아보기

업무정지(법 제98조 제4항)
업무정지 처분을 받았거나 업무정지 처분의 절차가 진행 중인 자는 행정처분을 받은 사실 또는 행정처분절차가 진행 중인 사실을 보건복지부령으로 정하는 바에 따라 양수인 또는 합병 후 존속하는 법인이나 합병으로 설립되는 법인에 지체 없이 알려야 한다.

5. 정당한 사유 없이 제101조 제2항을 위반하여 서류를 제출하지 아니하거나 거짓으로 제출한 자

더 알아보기

제조업자 등의 금지행위 등(법 제101조 제2항)
보건복지부장관은 제조업자 등이 제1항에 위반한 사실이 있는지 여부를 확인하기 위하여 그 제조업자 등에게 관련 서류의 제출을 명하거나, 소속 공무원이 관계인에게 질문을 하게 하거나 관계 서류를 검사하게 하는 등 필요한 조사를 할 수 있다. 이 경우 소속 공무원은 그 권한을 표시하는 증표를 지니고 이를 관계인에게 보여 주어야 한다.

④ 다음 각 호의 어느 하나에 해당하는 자에게는 100만 원 이하의 과태료를 부과한다.
1. 삭제
2. 삭제
3. 삭제
4. 제96조의4를 위반하여 서류를 보존하지 아니한 자

5. 제103조에 따른 명령을 위반한 자

6. 제105조를 위반한 자

⑤ 과태료는 **대통령령**으로 정하는 바에 따라 **보건복지부장관**이 부과·징수한다.

※ 다음 문제의 진위 여부를 판단해 ○ 또는 ×를 선택하시오.

01 국민건강보험공단에 종사했던 사람이 가입자 및 피부양자의 개인정보를 누설한 경우에는 5년 이하의 징역 또는 5,000만 원 이하의 벌금에 처한다. [○│×]

02 대행청구단체의 종사자로서 부정한 방법으로 요양급여비용을 청구한 자는 2년 이하의 징역 또는 2,000만 원 이하의 벌금에 처한다. [○│×]

03 업무를 수행하면서 알게 된 가입자 및 피부양자의 개인정보를 직무상 목적 외의 용도로 이용한 자는 3년 이하의 징역 또는 3,000만 원 이하의 벌금에 처한다. [○│×]

04 공동이용하는 전산정보자료를 목적 외의 용도로 활용한 자는 3년 이하의 징역 또는 1,000만 원 이하의 벌금에 처한다. [○│×]

05 거짓으로 보험급여를 받거나 타인으로 하여금 보험급여를 받게 한 사람은 1년 이하의 징역 또는 1,000만 원 이하의 벌금에 처한다. [○│×]

06 근로자의 권익 보호 규정을 위반한 사용자는 1년 이하의 징역 또는 1,000만 원 이하의 벌금에 처한다. [○│×]

07 업무정지기간 중에 요양급여를 한 요양기관의 개설자는 3년 이하의 징역 또는 2,000만 원 이하의 벌금에 처한다. [○│×]

08 보건복지부장관의 보고 및 검사 명령을 위반하여 보고 또는 서류 제출을 하지 않은 자는 1년 이하의 징역 또는 2,000만 원 이하의 벌금에 처한다. [○│×]

09 정당한 이유 없이 요양급여를 거부한 요양기관은 500만 원 이하의 벌금에 처한다. [○│×]

10 요양을 받은 사람에게 요양비 명세서나 요양 명세를 적은 영수증을 내주지 아니한 자는 1,000만 원 이하의 벌금에 처한다. [○│×]

02 대행청구단체의 종사자로서 거짓이나 그 밖의 부정한 방법으로 요양급여비용을 청구한 자는 <u>3년 이하의 징역 또는 3,000만 원 이하의 벌금</u>에 처한다(법 제115조 제2항 제1호).

05 거짓이나 그 밖의 부정한 방법으로 보험급여를 받거나 타인으로 하여금 보험급여를 받게 한 사람은 <u>2년 이하의 징역 또는 2,000만 원 이하의 벌금</u>에 처한다(법 제115조 제4항).

07 업무정지 처분을 받은 요양기관은 해당 업무정지기간 중에는 요양급여를 하지 못한다(법 제98조 제2항). 이를 위반한 요양기관의 개설자는 <u>1년 이하의 징역 또는 1,000만 원 이하의 벌금</u>에 처한다(법 제115조 제5항 제4호).

08 보건복지부장관은 요양기관에 대하여 요양·약제의 지급 등 보험급여에 대한 보고 또는 서류 제출을 명하거나, 소속 공무원이 관계인에게 질문하게 하거나 관계 서류를 검사하게 할 수 있다(법 제97조 제2항). 이를 위반하여 보고 또는 서류 제출을 하지 아니한 자, 거짓으로 보고하거나 거짓 서류를 제출한 자, 검사나 질문을 거부·방해 또는 기피한 자는 <u>1,000만 원 이하의 벌금</u>에 처한다(법 제116조).

10 요양비 명세서나 요양 명세를 적은 영수증을 내주지 아니한 자는 <u>500만 원 이하의 벌금</u>에 처한다(법 제117조 후단).

01 다음 중 선별급여의 실시 조건을 충족하지 못했음에도 불구하고 선별급여를 제공한 요양기관의 개설자가 받을 처벌로 옳은 것은?

① 3년 이하의 징역 또는 2,000만 원 이하의 벌금
② 1년 이하의 징역 또는 3,000만 원 이하의 벌금
③ 1년 이하의 징역 또는 1,000만 원 이하의 벌금
④ 6개월 이하의 징역 또는 1,000만 원 이하의 벌금

02 다음 중 정당한 이유 없이 요양급여를 거부한 요양기관이 받을 처벌로 옳은 것은?

① 300만 원 이하의 벌금
② 500만 원 이하의 벌금
③ 700만 원 이하의 벌금
④ 1,000만 원 이하의 벌금

03 다음 중 요양을 받은 사람에게 요양 명세를 적은 영수증을 내주지 않은 준요양기관이 받을 처벌로 옳은 것은?

① 1,000만 원 이하의 벌금
② 700만 원 이하의 벌금
③ 500만 원 이하의 벌금
④ 300만 원 이하의 벌금

04 다음 중 사용자가 직장가입자의 보수·소득을 국민건강보험공단에 거짓으로 신고했을 경우에 받게 되는 처벌로 옳은 것은?

① 300만 원 이하의 과태료
② 500만 원 이하의 과태료
③ 700만 원 이하의 과태료
④ 1,000만 원 이하의 과태료

05 다음 중 건강보험사업을 수행하지 않으면서 보험계약에 "국민건강보험"이라는 용어를 사용했을 경우에 받게 되는 처벌로 옳은 것은?

① 500만 원 이하의 과태료

② 300만 원 이하의 과태료

③ 200만 원 이하의 과태료

④ 100만 원 이하의 과태료

06 다음 중 적용대상사업장이 되었으나 이 사실을 보험자에게 기한 내에 신고하지 않았을 경우에 받게 되는 처벌로 옳은 것은?

① 500만 원 이하의 과태료

② 700만 원 이하의 과태료

③ 900만 원 이하의 과태료

④ 1,000만 원 이하의 과태료

07 다음 중 가입자의 개인정보를 누설할 경우에 받을 수 있는 처벌로 옳은 것은?

① 5년 이하의 징역 또는 5,000만 원 이하의 벌금

② 5년 이하의 징역 또는 3,000만 원 이하의 벌금

③ 3년 이하의 징역 또는 5,000만 원 이하의 벌금

④ 3년 이하의 징역 또는 3,000만 원 이하의 벌금

08 업무를 수행하면서 알게 된 정보를 직무상 목적 외의 용도로 이용할 경우에 받을 수 있는 처벌로 옳은 것은?

① 5년 이하의 징역 또는 3,000만 원 이하의 벌금

② 5년 이하의 징역 또는 5,000만 원 이하의 벌금

③ 3년 이하의 징역 또는 3,000만 원 이하의 벌금

④ 3년 이하의 징역 또는 5,000만 원 이하의 벌금

09 다음 중 가장 무거운 처벌을 받는 경우는?

① 업무정지기간 동안에 요양급여를 한 요양기관의 개설자

② 부정한 방법으로 타인으로 하여금 보험급여를 받게 한 자

③ 대행청구단체가 아닌 자로 하여금 심사청구를 대행하게 한 자

④ 대행청구단체의 종사자로서 거짓으로 요양급여비용을 청구한 자

10 다음 중 고용한 근로자가 국민건강보험법에 따른 직장가입자가 되는 것을 방해한 사용자가 받을 처벌로 옳은 것은?

① 1년 이하의 징역 또는 1,000만 원 이하의 벌금

② 1년 이하의 징역 또는 2,000만 원 이하의 벌금

③ 2년 이하의 징역 또는 1,000만 원 이하의 벌금

④ 2년 이하의 징역 또는 2,000만 원 이하의 벌금

11 다음 중 보건복지부장관의 보험급여에 대한 보고 명령에 불응해 보고 또는 서류 제출을 하지 않은 요양기관이 받을 처벌로 옳은 것은?

① 5,000만 원 이하의 벌금

② 3,000만 원 이하의 벌금

③ 2,000만 원 이하의 벌금

④ 1,000만 원 이하의 벌금

12 다음 중 휴업을 한 사업장의 사용자가 휴업 사실을 보험자에게 기한 내에 신고하지 않았을 경우의 처벌로 옳은 것은?

① 500만 원 이하의 과태료 ② 300만 원 이하의 과태료

③ 200만 원 이하의 과태료 ④ 100만 원 이하의 과태료

13 다음 중 가장 가벼운 처벌을 받는 경우로 옳은 것은?

① 사용자가 보험료 산정 등 건강보험에 대한 서류를 3년 동안 보존하지 않은 경우

② 대행청구단체가 필요한 자료를 제출하라는 보건복지부장관의 명령을 위반한 경우

③ 가입자의 이동·보수·소득에 필요한 서류를 제출하라는 보건복지부장관의 명령을 위반한 경우

④ 의약품공급자가 의약품 판매 질서 위반 행위에 대한 보고를 하라는 보건복지부장관의 명령을 위반한 경우

14 다음 〈보기〉의 위반 행위로 인한 처벌이 같은 것으로 바르게 묶인 것은?

> **보기**
>
> ㉠ 업무정지의 행정처분을 받은 사실을 양수인에게 알리지 않은 경우
> ㉡ 국민건강보험공단이 아니면서도 "국민건강보험공단"과 유사한 명칭을 사용한 경우
> ㉢ 경영목표를 달성하기 위해 국민건강보험공단의 업무의 대해 보고하라는 보건복지부장관의 명령을 위반한 경우
> ㉣ 부당한 방법으로 요양급여비용의 산정에 영향을 미쳐 보험자에게 손실을 주었는지 확인하기 위해 관련 서류를 제출하라는 보건복지부장관의 명령을 제조업자 등이 위반한 경우

① ㉠과 ㉡과 ㉢ / ㉣

② ㉠과 ㉢ / ㉡과 ㉣

③ ㉠과 ㉣ / ㉡과 ㉢

④ ㉠ / ㉡과 ㉢과 ㉣

15 다음 사례를 읽고 A씨가 받을 징역 또는 벌금으로 옳은 것은?

> **〈사례〉**
>
> 2021년 11월 23일 대행청구단체에서 일하는 A씨는 K종합병원에 거짓으로 요양급여비용 700만 원을 청구했다.

① 1년 이하의 징역 또는 1천만 원 이하의 벌금

② 2년 이하의 징역 또는 2천만 원 이하의 벌금

③ 3년 이하의 징역 또는 3천만 원 이하의 벌금

④ 4년 이하의 징역 또는 4천만 원 이하의 벌금

PART 2

최종모의고사

🕐 응시시간 : 20분   📋 문항 수 : 20문항   정답 및 해설 p.044

01 다음 중 빈칸 ⑦, ⓒ에 들어갈 내용을 순서대로 바르게 나열한 것은?

> ① 직장가입자의 보험료율은 ＿＿＿⑦＿＿＿의 범위에서 심의위원회의 의결을 거쳐 대통령령으로 정한다.
> ② 국외에서 업무에 종사하고 있는 직장가입자에 대한 보험료율은 제1항에 따라 정해진 보험료율의
> ＿＿＿ⓒ＿＿＿으로 한다.
> ③ 지역가입자의 보험료부과점수당 금액은 심의위원회의 의결을 거쳐 대통령령으로 정한다.

	⑦	ⓒ		⑦	ⓒ
①	1천분의 80	100분의 40	②	1천분의 80	100분의 50
③	1천분의 100	100분의 40	④	1천분의 100	100분의 50

02 다음 중 국민건강보험법상 국민건강보험공단에 대한 설명으로 옳지 않은 것은?

① 공단의 주요 사항을 의결하기 위해 이사회를 둔다.

② 공단의 조직·인사·보수 및 회계에 관한 규정은 이사장이 결정하여 보건복지부장관의 승인을
받지 않아도 진행할 수 있다.

③ 공단은 보험재정에 관련된 사항을 심의·의결하기 위하여 재정운영위원회를 둔다.

④ 공단의 임직원은 형법 제129조의 규정을 적용할 때 공무원으로 본다.

03 다음 〈보기〉 중 국민건강보험법상 요양급여를 받을 수 있는 경우를 모두 고르면?

> **보기**
> ⑦ 진찰·검사   ⓒ 간호
> ⓒ 수술 및 그 밖의 치료   ⓔ 장례
> ⑩ 재활

① ⑦, ⓒ, ⓔ, ⑩   ② ⑦, ⓒ, ⓒ, ⓔ

③ ⑦, ⓒ, ⓒ, ⑩   ④ ⓒ, ⓒ, ⓔ, ⑩

04 다음 〈보기〉 중 국민건강보험법상 건강보험 자격이 변동되는 경우로 옳은 것을 모두 고르면?

> **보기**
>
> ㉠ 지역가입자가 적용대상사업장의 사용자가 된 날
> ㉡ 직장가입인 근로자가 사용관계가 끝난 날
> ㉢ 지역가입자가 다른 세대로 전입한 날
> ㉣ 직장가입자가 다른 적용대상사업장의 사용자나 근로자 등으로 사용된 다음 날

① ㉠, ㉡   ② ㉡, ㉢

③ ㉢, ㉣   ④ ㉠, ㉡

05 다음 중 국민건강보험법상 보험료 등의 독촉 및 체납처분에 대한 설명으로 옳지 않은 것은?

① 직장가입자의 사용자가 2명 이상인 경우 그중 1명에게 한 독촉은 해당 사업장의 다른 사용자 모두에게 효력이 있는 것으로 본다.

② 독촉할 때에는 30일 이상 60일 이내의 납부기한을 정하여 독촉장을 발부하여야 한다.

③ 독촉을 받은 자가 그 납부기한까지 보험료 등을 내지 아니하면 보건복지부장관의 승인을 받아 국세 체납처분의 예에 따라 이를 징수할 수 있다.

④ 체납처분을 하기 전에 보험료 등의 체납 내역, 압류 가능한 재산의 종류 등이 포함된 통보서를 발송하여야 한다.

06 다음 중 국민건강보험법상 보험료의 부담에 대한 설명으로 옳지 않은 것은?

① 직장가입자의 소득월액보험료는 직장가입자가 부담한다.

② 지역가입자의 보험료는 그 가입자가 속한 세대의 지역가입자 전원이 연대하여 부담한다.

③ 직장가입자가 공무원인 경우 그 공무원이 소속되어 있는 국가는 보험료의 100분의 30을 부담한다.

④ 직장가입자가 교직원인 경우 사용자가 부담액 전부를 부담할 수 없으면 그 부족액을 학교에 속하는 회계에서 부담하게 할 수 있다.

07 다음은 국민건강보험법상 위반사실의 공표에 대한 글이다. 빈칸 ㉠, ㉡에 들어갈 말로 옳은 것은?

> 보건복지부장관은 관련 서류의 위조·변조로 요양급여비용을 거짓으로 청구하여 업무정지 처분 또는 과징금 등 행정처분을 받은 요양기관에 대하여 위반사실을 공표할 수 있다. 요양기관이 거짓으로 청구한 금액이 ___㉠___ 이상이거나 요양급여비용 총액 중 거짓으로 청구한 금액의 비율이 ___㉡___ 이상인 경우에는 위반사실을 공표할 수 있다.

	㉠	㉡
①	1,000만 원	30%
②	1,500만 원	20%
③	1,500만 원	30%
④	2,500만 원	20%

08 다음 중 국민건강보험 가입자의 보험료의 일부를 경감할 수 있는 자로 옳지 않은 것은?

① 휴직자
② 60세 이상인 사람
③ 장애인복지법에 따라 등록한 장애인
④ 국가유공자 등 예우 및 지원에 관한 법률에 따른 국가유공자

09 다음 중 국민건강보험법상 보험급여의 정지 기간에 해당하는 경우로 옳지 않은 것은?

① 국내에 여행 중인 경우
② 교도소에 수용되어 있는 경우
③ 국외에서 업무에 종사하고 있는 경우
④ 국외에 여행 중인 경우

10 다음 중 국민건강보험법상 고액·상습체납자의 인적사항 공개에 대한 설명으로 옳지 않은 것은?

① 1년이 경과한 보험료, 연체금과 체납처분비의 총액이 1,000만 원 이상인 체납자가 납부능력이 있음에도 불구하고 체납한 경우 그 인적사항·체납액 등을 공개할 수 있다.
② 체납자의 인적사항 등에 대한 공개 여부를 심의하기 위하여 공단에 보험료정보공개심의위원회를 둔다.
③ 공개대상자에게 공개대상자임을 서면으로 통지하여 소명의 기회를 부여하여야 한다.
④ 체납자 인적사항 등의 공개는 관보에 게재할 수 없으며, 공단 인터넷 홈페이지에 게시하는 방법에 따른다.

11 다음 글의 빈칸 ㉠~㉢에 들어갈 말을 순서대로 바르게 나열한 것은?

> 국민건강보험법의 목적은 국민의 ___㉠___ ·부상에 대한 예방·진단·치료·재활과 출산· ___㉡___ 및 건강증진에 대하여 ___㉢___ 를 실시함으로써 국민보건 향상과 사회보장 증진에 이바지함을 목적으로 한다.

	㉠	㉡	㉢
①	질병	사망	의료서비스
②	건강	치료	의료서비스
③	질병	재활	보험급여
④	질병	사망	보험급여

12 국민건강보험법상 국내에 거주하는 모든 국민은 원칙적으로 건강보험의 가입자 또는 피부양자가 된다. 다음 중 건강보험 적용 대상 제외자로 볼 수 없는 사람은?

① 의료급여법에 따라 의료급여를 받는 사람

② 건강보험을 적용받고 있던 사람이 유공자 등 의료보호대상자로 되었으나 건강보험의 적용배제신청을 보험자에게 하지 아니한 사람

③ 독립유공자예우에 관한 법률에 따라 의료보호를 받는 사람

④ 국가유공자 등 예우 및 지원에 관한 법률에 따라 의료보호를 받는 사람

13 다음 중 국민건강보험법상 가입자 자격의 변동 시기로 옳지 않은 것은?

① 지역가입자가 적용대상사업사의 근로자·공무원 또는 교직원으로 사용된 날

② 지역가입자가 다른 세대로 전입한 날의 다음 날

③ 직장가입자인 근로자·공무원 또는 교직원이 그 사용관계가 끝난 날의 다음 날

④ 직장가입자가 다른 적용대상사업자의 근로자·공무원 또는 교직원으로 사용된 날

14 의료보장의 적용자가 의료기관에 가서 진료를 받을 때 진료비 전액을 의료기관에 먼저 지불하고 난 후에 이를 보험조합이나 질병금고에 청구하여 진료비를 환불받는 제도는 무엇인가?

① 본인전액부담제
② 의사 – 환자 직불제
③ 제3자 지불체계
④ 상환제

15 건강보험정책에 관한 사항을 심의·의결하기 위하여 보건복지부장관 소속으로 있는 건강보험정책 심의위원회에 대한 설명으로 옳은 것은?

① 심의위원회 위원의 임기는 2년으로 한다.

② 심의위원회의 운영 등에 필요한 사항은 보건복지부령으로 정한다.

③ 심의위원회의 위원장은 보건복지부장관이다.

④ 위원장 1명과 부위원장 1명을 포함하여 25명의 위원으로 구성한다.

16 국민건강보험법상 2년 이하의 징역 또는 2,000만 원 이하의 벌금에 처하는 경우는 무엇인가?

① 대행청구단체의 종사자로서 거짓이나 그 밖의 부정한 방법으로 요양급여비용을 청구한 자

② 업무를 수행하면서 알게 된 정보를 누설하거나 직무상 목적 외의 용도로 이용 또는 제3자에게 제공한 자

③ 요양비 명세서나 요양 명세를 적은 영수증을 내주지 아니한 자

④ 거짓이나 그 밖의 부정한 방법으로 보험급여를 받거나 타인으로 하여금 보험급여를 받게 한 자

17 다음 중 국민건강보험법상 국민보험공단에 적용되는 사항으로 옳지 않은 것은?

① 국민건강보험법과 공공기관의 운영에 관한 법률에서 정한 사항 외에는 민법 중 재단법인에 관한 규정을 준용한다.

② 이사장의 권한 중 급여의 제한, 보험료의 납입고지 등은 위임할 수 없다.

③ 회계연도마다 결산보고서와 사업보고서를 작성하여 다음해 2월 말일까지 보건복지부장관에게 보고하여야 한다.

④ 조직·인사·보수 및 회계에 관한 규정은 이사회의 의결을 거쳐 보건복지부장관의 승인을 받아 정한다.

18 다음 중 국민건강보험법상 국민건강보험 자격에 대한 내용으로 옳지 않은 것은?

① 지역가입자가 적용대상사업장의 사용자로 되거나 근로자·공무원 또는 교직원으로 사용되어 국민건강보험 자격이 변동된 경우 직장가입자의 사용자가 보험자에게 그 명세를 신고하여야 한다.

② 지역가입자가 다른 세대로 전입하여 국민건강보험 자격이 변동된 경우 지역가입자의 세대주가 그 명세를 보험자에게 신고하여야 한다.

③ 직장가입자가 다른 적용대상사업장의 근로자 등으로 사용되어 국민건강보험 자격이 변동된 경우 그 직장가입자 자신이 그 명세를 보험자에게 신고하여야 한다.

④ 직장가입자인 근로자 등이 그 사용관계가 끝나 국민건강보험 자격이 변동된 경우 지역가입자의 세대주가 그 명세를 보험자에게 신고하여야 한다.

19 다음 중 국민건강보험법상 보험료 납부의무에 대한 설명으로 옳지 않은 것은?

① 소득월액보험료는 직장가입자가 납부한다.

② 보수월액보험료는 사용자가 납부하며, 사업장의 사용자가 2명인 경우 정해진 1명의 사용자가 해당 직장가입자의 보험료를 납부한다.

③ 지역가입자의 보험료는 그 가입자가 속한 세대의 지역가입자 전원이 연대하여 납부한다.

④ 소득 및 재산이 없는 미성년자는 납부의무를 부담하지 않는다.

20 다음 중 국민건강보험공단의 결손처분에 대한 설명으로 옳지 않은 것은?

① 해당 권리에 대한 소멸시효가 완성된 경우 의결 없이 보험료 등을 결손처분을 할 수 있다.

② 체납처분이 끝나고 체납액에 충당될 배분금액이 그 체납액에 미치지 못하는 경우 보험료 등을 결손처분할 수 있다.

③ 징수할 가능성이 없다고 인정되는 경우로서 대통령령으로 정하는 경우 보험료 등을 결손처분할 수 있다.

④ 결손처분을 한 후 압류할 수 있는 다른 재산이 있는 것을 발견한 때에는 지체 없이 그 처분을 취소하고 체납처분을 하여야 한다.

01 다음 중 국민건강보험법상 임원의 당연퇴임 및 해임에 대한 설명으로 옳지 않은 것은?

① 대한민국 국민이 아닌 사람으로 확인된 임원은 당연퇴임된다.

② 직무 여부와 관계없이 품위를 손상하는 행위를 한 임원은 해임될 수 있다.

③ 고의나 중대한 과실로 공단에 손실이 생기게 한 임원은 해임될 수 있다.

④ 제청권자의 허가를 받아 비영리 목적의 업무를 겸하는 임원은 해임될 수 있다.

02 다음 중 국민건강보험법상 보고와 검사에 대한 설명으로 옳지 않은 것은?

① 보건복지부장관은 보험급여를 받은 자에게 해당 보험급여의 내용에 관해 보고하게 할 수 있다.

② 보건복지부장관은 요양급여비용의 심사청구를 대행하는 단체에 필요한 자료의 제출을 명할 수 있다.

③ 보건복지부장관을 통해 소속 공무원은 그 권한을 표시하는 증표가 없어도 질문·검사·조사할 수 있다.

④ 보건복지부장관을 통해 소속 공무원은 요양급여비용의 심사청구를 대행하는 단체에 대하여 해당하는 자료를 조사·확인할 수 있다.

03 다음 글의 빈칸에 들어갈 용어로 옳은 것은?

> 요양급여를 결정함에 있어 경제성 또는 치료효과성 등이 불확실하여 그 검증을 위하여 추가적인 근거가 필요하거나, 경제성이 낮아도 가입자와 피부양자의 건강회복에 잠재적 이득이 있는 등 대통령령으로 정하는 경우에는 예비적인 요양급여인 ＿＿＿＿＿로 지정하여 실시할 수 있다.

① 선발급여　　　　　　　　　　　② 특별급여

③ 선별급여　　　　　　　　　　　④ 특수급여

04 다음 중 국민건강보험법상 국민건강보험의 구상권과 수급권에 대한 설명으로 옳지 않은 것은?

① 제3자의 행위로 보험급여사유가 생겨 가입자에게 보험급여를 한 경우 제3자에게 손해배상을 청구할 수 있다.

② 보험급여를 받을 권리는 양노할 수 없다.

③ 보험급여를 받을 권리는 압류할 수 있다.

④ 요양비 등 수급계좌에 입금된 요양비는 압류할 수 없다.

05 다음 중 보험료 경감 대상자로 옳지 않은 것은?

① 섬 · 벽지 · 농어촌 등 대통령령으로 정하는 지역에 거주하는 사람

② 퇴직자

③ 장애인복지법에 따라 등록한 장애인

④ 천재지변으로 보험료를 경감할 필요가 있다고 보건복지부장관이 정하여 고시하는 사람

06 다음 〈보기〉 중 국민건강보험의 시효에 대한 설명으로 옳은 것을 모두 고르면?

> **보기**
>
> ㉠ 보험료, 연체금 및 가산금을 징수할 권리는 3년 동안 행사하지 아니하면 소멸시효가 완성된다.
> ㉡ 보험급여 비용을 받을 권리는 6년 동안 행사하지 아니하면 소멸시효가 완성된다.
> ㉢ 보험급여를 받을 권리의 소멸시효는 보험료의 고지 또는 독촉으로 중단된다.
> ㉣ 연체금 및 가산금으로 과오납부한 금액을 환급받을 권리의 소멸시효는 중단될 수 없다.

① ㉠, ㉡

② ㉠, ㉢

③ ㉡, ㉢

④ ㉡, ㉣

07 다음 중 요양급여에 대한 설명으로 옳지 않은 것은?

① 가입자나 피부양자는 본인일부부담금 외에 자신이 부담한 비용이 요양급여 대상에서 제외되는 비용인지 여부에 대하여 건강보험심사평가원에 확인을 요청할 수 있다.

② 가입자나 피부양자에게 요양급여 대상에 관한 확인 요청을 받은 건강보험심사평가원은 그 결과를 요청한 사람에게 알려야 한다.

③ 건강보험심사평가원은 가입자나 피부양자가 확인을 요청한 비용이 요양급여 대상에 해당되는 비용으로 확인되면 그 내용을 관련 요양기관에만 알려야 한다.

④ 지급 보류된 요양급여비용 및 이자의 지급 절차와 이자의 산정 등에 필요한 사항은 대통령령으로 정한다.

08 다음 중 건강검진 대상자에 대한 설명으로 옳지 않은 것은?

① 직장가입자는 일반건강검진 대상에 해당한다.

② 세대원인 지역가입자는 일반건강검진 대상에 해당한다.

③ 6세 미만의 가입자는 영유아건강검진 대상에 해당한다.

④ 6세 미만의 피부양자는 영유아건강검진 대상에 해당한다.

09 다음 중 국민건강보험법상 보험급여에 대한 설명으로 옳지 않은 것은?

① 가입자는 본인일부부담금 외에 자신이 부담한 비용이 요양급여 대상에서 제외되는 비용인지 심사
평가원에 확인을 요청할 수 있다.

② 부득이한 사유라도 요양기관이 아닌 장소에서 출산한 가입자는 요양비를 받을 수 없다.

③ 건강보험공단은 임신·출산 진료비, 장제비, 상병수당 등의 급여를 실시할 수 있다.

④ 건강보험공단은 장애인 가입자에게 보조기기에 대하여 보험급여를 실시할 수 있다.

10 다음 중 국민건강보험법상 국민건강보험공단의 회계·예산·결산에 대한 설명으로 옳지 않은 것은?

① 공단의 회계연도는 정부의 회계연도에 따른다.

② 공단은 직장가입자와 지역가입자의 재정을 분리하여 운영한다.

③ 예산은 보건복지부장관의 승인을 받아야 한다.

④ 공단은 회계연도마다 결산보고서와 사업보고서를 작성해서 보고해야 한다.

11 다음 중 금융정보 등의 제공 등에 대한 내용으로 옳지 않은 것은?

① 공단은 지역가입자의 보험료부과점수 산정을 위해 필요한 경우에 금융기관 등의 장에게 금융정보
등을 제공하도록 요청할 수 있다.

② 공단으로부터 금융정보 등의 제공을 요청받은 금융기관 등의 장은 명의인의 금융정보 등을 공단
에 제공해야 한다.

③ 공단에 금융정보 등을 제공한 금융기관 등의 장은 금융정보 등의 제공 사실을 명의인에게 반드시
통보하는 것이 원칙이다.

④ 금융정보 등의 제공 요청 및 제공 절차 등에 필요한 세부 사항은 보건복지부 소속 건강보험정책심
의위원회의 의결로 정한다.

12 다음 중 국민건강보험법상 100만 원 이하의 과태료가 부과되는 경우는?

① 보건복지부장관이 의약품 제조업자에게 관련 서류제출을 요청하였으나, 제조업자는 정당한 사유 없이 서류제출을 하지 않았다.

② 사용자가 건강보험에 관한 서류를 1년 이상 보존하지 않아 근로자의 관련 기록을 찾을 수 없었다.

③ 공단은 가입자에게 가입자의 보수·소득을 신고하도록 요청하였으나, 가입자는 이에 대해 거짓으로 신고하였다.

④ 공단은 가입자에게 가입자의 거주지 변경에 필요한 서류제출을 요청하였으나, 가입자는 정당한 사유 없이 서류제출을 하지 않았다.

13 다음 중 국민건강보험법상 아래의 경우에 받는 벌칙으로 옳은 것은?

> 국민건강보험 가입자 및 피부양자의 개인정보를 누설하거나 직무상 목적 외의 용도로 이용 또는 정당한 사유 없이 제3자에게 제공한 자

① 1년 이하의 징역 또는 1,000만 원 이하의 벌금

② 3년 이하의 징역 또는 3,000만 원 이하의 벌금

③ 5년 이하의 징역 또는 5,000만 원 이하의 벌금

④ 7년 이하의 징역 또는 7,000만 원 이하의 벌금

14 다음 중 국민건강보험법상 과징금에 대한 설명으로 옳지 않은 것은?

① 보건복지부장관이 정하는 특별한 사유가 있다고 인정되면 부당한 방법으로 부담하게 한 금액의 5배 이하의 금액을 과징금으로 부과·징수할 수 있다.

② 특별한 사유가 있다고 인정되는 때에는 해당 약제에 대한 요양급여비용 총액의 100분의 40을 넘지 아니하는 범위에서 과징금을 부과·징수할 수 있다.

③ 해당 약제에 대한 요양급여비용 총액을 정할 때에는 1년간의 요양급여 총액을 넘지 않는 범위에서 정하여야 한다.

④ 과징금을 납부하여야 할 자가 납부기한까지 이를 내지 아니하면 그 과징금 부과 처분을 취소하고 업무정지 처분을 하거나 국세 체납처분의 예에 따라 이를 징수한다.

15 다음 중 공단의 처분에 이의가 있을 때, 가입자가 요청할 수 있는 방법을 순서대로 바르게 나열한 것은?

① 이의신청 → 심판청구 → 행정소송
② 이의신청 → 행정소송 → 심판청구
③ 신판청구 → 이의신청 → 행정소송
④ 심판청구 → 행정소송 → 이의신청

16 다음 중 국민건강보험공단 임원의 해임사유로 옳지 않은 것은?

① 직무 여부와 관계없이 품위를 손상하는 행위를 한 경우
② 경미한 과실로 공단에 손실이 생기게 한 경우
③ 직무상 의무를 위반한 경우
④ 신체장애나 정신장애로 직무를 수행할 수 없다고 인정되는 경우

17 다음 〈보기〉 중 공단의 업무가 아닌 것을 모두 고르면?

> **보기**
> ㄱ. 보험급여의 관리
> ㄴ. 피부양자의 자격 관리
> ㄷ. 보험급여 비용의 지급
> ㄹ. 요양급여비용의 심사
> ㅁ. 요양급여의 적정성 평가

① ㄱ, ㄴ
② ㄴ, ㄷ
③ ㄷ, ㄹ
④ ㄹ, ㅁ

18 다음 〈보기〉 중 산모가 요양기관 이외의 장소에서 출산하였을 때, 받을 수 있는 것을 모두 고르면?

> **보기**
> ㄱ. 본인부담액보상금
> ㄴ. 요양급여
> ㄷ. 부가급여
> ㄹ. 요양비

① ㄱ, ㄴ, ㄷ
② ㄱ, ㄷ
③ ㄴ, ㄹ
④ ㄹ

19 다음 중 국민건강보험법상 건강보험증에 대한 설명으로 옳지 않은 것은?

① 가입자 또는 피부양자가 신청하는 경우 건강보험증을 발급해야 한다.

② 건강보험을 받을 자격을 잃은 가입자는 자격을 증명하던 서류를 사용하여 보험급여를 받을 수 없다.

③ 건강보험증은 타인에게 양도 또는 대여할 수 없다.

④ 가입자가 요양급여를 받을 때는 부득이한 사유가 있어도 건강보험증을 공단에 제출해야 한다.

20 다음은 국민건강보험법상 보험급여의 징수에 대한 내용이다. 밑줄 친 ㉠~㉣ 중 옳지 않은 것은?

부당이득의 징수(법 제57조)

① 공단은 속임수나 그 밖의 부당한 방법으로 보험급여를 받은 사람·준요양기관 및 보조기기 판매업자나 보험급여 비용을 받은 요양기관에 대하여 그 ㉠ <u>보험급여나 보험급여 비용에 상당하는 금액의 일부만을 징수할 수 있다.</u>

… 중략 …

③ ㉡ <u>사용자나 가입자의 거짓 보고나 거짓 증명,</u> 요양기관의 거짓 진단 또는 준요양기관이나 보조기기를 판매한 자의 속임수 및 그 밖의 부정한 방법으로 보험급여가 실시된 경우 공단은 이들에게 보험급여를 받은 사람과 연대하여 제1항에 따른 징수금을 내게 할 수 있다.

④ 공단은 속임수나 그 밖의 부당한 방법으로 보험급여를 받은 사람과 ㉢ <u>같은 세대에 속한 가입자에게 속임수나 그 밖의 부당한 방법으로 보험급여를 받은 사람과 연대하여 제1항에 따른 징수금을 내게 할 수 있다.</u>

⑤ 요양기관이 가입자나 피부양자로부터 속임수나 그 밖의 부당한 방법으로 요양급여비용을 받은 경우 공단은 해당 요양기관으로부터 이를 징수하여 가입자나 피부양자에게 지체 없이 지급하여야 한다. 이 경우 ㉣ <u>공단은 가입자나 피부양자에게 지급하여야 하는 금액을 그 가입자 및 피부양자가 내야 하는 보험료 등과 상계할 수 있다.</u>

---

① ㉠

② ㉡

③ ㉢

④ ㉣

모바일 OMR

🕐 응시시간 : 20분　📋 문항 수 : 20문항

정답 및 해설 p.052

01　다음 중 국민건강보험료의 독촉 및 체납처분에 대한 설명으로 옳지 않은 것은?

① 지역가입자의 세대가 2명 이상인 경우 그중 1명에게 한 독촉은 세대 구성원 모두에게 효력이 있는 것으로 본다.

② 국민건강보험공단이 보험료를 독촉할 때는 10 ~ 20일 이내의 납부기한을 정하여 독촉장을 발부하여야 한다.

③ 국민건강보험공단은 독촉을 받은 자가 그 납부기한까지 보험료를 내지 아니하면 보건복지부장관의 승인을 받아 징수할 수 있다.

④ 국민건강보험공단은 체납처분을 하기 전에 소액금융재산에 대한 압류금지 사실 등이 포함된 통보서를 발송하여야 한다.

02　다음 중 요양급여비용 산정에 대한 설명으로 옳지 않은 것은?

① 요양급여비용 산정 계약기간은 10개월로 한다.

② 요양급여비용 산정 계약은 그 직전 계약기간 만료일이 속하는 연도의 5월 31일까지 체결해야 한다.

③ 요양급여비용이 정해지면 보건복지부장관은 그 명세를 즉시 고시하여야 한다.

④ 요양급여비용은 국민건강보험공단의 이사장과 대통령령으로 정하는 의약계를 대표하는 사람들의 계약으로 정한다.

03　다음 〈보기〉 중 국민건강보험법상 국민건강보험 자격을 상실하는 날로 옳은 경우를 모두 고르면?

> **보기**
>
> ㄱ. 사망한 날의 다음 날　　　　　　ㄴ. 직장가입자의 피부양자가 된 날
> ㄷ. 국적을 잃은 날　　　　　　　　ㄹ. 국내에 거주하지 아니하게 된 날

① ㄱ, ㄴ　　　　　　　　　　　　　② ㄴ, ㄷ

③ ㄴ, ㄹ　　　　　　　　　　　　　④ ㄷ, ㄹ

04 다음 중 국민건강보험법상 국민건강보험의 가입자에 대한 설명으로 옳지 않은 것은?

① 가입자로는 직장가입자와 지역가입자가 있다.

② 고용 기간이 1년 미만인 일용근로자는 가입자가 될 수 없다.

③ 군간부후보생은 가입자가 될 수 없다.

④ 지역가입자란 직장가입자와 그 피부양자를 제외한 가입자이다.

05 국민건강보험법상 지역가입자의 보험료부과점수를 정할 때, 다음 〈보기〉 중 고려사항을 모두 고르면?

> **보기**
>
> ㄱ. 경제활동참가율　　　　　　　　ㄴ. 소득 및 재산
> ㄷ. 생활수준　　　　　　　　　　　ㄹ. 소득월액

① ㄴ　　　　　　　　　　　　　　② ㄱ, ㄷ

③ ㄴ, ㄹ　　　　　　　　　　　　④ ㄹ

06 다음 조항의 빈칸에 들어갈 내용으로 옳은 것은?

> 사업장의 사용자가 대통령령으로 정하는 사유에 해당되어 직장가입자가 될 수 없는 자를 제8조 제2항 또는 제9조 제2항을 위반하여 거짓으로 보험자에게 직장가입자로 신고한 경우 공단은 제1호의 금액에서 제2호의 금액을 뺀 금액의 _____에 상당하는 가산금을 그 사용자에게 부과하여 징수한다.
>
> 1. 사용자가 직장가입자로 신고한 사람이 직장가입자로 처리된 기간 동안 그 가입자가 제69조 제5항에 따라 부담하여야 하는 보험료의 총액
> 2. 제1호의 기간 동안 공단이 해당 가입자에 대하여 제69조 제4항에 따라 산정하여 부과한 보험료의 총액

① 100분의 10　　　　　　　　　② 100분의 20

③ 100분의 30　　　　　　　　　④ 100분의 40

07 다음 중 국민건강보험법령상 급여의 제한 및 정지에 대한 설명으로 옳지 않은 것은?

① 국민건강보험공단은 보험급여를 받을 수 있는 사람이 중대한 과실로 인한 범죄행위에 그 원인이 있는 경우 보험급여를 하지 아니한다.

② 국민건강보험공단은 보험급여를 받을 수 있는 사람이 다른 법령에 따라 국가로부터 보험급여에 상당하는 비용을 지급받게 되는 경우에는 그 한도에서 보험급여를 하지 아니한다.

③ 보험급여를 받을 수 있는 사람이 국외에 여행 중인 경우 그 기간에는 보험급여를 하지 아니한다.

④ 국민건강보험공단은 지역가입자가 대통령령으로 정하는 기간 이상 세대단위의 보험료를 체납한 경우 그 체납한 보험료를 완납할 때까지 그 가입자를 제외한 피부양자에 대하여 보험급여를 실시하지 아니한다.

08 다음 중 빈칸 ㉠, ㉡에 들어갈 횟수를 순서대로 바르게 나열한 것은?

---

① 공단은 보험료를 _____㉠_____ 이상 체납한 자가 신청하는 경우 보건복지부령으로 정하는 바에 따라 분할납부를 승인할 수 있다.

② 공단은 보험료를 3회 이상 체납한 자에 대하여 제81조 제3항에 따른 체납처분을 하기 전에 제1항에 따른 분할납부를 신청할 수 있음을 알리고, 보건복지부령으로 정하는 바에 따라 분할납부 신청의 절차·방법 등에 관한 사항을 안내하여야 한다.

③ 공단은 제1항에 따라 분할납부 승인을 받은 자가 정당한 사유 없이 _____㉡_____ 이상 그 승인된 보험료를 납부하지 아니하면 그 분할납부의 승인을 취소한다.

	㉠	㉡		㉠	㉡
①	2회	4회	②	2회	5회
③	3회	4회	④	3회	5회

09 국민건강보험법상 국민건강보험종합계획은 건강보험정책심의위원회의 심의를 거쳐 수립해야 한다. 몇 년마다 수립하여야 하는가?

① 3년   ② 4년

③ 5년   ④ 6년

10 다음 중 국민건강보험법상 보험료의 부담에 대한 설명으로 옳지 않은 것은?

① 직장가입자가 근로자인 경우에는 보수월액보험료를 직장가입자와 사업주가 각각 50%를 부담한다.

② 직장가입자가 공무원인 경우에는 보수월액보험료를 직장가입자와 그 공무원이 소속되어 있는 국가 또는 지방자치단체가 각각 50%를 부담한다.

③ 직장가입자가 사립학교에 근무하는 교원인 경우에는 보수월액보험료를 직장가입자가 50%, 사용자가 30%, 국가가 20%를 각각 부담한다.

④ 직장가입자의 소득월액보험료는 직장가입자와 사업주가 각각 50%를 부담한다.

11 다음 〈보기〉 중 국민건강보험법의 적용 대상자에 해당하는 사람을 모두 고르면?

> **보기**
>
> ㄱ. 직장가입자
> ㄴ. 유공자 등 의료보호대상자
> ㄷ. 지역가입자
> ㄹ. 의료급여법상 의료급여 수급권자

① ㄱ, ㄴ, ㄷ   ② ㄱ, ㄷ

③ ㄴ, ㄹ   ④ ㄹ

12 다음 중 국민건강보험법상 직장가입자 A는 현재 40대 직장 남성이다. 다음 중 A의 피부양자가 될 수 없는 사람은?(단, 제시된 관계를 제외하고는 다른 요건을 모두 만족한다)

① A의 장모   ② A의 동생

③ A의 누나   ④ A의 삼촌

13 다음 중 국민건강보험법상 제3자에 대한 구상권의 행사에 있어, 보험급여를 받은 자가 제3자로부터 이미 손해배상을 받은 때에 보험자는?

① 보험급여를 받은 자에게 손해배상 상당액을 징수한다.

② 보험급여를 중지한다.

③ 보험자와 건강보험법상 제3자와는 법률관계가 없으므로 관계하지 않는다.

④ 배상액의 한도 내에서 보험급여를 하지 아니한다.

14 다음 조항의 빈칸에 들어갈 날짜로 옳은 것은?

> 제77조 제1항 및 제2항에 따라 보험료 납부의무가 있는 자는 가입자에 대한 그 달의 보험료를 그 다음 달 _____까지 납부하여야 한다. 다만, 직장가입자의 소득월액보험료 및 지역가입자의 보험료는 보건복지부령으로 정하는 바에 따라 분기별로 납부할 수 있다.

① 10일   ② 12일
③ 14일   ④ 16일

15 다음 중 국민건강보험법상 보험료 등의 납입 고지에 대한 설명으로 옳지 않은 것은?

① 납부의무자에게 징수하려는 보험료의 종류, 납부 금액, 납부기한 및 장소를 적은 문서로 납입 고지를 하여야 한다.

② 납부의무자의 신청이 있으면 전자문서교환방식에 의하여 전자문서로 고지할 수 있다.

③ 전자문서가 보건복지부령으로 정하는 정보통신망에 저장된 때에 납입 고지가 납부의무자에게 도달된 것으로 본다.

④ 휴직자의 보험료는 휴직의 사유가 끝나고 난 뒤에도 보건복지부령으로 정하는 바에 따라 납입 고지를 유예할 수 있다.

16 다음 글의 빈칸에 공통으로 들어갈 금액으로 옳은 것은?

> 공단은 보험료 징수 또는 공익목적을 위하여 필요한 경우에 신용정보의 이용 및 보호에 관한 법률 제25조 제2항 제1호의 종합신용정보집중기관이 다음 각 호의 어느 하나에 해당하는 체납자 또는 결손처분자의 인적사항·체납액 또는 결손처분액에 관한 자료(이하 이 조에서 "체납 등 자료"라 한다)를 요구할 때에는 그 자료를 제공할 수 있다. 다만, 체납된 보험료나 국민건강보험법에 따른 그 밖의 징수금과 관련하여 행정심판 또는 행정소송이 계류 중인 경우, 그 밖에 대통령령으로 정하는 사유가 있을 때에는 그러하지 아니하다.
> 1. 국민건강보험법에 따른 납부기한의 다음 날부터 1년이 지난 보험료, 국민건강보험법에 따른 그 밖의 징수금과 체납처분비의 총액이 _____ 이상인 자
> 2. 제84조에 따라 결손처분한 금액의 총액이 _____ 이상인 자

① 50만 원   ② 100만 원
③ 500만 원   ④ 1,000만 원

17 다음 중 국민건강보험법에서 사용하는 용어의 뜻이 옳지 않은 것은?

① 근로자 : 교직원 등 직업의 종류와 관계없이 근로의 대가로 보수를 받아 생활하는 사람을 말한다.

② 사용자 : 근로자가 소속되어 있는 사업장의 사업주를 말한다.

③ 공무원 : 국가나 지방자치단체에서 상시 공무에 종사하는 사람을 말한다.

④ 사업장 : 사업소나 사무소를 말한다.

18 다음 중 국민건강보험법상 국민건강보험공단의 징수이사의 업무로 옳지 않은 것은?

① 보험료 징수금 부과

② 보험료 징수금 징수

③ 보험급여의 관리

④ 국민연금법, 임금채권보장법 등에 따라 위탁받은 업무

19 국민건강보험법상 국민건강보험공단은 요양급여비용의 지급을 청구한 요양기관이 두 가지 법 중 하나라도 위반하였다는 사실을 확인한 경우 청구된 요양급여비용 지급을 보류할 수 있다. 다음 중 이 법으로 옳은 것은?

① 의료법 제33조 제1항, 약사법 제20조 제1항

② 의료법 제33조 제1항, 약사법 제20조 제2항

③ 의료법 제33조 제2항, 약사법 제20조 제1항

④ 의료법 제33조 제2항, 약사법 제20조 제2항

20 국민건강보험법상 건강보험심사평가원의 원장은 진료심사평가위원회의 심사위원을 해임 또는 해촉할 권한이 있다. 다음 중 해임 및 해촉에 해당하는 경우로 옳지 않은 것은?

① 팔, 다리 골절 등 신체장애가 생겨 직무를 수행할 수 없다고 인정되는 경우

② 직무상 의무를 위반한 경우

③ 고의나 중대한 과실로 심사평가원에 손실이 생기게 한 경우

④ 직무 여부에 따라 품위를 손상하는 행위를 한 경우

🕐 응시시간 : 20분   📋 문항 수 : 20문항   정답 및 해설 p.056

01 다음 중 국민건강보험법상 보험급여를 받을 수 있는 사람에게 건강보험공단이 보험급여를 제한하는 경우로 옳지 않은 것은?

① 고의 또는 중대한 과실로 인한 범죄행위에 원인이 있는 경우
② 고의로 사고를 일으킨 경우
③ 업무로 생긴 질병·부상·재해로 다른 법령에 따른 보험급여나 보상을 받지 못한 경우
④ 고의 또는 중대한 과실로 건강보험공단의 요양에 관한 지시에 따르지 않은 경우

02 다음 중 국민건강보험공단의 업무가 아닌 것은?

① 가입자 및 피부양자의 자격 관리
② 요양기관의 요양급여비용 심사
③ 보험급여 비용의 지급
④ 건강보험에 관한 교육훈련 및 홍보

03 다음 중 국민건강보험법상 국민건강보험공단의 보험료에 대한 설명으로 옳지 않은 것은?

① 보험료는 가입자의 자격을 취득한 날이 속하는 달부터 자격을 잃는 날까지 징수할 수 있다.
② 보험료를 징수할 때 가입자의 자격이 변동된 경우, 변동된 날이 속하는 달의 보험료를 변동되기 전의 기준으로 징수한다.
③ 지역가입자의 월별 보험료액은 세대 단위로 산정한다.
④ 월별 보험료액은 가입자의 보험료 평균액의 일정비율 금액을 고려하여 상한 및 하한을 정한다.

04 임산부 A는 갑작스러운 진통으로 인해 부득이하게 집에서 아기를 출산하였다. 이러한 경우 A가 국민건강보험법에 따라 받을 수 있는 보험급여는?

① 요양급여   ② 요양비
③ 부가급여   ④ 선별급여

05 다음 조항의 빈칸에 들어갈 날짜로 옳은 것은?

> 가입자가 자격을 잃은 경우 직장가입자의 사용자와 지역가입자의 세대주는 그 명세를 보건복지부령
> 으로 정하는 바에 따라 자격을 잃은 날부터 _____ 이내에 보험자에게 신고하여야 한다.

① 7일   ② 10일

③ 14일   ④ 21일

PART 2

06 다음 중 국민건강보험법상 국민건강보험종합계획에서 국회 소관 상임위원회에 지체 없이 보고하여 야 하는 경우로 옳지 않은 것은?

① 건강보험정책심의위원회의 심의를 거친 국민건강보험종합계획의 수립 및 변경
② 국민건강보험종합계획에 따라 건강보험정책심의위원회의 심의를 거친 시행계획의 수립
③ 국민건강보험종합계획 시행계획에 따른 추진실적 평가
④ 국민건강보험종합계획의 수립을 위하여 필요한 자료의 제출

07 다음 중 국민건강보험법상 건강보험정책심의위원회의 심의·의결사항이 아닌 것은?

① 요양급여의 기준
② 요양급여비용에 관한 사항
③ 직장가입자의 보수월액 및 소득월액
④ 지역가입자의 보험료부과점수당 금액

08 다음 중 국민건강보험법상 임의계속가입자(실업자)에 대한 특례에 대한 설명으로 옳지 않은 것은?

① 공단에 신청한 임의계속가입자는 대통령령으로 정하는 기간 동안 직장가입자의 자격을 유지한다.
② 임의계속가입자의 보수월액은 보수월액보험료가 산정된 최근 6개월간의 보수월액을 평균한 금액 으로 한다.
③ 임의계속가입자의 보험료는 보건복지부장관이 정하여 고시하는 바에 따라 그 일부를 경감할 수 있다.
④ 임의계속가입자의 보수월액보험료는 임의계속가입자가 전액을 부담하고 납부한다.

09 국민건강보험법상 보건복지부장관이 임명 또는 위촉하는 건강보험정책심의위원회 위원으로 적절하지 않은 사람은?

① 의료계를 대표하는 단체가 추천하는 자
② 보건복지부령으로 정하는 중앙행정기관 소속 공무원
③ 소비자단체가 추천하는 자
④ 근로자단체 및 사용자단체가 추천하는 자

10 다음 〈보기〉 중 국민건강보험법상의 실업자 특례에 대한 설명으로 옳은 것을 모두 고르면?

> 보기
>
> ㄱ. 임의계속가입자의 경우 직장가입자 보험료를 납부기한으로부터 2개월이 지난 날까지 내지 않으면 자격을 유지할 수 없다.
> ㄴ. 임의계속가입자의 보수월액은 보수월액보험료가 산정된 최근 12개월간의 보수월액을 평균한 금액으로 한다.
> ㄷ. 임의계속가입자의 보수월액보험료는 사업주 등과 100분의 50씩 부담한다.
> ㄹ. 임의계속가입자의 신청 방법·절차 등에 필요한 사항은 대통령령에 따른다.
> ㅁ. 임의계속가입자의 보험료는 보험료 경감고시에 따라 그 일부를 경감할 수 있다.
> ㅂ. 사용관계가 끝난 사람 중 직장가입자로서의 자격을 유지한 기간이 보건복지부령으로 정하는 기간 동안 통산 6개월 이상인 사람은 직장가입자로서의 자격 유지를 신청할 수 있다.

① ㄱ, ㄴ, ㄷ
② ㄱ, ㄴ, ㅁ
③ ㄴ, ㄷ, ㅁ
④ ㄴ, ㄹ, ㅂ

11 다음 중 국민건강보험법상 건강검진에 대한 설명으로 옳지 않은 것은?

① 직장가입자, 18세 이상인 피부양자 등은 일반건강검진 대상자이다.
② 암관리법에 따른 암의 종류별 검진주기·연령 기준 등에 해당하는 사람은 암검진을 받는다.
③ 6세 미만의 가입자 및 피부양자는 영유아건강검진을 받을 수 있다.
④ 세대주인 지역가입자 및 20세 이상인 지역가입자는 일반건강검진을 받을 수 있다.

12 다음 중 국민건강보험법상 요양급여비용의 청구와 지급에 대한 설명으로 옳지 않은 것은?

① 요양기관은 건강보험공단에 요양급여비용의 지급을 청구할 수 있다.
② 요양급여비용 심사청구는 심사평가원에만 청구할 수 있다.
③ 요양급여비용 심사 내용을 통보받은 건강보험공단은 지체 없이 그 내용에 따라 해당 요양기관에 지급해야 한다.
④ 건강보험공단은 요양급여비용 심사에 따라 지급하여야 하는 금액을 그 가입자가 내야 하는 보험료 등과 상계(相計)할 수 있다.

13 다음 〈보기〉 중 요양급여를 실시하는 요양기관에 대한 설명으로 옳지 않은 것을 모두 고르면?

> **보기**
>
> ㄱ. 요양기관에서 실시하는 요양급어에는 간호와 이송이 포함된다.
> ㄴ. 한국희귀·필수의약품센터는 요양급여를 실시하는 요양기관이다.
> ㄷ. 보건소·보건의료원·보건지소 등은 요양급여를 실시하는 요양기관이다.
> ㄹ. 의료기관 등을 요양급여를 실시하는 요양기관에서 제외할 수 있는 주체는 공단의 이사장이다.

① ㄱ, ㄹ
② ㄴ, ㄷ
③ ㄴ, ㄹ
④ ㄷ, ㄹ

14 다음 중 국민건강보험법상 보험급여를 받을 수 있는 사람은?

① 국외에서 업무에 종사하고 있는 사람
② 업무 또는 공무로 생긴 질병으로 다른 법령에 따른 보상을 받게 되는 경우
③ 중대한 과실로 인한 범죄행위에 그 원인이 있거나 고의로 사고를 일으킨 경우
④ 장애인복지법에 의하여 등록된 장애인

15 다음 중 국민건강보험법상 외국인 등에 대한 특례의 내용으로 옳지 않은 것은?(단, 건강보험 적용 대상사업장의 근로자이면서 제6조 제2항 각호의 어느 하나에 해당하지 않는 외국인을 대상으로 한다)

① 적용대상사업장의 근로자이면서 재외동포의 출입국과 법적 지위에 관한 법률 제6조에 따라 국내 거소신고를 한 사람은 지역가입자가 된다.
② 출입국관리법 제31조에 따라 외국인등록을 한 사람은 직장가입자가 된다.
③ 국내체류가 법률에 위반되는 경우로서 대통령령으로 정하는 사유가 있는 경우에는 가입자 및 피부양자가 될 수 없다.
④ 정부는 외국 정부가 사용자인 사업장의 근로자의 건강보험에 관하여는 외국 정부와 한 합의에 따라 이를 따로 정할 수 있다.

16 다음 중 국민건강보험법상 보험료·연체금을 징수할 권리의 소멸시효는?

① 1년

② 3년

③ 5년

④ 10년

17 다음 중 국민건강보험법상 건강보험심사평가원의 임원에 대한 설명으로 옳은 것은?

① 감사는 기획재정부장관이 임명한다.

② 비상임이사는 실비변상을 받을 수 없다.

③ 원장은 보건복지부장관이 임명한다.

④ 임원은 원장, 이사, 감사로 구성되어 있다.

18 다음 중 국민건강보험법상 국민건강보험법의 종합계획에 포함되지 않는 것은?

① 건강보험정책의 기본목표 및 추진방향

② 건강보험의 단기 재정 전망 및 운영

③ 요양급여비용에 관한 사항

④ 건강보험에 관한 통계 및 정보의 관리에 관한 사항

19 다음 중 국민건강보험법상 건강보험분쟁조정위원회에 대한 설명으로 옳지 않은 것은?

① 위원장을 포함하여 60명 이내의 위원으로 구성하고, 위원장을 제외한 위원 중 1명은 당연직위원으로 한다.

② 회의는 위원장, 당연직위원 및 위원장이 매 회의마다 지정하는 7명의 위원을 포함하여 총 9명으로 구성하되, 공무원이 아닌 위원이 과반수가 되도록 하여야 한다.

③ 구성원 3분의 2 이상이 출석해야 개의되고, 출석위원 3분의 2 이상이 찬성해야 의결된다.

④ 실무적으로 지원하기 위하여 분쟁조정위원회에 사무국을 둔다.

20 국민건강보험법상 요양급여를 실시하는 요양기관에 해당하지 않는 것은?

① 약사법에 따라 설립된 한국희귀·필수의약품센터

② 약사법에 따라 등록된 약국

③ 지역보건법에 따른 보건지소

④ 사회복지사업법에 따라 사회복지시설에 수용된 자의 진료를 주된 목적으로 개설한 의료기관

🕐 응시시간 : 20분   📋 문항 수 : 20문항   정답 및 해설 p.060

01 다음 중 건강보험가입자의 자격상실 시기로 옳은 것은?

① 직장가입자의 피부양자가 된 날의 다음 날
② 국적을 잃은 날
③ 사망한 날의 다음 날
④ 건강보험의 적용배제신청을 한 날의 다음 날

02 다음 중 직장가입자의 피부양자가 아닌 자는?

① 직장가입자의 배우자
② 직장가입자의 직계비속과 그 배우자
③ 직장가입자의 배우자의 직계존속
④ 직장가입자의 사촌 형제

03 다음 중 국민건강보험법상 보험료에 대한 설명으로 옳지 않은 것은?

① 보험료는 가입자의 자격을 취득한 날이 속하는 달의 다음 달부터 가입자의 자격을 잃은 날의 전날이 속하는 달까지 징수한다.
② 보험료를 징수할 때 가입자의 자격이 변동된 경우에는 변동된 날이 속하는 달의 보험료는 변동되기 전의 자격을 기준으로 징수한다.
③ 직장가입자의 월별 보험료액은 보수월액에 보험료율을 곱하여 얻은 보수월액보험료만으로 산정한다.
④ 지역가입자의 월별 보험료액은 세대 단위로 산정한다.

04 다음 중 국민건강보험법상 징수이사와 징수이사추천위원회에 대한 설명으로 옳지 않은 것은?

① 징수이사는 경영, 경제 및 사회보험에 관한 학식과 경험이 풍부한 사람이어야 한다.
② 징수이사는 대통령령으로 정하는 자격을 갖춘 사람 중에서 선임한다.
③ 징수이사추천위원회의 위원장은 이사장이 지명하는 이사로 한다.
④ 징수이사추천위원회는 주요 일간신문에 징수이사 후보의 모집 공고를 하여야 한다.

05 다음 국민건강보험법상의 요양이관에 관한 업무정지에 대한 설명의 빈칸에 들어갈 내용으로 옳은 것은?

> 보건복지부장관은 요양기관이 속임수로 보험자에게 요양급여비용을 부담하게 한 경우 그 요양기관에 대하여 _____의 범위에서 기간을 정하여 업무정지를 명할 수 있다.

① 1년   ② 2년

③ 3년   ④ 4년

06 다음 중 국민건강보험법상 국민건강보험공단의 임원에 대한 설명으로 옳지 않은 것은?

① 대한민국 국민이 아닌 사람은 공단의 임원이 될 수 없다.

② 정신장애로 직무를 수행할 수 없다고 인정되면 임명권자가 해임할 수 있다.

③ 영리를 목적으로 하는 사업과 비영리 목적의 업무는 모두 겸직할 수 없다.

④ 감사에 해당하는 임원은 공단의 업무, 회계 및 재산 상황을 감사한다.

07 다음 〈보기〉 중 건강보험 급여가 제공되는 것을 모두 고르면?

> **보기**
> ㄱ. 질병
> ㄴ. 부상
> ㄷ. 출산

① ㄱ, ㄴ   ② ㄱ, ㄷ

③ ㄴ, ㄷ   ④ ㄱ, ㄴ, ㄷ

08 다음 조항 중 밑줄 친 부분에 해당되는 사항으로 옳지 않은 것은?

> 공단은 사용자, 직장가입자 및 세대주에게 다음 <u>각 호의 사항</u>을 신고하게 하거나 관계 서류(전자적 방법으로 기록된 것을 포함한다. 이하 같다)를 제출하게 할 수 있다.

① 가입자의 거주지 변경   ② 가입자의 재산

③ 건강보험사업을 위하여 필요한 사항   ④ 가입자의 보수

09 다음 중 국민건강보험법상 국민건강보험공단의 자산의 관리·운영 및 증식사업에서 안정성과 수익성을 위해 고려해야 할 사항이 아닌 것은?

① 체신관서 또는 은행법에 따른 은행에의 예입 또는 신탁

② 대기업이 직접 발행하거나 채무이행을 보증하는 유가증권의 매입

③ 자본시장과 금융투자업에 관한 법률에 따른 신탁업자가 발행하거나 같은 법에 따른 집합투자업자가 발행하는 수익증권의 매입

④ 공단의 업무에 사용되는 부동산의 취득 및 일부 임대

10 다음 글의 빈칸에 들어갈 날짜로 옳은 것은?

> 공단은 회계연도마다 결산보고서와 사업보고서를 작성하여 다음해 _____일까지 보건복지부장관에게 보고하여야 한다.

① 1월 말 　　　　　　　　　② 2월 초

③ 2월 말 　　　　　　　　　④ 3월 초

11 다음 중 국민건강보험법상 1년 이하의 징역 또는 1,000만 원 이하의 벌금에 처하는 경우로 옳지 않은 것은?

① 선별급여가 금지되었음에도 불구하고 선별급여를 제공한 요양기관의 개설자

② 대행청구단체가 아닌 자로 하여금 대행하게 한 자

③ 행정처분절차가 진행 중인 사실을 지체 없이 알리지 아니한 자

④ 업무정지기간 중에 요양급여를 한 요양기관의 개설자

12 다음 중 국민건강보험법상 업무의 위탁에 대한 설명으로 옳지 않은 것은?

① 공단은 보험료의 수납 또는 보험료납부의 확인에 관한 업무를 금융기관에 위탁할 수 있다.

② 공단은 징수위탁근거법의 위탁에 따라 징수하는 연금보험료, 고용보험료, 산업재해보상보험료, 부담금 및 분담금 등의 수납 업무를 금융기관에 위탁할 수 있다.

③ 공단은 보험료와 징수위탁보험료 등의 징수 업무를 국가기관에 위탁할 수 있다.

④ 공단이 위탁받을 수 있는 자의 범위는 보건복지부령으로 정한다.

13 다음 중 국민건강보험법상 보수월액에 대한 설명으로 옳지 않은 것은?

① 직장가입자의 보수월액은 직장가입자가 지급받는 보수를 기준으로 하여 산정한다.

② 휴직자의 보수월액보험료는 해당 사유가 생기기 전 달의 보수월액을 기준으로 산정한다.

③ 보수는 근로자 등이 근로를 제공하고 사용자·국가 또는 지방자치단체로부터 지급받는 금품으로서 대통령령으로 정하는 것을 말한다.

④ 보수 관련 자료가 없을 경우 건강보험심사평가원장이 정하여 고시하는 금액을 보수로 본다.

14 다음 중 국민건강보험법상 피부양자 적용대상에서 제외되는 자는?

① 직장가입자의 배우자

② 직장가입자의 직계존속(배우자의 직계존속 포함)

③ 직장가입자의 직계비속(배우자의 직계비속 포함)

④ 직장가입자의 대리인

15 다음 중 본인일부부담금에 대한 설명으로 옳지 않은 것은?

① 선별급여는 다른 요양급여에 비하여 본인일부부담금을 하향 조정할 수 있다.

② 본인일부부담금의 총액이 본인부담상한액을 초과한 경우 공단이 그 초과 금액을 부담한다.

③ 본인부담상한액은 가입자의 소득수준 등에 따라 정한다.

④ 본인일부부담금 총액 산정 방법 등은 대통령령으로 정한다.

16 다음 중 국민건강보험법상 보험료 경감대상자는?

① 65세 노인   ② 군인

③ 교도소 수용자   ④ 해외여행자

17 다음 중 국민건강보험법의 목적에서 보험급여의 범위가 아닌 것은?

① 건강증진

② 부상에 대한 예방·진단·치료·재활

③ 출산 및 사망

④ 고의사고

18 다음 중 국민건강보험법상 국민건강보험공단의 업무로 옳지 않은 것은?

① 자산의 관리·운영 및 증식사업   ② 보험급여 비용의 지급

③ 요양급여의 적정성 평가   ④ 의료시설의 운영

19 다음 중 국민건강보험법상 보험급여의 정지 사유에 해당하는 경우는 무엇인가?

① 고의로 인한 범죄행위에 그 원인이 있는 경우

② 국외에서 업무에 종사하고 있는 경우

③ 고의로 국민건강보험공단의 지시를 따르지 않은 경우

④ 중대한 과실로 국민긴강보험공단에서 요구하는 문서나 물건을 제출하지 않은 경우

20 다음 중 국민건강보험법상 가입자의 자격변동 시기에 해당하지 않는 것은?

① 지역가입자가 적용대상사업장의 사용자로 된 날

② 직장가입자가 다른 적용대상사업장의 근로자로 사용된 날

③ 직장가입자인 근로자 등이 그 사용관계가 끝난 날

④ 지역가입자가 적용대상사업장의 근로자로 사용된 날

아이들이 답이 있는 질문을 하기 시작하면 그들이 성장하고 있음을 알 수 있다.

-존 J. 플롬프-

현재 나의 실력을 객관적으로 파악해 보자!

모바일 OMR
답안채점 / 성적분석 서비스

도서에 수록된 모의고사에 대한 객관적인 결과(정답률, 순위)를 종합적으로 분석하여 제공합니다.

OMR 입력
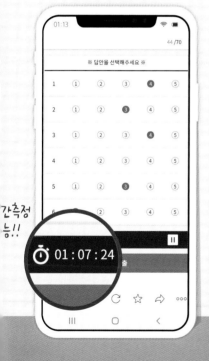

성적분석
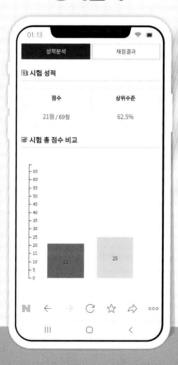

채점결과

※OMR 답안채점 / 성적분석 서비스는 등록 후 30일간 사용 가능합니다.

참여방법

모양모양 ➡ LOG IN ➡ ➡ ➡ ① ② ③ ④ ⑤
① ② ③ ④ ⑤
① ② ③ ④ ⑤ ➡ ➡ ☺

도서 내 모의고사 우측 상단에 위치한 QR코드 찍기 | 로그인 하기 | '시작하기' 클릭 | '응시하기' 클릭 | 나의 답안을 모바일 OMR 카드에 입력 | '성적분석 & 채점결과' 클릭 | 현재 내 실력 확인하기

2023 하반기

국민건강보험공단

국민건강보험법

최신기출 + 법률 + 최종모의고사 7회 + 무료건보특강

정답 및 해설

PART 1

국민건강보험법

01 총칙

01	02	03	04	05	06	07			
③	④	③	①	④	④	②			

01 정답 ③

종합계획에 따라 매년 연도별 시행계획을 건강보험정책심의위원회의 심의를 거쳐 수립·시행해야 하는 주체는 보건복지부장관이다(법 제3조의2 제3항).

오답분석
① 국민건강보험법에 따른 건강보험사업은 보건복지부장관이 맡아 주관한다(법 제2조).
② "근로자"란 직업의 종류와 관계없이 근로의 대가로 보수를 받아 생활하는 사람(법인의 이사와 그 밖의 임원을 포함한다)으로서 공무원 및 교직원을 제외한 사람을 말한다(법 제3조 제1호).
④ 보건복지부장관은 국민건강보험법에 따른 건강보험의 건전한 운영을 위하여 건강보험정책심의위원회의 심의를 거쳐 5년마다 국민건강보험종합계획을 수립하여야 한다. 수립된 종합계획을 변경할 때도 또한 같다(법 제3조의2 제1항).

02 정답 ④

보건복지부장관은 건강보험정책심의위원회의 심의를 거쳐 5년마다 국민건강보험종합계획을 수립해야 한다. 또한 수립된 종합계획을 변경할 때도 건강보험정책심의위원회의 심의를 거쳐야 한다(법 제3조의2 제1항).

03 정답 ③

종합계획에는 ⓒ·ⓒ·ⓜ·ⓗ 외에도 건강보험 보장성 강화의 추진계획 및 추진방법, 건강보험의 중장기 재정 전망 및 운영, 요양급여비용에 관한 사항, 건강증진 사업에 관한 사항, 그 밖에 건강보험의 개선을 위하여 필요한 사항으로 대통령령으로 정하는 사항 등이 포함되어야 한다(법 제3조의2 제2항).

04 정답 ①

보건복지부장관은 매년 연도별 시행계획을 건강보험정책심의위원회의 심의를 거쳐 수립·시행해야 하며, 매년 시행계획에 따른 추진실적을 평가해야 한다(법 제3조의2 제3항·제4항).

05 정답 ④

종합계획의 수립 및 변경, 시행계획의 수립·시행 및 시행계획에 따른 추진실적의 평가 등에 필요한 사항은 대통령령으로 정한다(법 제3조의2 제7항).

오답분석
① 법 제3조의2 제5항 제3호
② 법 제3조의2 제1항
③ 법 제3조의2 제6항

06 정답 ④

심의위원회는 위원장 1명과 부위원장 1명을 포함하여 25명의 위원으로 구성한다. 이때 위원(중앙행정기관 소속 공무원 2명은 제외)의 임기는 3년으로 한다(법 제4조 제2항·제5항 전단).

오답분석
①·② 건강보험정책에 관한 사항을 심의·의결하기 위하여 보건복지부장관 소속으로 건강보험정책심의위원회를 둔다(법 제4조 제1항).
③ 심의위원회의 위원장은 보건복지부차관이 되고, 부위원장은 제4항 제4호의 위원 중에서 위원장이 지명하는 사람이 된다(법 제4조 제3항).

07 정답 ②

건강보험정책심의위원회는 ⓗ·ⓒ·ⓔ 외에도 종합계획 및 시행계획에 관한 사항(심의에 한정한다), 직장가입자의 보험료율, 그 밖에 건강보험에 관한 주요 사항으로서 대통령령으로 정하는 사항 등을 심의·의결한다(법 제4조 제1항).

02 가입자

01	02	03	04	05	06	07	08	09
①	③	③	③	②	②	①	③	④

01

정답 ①

직장가입자의 형제·자매 중 직장가입자에게 주로 생계를 의존하는 사람으로서 소득 및 재산이 보건복지부령으로 정하는 기준 이하에 해당하는 사람은 피부양자가 된다(법 제5조 제2항 제4호).

오답분석

② 법 제5조 제2항 제3호
③ 법 제5조 제1항 제2호 가목
④ 법 제5조 제1항 제1호

02

정답 ③

모든 사업장의 근로자 및 사용자와 공무원 및 교직원은 직장가입자가 된다(법 제6조 제2항).

오답분석

① 법 제6조 제2항 제1호
② 법 제6조 제2항 제2호
④ 법 제6조 제2항 제3호

03

정답 ③

사업자의 신고(법 제7조)
사업장의 사용자(㉠)는 다음 각 호의 어느 하나에 해당하게 되면 그 때부터 14일(㉡) 이내에 보건복지부령으로 정하는 바에 따라 보험자에게 신고하여야 한다. 제1호에 해당되어 보험사에 신고한 내용이 변경된 경우에도 또한 같다.
1. 제6조 제2항에 따라 직장가입자가 되는 근로자·공무원 및 교직원을 사용하는 사업장("적용대상사업장")이 된 경우
2. 휴업·폐업 등 보건복지부령으로 정하는 사유가 발생한 경우

04

정답 ③

유공자 등 의료보호대상자이었던 사람은 그 대상자에서 제외된 날에 자격을 얻는다(법 제8조 제1항 제3호).

오답분석

① 수급권자이었던 사람은 그 대상자에서 제외된 날에 자격을 얻는다(법 제8조 제1항 제1호).
② 직장가입자의 피부양자이었던 사람은 그 자격을 잃은 날에 자격을 얻는다(법 제8조 제1항 제2호).
④ 제1항에 따라 자격을 얻은 경우 그 직장가입자의 사용자 및 지역가입자의 세대주는 그 명세를 보건복지부령으로 정하는 바에 따라 자격을 취득한 날부터 14일 이내에 보험자에게 신고하여야 한다(법 제8조 제2항).

05

정답 ②

가입자는 적용대상사업장에 휴업·폐업 등 보건복지부령으로 정하는 사유가 발생한 날의 다음 날에 그 자격이 변동된다(법 제9조 제1항 제4호).

오답분석

① 지역가입자가 적용대상사업장의 사용자로 되거나, 근로자·공무원 또는 교직원("근로자 등")으로 사용된 날에 그 자격이 변동된다(법 제9조 제1항 제1호).
③·④ 제1항에 따라 자격이 변동된 경우 직장가입자의 사용자와 지역가입자의 세대주는 다음 각 호의 구분에 따라 그 명세를 보건복지부령으로 정하는 바에 따라 자격이 변동된 날부터 14일 이내에 보험자에게 신고하여야 한다(법 제9조 제2항).
  1. 제1항 제1호 및 제2호에 따라 자격이 변동된 경우 : 직장가입자의 사용자
  2. 제1항 제3호부터 제5호까지의 규정에 따라 자격이 변동된 경우 : 지역가입자의 세대주

06

정답 ②

가입자는 수급권자가 된 날에 그 자격을 잃는다(법 제10조 제1항 제5호).

오답분석

① 법 제10조 제1항 제1호
③ 법 제10조 제1항 제4호
④ 법 제10조 제1항 제3호

07

정답 ①

자격을 잃은 경우 직장가입자의 사용자와 지역가입자의 세대주는 그 명세를 보건복지부령으로 정하는 바에 따라 자격을 잃은 날부터 14일 이내에 보험자에게 신고하여야 한다(법 제10조 제2항).

08

정답 ③

가입자・피부양자는 자격을 잃은 후 자격을 증명하던 서류를 사용하여 보험급여를 받아서는 아니 된다(법 제12조 제4항).

[오답분석]
① 공단은 가입자 또는 피부양자가 신청하는 경우 건강보험증을 발급하여야 한다(법 제12조 제1항).
② 가입자 또는 피부양자가 요양급여를 받을 때에는 건강보험증을 요양기관에 제출하여야 한다. 다만, 천재지변이나 그 밖의 부득이한 사유가 있으면 그러하지 아니하다(법 제12조 제2항).
④ 가입자 또는 피부양자는 제2항 본문에도 불구하고 주민등록증, 운전면허증, 여권, 그 밖에 보건복지부령으로 정하는 본인 여부를 확인할 수 있는 신분증명서로 요양기관이 그 자격을 확인할 수 있으면 건강보험증을 제출하지 아니할 수 있다(법 제12조 제3항).

09

정답 ④

의료급여법에 따라 의료급여를 받는 사람은 가입자 또는 피부양자가 될 수 없다(법 제5조 제1항).

[오답분석]
① 법 제5조 제2항 제1호
② 법 제5조 제2항 제2호
③ 법 제5조 제1항

---

03   국민건강보험공단

01	02	03	04	05	06	07	08	09
②	④	②	③	②	④	④	②	④

01

정답 ②

공단은 ㉠・㉣・㉥・㉦ 외에도 가입자 및 피부양자의 자격 관리, 보험급여의 관리, 가입자 및 피부양자가 질병의 조기발견・예방 및 건강관리를 위하여 요양급여 실시 현황과 건강검진 결과 등을 활용하여 실시하는 예방사업으로서 대통령령으로 정하는 사업, 보험급여 비용의 지급, 자산의 관리・운영 및 증식사업, 건강보험에 관한 조사연구 및 국제협력, 국민건강보험법에서 공단의 업무로 정하고 있는 사항, 그 밖에 국민건강보험법 또는 다른 법령에 따라 위탁받은 업무, 그 밖에 건강보험과 관련하여 보건복지부장관이 필요하다고 인정한 업무를 관장한다(법 제14조 제1항).

[오답분석]
㉡・㉢・㉤ 법 제63조 제1항 제1호부터 제3호까지에 따른 심사평가원의 업무이다.

02

정답 ④

공단은 특정인을 위하여 업무를 제공하거나 공단 시설을 이용하게 할 경우 공단의 정관으로 정하는 바에 따라 그 업무의 제공 또는 시설의 이용에 대한 수수료와 사용료를 징수할 수 있다(법 제14조 제3항).

[오답분석]
① 공단은 공공기관의 정보공개에 관한 법률에 따라 건강보험과 관련하여 보유・관리하고 있는 정보를 공개한다(법 제14조 제4항).
②・③ 자산의 관리・운영 및 증식사업은 안정성과 수익성을 고려하여 다음 각 호의 방법에 따라야 한다(법 제14조 제2항 제2호・제4호).
2. 국가・지방자치단체 또는 은행법에 따른 은행이 직접 발행하거나 채무이행을 보증하는 유가증권의 매입
4. 자본시장과 금융투자업에 관한 법률에 따른 신탁업자가 발행하거나 같은 법에 따른 집합투자업자가 발행하는 수익증권의 매입

03

정답 ②

공단은 정관을 변경하려면 보건복지부장관의 인가를 받아야 한다(법 제17조 제2항).

[오답분석]
① 법 제15조
③ 법 제16조
④ 법 제18조

04

정답 ③

감사는 임원추천위원회가 복수로 추천한 사람 중에서 기획재정부장관의 제청으로 대통령이 임명한다(법 제20조 제5항).

오답분석
① 법 제20조 제1항
② 법 제20조 제7항
④ 법 제20조 제2항부터 제4항

05

정답 ②

징수이사 후보를 추천하기 위하여 공단에 이사를 위원으로 하는 징수이사추천위원회("추천위원회")를 둔다. 이 경우 추천위원회의 위원장은 이사장이 지명하는 이사로 한다(법 제21조 제2항).

오답분석
① 상임이사 중 제14조(업무 등) 제1항 제2호 및 제11호의 업무를 담당하는 이사("징수이사")는 경영, 경제 및 사회보험에 관한 학식과 경험이 풍부한 사람으로서 보건복지부령으로 정하는 자격을 갖춘 사람 중에서 선임한다(법 제21조 제1항).
③ 추천위원회는 주요 일간신문에 징수이사 후보의 모집 공고를 하여야 하며, 이와 별도로 적임자로 판단되는 징수이사 후보를 조사하거나 전문단체에 조사를 의뢰할 수 있다(법 제21조 제3항).
④ 계약 조건에 관한 협의, 계약 체결 등에 필요한 사항은 보건복지부령으로 정한다(법 제21조 제6항).

06

정답 ④

이사장이 부득이한 사유로 그 직무를 수행할 수 없을 때에는 정관으로 정하는 바에 따라 상임이사 중 1명이 그 직무를 대행하고, 상임이사가 없거나 그 직무를 대행할 수 없을 때에는 정관으로 정하는 임원이 그 직무를 대행한다(법 제22조 제3항).

오답분석
① 법 제23조 제1호
② 법 제24조 제2항 제4호
③ 법 제24조 제1항

07

정답 ④

임원의 겸직 금지 등(법 제25조 제2항)
공단의 상임임원이 임명권자 또는 제청권자의 허가를 받거나 공단의 직원이 이사장의 허가를 받은 경우에는 비영리 목적의 업무를 겸할 수 있다.
따라서 공단의 임원이나 직원에 대해서 비영리 목적의 겸직을 허가할 수 있는 주체는 대통령, 보건복지부장관, 기획재정부장관 및 공단의 이사장 등이다.

임원(법 제20조 제2항부터 제5항)
② 이사장은 보건복지부장관의 제청으로 대통령이 임명한다.
③ 상임이사는 이사장이 임명한다.
④ 비상임이사는 보건복지부장관이 임명한다.
⑤ 감사는 기획재정부장관의 제청으로 대통령이 임명한다.

08

정답 ②

공단의 조직·인사·보수 및 회계에 관한 규정은 이사회의 의결을 거쳐 보건복지부장관의 승인을 받아 정한다(법 제29조).

오답분석
① 법 제26조 제2항·제3항
③ 법 제30조
④ 법 제31조

09

정답 ④

요양급여비용의 계약 및 결손처분 등 보험재정에 관련된 사항을 심의·의결하기 위하여 공단에 재정운영위원회를 둔다(법 제33조 제1항).

오답분석
① 법 제33조 제2항, 제34조 제3항
② 법 제34조 제1항
③ 법 제34조 제2항 제1호

01	02	03	04	05	06	07	08	09	10
③	②	②	③	④	④	②	④	③	②
11	12	13	14	15	16	17	18	19	20
③	②	②	①	①	③	②	③	①	④
21	22	23	24	25	26				
④	③	④	①	③	③				

01

정답 ③

요양급여의 방법·절차·범위·상한 등의 기준은 보건복지부령으로 정한다. 보건복지부장관은 요양급여의 기준을 정할 때 업무나 일상생활에 지장이 없는 질환에 대한 치료 등 보건복지부령으로 정하는 사항은 요양급여대상에서 제외되는 사항("비급여대상")으로 정할 수 있다(법 제41조 제3항·제4항).

02

정답 ②

㉮ 보건복지부장관은 약사법 제47조(의약품 등의 판매 질서) 제2항의 위반과 관련된 제41조(요양급여) 제1항 제2호(약제·치료재료의 지급)의 약제에 대하여는 요양급여비용 상한금액(제41조 제3항에 따라 약제별 요양급여비용의 상한으로 정한 금액을 말한다)의 100분의 20(㉠)을 넘지 아니하는 범위에서 그 금액의 일부를 감액할 수 있다(법 제41조의2 제1항).

㉯ 보건복지부장관은 제1항에 따라 요양급여비용의 상한금액이 감액된 약제가 감액된 날부터 5년의 범위에서 대통령령으로 정하는 기간 내에 다시 제1항에 따른 감액의 대상이 된 경우에는 요양급여비용 상한금액의 100분의 40(㉡)을 넘지 아니하는 범위에서 요양급여비용 상한금액의 일부를 감액할 수 있다(법 제41조의2 제2항).

㉰ 보건복지부장관은 제2항에 따라 요양급여비용의 상한금액이 감액된 약제가 감액된 날부터 5년의 범위에서 대통령령으로 정하는 기간 내에 다시 약사법 제47조 제2항의 위반과 관련된 경우에는 해당 약제에 대하여 1년(㉢)의 범위에서 기간을 정하여 요양급여의 적용을 정지할 수 있다(법 제41조의2 제3항).

03

정답 ②

보건복지부장관은 신청이 없는 경우에도 환자의 진료상 반드시 필요하다고 보건복지부령으로 정하는 경우에는 직권으로 행위·치료재료 및 약제의 요양급여대상의 여부를 결정할 수 있다(법 제41조의3 제4항).

[오답분석]

① 요양급여대상 여부의 결정 신청의 시기, 절차, 방법 및 업무의 위탁 등에 필요한 사항과 요양급여대상 여부의 결정 절차 및 방법 등에 관한 사항은 보건복지부령으로 정한다(법 제41조의3 제5항).

③ 약사법에 따른 약제의 제조업자·수입업자 등 보건복지부령으로 정하는 자는 요양급여대상에 포함되지 아니한 약제에 대하여 보건복지부장관에게 요양급여대상 여부의 결정을 신청할 수 있다(법 제41조의3 제2항).

④ 요양기관, 치료재료의 제조업자·수입업자 등 보건복지부령으로 정하는 자는 요양급여대상 또는 비급여대상으로 결정되지 아니한 진찰·검사, 처치·수술 및 그 밖의 치료, 예방·재활의 요양급여에 관한 행위 및 치료재료("행위·치료재료")에 대하여 요양급여대상 여부의 결정을 보건복지부장관에게 신청하여야 한다(법 제41조의3 제1항).

04

정답 ③

요양급여를 결정함에 있어 경제성 또는 치료효과성 등이 불확실하여 그 검증을 위하여 추가적인 근거가 필요하거나, 경제성이 낮아도 가입자와 피부양자의 건강회복에 잠재적 이득이 있는 등 대통령령으로 정하는 경우에는 예비적인 요양급여인 선별급여로 지정하여 실시할 수 있다. 보건복지부장관은 대통령령으로 정하는 절차와 방법에 따라 선별급여에 대하여 주기적으로 요양급여의 적합성을 평가하여 요양급여 여부를 다시 결정하고, 요양급여의 기준을 조정하여야 한다(법 제41조의4 제1항·제2항).

05

정답 ④

ⓑ은 요양기관에서 제외할 수 있는 의료기관이다.

요양기관(법 제42조 제1항)
요양급여(간호와 이송은 제외한다)는 다음 각 호의 요양기관에서 실시한다. 이 경우 보건복지부장관은 공익이나 국가정책에 비추어 요양기관으로 적합하지 아니한 대통령령으로 정하는 의료기관 등은 요양기관에서 제외할 수 있다.
  1. 의료법에 따라 개설된 의료기관
     – 의원급 의료기관 : 의원, 치과의원, 한의원
     – 조산원
     – 병원급 의료기관 : 병원, 치과병원, 한방병원, 요양병원, 정신병원, 종합병원
  2. 약사법에 따라 등록된 약국
  3. 약사법에 따라 설립된 한국희귀·필수의약품센터
  4. 지역보건법에 따른 보건소·보건의료원 및 보건지소
  5. 농어촌 등 보건의료를 위한 특별조치법에 따라 설치된 보건진료소

06

정답 ④

전문요양기관으로 인정된 요양기관 또는 의료법에 따른 상급종합병원에 대하여는 요양급여의 절차 및 요양급여비용을 다른 요양기관과 달리 할 수 있다(법 제42조 제4항).

[오답분석]
① 보건복지부장관은 효율적인 요양급여를 위하여 필요하면 보건복지부령으로 정하는 바에 따라 시설·장비·인력 및 진료과목 등 보건복지부령으로 정하는 기준에 해당하는 요양기관을 전문요양기관으로 인정할 수 있다. 이 경우 해당 전문요양기관에 인정서를 발급하여야 한다(법 제42조 제2항).
②·③ 보건복지부장관은 제2항에 따라 인정받은 요양기관이 다음 각 호의 어느 하나에 해당하는 경우에는 그 인정을 취소한다(법 제42조 제3항).
  1. 제2항 전단에 따른 인정기준에 미달하게 된 경우
  2. 제2항 후단에 따라 발급받은 인정서를 반납한 경우

07

정답 ②

제42조 제1항에도 불구하고, 선별급여 중 자료의 축적 또는 의료 이용의 관리가 필요한 경우에는 보건복지부장관이 해당 선별급여의 실시 조건을 사전에 정하여 이를 충족하는 요양기관만이 해당 선별급여를 실시할 수 있다(법 제42조의2 제1항). 선별급여의 실시 조건, 자료의 제출, 선별급여의 실시 제한 등에 필요한 사항은 보건복지부령으로 정한다(법 제42조의2 제4항).

08

정답 ④

현역병 등에 대한 요양급여비용 등의 지급(법 제60조 제1항)
공단은 제54조 제3호 및 제4호에 해당하는 사람이 요양기관에서 대통령령으로 정하는 치료 등(이하 이 조에서 "요양급여"라 한다)을 받은 경우 그에 따라 공단이 부담하는 비용(이하 이 조에서 "요양급여비용"이라 한다)과 제49조에 따른 요양비를 법무부장관·국방부장관·경찰청장·소방청장 또는 해양경찰청장으로부터 예탁 받아 지급할 수 있다. 이 경우 법무부장관·국방부장관·경찰청장·소방청장 또는 해양경찰청장은 예산상 불가피한 경우 외에는 연간(年間) 들어갈 것으로 예상되는 요양급여비용과 요양비를 대통령령으로 정하는 바에 따라 미리 공단에 예탁하여야 한다.
• 보험급여의 정지 대상(제54조 제3호) : 제6조 제2항 제2호에 해당하게 된 경우
  – 가입자 제외 대상(제6조 제2항 제2호) : 병역법에 따른 현역병(지원에 의하지 아니하고 임용된 하사를 포함한다), 전환복무된 사람 및 군간부후보생
• 보험급여의 정지 대상(제54조 제4호) : 교도소, 그 밖에 이에 준하는 시설에 수용되어 있는 경우

09

정답 ③

㉮ 요양급여를 받는 자는 대통령령으로 정하는 바에 따라 비용의 일부("본인일부부담금")를 본인이 부담한다. 이 경우 선별급여에 대해서는 다른 요양급여에 비하여 본인일부부담금을 상향(㉠) 조정할 수 있다(법 제44조 제1항).
㉯ 본인이 연간 부담하는 본인일부부담금의 총액이 대통령령으로 정하는 금액("본인부담상한액")을 초과한 경우에는 공단(㉡)이 그 초과 금액을 부담하여야 한다(법 제44조 제2항).

10

정답 ②

㉮ 본인부담상한액은 가입자의 소득수준(㉠) 등에 따라 정한다(법 제44조 제3항).
㉯ 본인일부부담금 총액 산정 방법, 본인부담상한액을 넘는 금액의 지급 방법 및 제3항에 따른 가입자의 소득수준 등에 따른 본인부담상한액 설정 등에 필요한 사항은 대통령령(㉡)으로 정한다(법 제44조 제4항).

11 정답 ③

심사평가원은 공단의 이사장이 요양급여비용을 정하는 계약을 체결하기 위하여 필요한 자료를 요청하면 그 요청에 성실히 따라야 한다(법 제45조 제6항).

오답분석

① 요양급여비용은 공단의 이사장과 대통령령으로 정하는 의약계를 대표하는 사람들의 계약으로 정한다. 이 경우 계약기간은 1년으로 한다(법 제45조 제1항).

② 공단의 이사장은 재정운영위원회의 심의·의결을 거쳐 제1항에 따른 계약을 체결하여야 한다(법 제45조 제5항).

④ 제1항에 따른 계약은 그 직전 계약기간 만료일이 속하는 연도의 5월 31일까지 체결하여야 하며, 그 기한까지 계약이 체결되지 아니하는 경우 보건복지부장관이 그 직전 계약기간 만료일이 속하는 연도의 6월 30일까지 심의위원회의 의결을 거쳐 요양급여비용을 정한다. 이 경우 보건복지부장관이 정하는 요양급여비용은 제1항 및 제2항에 따라 계약으로 정한 요양급여비용으로 본다(법 제45조 제3항).

12 정답 ②

요양기관은 공단에 요양급여비용의 지급을 청구할 수 있다. 이 경우 제2항에 따른 요양급여비용에 대한 심사청구는 공단에 대한 요양급여비용의 청구로 본다(법 제47조 제1항).

오답분석

① 약제·치료재료에 대한 요양급여비용은 제45조에도 불구하고 요양기관의 약제·치료재료 구입금액 등을 고려하여 대통령령으로 정하는 바에 따라 달리 산정할 수 있다(법 제46조).

③ 요양급여비용을 청구하려는 요양기관은 심사평가원에 요양급여비용의 심사청구를 하여야 하며, 심사청구를 받은 심사평가원은 이를 심사한 후 지체 없이 그 내용을 공단과 요양기관에 알려야 한다(법 제47조 제2항).

④ 심사 내용을 통보받은 공단은 지체 없이 그 내용에 따라 요양급여비용을 요양기관에 지급한다. 이 경우 이미 낸 본인일부부담금이 제2항에 따라 통보된 금액보다 더 많으면 요양기관에 지급할 금액에서 더 많이 낸 금액을 공제하여 해당 가입자에게 지급하여야 한다(법 제47조 제3항).

13 정답 ②

요양급여비용의 청구와 지급 등(법 제47조 제7항)
요양기관은 심사청구를 다음 각 호의 단체가 대행하게 할 수 있다.
1. 의료법에 따른 의사회·치과의사회·한의사회·조산사회 또는 신고한 각각의 지부 및 분회
2. 의료법에 따른 의료기관 단체
3. 약사법에 따른 약사회 또는 신고한 지부 및 분회

오답분석

① 제1항부터 제6항까지의 규정에 따른 요양급여비용의 청구·심사·지급 등의 방법과 절차에 필요한 사항은 보건복지부령으로 정한다(법 제47조 제7항).

③ 공단은 심사평가원이 요양급여의 적정성을 평가하여 공단에 통보하면 그 평가 결과에 따라 요양급여비용을 가산하거나 감액 조정하여 지급한다. 이 경우 평가 결과에 따라 요양급여비용을 가산하거나 감액하여 지급하는 기준은 보건복지부령으로 정한다(법 제47조 제5항).

④ 공단은 제3항에 따라 가입자에게 지급하여야 하는 금액을 그 가입자가 내야 하는 보험료와 그 밖에 국민건강보험법에 따른 징수금("보험료 등")과 상계할 수 있다(법 제47조 제4항).

14 정답 ①

지역별 의료자원의 불균형 및 의료서비스 격차의 해소 등을 위하여 지역별로 요양급여비용을 달리 정하여 지급할 수 있다(법 제47조의3).

오답분석

② 요양급여비용의 지급 보류 절차 및 의견 제출의 절차 등에 필요한 사항, 제3항에 따른 지급 보류된 요양급여비용 및 이자의 지급 절차와 이자의 산정 등에 필요한 사항은 대통령령으로 정한다(법 제47조의2 제4항).

③ 공단은 요양급여비용의 지급을 청구한 요양기관이 의료법에 따른 의료기관 개설 또는 약사법에 따른 약국 개설등록을 위반하였다는 사실을 수사기관의 수사 결과로 확인한 경우에는 해당 요양기관이 청구한 요양급여비용의 지급을 보류할 수 있다. 이 경우 요양급여비용 지급 보류 처분의 효력은 해당 요양기관이 그 처분 이후 청구하는 요양급여비용에 대해서도 미친다(법 제47조의2 제1항). 공단은 제1항에 따라 요양급여비용의 지급을 보류하기 전에 해당 요양기관에 의견 제출의 기회를 주어야 한다(동조 제2항).

④ 법원의 무죄 판결이 확정되는 등 대통령령으로 정하는 사유로 요양기관이 의료법에 따른 의료기관 개설 또는 약사법에 따른 약국 개설등록을 위반한 혐의가 입증되지 아니한 경우에는 공단은 지급 보류된 요양급여비용에 지급 보류된 기간 동안의 이자를 가산하여 해당 요양기관에 지급하여야 한다(법 제47조의2 제3항).

15 정답 ①

㉠ 가입자나 피부양자는 본인일부부담금 외에 자신이 부담한 비용이 요양급여 대상에서 제외되는 비용인지 여부에 대하여 심사평가원에 확인을 요청할 수 있다(법 제48조 제1항).

㉡ 제1항에 따른 확인 요청을 받은 심사평가원은 그 결과를 요청한 사람에게 알려야 한다. 이 경우 확인을 요청한 비용이 요양급여 대상에 해당되는 비용으로 확인되면 그 내용을 공단 및 관련 요양기관에 알려야 한다(법 제48조 제2항).

ⓒ 제2항 후단에 따라 통보받은 요양기관은 받아야 할 금액보다 더 많이 징수한 금액("과다본인부담금")을 지체 없이 확인을 요청한 사람에게 지급하여야 한다. 다만, 공단은 해당 요양기관이 과다본인부담금을 지급하지 아니하면 해당 요양기관에 지급할 요양급여비용에서 과다본인부담금을 공제하여 확인을 요청한 사람에게 지급할 수 있다(법 제48조 제3항).

16 　　정답 ③

공단은 가입자나 피부양자가 보건복지부령으로 정하는 긴급하거나 그 밖의 부득이한 사유로 요양기관과 비슷한 기능을 하는 기관으로서 보건복지부령으로 정하는 기관(업무정지기간 중인 요양기관을 포함한다. 이하 "준요양기관"이라 한다)에서 질병·부상·출산 등에 대하여 요양을 받거나 요양기관이 아닌 장소에서 출산한 경우에는 그 요양급여에 상당하는 금액을 보건복지부령으로 정하는 바에 따라 가입자나 피부양자에게 요양비로 지급한다(법 제49조 제1항).

① 준요양기관은 요양을 받은 가입자나 피부양자의 위임이 있는 경우 공단에 요양비의 지급을 직접 청구할 수 있다. 이 경우 공단은 지급이 청구된 내용의 적정성을 심사하여 준요양기관에 요양비를 지급할 수 있다(법 제49조 제3항).
② 준요양기관의 요양비 지급 청구, 공단의 적정성 심사 등에 필요한 사항은 보건복지부령으로 정한다(법 제49조 제4항).
④ 준요양기관은 보건복지부장관이 정하는 요양비 명세서나 요양 명세를 적은 영수증을 요양을 받은 사람에게 내주어야 하며, 요양을 받은 사람은 그 명세서나 영수증을 공단에 제출하여야 한다(법 제49조 제2항).

17 　　정답 ②

장애인인 가입자 또는 피부양자에게 보조기기를 판매한 자는 가입자나 피부양자의 위임이 있는 경우 공단에 보험급여를 직접 청구할 수 있다. 이 경우 공단은 지급이 청구된 내용의 적정성을 심사하여 보조기기를 판매한 자에게 보조기기에 대한 보험급여를 지급할 수 있다(법 제51조 제2항).

① 공단은 장애인복지법에 따라 등록한 장애인인 가입자 및 피부양자에게는 장애인·노인 등을 위한 보조기기 지원 및 활용촉진에 관한 법률에 따른 보조기기에 대하여 보험급여를 할 수 있다(법 제51조 제1항).
③ 보조기기에 대한 보험급여의 범위·방법·절차, 보조기기 판매업자의 보험급여 청구, 공단의 적정성 심사 및 그 밖에 필요한 사항은 보건복지부령으로 정한다(법 제51조 제3항).

④ 공단은 국민건강보험법에서 정한 요양급여 외에 대통령령으로 정하는 바에 따라 임신·출산 진료비, 장제비, 상병수당, 그 밖의 급여를 실시할 수 있다(법 제50조).

18 　　정답 ③

건강검진의 횟수·절차와 그 밖에 필요한 사항은 대통령령으로 정한다(법 제52조 제4항).

①·② 건강검진의 종류 및 대상은 다음 각 호와 같다(법 제52조 제2항).
　1. 일반건강검진 : 직장가입자, 세대주인 지역가입자, 20세 이상인 지역가입자 및 20세 이상인 피부양자
　2. 암검진 : 암관리법 제11조 제2항에 따른 암의 종류별 검진주기와 연령 기준 등에 해당하는 사람
　3. 영유아건강검진 : 6세 미만의 가입자 및 피부양자
④ 공단은 가입자와 피부양자에 대하여 질병의 조기 발견과 그에 따른 요양급여를 하기 위하여 건강검진을 실시한다(법 제52조 제1항).

19 　　정답 ①

공단은 보험급여를 받을 수 있는 사람이 업무 또는 공무로 생긴 질병·부상·재해로 다른 법령에 따른 보험급여나 보상(報償) 또는 보상(補償)을 받게 되는 경우에 해당하면 보험급여를 하지 아니한다(법 제53조 제1항 제4호).

② 공단은 가입자가 대통령령으로 정하는 기간 이상 다음 각 호의 보험료를 체납한 경우 그 체납한 보험료를 완납할 때까지 그 가입자 및 피부양자에 대하여 보험급여를 실시하지 아니할 수 있다. 다만, 월별 보험료의 총체납횟수(이미 납부된 체납보험료는 총체납횟수에서 제외하며, 보험료의 체납기간은 고려하지 아니한다)가 대통령령으로 정하는 횟수 미만이거나 가입자 및 피부양자의 소득·재산 등이 대통령령으로 정하는 기준 미만인 경우에는 그러하지 아니하다(법 제53조 제3항).
　1. 소득월액보험료
　2. 세대단위의 보험료
③ 공단은 보험급여를 받을 수 있는 사람이 다른 법령에 따라 국가나 지방자치단체로부터 보험급여에 상당하는 급여를 받거나 보험급여에 상당하는 비용을 지급받게 되는 경우에는 그 한도에서 보험급여를 하지 아니한다(법 제53조 제2항).
④ 공단은 납부의무를 부담하는 사용자가 보수월액보험료를 체납한 경우에는 그 체납에 대하여 직장가입자 본인에게 귀책사유가 있는 경우에 한하여 제3항의 규정을 적용한다. 이 경우 해당 직장가입자의 피부양자에게도 제3항의 규정을 적용한다(법 제53조 제4항).

20

정답 ④

㉠·㉡ 공단으로부터 분할납부 승인을 받고 그 승인된 보험료를 1회 이상 낸 경우에는 보험급여를 할 수 있다. 다만, 분할납부 승인을 받은 사람이 정당한 사유 없이 5회(승인받은 분할납부 횟수가 5회 미만인 경우에는 해당 분할납부 횟수를 말한다) 이상 그 승인된 보험료를 내지 아니한 경우에는 그러하지 아니하다(법 제53조 제5항).

㉢ 보험급여를 하지 아니하는 기간("급여제한기간")에 받은 보험급여는 다음 각 호의 어느 하나에 해당하는 경우에만 보험급여로 인정한다(법 제53조 제6항).
1. 공단이 급여제한기간에 보험급여를 받은 사실이 있음을 가입자에게 통지한 날부터 2개월이 지난 날이 속한 달의 납부기한 이내에 체납된 보험료를 완납한 경우
2. 공단이 급여제한기간에 보험급여를 받은 사실이 있음을 가입자에게 통지한 날부터 2개월이 지난 날이 속한 달의 납부기한 이내에 분할납부 승인을 받은 체납보험료를 1회 이상 낸 경우. 다만, 분할납부 승인을 받은 사람이 정당한 사유 없이 5회 이상 그 승인된 보험료를 내지 아니한 경우에는 그러하지 아니하다.

21

정답 ④

급여의 정지(법 제54조)

보험급여를 받을 수 있는 사람이 다음 각 호의 어느 하나에 해당하면 그 기간에는 보험급여를 하지 아니한다. 다만, 제3호 및 제4호의 경우에는 제60조에 따른 요양급여를 실시한다.
1. 삭제
2. 국외에 체류하는 경우
3. 제6조 제2항 제2호에 해당하게 된 경우[병역법에 따른 현역병(지원에 의하지 아니하고 임용된 하사를 포함한다), 전환복무된 사람 및 군간부후보생]
4. 교도소, 그 밖에 이에 준하는 시설에 수용되어 있는 경우

22

정답 ③

요양비 등 수급계좌가 개설된 금융기관은 요양비 등 수급계좌에 요양비 등만이 입금되도록 하고, 이를 관리하여야 한다(법 제56조의2 제2항).

오답분석

①·② 국민건강보험단은 국민건강보험법에 따른 보험급여로 지급되는 현금("요양비 등")을 받는 수급자의 신청이 있는 경우에는 요양비 등을 수급자 명의의 지정된 계좌("요양비 등 수급계좌")로 입금하여야 한다. 다만, 정보통신장애나 그 밖에 대통령령으로 정하는 불가피한 사유로 요양비 등 수급계좌로 이체할 수 없을 때에는 직접 현금으로 지급하는 등 대통령령으로 정하는 바에 따라 요양비 등을 지급할 수 있다(법 제56조의2 제1항).

④ 요양비 등 수급계좌의 신청 방법·절차와 관리에 필요한 사항은 대통령령으로 정한다(법 제56조의2 제3항).

23

정답 ④

공단은 속임수나 그 밖의 부당한 방법으로 보험급여 비용을 받은 요양기관이 의료법을 위반하여 의료기관을 개설할 수 없는 자가 의료인의 면허나 의료법인 등의 명의를 대여받아 개설·운영하는 의료기관에 해당하는 경우에는 해당 요양기관을 개설한 자에게 그 요양기관과 연대하여 같은 항에 따른 징수금을 납부하게 할 수 있다(법 제57조 제2항).

오답분석

① 공단은 속임수나 그 밖의 부당한 방법으로 보험급여를 받은 사람과 같은 세대에 속한 가입자(속임수나 그 밖의 부당한 방법으로 보험급여를 받은 사람이 피부양자인 경우에는 그 직장가입자를 말한다)에게 속임수나 그 밖의 부당한 방법으로 보험급여를 받은 사람과 연대하여 제1항에 따른 징수금을 내게 할 수 있다(법 제57조 제4항).

② 공단은 속임수나 그 밖의 부당한 방법으로 보험급여를 받은 사람·준요양기관 및 보조기기 판매업자나 보험급여 비용을 받은 요양기관에 대하여 그 보험급여나 보험급여 비용에 상당하는 금액의 전부 또는 일부를 징수한다(법 제57조 제1항).

③ 사용자나 가입자의 거짓 보고나 거짓 증명(건강보험증이나 신분증명서를 양도·대여하여 다른 사람이 보험급여를 받게 하는 것을 포함한다), 요양기관의 거짓 진단 또는 준요양기관이나 보조기기를 판매한 자의 속임수 및 그 밖의 부당한 방법으로 보험급여가 실시된 경우 공단은 이들에게 보험급여를 받은 사람과 연대하여 제1항에 따른 징수금을 내게 할 수 있다(법 제57조 제3항).

24

정답 ①

인적사항 등의 공개 여부를 심의하기 위하여 공단에 부당이득징수금체납정보공개심의위원회를 둔다(법 제57조의2 제2항).

오답분석

②·③ 공단은 징수금을 납부할 의무가 있는 요양기관 또는 요양기관을 개설한 자가 납입 고지 문서에 기재된 납부기한의 다음 날부터 1년이 경과한 징수금을 1억 원 이상 체납한 경우 징수금 발생의 원인이 되는 위반행위, 체납자의 인적사항 및 체납액 등 대통령령으로 정하는 사항("인적사항 등")을 공개할 수 있다. 다만, 체납된 징수금과 관련하여 이의신청, 심판청구가 제기되거나 행정소송이 계류 중인 경우 또는 그 밖에 체납된 금액의 일부 납부 등 대통령령으로 정하는 사유가 있는 경우에는 그러하지 아니하다(법 제57조의2 제1항).

④ 제1항에 따른 인적사항 등의 공개는 관보에 게재하거나 공단 인터넷 홈페이지에 게시하는 방법으로 한다(법 제57조의2 제4항).

25

정답 ③

공단은 제3자의 행위로 보험급여사유가 생겨 가입자 또는 피부양자에게 보험급여를 한 경우에는 그 급여에 들어간 비용 한도에서 그 제3자에게 손해배상을 청구할 권리를 얻는다(법 제58조 제1항).

오답분석

① 보험급여를 받을 권리는 양도하거나 압류할 수 없다(법 제59조 제1항).
② 요양비 등 수급계좌에 입금된 요양비 등은 압류할 수 없다(법 제59조 제2항).
④ 보험급여를 받은 사람이 제3자로부터 이미 손해배상을 받은 경우에는 공단은 그 배상액 한도에서 보험급여를 하지 아니한다(법 제58조 제2항).

26

정답 ③

공단은 이 법에서 정한 요양급여 외에 대통령령으로 정하는 바에 따라 임신·출산 진료비, 장제비, 상병수당, 그 밖의 급여를 실시할 수 있다(법 제50조).

---

05 건강보험심사평가원

01	02	03	04	05					
④	②	③	②	③					

01

정답 ④

심사평가원의 업무 등(법 제63조 제1항)
1. 요양급여비용의 심사
2. 요양급여의 적정성 평가
3. 심사기준 및 평가기준의 개발
4. 제1호부터 제3호까지의 규정에 따른 업무와 관련된 조사연구 및 국제협력
5. 다른 법률에 따라 지급되는 급여비용의 심사 또는 의료의 적정성 평가에 관하여 위탁받은 업무
6. 그 밖에 국민건강보험법 또는 다른 법령에 따라 위탁받은 업무
7. 건강보험과 관련하여 보건복지부장관이 필요하다고 인정한 업무
8. 그 밖에 보험급여 비용의 심사와 보험급여의 적정성 평가와 관련하여 대통령령으로 정하는 업무

오답분석

㉠·㉢ 공단에서 관장하는 업무 가운데 하나이다(법 제14조 제1항 제3호·제5호).

02

정답 ②

임원(법 제65조 제3항·제4항)
상임이사는 보건복지부령으로 정하는 추천 절차를 거쳐 원장이 임명한다. 비상임이사는 다음 각 호의 사람 중에서 10명과 대통령령으로 정하는 바에 따라 추천한 관계 공무원 1명을 보건복지부장관이 임명한다.
1. 공단이 추천하는 1명
2. 의약관계단체가 추천하는 5명
3. 노동조합·사용자단체·소비자단체 및 농어업인단체가 추천하는 각 1명

오답분석

① 심사평가원에 임원으로서 원장, 이사 15명 및 감사 1명을 둔다. 이 경우 원장, 이사 중 4명 및 감사는 상임으로 한다(법 제65조 제1항).
③ 원장은 임원추천위원회가 복수로 추천한 사람 중에서 보건복지부장관의 제청으로 대통령이 임명한다(법 제65조 제2항).
④ 감사는 임원추천위원회가 복수로 추천한 사람 중에서 기획재정부장관의 제청으로 대통령이 임명한다(법 제65조 제5항).

03

정답 ③

비상근 심사위원은 심사평가원의 원장이 보건복지부령으로 정하는 사람 중에서 위촉한다(법 제66조 제4항).

[오답분석]

① 심사위원회는 위원장을 포함하여 90명 이내의 상근 심사위원과 1,000명 이내의 비상근 심사위원으로 구성하며, 진료과목별 분과위원회를 둘 수 있다(법 제66조 제2항).
② 제2항에 따른 상근 심사위원은 심사평가원의 원장이 보건복지부령으로 정하는 사람 중에서 임명한다(법 제66조 제3항).
④ 심사평가원의 원장은 심사위원이 다음 각 호의 어느 하나에 해당하면 그 심사위원을 해임 또는 해촉할 수 있다(법 제66조 제5항).
  1. 신체장애나 정신장애로 직무를 수행할 수 없다고 인정되는 경우
  2. 직무상 의무를 위반하거나 직무를 게을리한 경우
  3. 고의나 중대한 과실로 심사평가원에 손실이 생기게 한 경우
  4. 직무 여부와 관계없이 품위를 손상하는 행위를 한 경우

04

정답 ②

심사평가원은 제63조 제1항에 따른 업무를 하기 위하여 공단으로부터 부담금을 징수할 수 있다. 그러나 같은 항 제5호에 따른 업무(다른 법률에 따라 지급되는 급여비용의 심사 또는 의료의 적정성 평가에 관하여 위탁받은 업무)는 제외한다(법 제67조 제1항 단서).

[오답분석]

① 심사평가원은 심사기준 및 평가기준의 개발에 따른 업무를 하기 위하여 공단으로부터 부담금을 징수할 수 있다(법 제67조 제1항).
③ 심사평가원은 제63조 제1항 제5호에 따라 급여비용의 심사 또는 의료의 적정성 평가에 관한 업무를 위탁받은 경우에는 위탁자로부터 수수료를 받을 수 있다(법 제67조 제2항).
④ 제1항과 제2항에 따른 부담금 및 수수료의 금액·징수 방법 등에 필요한 사항은 보건복지부령으로 정한다(법 제67조 제3항).

05

정답 ③

요양급여비용을 심사하고 요양급여의 적정성을 평가하기 위하여 건강보험심사평가원을 설립한다(법 제62조).

06 보험료

01	02	03	04	05	06	07	08	09	10
④	③	②	④	④	①	③	①	②	③
11	12	13	14	15	16	17	18	19	20
②	③	③	④	①	③	③	④	①	②
21	22	23	24	25					
②	②	④	①	③					

01

정답 ④

㉠·㉡ 제1항에 따른 보험료는 가입자의 자격을 취득한 날이 속하는 달의 다음 달부터 가입자의 자격을 잃은 날의 전날이 속하는 달까지 징수한다. 다만, 가입자의 자격을 매월 1일에 취득한 경우 또는 제5조 제1항 제2호 가목(유공자 등 의료보호대상자 중 건강보험의 적용을 보험자에게 신청한 사람)에 따른 건강보험 적용 신청으로 가입자의 자격을 취득하는 경우에는 그 달부터 징수한다(법 제69조 제2항).
㉢ 제1항 및 제2항에 따라 보험료를 징수할 때 가입자의 자격이 변동된 경우에는 변동된 날이 속하는 달의 보험료는 변동되기 전의 자격을 기준으로 징수한다. 다만, 가입자의 자격이 매월 1일에 변동된 경우에는 변동된 자격을 기준으로 징수한다(법 제69조 제3항).
㉣ 지역가입자의 월별 보험료액은 세대 단위로 산정하되, 지역가입자가 속한 세대의 월별 보험료액은 제72조에 따라 산정한 보험료부과점수에 제73조 제3항에 따른 보험료부과점수당 금액을 곱한 금액으로 한다(법 제69조 제5항).
㉤ 제4항 및 제5항에 따른 월별 보험료액은 가입자의 보험료 평균액의 일정 비율에 해당하는 금액을 고려하여 대통령령으로 정하는 기준에 따라 상한 및 하한을 정한다(법 제69조 제6항).

02

정답 ③

보수는 근로자 등이 근로를 제공하고 사용자·국가 또는 지방자치단체로부터 지급받는 금품(실비변상적인 성격을 갖는 금품은 제외한다)으로서 대통령령으로 정하는 것을 말한다(법 제70조 제3항 전단).

[오답분석]

① 제69조 제4항 제1호에 따른 직장가입자의 보수월액은 직장가입자가 지급받는 보수를 기준으로 하여 산정한다(법 제70조 제1항).
② 휴직이나 그 밖의 사유로 보수의 전부 또는 일부가 지급되지 아니하는 가입자("휴직자 등")의 보수월액보험료는 해당 사유가 생기기 전 달의 보수월액을 기준으로 산정한다(법 제70조 제2항).

④ 제1항에 따른 보수는 근로자 등이 근로를 제공하고 사용자·국가 또는 지방자치단체로부터 지급받는 금품(실비변상적인 성격을 갖는 금품은 제외한다)으로서 대통령령으로 정하는 것을 말한다. 이 경우 보수 관련 자료가 없거나 불명확한 경우 등 대통령령으로 정하는 사유에 해당하면 보건복지부장관이 정하여 고시하는 금액을 보수로 본다(법 제70조 제3항).

03

소득월액은 제70조에 따른 보수월액의 산정에 포함된 보수를 제외한 직장가입자의 소득("보수외소득")이 대통령령으로 정하는 금액을 초과하는 경우 다음의 계산식에 따라 산정한다(법 제71조 제1항).

$$[(연간\ 보수외소득)-(대통령령으로\ 정하는\ 금액)]\times\frac{1}{12}$$

04

- 제1항에 따른 보수월액의 산정 및 보수가 지급되지 아니하는 사용자의 보수월액의 산정 등에 필요한 사항은 <u>대통령령(㉠)</u>으로 정한다(법 제70조 제4항).
- 소득월액을 산정하는 기준, 방법 등 소득월액의 산정에 필요한 사항은 <u>대통령령(㉡)</u>으로 정한다(법 제71조 제2항).
- 제1항에 따른 보수는 근로자 등이 근로를 제공하고 사용자·국가 또는 지방자치단체로부터 지급받는 금품(실비변상적인 성격을 갖는 금품은 제외한다)으로서 <u>대통령령(㉢)</u>으로 정하는 것을 말한다. 이 경우 보수 관련 자료가 없거나 불명확한 경우 등 <u>대통령령(㉢)</u>으로 정하는 사유에 해당하면 <u>보건복지부장관(㉣)</u>이 정하여 고시하는 금액을 보수로 본다(법 제70조 제3항).

05

보험료부과점수의 산정방법과 산정기준을 정할 때 법령에 따라 재산권의 행사가 제한되는 재산에 대하여는 다른 재산과 달리 정할 수 있다(법 제72조 제2항).

오답분석
① 제69조 제5항에 따른 보험료부과점수는 지역가입자의 소득 및 재산을 기준으로 산정한다(법 제72조 제1항 전단).
② 보험료부과점수의 산정방법·산정기준 등에 필요한 사항은 대통령령으로 정한다(법 제72조 제4항).
③ 지역가입자는 제1항 단서에 따라 공단에 통보할 때 신용정보의 이용 및 보호에 관한 법률에 따른 신용정보, 금융실명거래 및 비밀보장에 관한 법률에 따른 금융자산, 금융거래의 내용에 대한 자료·정보 중 대출금액 등 대통령령으로 정하는 자료·정보("금융정보 등")를 공단에 제출하여야 하며, 제1항 단서에 따른 보험료부과점수 산정을 위하여 필요한 금융정보 등을 공단에 제공하는 것에 대하여 동의한다는 서면을 함께 제출하여야 한다(법 제72조 제3항).

06

보험료부과와 관련된 제도 개선을 위하여 보건복지부장관 소속으로 관계 중앙행정기관 소속 공무원 및 민간전문가로 구성된 보험료부과제도개선위원회("제도개선위원회")를 둔다(법 제72조의2 제1항).

오답분석
② 제도개선위원회는 다음 각 호의 사항을 심의한다(법 제72조의2 제2항).
　1. 가입자의 소득 파악 실태에 관한 조사 및 연구에 관한 사항
　2. 가입자의 소득 파악 및 소득에 대한 보험료 부과 강화를 위한 개선 방안에 관한 사항
　3. 그 밖에 보험료부과와 관련된 제도 개선 사항으로서 위원장이 회의에 부치는 사항
③ 보건복지부장관은 제1항에 따른 제도개선위원회 운영 결과를 국회에 보고하여야 한다(법 제72조의2 제3항).
④ 제도개선위원회의 구성·운영 등에 관하여 필요한 사항은 대통령령으로 정한다(법 제72조의2 제4항).

07

보험료 부과제도에 대한 적정성 평가(법 제72조의3 제2항)
보건복지부장관은 제1항에 따른 적정성 평가를 하는 경우에는 다음 각 호를 종합적으로 고려하여야 한다.
1. 제72조의2 제2항 제2호에 따라 제도개선위원회가 심의한 가입자의 소득 파악 현황 및 개선방안
2. 공단의 소득 관련 자료 보유 현황
3. 소득세법 제4조에 따른 종합소득(종합과세되는 종합소득과 분리과세되는 종합소득을 포함한다) 과세 현황
4. 직장가입자에게 부과되는 보험료와 지역가입자에게 부과되는 보험료 간 형평성
5. 제1항에 따른 인정기준 및 산정기준의 조정으로 인한 보험료 변동
6. 그 밖에 적정성 평가 대상이 될 수 있는 사항으로서 보건복지부장관이 정하는 사항

오답분석
① 보건복지부장관은 제5조에 따른 피부양자 인정기준("인정기준")과 제69조부터 제72조까지의 규정에 따른 보험료, 보수월액, 소득월액 및 보험료부과점수의 산정 기준 및 방법 등("산정기준")에 대하여 적정성을 평가하고, 국민건강보험법 시행일로부터 4년이 경과한 때 이를 조정하여야 한다(법 제72조의3 제1항).
② 보건복지부장관은 제1항에 따른 적정성 평가를 하는 경우에는 공단의 소득 관련 자료 보유 현황을 고려하여야 한다(법 제72조의3 제2항 제2호).
④ 제1항에 따른 적정성 평가의 절차, 방법 및 그 밖에 적정성 평가를 위하여 필요한 사항은 대통령령으로 정한다(법 제72조의3 제3항).

08
정답 ①

㉮ 직장가입자의 보험료율은 <u>1,000분의 80(㉠)</u>의 범위에서 심의위원회의 의결을 거쳐 대통령령으로 정한다(법 제73조 제1항).

㉯ 국외에서 업무에 종사하고 있는 직장가입자에 대한 보험료율은 제1항에 따라 정해진 보험료율의 <u>100분의 50(㉡)</u>으로 한다(법 제73조 제2항).

㉰ 지역가입자의 보험료부과점수당 금액은 <u>심의위원회(㉢)</u>의 의결을 거쳐 대통령령으로 정한다(법 제73조 제3항).

09
정답 ②

보험료의 면제(법 제74조 제1항)
공단은 직장가입자가 제54조 제2호부터 제4호까지의 어느 하나에 해당하는 경우(같은 조 제2호에 해당하는 경우에는 1개월 이상의 기간으로서 대통령령으로 정하는 기간 이상 국외에 체류하는 경우에 한정한다. 이하 이 조에서 같다) 그 가입자의 보험료를 면제한다. 다만, 제54조 제2호에 해당하는 직장가입자의 경우에는 국내에 거주하는 피부양자가 없을 때에만 보험료를 면제한다.

급여의 정지(법 제54조)
보험급여를 받을 수 있는 사람이 다음 각 호의 어느 하나에 해당하면 그 기간에는 보험급여를 하지 아니한다. 다만, 제3호 및 제4호의 경우에는 제60조에 따른 요양급여를 실시한다.
1. 삭제
2. 국외에 체류하는 경우
3. 제6조 제2항 제2호에 해당하게 된 경우[병역법에 따른 현역병(지원에 의하지 아니하고 임용된 하사를 포함한다), 전환복무된 사람 및 군간부후보생]
4. 교도소, 그 밖에 이에 준하는 시설에 수용되어 있는 경우

오답분석
① 직장가입자가 국외에 체류하는 경우에는 1개월 이상의 기간으로서 대통령령으로 정하는 기간 이상 국외에 체류하는 경우에만 그 가입자의 보험료를 면제한다(법 제74조 제1항 단서).
③ 지역가입자가 제54조 제2호부터 제4호까지의 어느 하나에 해당하면 그 가입자가 속한 세대의 보험료를 산정할 때 그 가입자의 제72조에 따른 보험료부과점수를 제외한다(법 제74조 제2항).
④ 제1항에 따른 보험료의 면제나 제2항에 따라 보험료의 산정에서 제외되는 보험료부과점수에 대하여는 제54조 제2호부터 제4호까지의 어느 하나에 해당하는 급여정지 사유가 생긴 날이 속하는 달의 다음 달부터 사유가 없어진 날이 속하는 달까지 적용한다(법 제74조 제3항 전단).

10
정답 ③

보험료 납부의무자가 보험료를 계좌 또는 신용카드 자동이체의 방법으로 내는 경우에는 대통령령으로 정하는 바에 따라 보험료를 감액하는 등 재산상의 이익을 제공할 수 있다(법 제75조 제2항 제2호).

오답분석
① 제1항에 따른 보험료 경감의 방법·절차 등에 필요한 사항은 보건복지부장관이 정하여 고시한다(법 제75조 제3항).
② 보험료 납부의무자가 보험의 납입 고지를 전자문서로 받는 경우에는 대통령령으로 정하는 바에 따라 보험료를 감액하는 등 재산상의 이익을 제공할 수 있다(법 제75조 제2항 제1호).
④ 다음 각 호의 어느 하나에 해당하는 가입자 중 보건복지부령으로 정하는 가입자에 대하여는 그 가입자 또는 그 가입자가 속한 세대의 보험료의 일부를 경감할 수 있다(법 제75조 제1항).
  1. 섬·벽지(僻地)·농어촌 등 대통령령으로 정하는 지역에 거주하는 사람
  2. 65세 이상인 사람
  3. 장애인복지법에 따라 등록한 장애인
  4. 국가유공자 등 예우 및 지원에 관한 법률 제4조 제1항 제4호(전상군경), 제6호(공상군경), 제12호(4·19혁명부상자), 제15호(공상공무원) 및 제17호(국가사회발전 특별공로상이자)에 따른 국가유공자
  5. 휴직자
  6. 그 밖에 생활이 어렵거나 천재지변 등의 사유로 보험료를 경감할 필요가 있다고 보건복지부장관이 정하여 고시하는 사람

11
정답 ②

직장가입자가 교직원으로서 사립학교에 근무하는 교원이면 보험료액은 그 직장가입자가 100분의 50을, 제3조 제2호 다목에 해당하는 사용자(사립학교를 설립·운영하는 자)가 100분의 30을, 국가가 100분의 20을 각각 부담한다(법 제76조 제1항 단서).

오답분석
① 직장가입자가 근로자인 경우에 직장가입자의 보수월액보험료는 직장가입자와 근로자가 소속되어 있는 사업장의 사업주가 각각 보험료액의 100분의 50씩 부담한다(법 제76조 제1항 제1호).
③ 지역가입자의 보험료는 그 가입자가 속한 세대의 지역가입자 전원이 연대하여 부담한다(법 제76조 제3항).
④ 직장가입자가 교직원인 경우 제3조 제2호 다목(교직원이 소속되어 있는 사립학교를 설립·운영하는 자)에 해당하는 사용자가 부담액 전부를 부담할 수 없으면 그 부족액을 학교에 속하는 회계에서 부담하게 할 수 있다(법 제76조 제4항).

12

정답 ③

소득 및 재산이 없는 미성년자와 소득 및 재산 등을 고려하여 대통령령으로 정하는 기준에 해당하는 미성년자는 납부의무를 부담하지 아니한다(법 제77조 제2항 난서).

오답분석

① 직장가입자의 보수월액보험료는 사용자가 납부해야 한다. 이 경우 사업장의 사용자가 2명 이상인 때에는 그 사업장의 사용자는 해당 직장가입자의 보험료를 연대하여 납부한다(법 제77조 제1항 제1호).
② 지역가입자의 보험료는 그 가입자가 속한 세대의 지역가입자 전원이 연대하여 납부한다(법 제77조 제2항 전단).
④ 사용자는 보수월액보험 중 직장가입자가 부담하여야 하는 그 달의 보험료액을 그 보수에서 공제하여 납부하여야 한다. 이 경우 직장가입자에게 공제액을 알려야 한다(법 제77조 제3항).

13

정답 ③

ⓛ 과점주주의 경우에는 그 부족한 금액을 그 법인의 발행주식 총수(의결권이 없는 주식은 제외한다) 또는 출자총액으로 나눈 금액에 해당 과점주주가 실질적으로 권리를 행사하는 주식 수(의결권이 없는 주식은 제외한다) 또는 출자액을 곱하여 산출한 금액을 한도로 한다(법 제77조의2 제1항 단서).
ⓔ 양수인의 범위 및 양수한 재산의 가액은 대통령령으로 정한다(법 제77조의2 제2항 후단).

오답분석

ⓗ 법인의 재산으로 그 법인이 납부하여야 하는 보험료, 연체금 및 체납처분비를 충당하여도 부족한 경우에는 해당 법인에게 보험료의 납부의무가 부과된 날 현재의 무한책임사원 또는 과점주주(국세기본법 제39조 각 호의 어느 하나에 해당하는 자를 말한다)가 그 부족한 금액에 대하여 제2차 납부의무를 진다(법 제77조의2 제1항 전단).
ⓒ 사업이 양도·양수된 경우에 양도일 이전에 양도인에게 납부의무가 부과된 보험료, 연체금 및 체납처분비를 양도인의 재산으로 충당하여도 부족한 경우에는 사업의 양수인이 그 부족한 금액에 대하여 양수한 재산의 가액을 한도로 제2차 납부의무를 진다(법 제77조의2 제2항 전단).

14

정답 ③

ⓐ 제77조 제1항 및 제2항에 따라 보험료 납부의무가 있는 자는 가입자에 대한 그 달의 보험료를 그 다음 달 10일까지 납부하여야 한다(법 제78조 제1항 전단).
ⓛ 직장가입자의 소득월액보험료 및 지역가입자의 보험료는 보건복지부령으로 정하는 바에 따라 분기별로 납부할 수 있다(법 제78조 제1항 단서).
ⓔ 이 경우 납부기한 연장을 신청하는 방법, 절차 등에 필요한 사항은 보건복지부령으로 정한다(법 제78조 제2항 후단).

오답분석

ⓒ 공단은 제1항에도 불구하고 납입 고지의 송달 지연 등 보건복지부령으로 정하는 사유가 있는 경우 납부의무자의 신청에 따라 제1항에 따른 납부기한부터 1개월의 범위에서 납부기한을 연장할 수 있다(법 제78조 제2항 전단).

15

정답 ①

가산금(법 제78조의2 제1항)

사업장의 사용자가 대통령령으로 정하는 사유에 해당되어 직장가입자가 될 수 없는 자를 제8조 제2항 또는 제9조 제2항을 위반하여 거짓으로 보험자에게 직장가입자로 신고한 경우 공단은 제1호의 금액에서 제2호의 금액을 뺀 금액의 100분의 10에 상당하는 가산금을 그 사용자에게 부과하여 징수한다.

1. 사용자가 직장가입자로 신고한 사람이 직장가입자로 처리된 기간 동안 그 가입자가 제69조 제5항에 따라 부담하여야 하는 보험료의 총액
2. 제1호의 기간 동안 공단이 해당 가입자에 대하여 제69조 제4항에 따라 산정하여 부과한 보험료의 총액

16

정답 ②

공단은 제1항에 따른 납입 고지를 할 때 납부의무자의 신청이 있으면 전자문서교환방식 등에 의하여 전자문서로 고지할 수 있다. 이 경우 전자문서 고지에 대한 신청 방법·절차 등에 필요한 사항은 보건복지부령으로 정한다(법 제79조 제2항).

오답분석

① 공단은 보험료 등을 징수하려면 그 금액을 결정하여 납부의무자에게 다음 각 호의 사항을 적은 문서로 납입 고지를 하여야 한다(법 제79조 제1항).
   1. 징수하려는 보험료 등의 종류
   2. 납부해야 하는 금액
   3. 납부기한 및 장소
③ 직장가입자의 사용자가 2명 이상인 경우 또는 지역가입자의 세대가 2명 이상으로 구성된 경우 그중 1명에게 한 고지는 해당 사업장의 다른 사용자 또는 세대 구성원인 다른 지역가입자 모두에게 효력이 있는 것으로 본다(법 제79조 제4항).
④ 휴직자 등의 보험료는 휴직 등의 사유가 끝날 때까지 보건복지부령으로 정하는 바에 따라 납입 고지를 유예할 수 있다(법 제79조 제5항).

17

ⓒ 보험료 등 납부대행기관은 보험료 등의 납부자로부터 보험료 등의 납부를 대행하는 대가로 수수료를 받을 수 있다(법 제79조의2 제3항).

ⓔ 보험료 등 납부대행기관의 지정 및 운영, 수수료 등에 필요한 사항은 대통령령으로 정한다(법 제79조의2 제4항).

오답분석

⑤ 공단이 납입 고지한 보험료 등을 납부하는 자는 보험료 등의 납부를 대행할 수 있도록 대통령령으로 정하는 기관 등("보험료 등 납부대행기관")을 통하여 신용카드, 직불카드 등("신용카드 등")으로 납부할 수 있다(법 제79조의2 제1항).

ⓒ 제1항에 따라 신용카드 등으로 보험료 등을 납부하는 경우에는 보험료 등 납부대행기관의 승인일을 납부일로 본다(법 제79조의2 제2항).

18

㉮ 공단은 보험료 등의 납부의무자가 보험료 또는 보험급여 제한 기간 중 받은 보험급여에 대한 징수금을 체납한 경우 납부기한까지 보험료 등을 내지 아니하면 그 납부기한이 지난 날부터 매 1일이 경과할 때마다 해당 체납금액의 1,500분의 1(㉠)에 해당하는 금액의 연체금을 징수한다. 이 경우 연체금은 해당 체납금액의 1,000분의 20을 넘지 못한다(법 제80조 제1항 제1호).

㉯ 공단은 보험료 등의 납부의무자가 보험료 또는 보험급여 제한 기간 중 받은 보험급여에 대한 징수금을 체납한 경우 체납된 보험료 등을 내지 아니하면 납부기한 후 30일이 지난 날부터 매 1일이 경과할 때마다 해당 체납금액의 6,000분의 1(㉡)에 해당하는 금액의 연체금을 제1항에 따른 연체금에 더하여 징수한다. 이 경우 연체금은 해당 체납금액의 1,000분의 50을 넘지 못한다(법 제80조 제2항 제1호).

19

제1항에 따라 독촉할 때에는 10일 이상 15일 이내의 납부기한을 정하여 독촉장을 발부하여야 한다(법 제81조 제2항).

오답분석

① 공단은 제57조(부당이득의 징수), 제77조(보험료 납부의무), 제77조의2(제2차 납부의무), 제78조의2(가산금) 및 제101조(제조업자 등의 금지행위 등)에 따라 보험료 등을 내야 하는 자가 보험료 등을 내지 아니하면 기한을 정하여 독촉할 수 있다. 이 경우 직장가입자의 사용자가 2명 이상인 경우 또는 지역가입자의 세대가 2명 이상으로 구성된 경우에는 그중 1명에게 한 독촉은 해당 사업장의 다른 사용자 또는 세대 구성원인 다른 지역가입자 모두에게 효력이 있는 것으로 본다(법 제81조 제1항).

③ 공단은 제3항에 따라 체납처분을 하기 전에 보험료 등의 체납 내역, 압류 가능한 재산의 종류, 압류 예정 사실 및 국세징수법에 따른 소액금융재산에 대한 압류금지 사실 등이 포함된 통보서를 발송하여야 한다. 다만, 법인 해산 등 긴급히 체납처분을 할 필요가 있는 경우로서 대통령령으로 정하는 경우에는 그러하지 아니하다(법 제81조 제4항).

④ 공단은 제3항에 따른 국세 체납처분의 예에 따라 압류하거나 압류한 재산의 공매에 대하여 전문지식이 필요하거나 그 밖에 특수한 사정으로 직접 공매하는 것이 적당하지 아니하다고 인정하는 경우에는 한국자산관리공사 설립 등에 관한 법률에 따라 설립된 한국자산관리공사에 공매를 대행하게 할 수 있다. 이 경우 공매는 공단이 한 것으로 본다(법 제81조 제5항). 공단은 제5항에 따라 한국자산관리공사가 공매를 대행하면 보건복지부령으로 정하는 바에 따라 수수료를 지급할 수 있다(동조 제6항).

20

공단은 보험료 징수 또는 공익목적을 위하여 필요한 경우에 신용정보의 이용 및 보호에 관한 법률의 종합신용정보집중기관이 국민건강보험법에 따른 납부기한의 다음 날부터 1년이 지난 보험료, 국민건강보험법에 따른 그 밖의 징수금과 체납처분비의 총액이 500만 원 이상인 체납자의 인적사항·체납액에 관한 자료를 요구할 때에는 그 자료를 제공할 수 있다. 다만, 체납된 보험료나 국민건강보험법에 따른 그 밖의 징수금과 관련하여 행정심판 또는 행정소송이 계류 중인 경우, 그 밖에 대통령령으로 정하는 사유가 있을 때에는 그러하지 아니하다(법 제81조의3 제1항 제1호).

21

㉠ 제77조에 따른 보험료의 납부의무자는 국가, 지방자치단체 또는 공공기관의 운영에 관한 법률 제4조에 따른 공공기관으로부터 공사·제조·구매·용역 등 대통령령으로 정하는 계약의 대가를 지급받는 경우에는 보험료와 그에 따른 연체금 및 체납처분비의 납부사실을 증명하여야 한다(법 제81조의4 제1항 전단).

ⓒ 납부의무자가 제1항에 따라 납부사실을 증명하여야 할 경우 제1항의 계약을 담당하는 주무관서 또는 공공기관은 납부의무자의 동의를 받아 공단에 조회하여 보험료와 그에 따른 연체금 및 체납처분비의 납부여부를 확인하는 것으로 제1항에 따른 납부증명을 갈음할 수 있다(법 제81조의4 제2항).

오답분석

ⓒ 납부의무자가 계약대금의 전부 또는 일부를 체납한 보험료로 납부하려는 경우 등 대통령령으로 정하는 경우에는 보험료와 그에 따른 연체금 및 체납처분비의 납부사실을 증명하지 않을 수 있다(법 제81조의4 제1항 단서).

22

정답 ②

㉮ 공단은 보험료를 3회(㉠) 이상 체납한 자가 신청하는 경우 보건복지부령으로 정하는 바에 따라 분할납부를 승인할 수 있다(법 제82조 제1항).

㉯ 공단은 제1항에 따라 분할납부 승인을 받은 자가 정당한 사유 없이 5회(㉡)(제1항에 따라 승인받은 분할납부 횟수가 5회(㉡) 미만인 경우에는 해당 분할납부 횟수를 말한다) 이상 그 승인된 보험료를 납부하지 아니하면 그 분할납부의 승인을 취소한다(법 제82조 제3항).

23

정답 ④

제1항에 따른 체납자 인적사항 등의 공개는 관보에 게재하거나 공단 인터넷 홈페이지에 게시하는 방법에 따른다. 제1항부터 제4항까지의 규정에 따른 체납자 인적사항 등의 공개와 관련한 납부능력의 기준, 공개절차 및 위원회의 구성·운영 등에 필요한 사항은 대통령령으로 정한다(법 제83조 제4항·제5항).

오답분석

① 공단은 국민건강보험법에 따른 납부기한의 다음 날부터 1년이 경과한 보험료, 연체금과 체납처분비(제84조에 따라 결손처분한 보험료, 연체금과 체납처분비로서 징수권 소멸시효가 완성되지 아니한 것을 포함한다)의 총액이 1,000만 원 이상인 체납자가 납부능력이 있음에도 불구하고 체납한 경우 그 인적사항·체납액 등("인적사항 등")을 공개할 수 있다(법 제83조 제1항 전단).

② 체납된 보험료, 연체금과 체납처분비와 관련하여 제87조에 따른 이의신청, 제88조에 따른 심판청구가 제기되거나 행정소송이 계류 중인 경우 또는 그 밖에 체납된 금액의 일부 납부 등 대통령령으로 정하는 사유가 있는 경우에는 그 인적사항 등을 공개할 수 없다(법 제83조 제1항 단서).

③ 공단은 보험료정보공개심의위원회의 심의를 거친 인적사항 등의 공개대상자에게 공개대상자임을 서면으로 통지하여 소명의 기회를 부여하여야 하며, 통지일부터 6개월이 경과한 후 체납액의 납부이행 등을 감안하여 공개대상자를 선정한다(법 제83조 제3항).

24

정답 ①

공단은 재정운영위원회의 의결을 받아 보험료 등을 결손처분할 수 있다(법 제84조 제1항 각 호 외의 부분).

오답분석

② 공단은 체납처분이 끝나고 체납액에 충당될 배분금액이 그 체납액에 미치지 못하는 경우에는 재정운영위원회의 의결을 받아 보험료 등을 결손처분 할 수 있다(법 제84조 제1항 제1호).

③ 공단은 해당 권리에 대한 소멸시효가 완성된 경우에는 재정운영위원회의 의결을 받아 보험료 등을 결손처분 할 수 있다(법 제84조 제1항 제2호).

④ 공단은 징수할 가능성이 없다고 인정되어 보험료 등을 결손처분을 한 후 압류할 수 있는 다른 재산이 있는 것을 발견한 때에는 지체 없이 그 처분을 취소하고 체납처분을 하여야 한다(법 제84조 제2항).

25

정답 ③

㉡ 보험료 등의 납부기한 전에 전세권·질권·저당권 또는 동산·채권 등의 담보에 관한 법률에 따른 담보권의 설정을 등기 또는 등록한 사실이 증명되는 재산을 매각할 때에 그 매각대금 중에서 보험료 등을 징수하는 경우 그 전세권·질권·저당권 또는 동산·채권 등의 담보에 관한 법률에 따른 담보권으로 담보된 채권에 대하여는 보험료 등을 우선해 징수하지 않는다(법 제85조 단서).

㉢ 공단은 납부의무자가 보험료 등·연체금 또는 체납처분비로 낸 금액 중 과오납부한 금액이 있으면 대통령령으로 정하는 바에 따라 그 과오납금을 보험료 등·연체금 또는 체납처분비에 우선 충당하여야 한다(법 제86조 제1항).

오답분석

㉠ 보험료 등은 국세와 지방세를 제외한 다른 채권에 우선하여 징수한다(법 제85조 전단). 즉, 국세와 지방세는 보험료 등보다 우선해 징수한다.

㉣ 공단은 제1항에 따라 충당하고 남은 금액이 있는 경우 대통령령으로 정하는 바에 따라 납부의무자에게 환급하여야 한다(법 제86조 제2항). 제1항 및 제2항의 경우 과오납금에 대통령령으로 정하는 이자를 가산하여야 한다(동조 제3항).

01	02	03	04	05					
④	②	③	①	①					

01

정답 ④

제3항 본문에도 불구하고 요양기관이 제48조(요양급여 대상 여부의 확인 등)에 따른 심사평가원의 확인에 대하여 이의신청을 하려면 같은 조 제2항에 따라 통보받은 날부터 30일 이내에 하여야 한다(법 제87조 제4항).

오답분석

① 요양급여비용 및 요양급여의 적정성 평가 등에 관한 심사평가원의 처분에 이의가 있는 공단, 요양기관 또는 그 밖의 자는 심사평가원에 이의신청을 할 수 있다(법 제87조 제2항).

② 가입자 및 피부양자의 자격, 보험료 등, 보험급여, 보험급여 비용에 관한 공단의 처분에 이의가 있는 자는 공단에 이의신청을 할 수 있다(법 제87조 제1항).

③ 제1항 및 제2항에 따른 이의신청은 처분이 있음을 안 날부터 90일 이내에 문서(전자문서를 포함한다)로 하여야 하며 처분이 있은 날부터 180일을 지나면 제기하지 못한다. 다만, 정당한 사유로 그 기간에 이의신청을 할 수 없었음을 소명한 경우에는 그러하지 아니하다(법 제87조 제3항).

02

정답 ②

심판청구의 제기기간 및 제기방법에 관하여는 제87조 제3항을 준용한다(법 제88조 제1항 후단). 즉, 심판청구는 처분이 있음을 안 날부터 90일 이내에 문서(전자문서를 포함한다)로 하여야 하며 처분이 있은 날부터 180일을 지나면 제기하지 못한다. 다만, 정당한 사유로 그 기간에 심판청구를 할 수 없었음을 소명한 경우에는 그러하지 아니하다(법 제87조 제3항 준용).

오답분석

① 이의신청에 대한 결정에 불복하는 자는 제89조에 따른 건강보험분쟁조정위원회에 심판청구를 할 수 있다(법 제88조 제1항 전단).

③ 제1항에 따라 심판청구를 하려는 자는 대통령령으로 정하는 심판청구서를 제87조 제1항 또는 제2항에 따른 처분을 한 공단 또는 심사평가원에 제출하거나 제89조에 따른 건강보험분쟁조정위원회에 제출하여야 한다(법 제88조 제2항).

④ 제1항 및 제2항에서 규정한 사항 외에 심판청구의 절차·방법·결정 및 그 결정의 통지 등에 필요한 사항은 대통령령으로 정한다(법 제88조 제3항).

03

정답 ③

분쟁조정위원회의 회의는 위원장, 당연직위원 및 위원장이 매 회의마다 지정하는 7명의 위원을 포함하여 총 9명으로 구성하되, 공무원이 아닌 위원이 과반수가 되도록 하여야 한다(법 제89조 제3항).

오답분석

① 제88조에 따른 심판청구를 심리·의결하기 위하여 보건복지부에 건강보험분쟁조정위원회("분쟁조정위원회")를 둔다(법 제89조 제1항).

② 분쟁조정위원회는 위원장을 포함하여 60명 이내의 위원으로 구성하고, 위원장을 제외한 위원 중 1명은 당연직위원으로 한다. 이 경우 공무원이 아닌 위원이 전체 위원의 과반수가 되도록 하여야 한다(법 제89조 제2항).

④ 분쟁조정위원회는 제3항에 따른 구성원 과반수의 출석과 출석위원 과반수의 찬성으로 의결한다(법 제89조 제4항).

04

정답 ①

"공무원이 정당한 이유 없이 그 직무수행을 거부하거나 그 직무를 유기한 때에는 1년 이하의 징역이나 금고 또는 3년 이하의 자격정지에 처한다."라는 형법 제122조(직무유기)의 규정은 건강보험분쟁조정위원회의 위원을 공무원으로 의제하는 경우에 해당하지 않는다.

오답분석

분쟁조정위원회의 위원 중 공무원이 아닌 사람은 형법 제129조부터 제132조까지의 규정을 적용할 때 공무원으로 본다(법 제89조 제7항).

> **공무원의 직무에 관한 죄(형법 제129조부터 제132조)**
> - 수뢰, 사전수뢰(형법 제129조)
> - 제3자뇌물제공(형법 제130조)
> - 수뢰후부정처사, 사후수뢰(형법 제131조)
> - 알선수뢰(형법 제132조)

05

정답 ①

심판청구(법 제88조)

① 이의신청에 대한 결정에 불복하는 자는 제89조에 따른 <u>건강보험분쟁조정위원회</u>에 심판청구를 할 수 있다. 이 경우 심판청구의 제기기간 및 제기방법에 관하여는 제87조제3항을 준용한다.

② 제1항에 따라 심판청구를 하려는 자는 대통령령으로 정하는 심판청구서를 제87조제1항 또는 제2항에 따른 처분을 한 공단 또는 심사평가원에 제출하거나 제89조에 따른 <u>건강보험분쟁조정위원회</u>에 제출하여야 한다.

③ 제1항 및 제2항에서 규정한 사항 외에 심판청구의 절차·방법·결정 및 그 결정의 통지 등에 필요한 사항은 대통령령으로 정한다.

08 보칙

01	02	03	04	05	06	07	08	09	10
③	④	④	①	②	③	③	②	②	②
11	12	13	14	15	16	17	18	19	20
①	①	③	②	①	④	③	④	④	④
21	22	23							
③	②	③							

01 정답 ③

- ○ 보험급여를 받을 권리, 보험급여 비용을 받을 권리, 과다 납부된 본인일부부담금을 돌려받을 권리는 3년 동안 행사하지 아니하면 소멸시효가 완성된다(법 제91조 제1항 제3호부터 제5호).
- ⓒ 제1항에 따른 시효는 다음 각 호의 어느 하나의 사유로 중단된다(법 제91조 제2항).
  1. 보험료의 고지 또는 독촉
  2. 보험급여 또는 보험급여 비용의 청구
- ② 휴직자 등의 보수월액보험료를 징수할 권리의 소멸시효는 제79조(보험료 등의 납입 고지) 제5항에 따라 고지가 유예된 경우 휴직 등의 사유가 끝날 때까지 진행하지 아니한다(법 제91조 제3항).

오답분석

- ○ 보험료, 연체금 및 가산금을 징수할 권리, 보험료, 연체금 및 가산금으로 과오납부 한 금액을 환급받을 권리는 3년 동안 행사하지 아니하면 소멸시효가 완성된다(법 제91조 제1항 제1호·제2호).
- ⓜ 제1항에 따른 소멸시효기간, 제2항에 따른 시효 중단 및 제3항에 따른 시효 정지에 관하여 국민건강보험법에서 정한 사항 외에는 민법에 따른다(법 제91조 제4항).

02 정답 ④

- ○·ⓒ 공단은 사용자, 직장가입자 및 세대주에게 가입자의 거주지 변경 사항, 가입자의 보수·소득, 그 밖에 건강보험 사업을 위하여 필요한 사항을 신고하게 하거나 관계 서류(전자적 방법으로 기록된 것을 포함한다. 이하 같다)를 제출하게 할 수 있다(법 제94조 제1항 제1호·제3호).
- ⓒ 공단은 제1항에 따라 신고한 사항이나 제출받은 자료에 대하여 사실 여부를 확인할 필요가 있으면 소속 직원이 해당 사항에 관하여 조사하게 할 수 있다(법 제94조 제2항).
- ② 제2항에 따라 조사를 하는 소속 직원은 그 권한을 표시하는 증표를 지니고 관계인에게 보여주어야 한다(법 제94조 제3항).

03 정답 ④

- ○ 공단은 제94조 제1항에 따라 신고한 보수 또는 소득 등에 축소 또는 탈루(脫漏)가 있다고 인정하는 경우에는 보건복지부장관을 거쳐 소득의 축소 또는 탈루에 관한 사항을 문서로 국세청장에게 송부할 수 있다(법 제95조 제1항).
- ⓒ 국세청장은 제1항에 따라 송부 받은 사항에 대하여 국세기본법 등 관련 법률에 따른 세무조사를 하면 그 조사 결과 중 보수·소득에 관한 사항을 공단에 송부하여야 한다(법 제95조 제2항).
- ⓒ 제1항 및 제2항에 따른 송부 절차 등에 필요한 사항은 대통령령으로 정한다(법 제95조 제3항).

04 정답 ①

- ○·ⓒ 공단은 국가, 지방자치단체, 요양기관, 보험업법에 따른 보험회사 및 보험료율 산출 기관, 공공기관의 운영에 관한 법률에 따른 공공기관, 그 밖의 공공단체 등에 대하여 다음 각 호의 업무를 수행하기 위하여 주민등록·가족관계등록·국세·지방세·토지·건물·출입국관리 등의 자료로서 대통령령으로 정하는 자료를 제공하도록 요청할 수 있다(법 제96조 제1항).
  1. 가입자 및 피부양자의 자격 관리, 보험료의 부과·징수, 보험급여의 관리 등 건강보험사업의 수행
  2. 제14조 제1항 제11호에 따른 업무의 수행(징수위탁근거법에 따라 위탁받은 업무)

오답분석

- ⓒ 제1항 및 제2항에 따른 국가, 지방자치단체, 요양기관, 보험업법에 따른 보험료율 산출 기관 그 밖의 공공기관 및 공공단체가 공단 또는 심사평가원에 제공하는 자료에 대하여는 사용료와 수수료 등을 면제한다(법 제96조 제6항).
- ② 심사평가원은 국가, 지방자치단체, 요양기관, 보험업법에 따른 보험회사 및 보험료율 산출 기관, 공공기관의 운영에 관한 법률에 따른 공공기관, 그 밖의 공공단체 등에 대하여 요양급여비용을 심사하고 요양급여의 적정성을 평가하기 위하여 주민등록·출입국관리·진료기록·의약품공급 등의 자료로서 대통령령으로 정하는 자료를 제공하도록 요청할 수 있다(법 제96조 제2항).
- ⓜ 보건복지부장관은 관계 행정기관의 장에게 제41조의2에 따른 약제에 대한 요양급여비용 상한금액의 감액 및 요양급여의 적용 정지를 위하여 필요한 자료를 제공하도록 요청할 수 있다(법 제96조 제3항).

05

시효는 보험급여 또는 보험급여 비용의 청구의 사유로 중단된다(법 제91조 제2항 제2호).

오답분석

① 법 제91조 제2항
③ 법 제91조 제1항 제5호
④ 법 제91조 제3항

06

ⓒ 법원행정처장은 제1항에 따라 공단이 전산정보자료의 공동이용을 요청하는 경우 그 공동이용을 위하여 필요한 조치를 취하여야 한다(법 제96조의3 제2항).
ⓔ 누구든지 제1항에 따라 공동이용하는 전산정보자료를 그 목적 외의 용도로 이용하거나 활용하여서는 아니 된다(법 제96조의3 제3항).

오답분석

ⓐ·ⓑ 공단은 제96조 제1항 각 호의 업무를 수행하기 위하여 전자정부법에 따라 가족관계의 등록 등에 관한 법률에 따른 전산정보자료를 공동이용 할 수 있다(법 제96조의3 제1항).
  1. 가입자 및 피부양자의 자격 관리, 보험료의 부과·징수, 보험급여의 관리 등 건강보험사업의 수행(법 제96조 제1항 제1호)
  2. 징수위탁근거법에 따라 위탁받은 업무의 수행(법 제96조 제2호)

07

ⓐ 요양기관은 요양급여가 끝난 날부터 5년간 보건복지부령으로 정하는 바에 따라 제47조에 따른 요양급여비용의 청구에 관한 서류를 보존하여야 한다. 다만, 약국 등 보건복지부령으로 정하는 요양기관은 처방전을 요양급여비용을 청구한 날부터 3년간 보존하여야 한다(법 제96조의4 제1항).
ⓑ 사용자는 3년간 보건복지부령으로 정하는 바에 따라 자격 관리 및 보험료 산정 등 건강보험에 관한 서류를 보존하여야 한다(법 제96조의4 제2항).
ⓒ 제49조 제3항에 따라 요양비를 청구한 준요양기관은 요양비를 지급받은 날부터 3년간 보건복지부령으로 정하는 바에 따라 요양비 청구에 관한 서류를 보존하여야 한다(법 제96조의4 제3항).
ⓔ 제51조 제2항에 따라 보조기기에 대한 보험급여를 청구한 자는 보험급여를 지급받은 날부터 3년간 보건복지부령으로 정하는 바에 따라 보험급여 청구에 관한 서류를 보존하여야 한다(법 제96조의4 제4항).
따라서 ⓐ~ⓔ에 들어갈 숫자를 모두 더하면 5+3+3+3=14이다.

08

ⓐ 보건복지부장관은 사용자, 직장가입자 또는 세대주에게 가입자의 이동·보수·소득이나 그 밖에 필요한 사항에 관한 보고 또는 서류 제출을 명하거나, 소속 공무원이 관계인에게 질문하게 하거나 관계 서류를 검사하게 할 수 있다(법 제97조 제1항).
ⓔ 보건복지부장관은 약제에 대한 요양급여비용 상한금액의 감액 및 요양급여의 적용 정지를 위하여 필요한 경우에는 약사법에 따른 의약품공급자에 대하여 금전, 물품, 편익, 노무, 향응, 그 밖의 경제적 이익 등 제공으로 인한 의약품 판매 질서 위반 행위에 관한 보고 또는 서류 제출을 명하거나, 소속 공무원이 관계인에게 질문하게 하거나 관계 서류를 검사하게 할 수 있다(법 제97조 제5항).

오답분석

ⓑ 보건복지부장관은 요양기관(요양을 실시한 기관을 포함한다)에 대하여 요양·약제의 지급 등 보험급여에 관한 보고 또는 서류 제출을 명하거나, 소속 공무원이 관계인에게 질문하게 하거나 관계 서류를 검사하게 할 수 있다(법 제97조 제2항).
ⓒ 보건복지부장관은 대행청구단체에 필요한 자료의 제출을 명하거나, 소속 공무원이 대행청구에 관한 자료 등을 조사·확인하게 할 수 있다(법 제97조 제4항).

09

보건복지부장관은 요양기관이 속임수나 그 밖의 부당한 방법으로 보험자·가입자 및 피부양자에게 요양급여비용을 부담하게 한 경우에 해당하면 그 요양기관에 대하여 1년의 범위에서 기간을 정하여 업무정지를 명할 수 있다(법 제98조 제1항 제1호).

오답분석

① 보건복지부장관은 요양기관이 제97조(보고와 검사) 제2항에 따른 명령에 위반하거나 거짓 보고를 하거나 거짓 서류를 제출하거나, 소속 공무원의 검사 또는 질문을 거부·방해 또는 기피한 경우에 해당하면 그 요양기관에 대하여 1년의 범위에서 기간을 정하여 업무정지를 명할 수 있다(법 제98조 제1항 제2호).
③ 보건복지부장관은 요양기관이 정당한 사유 없이 요양기관이 제41조의3(행위·치료재료 및 약제에 대한 요양급여 대상 여부의 결정) 제1항에 따른 결정을 신청하지 아니하고 속임수나 그 밖의 부당한 방법으로 행위·치료재료를 가입자 또는 피부양자에게 실시 또는 사용하고 비용을 부담시킨 경우에 해당하면 그 요양기관에 대하여 1년의 범위에서 기간을 정하여 업무정지를 명할 수 있다(법 제98조 제1항 제3호).
④ 제1항에 따라 업무정지 처분을 받은 자는 해당 업무정지 기간 중에는 요양급여를 하지 못한다(법 제98조 제2항).

10　　정답 ②

양수인 또는 합병 후 존속하는 법인이나 합병으로 설립되는 법인이 업무정지 처분 또는 위반사실을 알지 못하였음을 증명하는 경우에는 업무정지 처분의 효과는 승계되지 않는다(법 제98조 제3항 단서).

[오답분석]

① 업무정지 처분의 효과는 그 처분이 확정된 요양기관을 양수한 자 또는 합병 후 존속하는 법인이나 합병으로 설립되는 법인에 승계되고, 업무정지 처분의 절차가 진행 중인 때에는 양수인 또는 합병 후 존속하는 법인이나 합병으로 설립되는 법인에 대하여 그 절차를 계속 진행할 수 있다(법 제98조 제3항 전단).

③ 업무정지 처분을 받았거나 업무정지 처분의 절차가 진행 중인 자는 행정처분을 받은 사실 또는 행정처분절차가 진행 중인 사실을 보건복지부령으로 정하는 바에 따라 양수인 또는 합병 후 존속하는 법인이나 합병으로 설립되는 법인에 지체 없이 알려야 한다(법 제98조 제4항).

④ 업무정지를 부과하는 위반행위의 종류, 위반 정도 등에 따른 행정처분기준이나 그 밖에 필요한 사항은 대통령령으로 정한다(법 제98조 제5항).

11　　정답 ①

보건복지부장관은 요양기관이 제98조 제1항 제1호(속임수나 그 밖의 부당한 방법으로 보험자 · 가입자 및 피부양자에게 요양급여비용을 부담하게 한 경우) 또는 제3호(정당한 사유 없이 요양기관이 행위 · 치료재료 및 약제에 대한 요양급여대상 여부의 결정을 보건복지부장관에게 신청하지 아니하고 속임수나 그 밖의 부당한 방법으로 행위 · 치료재료를 가입자 또는 피부양자에게 실시 또는 사용하고 비용을 부담시킨 경우)에 해당하여 업무정지 처분을 하여야 하는 경우로서 그 업무정지 처분이 해당 요양기관을 이용하는 사람에게 심한 불편을 주거나 보건복지부장관이 정하는 특별한 사유가 있다고 인정되면 업무정지 처분을 갈음하여 속임수나 그 밖의 부당한 방법으로 부담하게 한 금액의 5배(㉠) 이하의 금액을 과징금으로 부과 · 징수할 수 있다. 이 경우 보건복지부장관은 12개월(㉡)의 범위에서 분할납부를 하게 할 수 있다(법 제99조 제1항).

12　　정답 ①

보건복지부장관은 약제를 요양급여에서 적용 정지하는 경우 환자 진료에 불편을 초래하는 등 공공복리에 지장을 줄 것으로 예상되는 때에는 해당 약제에 대한 요양급여비용 총액의 100분의 200(㉠)을 넘지 아니하는 범위에서 과징금을 부과 · 징수할 수 있다. 이 경우 보건복지부장관은 12개월(㉡)의 범위에서 분할납부를 하게 할 수 있다(법 제99조 제2항 제1호).

13　　정답 ③

㉮ 보건복지부장관은 제2항 전단에 따라 과징금 부과 대상이 된 약제가 과징금이 부과된 날부터 5년의 범위에서 대통령령으로 정하는 기간 내에 다시 제2항 전단에 따른 과징금 부과 대상이 되는 경우에는 대통령령으로 정하는 바에 따라 다음 각 호의 구분에 따른 범위에서 과징금을 부과 · 징수할 수 있다(법 제99조 제3항).

1. 제2항 제1호에서 정하는 사유로 과징금 부과대상이 되는 경우 : 해당 약제에 대한 요양급여비용 총액의 100분의 350을 넘지 아니하는 범위

2. 제2항 제2호에서 정하는 사유로 과징금 부과대상이 되는 경우 : 해당 약제에 대한 요양급여비용 총액의 100분의 100(㉠)을 넘지 아니하는 범위

㉯ 제2항 및 제3항에 따라 대통령령으로 해당 약제에 대한 요양급여비용 총액을 정할 때에는 그 약제의 과거 요양급여 실적 등을 고려하여 1년(㉡)간의 요양급여 총액을 넘지 않는 범위에서 정하여야 한다(법 제99조 제4항).

14　　정답 ②

보건복지부장관은 과징금을 징수하기 위하여 필요하면 납세자의 인적사항, 사용 목적, 과징금 부과 사유 및 부과 기준 등의 사항을 적은 문서로 관할 세무관서의 장 또는 지방자치단체의 장에게 과세정보의 제공을 요청할 수 있다(법 제99조 제7항).

[오답분석]

① 보건복지부장관은 제1항에 따른 과징금을 납부하여야 할 자가 납부기한까지 이를 내지 아니하면 대통령령으로 정하는 절차에 따라 그 과징금 부과 처분을 취소하고 업무정지 처분을 하거나 국세 체납처분의 예에 따라 이를 징수한다. 다만, 요양기관의 폐업 등으로 업무정지 처분을 할 수 없으면 국세 체납처분의 예에 따라 징수한다(법 제99조 제5항).

③ · ④ 제1항부터 제3항까지의 규정에 따라 징수한 과징금은 다음 각 호 외의 용도로는 사용할 수 없다. 이 경우 제2항 제1호 및 제3항 제1호에 따라 징수한 과징금은 제3호의 용도로 사용하여야 한다(법 제99조 제8항).

1. 제47조 제3항에 따라 공단이 요양급여비용으로 지급하는 자금

2. 응급의료에 관한 법률에 따른 응급의료기금의 지원

3. 재난적의료비 지원에 관한 법률에 따른 재난적의료비 지원사업에 대한 지원

15

정답 ①

보건복지부장관은 관련 서류의 위조·변조로 요양급여비용을 거짓으로 청구하여 제98조(업무정지) 또는 제99조(과징금)에 따른 행정처분을 받은 요양기관이 거짓으로 청구한 금액이 <u>1,500만 원(㉠)</u> 이상인 경우 또는 요양급여비용 총액 중 거짓으로 청구한 금액의 비율이 <u>100분의 20(㉡)</u> 이상인 경우 중 어느 하나에 해당하면 그 위반 행위, 처분 내용, 해당 요양기관의 명칭·주소 및 대표자 성명, 그 밖에 다른 요양기관과의 구별에 필요한 사항으로서 대통령령으로 정하는 사항을 공표할 수 있다(법 제100조 제1항 전단 및 제1호·제2호).

16

정답 ④

㉡ 보건복지부장관은 공표심의위원회의 심의를 거친 공표대상자에게 공표대상자인 사실을 알려 소명자료를 제출하거나 출석하여 의견을 진술할 기회를 주어야 한다(법 제100조 제3항).

㉢ 보건복지부장관은 공표심의위원회가 제3항에 따라 제출된 소명자료 또는 진술된 의견을 고려하여 공표대상자를 재심의한 후 공표대상자를 선정한다(법 제100조 제4항).

㉣ 제1항부터 제4항까지에서 규정한 사항 외에 공표의 절차·방법, 공표심의위원회의 구성·운영 등에 필요한 사항은 대통령령으로 정한다(법 제100조 제5항).

오답분석

㉠ 보건복지부장관은 제1항에 따른 공표 여부 등을 심의하기 위하여 건강보험공표심의위원회("공표심의위원회")를 설치·운영한다(법 제100조 제2항).

17

정답 ③

㉢ 공단은 제1항을 위반하여 보험자·가입자 및 피부양자에게 손실을 주는 행위를 한 제조업자 등에 대하여 손실에 상당하는 금액("손실 상당액")을 징수한다(법 제101조 제3항).

㉣ 공단은 제3항에 따라 징수한 손실 상당액 중 가입자 및 피부양자의 손실에 해당되는 금액을 그 가입자나 피부양자에게 지급하여야 한다. 이 경우 공단은 가입자나 피부양자에게 지급하여야 하는 금액을 그 가입자 및 피부양자가 내야 하는 보험료 등과 상계할 수 있다(법 제101조 제4항).

오답분석

㉠·㉡ 제조업자 등은 약제·치료재료와 관련하여 요양급여 대상 여부를 결정하거나 요양급여비용을 산정할 때에 다음 각 호의 행위를 하여 보험자·가입자 및 피부양자에게 손실을 주어서는 아니 된다(법 제101조 제1항).
1. 제98조 제1항 제1호에 해당하는 요양기관의 행위에 개입(→ 요양기관이 속임수나 그 밖의 부당한 방법으로 보험자·가입자 및 피부양자에게 요양급여비용을 부담하게 한 경우)

2. 보건복지부, 공단 또는 심사평가원에 거짓 자료의 제출
3. 그 밖에 속임수나 보건복지부령으로 정하는 부당한 방법으로 요양급여대상 여부의 결정과 요양급여비용의 산정에 영향을 미치는 행위

18

정답 ④

공단, 심사평가원 및 대행청구단체에 종사하였던 사람 또는 종사하는 사람은 가입자 및 피부양자의 개인정보를 누설하거나 직무상 목적 외의 용도로 이용 또는 정당한 사유 없이 제3자에게 제공하는 행위를 하여서는 아니 된다(법 제102조 제1호).

19

정답 ④

보건복지부장관은 제1항에 따른 감독상 필요한 경우에는 정관이나 규정의 변경 또는 그 밖에 필요한 처분을 명할 수 있다(법 제103조 제2항).

오답분석

①·②·③ 보건복지부장관은 공단과 심사평가원의 경영목표를 달성하기 위하여 다음 각 호의 사업이나 업무에 대하여 보고를 명하거나 그 사업이나 업무 또는 재산상황을 검사하는 등 감독을 할 수 있다(법 제103조 제1항).
1. 제14조 제1항 제1호부터 제13호까지의 규정에 따른 공단의 업무 및 제63조 제1항 제1호부터 제7호까지의 규정에 따른 심사평가원의 업무
2. 공공기관의 운영에 관한 법률 제50조에 따른 경영지침의 이행과 관련된 사업
3. 국민건강보험법 또는 다른 법령에서 공단과 심사평가원이 위탁받은 업무
4. 그 밖에 관계 법령에서 정하는 사항과 관련된 사업

20

정답 ④

포상금 및 장려금의 지급 기준과 범위, 절차 및 방법 등에 필요한 사항은 대통령령으로 정한다(법 제104조 제4항).

오답분석

① 공단은 속임수나 그 밖의 부당한 방법으로 보험급여 비용을 받은 요양기관 또는 보험급여를 받은 준요양기관 및 보조기기 판매업자를 신고한 사람에 대하여 포상금을 지급할 수 있다(법 제104조 제1항 제3호).
② 공단은 속임수나 그 밖의 부당한 방법으로 다른 사람이 보험급여를 받도록 한 자를 신고한 사람에 대하여 포상금을 지급할 수 있다(법 제104조 제1항 제2호).
③ 공단은 건강보험 재정을 효율적으로 운영하는 데에 이바지한 요양기관에 대하여 장려금을 지급할 수 있다(법 제104조 제2항).

21

정답 ③

국내체류 외국인 등(제9항 단서의 적용을 받는 사람에 한정한다)에 해당하는 지역가입자의 보험료는 제78조 제1항 본문(보험료 납부의무가 있는 자는 가입자에 대한 그 달의 보험료를 그 다음 달 10일까지 납부하여야 한다)에도 불구하고 그 직전 월 25일까지 납부하여야 한다. 대통령령으로 정하는 국내체류 외국인 등의 보험료 부과·징수에 관한 사항은 그 특성을 고려하여 보건복지부장관이 다르게 정하여 고시할 수 있다(법 제109조 제8항 전단 및 제9항 단서).

오답분석

① 국내체류 외국인 등이 외국의 법령, 외국의 보험 또는 사용자와의 계약 등에 따라 요양급여에 상당하는 의료보장을 받을 수 있어 사용자 또는 가입자가 보건복지부령으로 정하는 바에 따라 가입 제외를 신청한 경우에는 가입자 및 피부양자가 될 수 없다(법 제109조 제5항 제2호).
② 가입자인 국내체류 외국인 등이 매월 2일 이후 지역가입자의 자격을 취득하고 그 자격을 취득한 날이 속하는 달에 보건복지부장관이 고시하는 사유로 해당 자격을 상실한 경우에는 제69조 제2항 본문에도 불구하고 그 자격을 취득한 날이 속하는 달의 보험료를 부과하여 징수한다(법 제109조 제7항).
④ 공단은 지역가입자인 국내체류 외국인 등(제9항 단서의 적용을 받는 사람에 한정한다)이 보험료를 체납한 경우에는 제53조 제3항에도 불구하고 체납일부터 체납한 보험료를 완납할 때까지 보험급여를 하지 아니한다(법 제109조 제10항 전단).

22

정답 ②

제1항에 따라 공단에 신청한 가입자("임의계속가입자")는 제9조(자격의 변동 시기 등)에도 불구하고 대통령령으로 정하는 기간 동안 직장가입자의 자격을 유지한다. 다만, 제1항에 따른 신청 후 최초로 내야 할 직장가입자 보험료를 그 납부기한부터 2개월이 지난 날까지 내지 아니한 경우에는 그 자격을 유지할 수 없다(법 제110조 제2항).

오답분석

① 사용관계가 끝난 사람 중 직장가입자로서의 자격을 유지한 기간이 보건복지부령으로 정하는 기간 동안 통산 1년 이상인 사람은 지역가입자가 된 이후 최초로 제79조에 따라 지역가입자 보험료를 고지받은 날부터 그 납부기한에서 2개월이 지나기 이전까지 공단에 직장가입자로서의 자격을 유지할 것을 신청할 수 있다(법 제110조 제1항).
③ 임의계속가입자의 보수월액은 보수월액보험료가 산정된 최근 12개월간의 보수월액을 평균한 금액으로 한다(법 제110조 제3항).
④ 임의계속가입자의 보수월액보험료는 제76조 제1항 및 제77조 제1항 제1호에도 불구하고 그 임의계속가입자가 전액을 부담하고 납부한다(법 제110조 제5항).

23

정답 ③

국민건강보험법에 따른 보건복지부장관의 권한은 대통령령으로 정하는 바에 따라 그 일부를 특별시장·광역시장·도지사 또는 특별자치도지사에게 위임할 수 있다. 또한 제97조(보고와 검사) 제2항에 따른 보건복지부장관의 권한은 대통령령으로 정하는 바에 따라 공단이나 심사평가원에 위탁할 수 있다(법 제111조 제1항·제2항).

09　벌칙

01	02	03	04	05	06	07	08	09	10
③	②	③	②	④	①	①	③	④	①
11	12	13	14	15					
④	①	①	③	③					

01　정답 ③

선별급여의 실시 조건을 충족하지 못하거나 선별급여의 평가를 위하여 필요한 자료를 제출하지 아니하여 보건복지부장관이 선별급여의 실시를 제한했음에도 불구하고 선별급여를 제공한 요양기관의 개설자는 1년 이하의 징역 또는 1,000만 원 이하의 벌금에 처한다(법 제115조 제5항 제1호).

02　정답 ②

제42조 제5항을 위반한 자(정당한 이유 없이 요양급여를 거부한 요양기관) 또는 제49조 제2항을 위반하여 요양비 명세서나 요양 명세를 적은 영수증을 내주지 아니한 자는 500만 원 이하의 벌금에 처한다(법 제117조).

03　정답 ③

요양비(법 제49조 제2항 전단)
준요양기관은 보건복지부장관이 정하는 요양비 명세서나 요양 명세를 적은 영수증을 요양을 받은 사람에게 내주어야 한다.

벌칙(법 제117조)
제42조 제5항을 위반한 자 또는 제49조 제2항을 위반하여 요양비 명세서나 요양 명세를 적은 영수증을 내주지 아니한 자는 500만 원 이하의 벌금에 처한다.

04　정답 ②

신고 등(법 제94조 제1항)
공단은 사용자, 직장가입자 및 세대주에게 가입자의 거주지 변경, 가입자의 보수·소득, 그 밖에 건강보험사업을 위하여 필요한 사항을 신고하게 하거나 관계 서류(전자적 방법으로 기록된 것을 포함한다)를 제출하게 할 수 있다.

벌칙(법 제119조 제3항 제2호)
정당한 사유 없이 제94조 제1항을 위반하여 신고·서류제출을 하지 아니하거나 거짓으로 신고·서류제출을 한 자에게는 500만 원 이하의 과태료를 부과한다.

05　정답 ④

유사명칭의 사용금지(법 제105조 제2항)
국민건강보험법으로 정하는 건강보험사업을 수행하는 자가 아닌 자는 보험계약 또는 보험계약의 명칭에 국민건강보험이라는 용어를 사용하지 못한다(법 제105조 제2항).

과태료(법 제119조 제4항 제6호)
제105조를 위반한 자에게는 100만 원 이하의 과태료를 부과한다.

06　정답 ①

사업장의 신고(법 제7조 제1호)
직장가입자가 되는 근로자·공무원 및 교직원을 사용하는 사업장("적용대상사업장")이 된 경우 또는 보험자에게 신고한 내용이 변경된 경우 사업장의 사용자는 14일 이내에 보건복지부령으로 정하는 바에 따라 보험자에게 신고하여야 한다.

과태료(법 제119조 제3항 제1호)
제7조를 위반하여 신고를 하지 아니하거나 거짓으로 신고한 사용자에게는 500만 원 이하의 과태료를 부과한다.

07　정답 ①

정보의 유지 등(법 제102조 제1호)
공단, 심사평가원 및 대행청구단체에 종사하였던 사람 또는 종사하는 사람은 가입자 및 피부양자의 개인정보를 누설하거나 직무상 목적 외의 용도로 이용 또는 정당한 사유 없이 제3자에게 제공하는 행위를 하여서는 아니 된다.

벌칙(법 제115조 제1항)
제102조 제1호를 위반하여 가입자 및 피부양자의 개인정보를 누설하거나 직무상 목적 외의 용도로 이용 또는 정당한 사유 없이 제3자에게 제공한 자는 5년 이하의 징역 또는 5,000만 원 이하의 벌금에 처한다.

08　정답 ③

정보의 유지 등(법 제102조 제2호)
공단, 심사평가원 및 대행청구단체에 종사하였던 사람 또는 종사하는 사람은 업무를 수행하면서 알게 된 정보(가입자 및 피부양자의 개인정보는 제외한다)를 누설하거나 직무상 목적 외의 용도로 이용 또는 제3자에게 제공하는 행위를 하여서는 아니 된다.

벌칙(법 제115조 제2항 제2호)
이를 위반하여 업무를 수행하면서 알게 된 정보를 누설하거나 직무상 목적 외의 용도로 이용 또는 제3자에게 제공한 자는 3년 이하의 징역 또는 3,000만 원 이하의 벌금에 처한다.

09
정답 ④

대행청구단체의 종사자로서 거짓이나 그 밖의 부정한 방법으로 요양급여비용을 청구한 자는 3년 이하의 징역 또는 3,000만 원 이하의 벌금에 처한다(법 제115조 제2항 제1호).

오답분석

① 업무정지 처분을 받은 자는 해당 업무정지기간 중에는 요양급여를 하지 못한다(법 제98조 제2항). 이를 위반하여 업무정지기간 중에 요양급여를 한 요양기관의 개설자는 1년 이하의 징역 또는 1,000만 원 이하의 벌금에 처한다(법 제115조 제5항 제4호).

② 거짓이나 그 밖의 부정한 방법으로 보험급여를 받거나 타인으로 하여금 보험급여를 받게 한 사람은 2년 이하의 징역 또는 2,000만 원 이하의 벌금에 처한다(법 제115조 제4항).

③ 요양기관은 심사청구를 의료법에 따른 의사회·치과의사회·한의사회·조산사회 또는 신고한 각각의 지부 및 분회, 의료기관 단체, 약사법에 따른 약사회 또는 신고한 지부 및 분회가 대행하게 할 수 있다(법 제47조 제7항). 이를 위반하여 대행청구단체가 아닌 자로 하여금 대행하게 한 자는 1년 이하의 징역 또는 1,000만 원 이하의 벌금에 처한다(법 제115조 제5항 제2호).

10
정답 ①

근로자의 권익 보호(법 제93조)
제6조 제2항 각 호(가입자 제외 대상)의 어느 하나에 해당하지 아니하는 모든 사업장의 근로자를 고용하는 사용자는 그가 고용한 근로자가 국민건강보험법에 따른 직장가입자가 되는 것을 방해하거나 자신이 부담하는 부담금이 증가되는 것을 피할 목적으로 정당한 사유 없이 근로자의 승급 또는 임금 인상을 하지 아니하거나 해고나 그 밖의 불리한 조치를 할 수 없다.

벌칙(법 제115조 제5항 제3호)
제93조를 위반한 사용자는 1년 이하의 징역 또는 1,000만 원 이하의 벌금에 처한다.

11
정답 ④

보고와 검사(법 제97조 제2항)
보건복지부장관은 요양기관(요양을 실시한 기관을 포함한다)에 대하여 요양·약제의 지급 등 보험급여에 관한 보고 또는 서류 제출을 명하거나, 소속 공무원이 관계인에게 질문하게 하거나 관계 서류를 검사하게 할 수 있다.

벌칙(법 제116조)
법 제97조 제2항를 위반하여 보고 또는 서류 제출을 하지 아니한 자, 거짓으로 보고하거나 거짓 서류를 제출한 자, 검사나 질문을 거부·방해 또는 기피한 자는 1,000만 원 이하의 벌금에 처한다.

12
정답 ①

사업장의 신고(법 제7조 제2호)
사업장의 사용자는 휴업·폐업 등 보건복지부령으로 정하는 사유가 발생한 경우 그 때부터 14일 이내에 보건복지부령으로 정하는 바에 따라 보험자에게 신고하여야 한다.

과태료(법 제119조 제3항 제1호)
제7조를 위반하여 신고를 하지 아니하거나 거짓으로 신고한 사용자에게는 500만 원 이하의 과태료를 부과한다.

13
정답 ①

서류의 보존(법 제96조의4 제2항)
사용자는 3년간 보건복지부령으로 정하는 바에 따라 자격 관리 및 보험료 산정 등 건강보험에 관한 서류를 보손하여야 한다.

과태료(법 제119조 제4항 제4호)
제96조의4를 위반하여 서류를 보존하지 아니한 자에게는 100만 원 이하의 과태료를 부과한다.

오답분석

②·③·④ 보건복지부장관은 요양급여비용의 심사청구를 대행하는 단체("대행청구단체")에 필요한 자료의 제출을 명하거나, 소속 공무원이 대행청구에 관한 자료 등을 조사·확인하게 할 수 있다(법 제97조 제4항). 보건복지부장관은 사용자, 직장가입자 또는 세대주에게 가입자의 이동·보수·소득이나 그 밖에 필요한 사항에 관한 보고 또는 서류 제출을 명하거나, 소속 공무원이 관계인에게 질문하게 하거나 관계 서류를 검사하게 할 수 있다(동조 제1항). 보건복지부장관 약제에 대한 요양급여비용 상한금액의 감액 및 요양급여의 적용 정지를 위하여 필요한 경우에는 약사법에 따른 의약품공급자에 대하여 금전, 물품, 편익, 노무, 향응, 그 밖의 경제적 이익 등 제공으로 인한 의약품 판매 질서 위반 행위에 관한 보고 또는 서류 제출을 명하거나, 소속 공무원이 관계인에게 질문하게 하거나 관계 서류를 검사하게 할 수 있다(동조 제5항). 이상의 조항을 정당한 사유 없이 위반하여 보고·서류제출을 하지 아니하거나 거짓으로 보고·서류제출을 한 자에게는 500만 원 이하의 과태료를 부과한다(법 제119조 제3항 제3호).

14

㉠과 ㉣은 500만 원 이하의 과태료 처분을, ㉡과 ㉢은 100만 원 이하의 과태료 처분을 받는다.

㉠ 업무정지 처분을 받았거나 업무정지 처분의 절차가 진행 중인 자는 행정처분을 받은 사실 또는 행정처분절차가 진행 중인 사실을 보건복지부령으로 정하는 바에 따라 양수인 또는 합병 후 존속하는 법인이나 합병으로 설립되는 법인에 지체 없이 알려야 한다(법 제98조 제4항). 이를 위반하여 행정처분을 받은 사실 또는 행정처분절차가 진행 중인 사실을 지체 없이 알리지 아니한 자에게는 500만 원 이하의 과태료를 부과한다(법 제119조 제3항 제4호).

㉡ 공단이나 심사평가원이 아닌 자는 국민건강보험공단, 건강보험심사평가원 또는 이와 유사한 명칭을 사용하지 못한다(법 제105조 제1항). 이를 위반한 자에게는 100만 원 이하의 과태료를 부과한다(법 제119조 제4항 제6호).

㉢ 보건복지부장관은 공단과 심사평가원의 경영목표를 달성하기 위하여 공단의 업무 및 심사평가원의 업무, 공공기관의 운영에 관한 법률에 따른 경영지침의 이행과 관련된 사업, 국민건강보험법 또는 다른 법령에서 공단과 심사평가원이 위탁받은 업무, 그 밖에 관계 법령에서 정하는 사항과 관련된 사업 등에 대하여 보고를 명하거나 그 사업이나 업무 또는 재산상황을 검사하는 등 감독을 할 수 있다(법 제103조 제1항). 이에 따른 명령을 위반한 자에게는 100만 원 이하의 과태료를 부과한다(법 제119조 제4항 제5호).

㉣ 보건복지부장관은 제조업자 등이 제1항(제조업자 등의 금지행위 등)에 위반한 사실이 있는지 여부를 확인하기 위하여 그 제조업자 등에게 관련 서류의 제출을 명하거나, 소속 공무원이 관계인에게 질문을 하게 하거나 관계 서류를 검사하게 하는 등 필요한 조사를 할 수 있다(법 제101조 제2항 전단). 이를 위반하여 서류를 제출하지 아니하거나 거짓으로 제출한 자에게는 500만 원 이하의 과태료를 부과한다(법 제119조 제3항 제5호).

15

대행청구단체의 종사자로서 거짓이나 그 밖의 부정한 방법으로 요양급여비용을 청구한 자는 3년 이하의 징역 또는 3천만 원 이하의 벌금에 처한다(법 제115조 제2항 제1호).

PART 2

최종모의고사

01	02	03	04	05	06	07	08	09	10
②	②	③	④	②	③	②	②	①	④
11	12	13	14	15	16	17	18	19	20
④	②	②	④	④	④	②	③	②	①

01 　　　　정답 ②

보험료율 등(법 제73조)
① 직장가입자의 보험료율은 1천분의 80(㉠)의 범위에서 심의위원회의 의결을 거쳐 대통령령으로 정한다.
② 국외에서 업무에 종사하고 있는 직장가입자에 대한 보험료율은 제1항에 따라 정해진 보험료율의 100분의 50(㉡)으로 한다.

02 　　　　정답 ②

공단의 조직·인사·보수 및 회계에 관한 규정은 이사회의 의결을 거쳐 보건복지부장관의 승인을 받아 정한다(법 제29조).

오답분석
① 공단의 주요 사항(공공기관의 운영에 관한 법률 제17조 제1항 각 호의 사항을 말한다)을 심의·의결하기 위하여 공단에 이사회를 둔다(법 제26조 제1항).
③ 요양급여비용의 계약 및 결손처분 등 보험재정에 관련된 사항을 심의·의결하기 위하여 공단에 재정운영위원회를 둔다(법 제33조 제1항).
④ 공단의 임직원은 형법 제129조부터 제132조까지의 규정을 적용할 때 공무원으로 본다(법 제28조).

03 　　　　정답 ③

요양급여(법 제41조 제1항)
가입자와 피부양자의 질병, 부상, 출산 등에 대하여 다음 각 호의 요양급여를 실시한다.
1. 진찰·검사
2. 약제(藥劑)·치료재료의 지급
3. 처치·수술 및 그 밖의 치료
4. 예방·재활
5. 입원

6. 간호
7. 이송(移送)

04 　　　　정답 ④

㉠ 가입자는 지역가입자가 적용대상사업장의 사용자로 되거나, 근로자·공무원 또는 교직원("근로자 등")으로 사용된 날에 그 자격이 변동된다(법 제9조 제1항 제1호).
㉢ 가입자는 지역가입자가 다른 세대로 전입한 날에 그 자격이 변동된다(법 제9조 제1항 제5호).

오답분석
㉡ 가입자는 직장가입자인 근로자 등이 그 사용관계가 끝난 날의 다음 날에 그 자격이 변동된다(법 제9조 제1항 제3호).
㉣ 가입자는 직장가입자가 다른 적용대상사업장의 사용자로 되거나 근로자 등으로 사용된 날에 그 자격이 변동된다(법 제9조 제1항 제2호).

05 　　　　정답 ②

독촉할 때에는 10일 이상 15일 이내의 납부기한을 정하여 독촉장을 발부하여야 한다(법 제81조 제2항).

오답분석
① 직장가입자의 사용자가 2명 이상인 경우 또는 지역가입자의 세대가 2명 이상으로 구성된 경우에는 그중 1명에게 한 독촉은 해당 사업장의 다른 사용자 또는 세대 구성원인 다른 지역가입자 모두에게 효력이 있는 것으로 본다(법 제81조 제1항 후단).
③ 공단은 제1항에 따른 독촉을 받은 자가 그 납부기한까지 보험료 등을 내지 아니하면 보건복지부장관의 승인을 받아 국세 체납처분의 예에 따라 이를 징수할 수 있다(법 제81조 제3항).
④ 공단은 제3항에 따라 체납처분을 하기 전에 보험료 등의 체납 내역, 압류 가능한 재산의 종류, 압류 예정 사실 및 국세징수법에 따른 소액금융재산에 대한 압류금지 사실 등이 포함된 통보서를 발송하여야 한다(법 제81조 제4항 전단).

06 정답 ③

보험료의 부담(법 제76조 제1항)
직장가입자의 보수월액보험료는 직장가입자와 다음 각 호의 구분에 따른 자가 <u>각각 보험료액의 100분의 50씩 부담한다.</u> 다만, 직장가입자가 교직원으로서 사립학교에 근무하는 교원이면 보험료액은 그 직장가입자가 100분의 50을, 제3조 제2호 다목(교직원이 소속되어 있는 사립학교를 설립·운영하는 자)에 해당하는 사용자가 100분의 30을, 국가가 100분의 20을 각각 부담한다.
1. 직장가입자가 근로자인 경우에는 제3조 제2호 가목에 해당하는 사업주(근로자가 소속되어 있는 사업장의 사업주)
2. 직장가입자가 공무원인 경우에는 그 공무원이 소속되어 있는 국가 또는 지방자치단체
3. 직장가입자가 교직원(사립학교에 근무하는 교원은 제외한다)인 경우에는 제3조 제2호 다목에 해당하는 사용자

오답분석
① 법 제76조 제2항
② 법 제76조 제3항
④ 법 제76조 제4항

07 정답 ②

위반사실의 공표(법 제100조 제1항)
보건복지부장관은 관련 서류의 위조·변조로 요양급여비용을 거짓으로 청구하여 제98조(업무정지) 또는 제99조(과징금)에 따른 행정처분을 받은 요양기관이 다음 각 호의 어느 하나에 해당하면 그 위반 행위, 처분 내용, 해당 요양기관의 명칭·주소 및 대표자 성명, 그 밖에 다른 요양기관과의 구별에 필요한 사항으로서 대통령령으로 정하는 사항을 공표할 수 있다. 이 경우 공표 여부를 결정할 때에는 그 위반행위의 동기, 정도, 횟수 및 결과 등을 고려하여야 한다.
1. 거짓으로 청구한 금액이 <u>1,500만 원(㉠)</u> 이상인 경우
2. 요양급여비용 총액 중 거짓으로 청구한 금액의 비율이 <u>100분의 20(㉡)</u> 이상인 경우

08 정답 ②

보험료의 경감 등(법 제75조 제1항)
다음 각 호의 어느 하나에 해당하는 가입자 중 보건복지부령으로 정하는 가입자에 대하여는 그 가입자 또는 그 가입자가 속한 세대의 보험료의 일부를 경감할 수 있다.
1. 섬·벽지(僻地)·농어촌 등 대통령령으로 정하는 지역에 거주하는 사람
2. 65세 이상인 사람
3. 장애인복지법에 따라 등록한 장애인
4. 국가유공자 등 예우 및 지원에 관한 법률 제4조 제1항 제4호, 제6호, 제12호, 제15호 및 제17호에 따른 국가유공자
5. 휴직자

6. 그 밖에 생활이 어렵거나 천재지변 등의 사유로 보험료를 경감할 필요가 있다고 보건복지부장관이 정하여 고시하는 사람

09 정답 ①

급여의 정지(법 제54조)
보험급여를 받을 수 있는 사람이 다음 각 호의 어느 하나에 해당하면 그 기간에는 보험급여를 하지 아니한다. 다만, 제3호 및 제4호의 경우에는 제60조에 따른 요양급여를 실시한다.
1. 삭제
2. 국외에 체류하는 경우
3. 제6조 제2항 제2호에 해당하게 된 경우
4. 교도소, 그 밖에 이에 준하는 시설에 수용되어 있는 경우

가입자의 종류(법 제6조 제2항 제2호)
병역법에 따른 현역병(지원에 의하지 아니하고 임용된 하사를 포함한다), 전환복무된 사람 및 군간부후보생

10 정답 ④

체납자 인적사항 등의 공개는 관보에 게재하거나 공단 인터넷 홈페이지에 게시하는 방법에 따른다(법 제83조 제4항).

오답분석
① 공단은 국민건강보험법에 따른 납부기한의 다음 날부터 1년이 경과한 보험료, 연체금과 체납처분비(결손처분한 보험료, 연체금과 체납처분비로서 징수권 소멸시효가 완성되지 아니한 것을 포함한다)의 총액이 1,000만 원 이상인 체납자가 납부능력이 있음에도 불구하고 체납한 경우 그 인적사항·체납액 등("인적사항 등")을 공개할 수 있다(법 제83조 제1항 전단).
② 체납자의 인적사항 등에 대한 공개 여부를 심의하기 위하여 공단에 보험료정보공개심의위원회를 둔다(법 제83조 제2항).
③ 공단은 보험료정보공개심의위원회의 심의를 거친 인적사항 등의 공개대상자에게 공개대상자임을 서면으로 통지하여 소명의 기회를 부여하여야 하며, 통지일부터 6개월이 경과한 후 체납액의 납부이행 등을 감안하여 공개대상자를 선정한다(법 제83조 제3항).

11 정답 ④

국민건강보험법은 국민의 질병(㉠)·부상에 대한 예방·진단·치료·재활 및 출산·<u>사망(㉡)</u> 및 건강증진에 대하여 <u>보험급여(㉢)</u>를 실시함으로써 국민보건 향상과 사회보장 증진에 이바지함을 목적으로 한다(법 제1조).

12

정답 ②

적용대상 등(법 제5조 제1항 제2호)

독립유공자예우에 관한 법률 및 국가유공자 등 예우 및 지원에 관한 법률에 따라 의료보호를 받는 사람("유공자 등 의료보호대상자")은 건강보험의 가입자 또는 피부양자가 될 수 없다. 다만, 다음 각 목의 어느 하나에 해당하는 사람은 가입자 또는 피부양자가 된다.

가. 유공자 등 의료보호대상자 중 건강보험의 적용을 보험자에게 신청한 사람

나. 건강보험을 적용받고 있던 사람이 유공자 등 의료보호대상자로 되었으나 건강보험의 적용배제신청을 보험자에게 하지 아니한 사람

13

정답 ②

자격의 변동시기 등(법 제9조 제1항)

가입자는 다음 각 호의 어느 하나에 해당하게 된 날에 그 자격이 변동된다.

1. 지역가입자가 적용대상사업장의 사용자로 되거나, 근로자·공무원 또는 교직원("근로자 등")으로 사용된 날
2. 직장가입자가 다른 적용대상사업장의 사용자로 되거나 근로자 등으로 사용된 날
3. 직장가입자인 근로자 등이 그 사용관계가 끝난 날의 다음 날
4. 적용대상사업장에 제7조 제2호에 따른 사유(휴업·폐업 등 보건복지부령으로 정하는 사유)가 발생한 날의 다음 날
5. 지역가입자가 다른 세대로 전입한 날

14

정답 ④

상환제(현금배상제, 환불제)

장점	단점
• 환자가 진료 시에 진료비 전액을 직접 지불하기 때문에 의료의 남용을 억제할 수 있다. • 의료기관의 과잉진료를 어느 정도 방지할 수 있으며 또한 부당청구를 방지할 수 있다.	• 보험료를 지불한 적용자가 진료 시에 진료비 전액을 별도로 지불하고 다시 상환받는다는 측면에서 적용자에게는 여러 가지 번거로움을 줄 수 있다. • 진료 시에 돈이 없을 경우 필요한 의료이용이 억제된다.

15

정답 ④

심의위원회는 위원장 1명과 부위원장 1명을 포함하여 25명의 위원으로 구성한다(법 제4조 제2항).

오답분석

① 심의위원회 위원(중앙행정기관 소속 공무원인 위원은 제외한다)의 임기는 3년으로 한다. 다만, 위원의 사임 등으로 새로 위촉된 위원의 임기는 전임위원 임기의 남은 기간으로 한다(법 제4조 제5항).

② 심의위원회의 운영 등에 필요한 사항은 대통령령으로 정한다(법 제4조 제6항).

③ 심의위원회의 위원장은 보건복지부차관이 되고, 부위원장은 제4항 제4호의 위원 중에서 위원장이 지명하는 사람이 된다(법 제4조 제3항).

16

정답 ④

거짓이나 그 밖의 부정한 방법으로 보험급여를 받거나 타인으로 하여금 보험급여를 받게 한 사람은 2년 이하의 징역 또는 2,000만 원 이하의 벌금에 처한다(법 제115조 제4항).

오답분석

①·② 3년 이하의 징역 또는 3,000만 원 이하의 벌금에 처한다(법 제115조 제2항).

③ 500만 원 이하의 벌금에 처한다(법 제117조).

17

정답 ②

이사장의 권한 중 급여의 제한, 보험료의 납입고지 등 대통령령으로 정하는 사항은 정관으로 정하는 바에 따라 분사무소의 장에게 위임할 수 있다(법 제32조).

오답분석

① 법 제40조

③ 법 제39조 제1항

④ 법 제29조

18

정답 ③

직장가입자가 다른 적용대상사업장의 사용자로 되거나 근로자 등으로 사용됨에 따라 자격이 변동된 경우 직장가입자의 사용자는 그 명세를 보건복지부령으로 정하는 바에 따라 자격이 변동된 날부터 14일 이내에 보험자에게 신고하여야 한다(법 제9조 제2항 제1호). 즉, 신고 의무를 지는 사람은 직장가입자 자신이 아니라 직장가입자의 사용자이다.

오답분석

① 법 제9조 제2항 제1호

②·④ 법 제9조 제2항 제2호

19

정답 ②

보험료 납부의무(법 제77조 제1항)

직장가입자의 보험료는 다음 각 호의 구분에 따라 그 각 호에서 정한 자가 납부한다.

1. 보수월액보험료 : 사용자. 이 경우 사업장의 사용자가 2명 이상인 때에는 그 사업장의 사용자는 해당 직장가입자의 보험료를 연대하여 납부한다.
2. 소득월액보험료 : 직장가입자

[오답분석]

① 법 제77조 제1항 제2호
③·④ 지역가입자의 보험료는 그 가입자가 속한 세대의 지역가입자 전원이 연대하여 납부한다. 다만, 소득 및 재산이 없는 미성년자와 소득 및 재산 등을 고려하여 대통령령으로 정하는 기준에 해당하는 미성년자는 납부의무를 부담하지 아니한다(법 제77조 제2항).

20

정답 ①

결손처분(법 제84조)

① 공단은 다음 각 호의 어느 하나에 해당하는 사유가 있으면 재정운영위원회의 의결을 받아 보험료 등을 결손처분할 수 있다.

1. 체납처분이 끝나고 체납액에 충당될 배분금액이 그 체납액에 미치지 못하는 경우
2. 해당 권리에 대한 소멸시효가 완성된 경우
3. 그 밖에 징수할 가능성이 없다고 인정되는 경우로서 대통령령으로 정하는 경우

② 공단은 제1항 제3호에 따라 결손처분을 한 후 압류할 수 있는 다른 재산이 있는 것을 발견한 때에는 지체 없이 그 처분을 취소하고 체납처분을 하여야 한다.

01	02	03	04	05	06	07	08	09	10
④	③	③	③	②	②	③	②	②	②
11	12	13	14	15	16	17	18	19	20
④	②	③	②	①	②	④	④	④	①

01

정답 ④

공단의 상임임원이 임명권자 또는 제청권자의 허가를 받거나 공단의 직원이 이사장의 허가를 받은 경우에는 비영리 목적의 업무를 겸할 수 있다(법 제25조 제2항).

오답분석

① 임원이 대한민국 국민이 아닌 사람, 공공기관의 운영에 관한 법률 제34조(결격사유) 제1항 각 호의 어느 하나에 해당하는 사람 중 어느 하나에 해당하게 되거나 임명 당시 그에 해당하는 사람으로 확인되면 그 임원은 당연퇴임한다(법 제24조 제1항 및 제23조 각 호).
② 임명권자는 임원이 직무 여부와 관계없이 품위를 손상하는 행위를 한 경우에 해당하면 그 임원을 해임할 수 있다(법 제24조 제2항 제4호).
③ 임명권자는 임원이 고의나 중대한 과실로 공단에 손실이 생기게 한 경우에 해당하면 그 임원을 해임할 수 있다(법 제24조 제2항 제3호).

02

정답 ③

질문·검사·조사 또는 확인을 하는 소속 공무원은 그 권한을 표시하는 증표를 지니고 관계인에게 보여주어야 한다(법 제97조 제6항).

오답분석

① 보건복지부장관은 보험급여를 받은 자에게 해당 보험급여의 내용에 관하여 보고하게 하거나, 소속 공무원이 질문하게 할 수 있다(법 제97조 제3항).
②·④ 보건복지부장관은 요양급여비용의 심사청구를 대행하는 단체("대행청구단체")에 필요한 자료의 제출을 명하거나, 소속 공무원이 대행청구에 관한 자료 등을 조사·확인하게 할 수 있다(법 제97조 제4항).

03

정답 ③

요양급여를 결정함에 있어 경제성 또는 치료효과성 등이 불확실하여 그 검증을 위하여 추가적인 근거가 필요하거나, 경제성이 낮아도 가입자와 피부양자의 건강회복에 잠재적 이득이 있는 등 대통령령으로 정하는 경우에는 예비적인 요양급여인 선별급여로 지정하여 실시할 수 있다(법 제41조의4 제1항).

04

정답 ③

보험급여를 받을 권리는 양도하거나 압류할 수 없다(법 제59조 제1항).

오답분석

① 공단은 제3자의 행위로 보험급여사유가 생겨 가입자 또는 피부양자에게 보험급여를 한 경우에는 그 급여에 들어간 비용 한도에서 그 제3자에게 손해배상을 청구할 권리를 얻는다(법 제58조 제1항).
④ 제56조의2(요양비 등 수급계좌) 제1항에 따라 요양비 등 수급계좌에 입금된 요양비 등은 압류할 수 없다(법 제59조 제2항).

05

정답 ②

오답분석

①·③·④와 65세 이상인 사람, 국가유공자 등 예우 및 지원에 관한 법률에 따른 국가유공자, 휴직자, 그 밖에 생활이 어려운 자 중 어느 하나에 해당하는 가입자 중 보건복지부령으로 정하는 가입자에 대하여는 그 가입자 또는 그 가입자가 속한 세대의 보험료의 일부를 경감할 수 있다(법 제75조 제1항 제1호부터 제6호).

06

정답 ②

㉠ 보험료, 연체금 및 가산금을 징수할 권리는 3년 동안 행사하지 아니하면 소멸시효가 완성된다(법 제91조 제1항 제1호).
㉢ 보험급여를 받을 권리의 시효는 보험료의 고지 또는 독촉의 사유로 중단된다(법 제91조 제2항 제1호).

ⓒ 보험급여 비용을 받을 권리는 3년 동안 행사하지 아니하면 소멸시효가 완성된다(법 제91조 제1항 제4호).

ⓔ 보험료, 연체금 및 가산금으로 과오납부한 금액을 환급받을 권리의 시효는 보험료의 고지 또는 독촉, 보험급여 또는 보험급여 비용의 청구 중 어느 하나의 사유로 중단된다(법 제91조 제2항 제1호·제2호).

07   정답 ③

이 경우 확인을 요청한 비용이 요양급여 대상에 해당되는 비용으로 확인되면 그 내용을 공단 및 관련 요양기관에 알려야 한다(법 제48조 제2항 후단).

오답분석

① 가입자나 피부양자는 본인일부부담금 외에 자신이 부담한 비용이 요양급여 대상에서 제외되는 비용인지 여부에 대하여 심사평가원에 확인을 요청할 수 있다(법 제48조 제1항).

② 제1항에 따른 확인 요청을 받은 심사평가원은 그 결과를 요청한 사람에게 알려야 한다(법 제48조 제2항 전단).

④ 요양급여비용의 지급 보류 절차 및 의견 제출의 절차 등에 필요한 사항, 지급 보류된 요양급여비용 및 이자의 지급 절차와 이자의 산정 등에 필요한 사항은 대통령령으로 정한다(법 제47조의2 제4항).

08   정답 ②

세대주인 지역가입자는 일반건강검진 대상자에 해당한다(법 제52조 제2항 제1호). 따라서 세대원인 지역가입자는 해당되지 않는다.

오답분석

① 일반건강검진 : 직장가입자, 세대주인 지역가입자, 20세 이상인 지역가입자 및 20세 이상인 피부양자(법 제52조 제2항 제1호)

③·④ 영유아건강검진 : 6세 미만의 가입자 및 피부양자(법 제52조 제2항 제3호)

09   정답 ②

공단은 가입자나 피부양자가 보건복지부령으로 정하는 긴급하거나 그 밖의 부득이한 사유로 요양기관과 비슷한 기능을 하는 기관으로서 보건복지부령으로 정하는 기관(업무정지기간 중인 요양기관을 포함한다. 이하 "준요양기관"이라 한다)에서 질병·부상·출산 등에 대하여 요양을 받거나 요양기관이 아닌 장소에서 출산한 경우에는 그 요양급여에 상당하는 금액을 보건복지부령으로 정하는 바에 따라 가입자나 피부양자에게 요양비로 지급한다(법 제49조 제1항).

오답분석

① 가입자나 피부양자는 본인일부부담금 외에 자신이 부담한 비용이 요양급여 대상에서 제외되는 비용인지 여부에 대하여 심사평가원에 확인을 요청할 수 있다(법 제48조 제1항).

③ 공단은 이 법에서 정한 요양급여 외에 대통령령으로 정하는 바에 따라 임신·출산 진료비, 장제비, 상병수당, 그 밖의 급여를 실시할 수 있다(법 제50조).

④ 공단은 장애인복지법에 따라 등록한 장애인인 가입자 및 피부양자에게는 장애인·노인 등을 위한 보조기기 지원 및 활용촉진에 관한 법률에 따른 보조기기에 대하여 보험급여를 할 수 있다(법 제51조 제1항).

10   정답 ②

공단은 직장가입자와 지역가입지의 재정을 통합하여 운영한다(법 제35조 제2항).

오답분석

① 공단의 회계연도는 정부의 회계연도에 따른다(법 제35조 제1항).

③ 공단은 회계연도마다 예산안을 편성하여 이사회의 의결을 거친 후 보건복지부장관의 승인을 받아야 한다. 예산을 변경할 때에도 또한 같다(법 제36조).

④ 공단은 회계연도마다 결산보고서와 사업보고서를 작성하여 다음해 2월 말일까지 보건복지부장관에게 보고하여야 한다(법 제39조 제1항).

11   정답 ④

국민건강보험법에서 규정한 사항 외에 금융정보 등의 제공 요청 및 제공 절차 등에 필요한 사항은 건강보험정책심의위원회의 의결이 아니라 대통령령으로 정한다(법 제96조의2 제4항).

오답분석

① 공단은 지역가입자의 보험료부과점수 산정을 위하여 필요한 경우 지역가입자가 제출한 금융정보 등의 제공 동의 서면을 전자적 형태로 바꾼 문서에 의하여 신용정보의 이용 및 보호에 관한 법률에 따른 신용정보집중기관 또는 금융회사 등("금융기관 등")의 장에게 금융정보 등을 제공하도록 요청할 수 있다(법 제96조의2 제1항).

② 공단으로부터 금융정보 등의 제공을 요청받은 금융기관 등의 장은 명의인의 금융정보 등을 제공하여야 한다(법 제96조의2 제2항).

③ 공단에 금융정보 등을 제공한 금융기관 등의 장은 금융정보 등의 제공 사실을 명의인에게 통보해야 한다. 다만, 명의인이 동의한 경우에는 통보하지 않을 수 있다(법 제96조의2 제3항).

12

정답 ②

사용자는 3년간 보건복지부령으로 정하는 바에 따라 자격 관리 및 보험료 산정 등 건강보험에 관한 서류를 보존하여야 한다(법 제96조의4 제2항). 이를 위반하여 서류를 보존하지 아니한 자에게는 100만 원 이하의 과태료를 부과한다(법 제119조 제4항 제4호).

오답분석
① 보건복지부장관은 제조업자 등이 위반한 사실이 있는지 여부를 확인하기 위하여 그 제조업자 등에게 관련 서류의 제출을 명하거나, 소속 공무원이 관계인에게 질문을 하게 하거나 관계 서류를 검사하게 하는 등 필요한 조사를 할 수 있다(법 제101조 제2항 전단). 이를 위반하여 정당한 사유 없이 서류를 제출하지 아니하거나 거짓으로 제출한 자에게는 500만 원 이하의 과태료를 부과한다(법 제119조 제3항 제5호).
③ · ④ 공단은 사용자, 직장가입자 및 세대주에게 가입자의 거주지 변경, 가입자의 보수 · 소득, 그 밖에 건강보험사업을 위하여 필요한 사항을 신고하게 하거나 관계 서류(전자적 방법으로 기록된 것을 포함)를 제출하게 할 수 있다(법 제94조 제1항 제1호부터 제3호). 이를 위반하여 정당한 사유 없이 신고 · 서류제출을 하지 아니하거나 거짓으로 신고 · 서류제출을 한 자에게는 500만 원 이하의 과태료를 부과한다(법 제119조 제3항 제2호).

13

정답 ③

정보의 유지 등(법 제102조 제1호)
공단, 심사평가원 및 대행청구단체에 종사하였던 사람 또는 종사하는 사람은 가입자 및 피부양자의 개인정보를 누설하거나 직무상 목적 외의 용도로 이용 또는 정당한 사유 없이 제3자에게 제공하는 행위를 하여서는 아니 된다.

벌칙(법 제115조 제1항)
가입자 및 피부양자의 개인정보를 누설하거나 직무상 목적 외의 용도로 이용 또는 정당한 사유 없이 제3자에게 제공한 자는 5년 이하의 징역 또는 5,000만 원 이하의 벌금에 처한다.

14

정답 ②

보건복지부장관은 약제를 요양급여에서 적용 정지하는 경우 국민 건강에 심각한 위험을 초래할 것이 예상되는 등 특별한 사유가 있다고 인정되는 때에는 요양급여의 적용 정지에 갈음하여 대통령령으로 정하는 바에 따라 해당 약제에 대한 요양급여비용 총액의 100분의 60을 넘지 아니하는 범위에서 과징금을 부과 · 징수할 수 있다. 이 경우 보건복지부장관은 12개월의 범위에서 분할납부를 하게 할 수 있다(법 제99조 제2항 제2호).

오답분석
① 보건복지부장관은 요양기관이 제98조 제1항 제1호 또는 제3호에 해당하여 업무정지 처분을 하여야 하는 경우로서 그 업무정지 처분이 해당 요양기관을 이용하는 사람에게 심한 불편을 주거나 보건복지부장관이 정하는 특별한 사유가 있다고 인정되면 업무정지 처분을 갈음하여 속임수나 그 밖의 부당한 방법으로 부담하게 한 금액의 5배 이하의 금액을 과징금으로 부과 · 징수할 수 있다. 이 경우 보건복지부장관은 12개월의 범위에서 분할납부를 하게 할 수 있다(법 제99조 제1항).
③ 대통령령으로 해당 약제에 대한 요양급여비용 총액을 정할 때에는 그 약제의 과거 요양급여 실적 등을 고려하여 1년간의 요양급여 총액을 넘지 않는 범위에서 정하여야 한다(법 제99조 제4항).
④ 보건복지부장관은 과징금을 납부하여야 할 자가 납부기한까지 이를 내지 아니하면 대통령령으로 정하는 절차에 따라 그 과징금 부과 처분을 취소하고 업무정지 처분을 하거나 국세 체납처분의 예에 따라 이를 징수한다. 다만, 요양기관의 폐업 등으로 업무정지 처분을 할 수 없으면 국세 체납처분의 예에 따라 징수한다(법 제99조 제5항).

15

정답 ①

국민건강보험료 등 공단의 처분에 이의가 있는 가입자는 공단에 이의신청을 할 수 있다(법 제87조 제1항). 이의신청에 불복하는 사람은 심판청구를 할 수 있으며(법 제88조 제1항), 이의신청 또는 심판청구에 대한 결정에 불복하는 사람은 행정소송을 제기할 수 있다(법 제90조). 따라서 처분에 이의가 있는 가입자는 이의신청 → 심판청구 → 행정소송의 순서로 이의를 제기할 수 있다.

이의신청(법 제87조 제1항)
가입자 및 피부양자의 자격, 보험료 등, 보험급여, 보험급여 비용에 관한 공단의 처분에 이의가 있는 자는 공단에 이의신청을 할 수 있다.

심판청구(법 제88조 제1항)
이의신청에 대한 결정에 불복하는 자는 건강보험분쟁조정위원회에 심판청구를 할 수 있다. 이 경우 심판청구의 제기기간 및 제기방법에 관하여는 제87조 제3항을 준용한다.

행정소송(법 제90조)
공단 또는 심사평가원의 처분에 이의가 있는 자와 제87조에 따른 이의신청 또는 제88조에 따른 심판청구에 대한 결정에 불복하는 자는 행정소송법에서 정하는 바에 따라 행정소송을 제기할 수 있다.

16
정답 ②

임명권자는 임원이 고의나 중대한 과실로 공단에 손실이 생기게 한 경우 그 임원을 해임할 수 있다. 즉, 임원의 과실이 중대한 과실에 해당할 경우에만 해임할 수 있다(법 제24조 제2항 제3호).

오답분석

임명권자는 임원이 ①·③·④와 고의나 중대한 과실로 공단에 손실이 생기게 한 경우, 국민건강보험법에 따른 보건복지부장관의 명령을 위반한 경우 중 어느 하나에 해당하면 그 임원을 해임할 수 있다(법 제24조 제2항 제1호부터 제5호).

17
정답 ④

업무 등(법 제63조 제1항 세1호·세2호)
요양급여비용의 심사와 요양급여의 적정성 평가는 심사평가원이 관장하는 업무에 해당한다.

공단이 관장하는 업무(법 제14조 제1항)
1. 가입자 및 피부양자의 자격 관리
2. 보험료와 그 밖에 국민건강보험법에 따른 징수금의 부과·징수
3. 보험급여의 관리
4. 가입자 및 피부양자의 질병의 조기발견·예방 및 건강관리를 위하여 요양급여 실시 현황과 건강검진 결과 등을 활용하여 실시하는 예방사업으로서 대통령령으로 정하는 사업
5. 보험급여 비용의 지급
6. 자산의 관리·운영 및 증식사업
7. 의료시설의 운영
8. 건강보험에 관한 교육훈련 및 홍보
9. 건강보험에 관한 조사연구 및 국제협력
10. 국민건강보험법에서 공단의 업무로 정하고 있는 사항
11. 국민연금법, 고용보험 및 산업재해보상보험의 보험료징수 등에 관한 법률, 임금채권보장법 및 석면피해구제법("징수위탁근거법")에 따라 위탁받은 업무
12. 그 밖에 국민건강보험법 또는 다른 법령에 따라 위탁받은 업무
13. 그 밖에 건강보험과 관련하여 보건복지부장관이 필요하다고 인정한 업무

18
정답 ④

공단은 가입자나 피부양자가 보건복지부령으로 정하는 긴급하거나 그 밖의 부득이한 사유로 요양기관과 비슷한 기능을 하는 기관으로서 보건복지부령으로 정하는 기관(업무정지기간 중인 요양기관을 포함한다)에서 질병·부상·출산 등에 대하여 요양을 받거나 요양기관이 아닌 장소에서 출산한 경우에는 그 요양급여에 상당하는 금액을 보건복지부령으로 정하는 바에 따라 가입자나 피부양자에게 요양비로 지급한다(법 제49조 제1항).

19
정답 ④

가입자 또는 피부양자가 요양급여를 받을 때에는 건강보험증을 요양기관에 제출하여야 한다. 다만, 천재지변이나 그 밖의 부득이한 사유가 있으면 그러하지 아니하다(법 제12조 제2항).

오답분석
① 공단은 가입자 또는 피부양자가 신청하는 경우 건강보험증을 발급하여야 한다(법 제12조 제1항).
② 가입자·피부양자는 자격을 잃은 후 자격을 증명하던 서류를 사용하여 보험급여를 받아서는 아니 된다(법 제12조 제4항).
③ 누구든지 건강보험증이나 신분증명서를 다른 사람에게 양도하거나 대여하여 보험급여를 받게 하여서는 아니 된다(법 제12조 제5항).

20
정답 ①

공단은 속임수나 그 밖의 부당한 방법으로 보험급여를 받은 사람·준요양기관 및 보조기기 판매업자나 보험급여 비용을 받은 요양기관에 대하여 그 보험급여나 보험급여 비용에 상당하는 금액의 전부 또는 일부를 징수한다(법 제57조 제1항).

PART 2

01	02	03	04	05	06	07	08	09	10
②	①	①	②	①	①	④	④	③	④
11	12	13	14	15	16	17	18	19	20
②	④	④	①	④	③	①	③	③	④

01 　　　정답 ②

공단이 보험료 등을 독촉할 때는 10일 이상 15일 이내의 납부기한을 정하여 독촉장을 발부하여야 한다(법 제81조 제2항).

오답분석

① 공단은 보험료 등을 내야 하는 자가 보험료 등을 내지 아니하면 기한을 정하여 독촉할 수 있다. 이 경우 직장가입자의 사용자가 2명 이상인 경우 또는 지역가입자의 세대가 2명 이상으로 구성된 경우에는 그중 1명에게 한 독촉은 해당 사업장의 다른 사용자 또는 세대 구성원인 다른 지역가입자 모두에게 효력이 있는 것으로 본다(법 제81조 제1항).
③ 공단은 독촉을 받은 자가 그 납부기한까지 보험료 등을 내지 아니하면 보건복지부장관의 승인을 받아 국세 체납처분의 예에 따라 이를 징수할 수 있다(법 제81조 제3항).
④ 공단은 체납처분을 하기 전에 보험료 등의 체납 내역, 압류 가능한 재산의 종류, 압류 예정 사실 및 국세징수법에 따른 소액금융재산에 대한 압류금지 사실 등이 포함된 통보서를 발송하여야 한다. 다만, 법인 해산 등 긴급히 체납처분을 할 필요가 있는 경우로서 대통령령으로 정하는 경우에는 그러하지 아니하다(법 제81조 제4항).

02 　　　정답 ①

요양급여비용의 산정 계약기간은 1년으로 한다(법 제45조 제1항 후단).

오답분석

② 요양급여비용의 산정 계약은 그 직전 계약기간 만료일이 속하는 연도의 5월 31일까지 체결하여야 하며, 그 기한까지 계약이 체결되지 아니하는 경우 보건복지부장관이 그 직전 계약기간 만료일이 속하는 연도의 6월 30일까지 심의위원회의 의결을 거쳐 요양급여비용을 정한다(법 제45조 제3항 전단).

③ 요양급여비용이 정해지면 보건복지부장관은 그 요양급여비용의 명세를 지체 없이 고시하여야 한다(법 제45조 제4항).
④ 요양급여비용은 공단의 이사장과 대통령령으로 정하는 의약계를 대표하는 사람들의 계약으로 정한다(법 제45조 제1항 전단).

03 　　　정답 ①

ㄱ. 가입자는 사망한 날의 다음 날에 그 자격을 잃는다(법 제10조 제1항 제1호).
ㄴ. 가입자는 직장가입자의 피부양자가 된 날에 그 자격을 잃는다(법 제10조 제1항 제4호).

오답분석

ㄷ. 가입자는 국적을 잃은 날의 다음 날에 그 자격을 잃는다(법 제10조 제1항 제2호).
ㄹ. 가입자는 국내에 거주하지 아니하게 된 날의 다음 날에 그 자격을 잃는다(법 제10조 제1항 제3호).

04 　　　정답 ②

고용 기간이 1개월 미만인 일용근로자는 가입자의 종류에서 제외된다(법 제6조 제2항 제1호).

오답분석

① 가입자는 직장가입자와 지역가입자로 구분한다(법 제6조 제1항).
③ 병역법에 따른 현역병(지원에 의하지 아니하고 임용된 하사를 포함한다), 전환복무된 사람 및 군간부후보생은 가입자의 종류에서 제외된다(법 제6조 제2항 제2호).
④ 지역가입자는 직장가입자와 그 피부양자를 제외한 가입자를 말한다(법 제6조 제3항).

05 　　　정답 ①

보험료부과점수는 지역가입자의 소득 및 재산을 기준으로 산정한다(법 제72조 제1항 전단).

오답분석

ㄹ. 소득월액은 직장가입자의 월별 보험료액을 산정하는 기준의 하나이다(법 제69조 제4항 제2호).

06
정답 ①

가산금(법 제78조의2)
사업장의 사용자가 대통령령으로 정하는 사유에 해당되어 직장가입자가 될 수 없는 자를 제8조(자격의 취득 시기 등) 제2항 또는 제9조(자격의 변동 시기 등) 제2항을 위반하여 거짓으로 보험자에게 직장가입자로 신고한 경우 공단은 제1호의 금액에서 제2호의 금액을 뺀 금액의 <u>100분의 10</u>에 상당하는 가산금을 그 사용자에게 부과하여 징수한다.
1. 사용자가 직장가입자로 신고한 사람이 직장가입자로 처리된 기간 동안 그 가입자가 제69조(보험료) 제5항에 따라 부담하여야 하는 보험료의 총액
2. 제1호의 기간 동안 공단이 해당 가입자에 대하여 제69조 제4항에 따라 산정하여 부과한 보험료의 총액

07
정답 ④

공단은 가입자가 대통령령으로 정하는 기간 이상 세대단위의 보험료를 체납한 경우 그 체납한 보험료를 완납할 때까지 그 가입자 및 피부양자에 대하여 보험급여를 실시하지 아니할 수 있다(법 제53조 제3항 전단 및 제2호).

[오답분석]
① 공단은 보험급여를 받을 수 있는 사람이 고의 또는 중대한 과실로 인한 범죄행위에 그 원인이 있거나 고의로 사고를 일으킨 경우에 해당하면 보험급여를 하지 아니한다(법 제53조 제1항 제1호).
② 공단은 보험급여를 받을 수 있는 사람이 다른 법령에 따라 국가나 지방자치단체로부터 보험급여에 상당하는 급여를 받거나 보험급여에 상당하는 비용을 지급받게 되는 경우에는 그 한도에서 보험급여를 하지 아니한다(법 제53조 제2항).
③ 보험급여를 받을 수 있는 사람이 국외에 체류하는 경우에 해당하면 그 기간에는 보험급여를 하지 아니한다(법 제54조 제2호).

08
정답 ④

- 공단은 보험료를 <u>3회(⑤)</u> 이상 체납한 자가 신청하는 경우 보건복지부령으로 정하는 바에 따라 분할 납부를 승인할 수 있다(법 제82조 제1항).
- 공단은 분할납부 승인을 받은 자가 정당한 사유 없이 <u>5회(ⓒ)</u>(제1항에 따라 승인받은 분할납부 횟수가 5회 미만인 경우에는 해당 분할납부 횟수를 말한다) 이상 그 승인된 보험료를 납부하지 아니하면 그 분할납부의 승인을 취소한다(법 제82조 제3항).

09
정답 ③

보건복지부장관은 국민건강보험법에 따른 건강보험의 건전한 운영을 위하여 제4조에 따른 건강보험정책심의위원회 심의를 거쳐 <u>5년</u>마다 국민건강보험종합계획("종합계획")을 수립하여야 한다. 수립된 종합계획을 변경할 때도 또한 같다(법 제3조의2 제1항).

10
정답 ④

직장가입자의 소득월액보험료는 직장가입자가 부담한다. 소득월액보험료는 직장가입자의 보수외소득에 대하여 부과하는 것이므로 직장가입자가 전액을 부담한다(법 제76조 제2항).

[오답분석]
① 직장가입자가 공무원인 경우에는 직장가입자의 보수월액보험료는 직장가입자와 사업주가 각각 보험료액의 100분의 50씩 부담한다(법 제76조 제1항 제1호).
② 직장가입자가 근로자인 경우에는 직장가입자의 보수월액보험료는 직장가입자와 그 공무원이 소속되어 있는 국가 또는 지방자치단체가 각각 보험료액의 100분의 50씩 부담한다(법 제76조 제1항 제2호).
③ 직장가입자가 교직원으로서 사립학교에 근무하는 교원이면 보험료액은 그 직장가입자가 100분의 50을, 사용자가 100분의 30을, 국가가 100분의 20을 각각 부담한다(법 제76조 제1항 단서).

11
정답 ②

[오답분석]
ㄴ·ㄹ. 적용 제외자에 해당한다.

> **적용 대상 등(법 제5조 제1항)**
> 국내에 거주하는 국민은 건강보험의 가입자 또는 피부양자가 된다. 다만, 다음 각 호의 어느 하나에 해당하는 사람은 제외한다.
> 1. 의료급여법에 따라 의료급여를 받는 사람("수급권자")
> 2. 독립유공자예우에 관한 법률 및 국가유공자 등 예우 및 지원에 관한 법률에 따라 의료보호를 받는 사람("유공자 등 의료보호대상자"). 다만, 다음 각 목의 어느 하나에 해당하는 사람은 가입자 또는 피부양자가 된다.
>   가. 유공자 등 의료보호대상자 중 건강보험의 적용을 보험자에게 신청한 사람
>   나. 건강보험을 적용받고 있던 사람이 유공자 등 의료보호대상자로 되었으나 건강보험의 적용배제 신청을 보험자에게 하지 아니한 사람

12

정답 ④

A의 삼촌은 직장가입자의 방계존속으로 피부양자 요건이 아닙니다.

> **적용 대상 등(법 제5조 제2항)**
> 피부양자는 다음 각 호의 어느 하나에 해당하는 사람 중 직장가입자에게 주로 생계를 의존하는 사람으로서 소득 및 재산이 보건복지부령으로 정하는 기준 이하에 해당하는 사람을 말한다.
> 1. 직장가입자의 배우자
> 2. 직장가입자의 직계존속(배우자의 직계존속을 포함한다)
> 3. 직장가입자의 직계비속(배우자의 직계비속을 포함한다)과 그 배우자
> 4. 직장가입자의 형제·자매

13

정답 ④

보험급여를 받은 사람이 제3자로부터 이미 손해배상을 받은 경우에는 공단은 그 배상액 한도에서 보험급여를 하지 아니한다(법 제58조 제2항).

[오답분석]
① 공단은 제3자의 행위로 보험급여사유가 생겨 가입자 또는 피부양자에게 보험급여를 한 경우에는 그 급여에 들어간 비용 한도에서 그 제3자에게 손해배상을 청구할 권리를 얻는다(법 제58조 제1항).

14

정답 ①

보험료 납부의무가 있는 자는 가입자에 대한 그 달의 보험료를 그 다음 달 10일까지 납부하여야 한다. 다만, 직장가입자의 소득월액보험료 및 지역가입자의 보험료는 보건복지부령으로 정하는 바에 따라 분기별로 납부할 수 있다(법 제78조 제1항).

15

정답 ④

휴직자 등의 보험료는 휴직 등의 사유가 끝날 때까지 보건복지부령으로 정하는 바에 따라 납입 고지를 유예할 수 있다(법 제79조 제5항).

[오답분석]
① 공단은 보험료 등을 징수하려면 그 금액을 결정하여 납부의무자에게 징수하려는 보험료 등의 종류, 납부해야 하는 금액, 납부기한 및 장소를 적은 문서로 납입 고지를 하여야 한다(법 제79조 제1항 제1호부터 제3호).

② 공단은 납입 고지를 할 때 납부의무자의 신청이 있으면 전자문서교환방식 등에 의하여 전자문서로 고지할 수 있다. 이 경우 전자문서 고지에 대한 신청 방법·절차 등에 필요한 사항은 보건복지부령으로 정한다(법 제79조 제2항).
③ 공단이 전자문서로 고지하는 경우에는 전자문서가 보건복지부령으로 정하는 정보통신망에 저장되거나 납부의무자가 지정한 전자우편주소에 입력된 때에 납입 고지가 그 납부의무자에게 도달된 것으로 본다(법 제79조 제3항).

16

정답 ③

체납 또는 결손처분 자료의 제공(법 제81조의3 제1항)
공단은 보험료 징수 또는 공익목적을 위하여 필요한 경우에 신용정보의 이용 및 보호에 관한 법률의 종합신용정보집중기관이 다음 각 호의 어느 하나에 해당하는 체납자 또는 결손처분자의 인적사항·체납액 또는 결손처분액에 관한 자료("체납 등 자료")를 요구할 때에는 그 자료를 제공할 수 있다. 다만, 체납된 보험료나 국민건강보험법에 따른 그 밖의 징수금과 관련하여 행정심판 또는 행정소송이 계류 중인 경우, 그 밖에 대통령령으로 정하는 사유가 있을 때에는 그러하지 아니하다.
1. 국민건강보험법에 따른 납부기한의 다음 날부터 1년이 지난 보험료, 국민건강보험법에 따른 그 밖의 징수금과 체납처분비의 총액이 500만 원 이상인 자
2. 제84조(결손처분)에 따라 결손처분한 금액의 총액이 500만 원 이상인 자

17

정답 ①

"근로자"란 직업의 종류와 관계없이 근로의 대가로 보수를 받아 생활하는 사람(법인의 이사와 그 밖의 임원을 포함한다)으로서 공무원 및 교직원을 제외한 사람을 말한다(법 제3조 제1호).

[오답분석]
② "사용자"란 다음 각 목의 어느 하나에 해당하는 자를 말한다(법 제3조 제2호).
  가. 근로자가 소속되어 있는 사업장의 사업주
  나. 공무원이 소속되어 있는 기관의 장으로서 대통령령으로 정하는 사람
  다. 교직원이 소속되어 있는 사립학교(사립학교교직원 연금법 제3조에 규정된 사립학교를 말한다. 이하 이 조에서 같다)를 설립·운영하는 자
③ 법 제3조 제4호
④ 법 제3조 제3호

18

정답 ③

상임이사 중 제14조 제1항 제2호 및 제11호의 업무를 담당하는 이사("징수이사")는 경영, 경제 및 사회보험에 관한 학식과 경험이 풍부한 사람으로서 보건복지부령으로 정하는 자격을 갖춘 사람 중에서 선임한다.

징수이사의 담당 업무(법 제14조 제1항 제2호·제11호)
2. 보험료와 그 밖에 국민건강보험법에 따른 징수금의 부과·징수
11. 국민연금법, 고용보험 및 산업재해보상보험의 보험료징수 등에 관한 법률, 임금채권보장법 및 석면피해구제법("징수위탁근거법")에 따라 위탁받은 업무

19

정답 ③

제47조(요양급여비용의 청구와 지급 등) 제3항에도 불구하고 공단은 요양급여비용의 지급을 청구한 요양기관이 의료법 제4조(의료인과 의료기관의 장의 의무) 제2항, 제33조(개설 등) 제2항·제8항 또는 약사법 제20조(약국 개설등록) 제1항, 제21조(약국의 관리의무) 제1항을 위반하였다는 사실을 수사기관의 수사 결과로 확인한 경우에는 해당 요양기관이 청구한 요양급여비용의 지급을 보류할 수 있다. 이 경우 요양급여비용 지급 보류 처분의 효력은 해당 요양기관이 그 처분 이후 청구하는 요양급여비용에 대해서도 미친다(법 제47조의2 제1항).

20

정답 ④

심사평가원의 원장은 심사위원이 직무 여부와 관계없이 품위를 손상하는 행위를 한 경우에 해당하면 그 심사위원을 해임 또는 해촉할 수 있다(법 제66조 제5항 제4호).

오답분석
① 심사평가원의 원장은 심사위원이 신체장애나 정신장애로 직무를 수행할 수 없다고 인정되는 경우에 해당하면 그 심사위원을 해임 또는 해촉할 수 있다(법 제66조 제5항 제1호).
② 심사평가원의 원장은 심사위원이 직무상 의무를 위반하거나 직무를 게을리한 경우에 해당하면 그 심사위원을 해임 또는 해촉할 수 있다(법 제66조 제5항 제2호).
③ 심사평가원의 원장은 심사위원이 고의나 중대한 과실로 심사평가원에 손실이 생기게 한 경우에 해당하면 그 심사위원을 해임 또는 해촉할 수 있다(법 제66조 제5항 제3호).

01	02	03	04	05	06	07	08	09	10
③	②	①	②	③	④	③	②	②	②
11	12	13	14	15	16	17	18	19	20
①	②	①	④	①	②	④	②	③	④

01　　　정답 ③

공단은 보험급여를 받을 수 있는 사람이 업무 또는 공무로 생긴 질병·부상·재해로 다른 법령에 따른 보험급여나 보상(報償) 또는 보상(補償)을 받게 되는 경우에 해당하면 보험급여를 하지 아니한다(법 제53조 제1항 제4호).

오답분석

① · ② 공단은 보험급여를 받을 수 있는 사람이 고의 또는 중대한 과실로 인한 범죄행위에 그 원인이 있거나 고의로 사고를 일으킨 경우에 해당하면 보험급여를 하지 아니한다(법 제53조 제1항 제1호).

④ 공단은 보험급여를 받을 수 있는 사람이 고의 또는 중대한 과실로 공단이나 요양기관의 요양에 관한 지시에 따르지 아니한 경우에 해당하면 보험급여를 하지 아니한다(법 제53조 제1항 제2호).

02　　　정답 ②

요양급여비용의 심사 업무는 심사평가원에서 관장한다(법 제63조 제1항 제1호).

오답분석

① · ③ · ④ 공단은 가입자 및 피부양자의 자격 관리, 보험급여 비용의 지급, 건강보험에 관한 교육훈련 및 홍보 등의 업무를 관장한다(법 제14조 제1항 제1호 · 제5호 · 제8호).

03　　　정답 ①

보험료는 가입자의 자격을 취득한 날이 속하는 달의 다음 달부터 가입자의 자격을 잃은 날의 전날이 속하는 달까지 징수한다. 다만, 가입자의 자격을 매월 1일에 취득한 경우 또는 제5조 제1항 제2호 가목에 따른 건강보험 적용 신청으로 가입자의 자격을 취득하는 경우에는 그 달부터 징수한다(법 제69조 제2항).

오답분석

② 보험료를 징수할 때 가입자의 자격이 변동된 경우에는 변동된 날이 속하는 달의 보험료는 변동되기 전의 자격을 기준으로 징수한다. 다만, 가입자의 자격이 매월 1일에 변동된 경우에는 변동된 자격을 기준으로 징수한다(법 제69조 제3항).

③ 지역가입자의 월별 보험료액은 세대 단위로 산정하되, 지역가입자가 속한 세대의 월별 보험료액은 보험료부과점수에 보험료부과점수당 금액을 곱한 금액으로 한다(법 제69조 제5항).

④ 월별 보험료액은 가입자의 보험료 평균액의 일정비율에 해당하는 금액을 고려하여 대통령령으로 정하는 기준에 따라 상한 및 하한을 정한다(법 제69조 제6항).

04　　　정답 ②

공단은 가입자나 피부양자가 보건복지부령으로 정하는 긴급하거나 그 밖의 부득이한 사유로 요양기관과 비슷한 기능을 하는 기관으로서 보건복지부령으로 정하는 기관(업무정지기간 중인 요양기관을 포함한다. 이하 "준요양기관"이라 한다)에서 질병·부상·출산 등에 대하여 요양을 받거나 요양기관이 아닌 장소에서 출산한 경우에는 그 요양급여에 상당하는 금액을 보건복지부령으로 정하는 바에 따라 가입자나 피부양자에게 요양비로 지급한다(법 제49조 제1항).

따라서 부득이하게 집에서 아이를 출산한 임산부 A는 공단으로부터 요양비를 지급받을 수 있다.

05　　　정답 ③

자격을 잃은 경우 직장가입자의 사용자와 지역가입자의 세대주는 그 명세를 보건복지부령으로 정하는 바에 따라 자격을 잃은 날부터 14일 이내에 보험자에게 신고하여야 한다(법 제10조 제2항).

06　　정답 ④

국민건강보험조합계획의 수립 등(법 제3조의2 제5항)
보건복지부장관은 다음 각 호의 사유가 발생한 경우 관련 사항에 대한 보고서를 작성하여 지체 없이 국회 소관 상임위원회에 보고하여야 한다.
1. 종합계획의 수립 및 변경
2. 시행계획의 수립
3. 시행계획에 따른 추진실적의 평가

07　　정답 ③

오답분석
심의위원회는 ①·②·④와 종합계획 및 시행계획에 관한 사항(심의에 한정한다), 직장가입자의 보험료율, 그 밖에 건강보험에 관한 주요 사항으로서 대통령령으로 정하는 사항을 심의·의결한다(법 제4조 제1항 제1호부터 제6호).

08　　정답 ②

임의계속가입자의 보수월액은 보수월액보험료가 산정된 최근 12개월간의 보수월액을 평균한 금액으로 한다(법 제110조 제3항).

오답분석
① 법 제110조 제2항 전단
③ 법 제110조 제4항
④ 법 제110조 제5항

09　　정답 ②

보건복지부령이 아니라 대통령령으로 정하는 중앙행정기관 소속 공무원이다(법 제4조 제4항 제4호 가목).

건강보험정책심의위원회(법 제4조 제4항)
심의위원회의 위원은 다음 각 호에 해당하는 사람을 보건복지부장관이 임명 또는 위촉한다.
1. 근로자단체 및 사용자단체가 추천하는 각 2명
2. 시민단체(비영리민간단체지원법에 따른 비영리민간단체를 말한다. 이하 같다), 소비자단체, 농어업인단체 및 자영업자단체가 추천하는 각 1명
3. 의료계를 대표하는 단체 및 약업계를 대표하는 단체가 추천하는 8명
4. 다음 각 목에 해당하는 8명
   가. 대통령령으로 정하는 중앙행정기관 소속 공무원 2명
   나. 국민건강보험공단의 이사장 및 건강보험심사평가원의 원장이 추천하는 각 1명
   다. 건강보험에 관한 학식과 경험이 풍부한 4명

10　　정답 ②

ㄱ. 제1항에 따른 신청 후 최초로 내야 할 직장가입자 보험료를 그 납부기한부터 2개월이 지난날까지 내지 아니한 경우에는 그 자격을 유지할 수 없다(법 제110조 제2항 단서).
ㄴ. 임의계속가입자의 보수월액은 보수월액보험료가 산정된 최근 12개월간의 보수월액을 평균한 금액으로 한다(법 제110조 제3항).
ㅁ. 임의계속가입자의 보험료는 보건복지부장관이 정하여 고시하는 바에 따라 그 일부를 경감할 수 있다(법 제110조 제4항).

오답분석
ㄷ. 임의계속가입자의 보수월액보험료는 그 임의계속가입자가 전액을 부담하고 납부한다(법 제110조 제5항).
ㄹ. 임의계속가입자의 신청 방법·절차 등에 필요한 사항은 보건복지부령으로 정한다(법 제110조 제7항).
ㅂ. 사용관계가 끝난 사람 중 직장가입자로서의 자격을 유지한 기간이 보건복지부령으로 정하는 기간 동안 통산 1년 이상인 사람은 지역가입자가 된 이후 최초로 지역가입자 보험료를 고지받은 날부터 그 납부기한에서 2개월이 지나기 이전까지 공단에 직장가입자로서의 자격을 유지할 것을 신청할 수 있다(법 제110조 제1항).

11　　정답 ①

직장가입자, 20세 이상인 피부양자는 일반건강검진 대상자이다(법 제52조 제2항 제1호 일부).

오답분석
② 암관리법에 따른 암의 종류별 검진주기와 연령 기준 등에 해당하는 사람은 암검진 대상자이다(법 제52조 제2항 제2호).
③ 6세 미만의 가입자 및 피부양자는 영유아건강검진 대상자이다(법 제52조 제2항 제3호).
④ 세대주인 지역가입자, 20세 이상인 지역가입자는 일반건강검진 대상자이다(법 제52조 제2항 제1호 일부).

12　　정답 ②

요양급여비용의 청구와 지급 등(법 제47조 제7항)
요양기관은 심사청구를 다음 각 호의 단체가 대행하게 할 수 있다.
1. 의료법에 따른 의사회·치과의사회·한의사회·조산사회 또는 신고한 각각의 지부 및 분회
2. 의료법에 따른 의료기관 단체
3. 약사법에 따른 약사회 또는 신고한 지부 및 분회

오답분석
① 요양기관은 공단에 요양급여비용의 지급을 청구할 수 있다. 이 경우 제2항에 따른 요양급여비용에 대한 심사청구는 공단에 대한 요양급여비용의 청구로 본다(법 제47조 제1항).

③ 제2항에 따라 심사 내용을 통보받은 공단은 지체 없이 그 내용에 따라 요양급여비용을 요양기관에 지급한다. 이 경우 이미 낸 본인일부부담금이 제2항에 따라 통보된 금액보다 더 많으면 요양기관에 지급할 금액에서 더 많이 낸 금액을 공제하여 해당 가입자에게 지급하여야 한다(법 제47조 제3항).

④ 공단은 제3항에 따라 가입자에게 지급하여야 하는 금액을 그 가입자가 내야 하는 보험료와 그 밖에 국민건강보험법에 따른 징수금("보험료 등")과 상계할 수 있다(법 제47조 제4항).

13
정답 ①

ㄱ. 간호와 이송은 제외한다(법 제42조 제1항 전단 일부).
ㄹ. 보건복지부장관은 공익이나 국가정책에 비추어 요양기관으로 적합하지 아니한 대통령령으로 정하는 의료기관 등은 요양기관에서 제외할 수 있다(법 제42조 제1항 후단).

오답분석
ㄴ. 법 제42조 제1항 제3호
ㄷ. 법 제42조 제1항 제4호

14
정답 ④

공단은 장애인복지법에 따라 등록한 장애인인 가입자 및 피부양자에게는 장애인·노인 등을 위한 보조기기 지원 및 활용촉진에 관한 법률에 따른 보조기기에 대하여 보험급여를 할 수 있다(법 제51조 제1항).

오답분석
① 보험급여를 받을 수 있는 사람이 국외에 체류하는 경우에 해당하면 그 기간에는 보험급여를 하지 아니한다(법 제54조 제2호).
② 공단은 보험급여를 받을 수 있는 사람이 업무 또는 공무로 생긴 질병·부상·재해로 다른 법령에 따른 보험급여나 보상(報償) 또는 보상(補償)을 받게 되는 경우에 해당하면 보험급여를 하지 아니한다(법 제53조 제1항 제4호).
③ 공단은 보험급여를 받을 수 있는 사람이 고의 또는 중대한 과실로 인한 범죄행위에 그 원인이 있거나 고의로 사고를 일으킨 경우에 해당하면 보험급여를 하지 아니한다(법 제53조 제1항 제1호).

15
정답 ①

국내에 체류하는 재외국민 또는 외국인("국내체류 외국인 등")이 적용대상사업장의 근로자, 공무원 또는 교직원이고 제6조(가입자의 종류) 제2항 각 호(직장가입자 제외 대상)의 어느 하나에 해당하지 아니하면서 재외동포의 출입국과 법적 지위에 관한 법률 제6조에 따라 국내거소신고를 한 사람에 해당하는 경우에는 제5조(적용 대상 등)에도 불구하고 직장가입자가 된다(법 제109조 제2항 제2호).

오답분석
② 법 제109조 제2항 제3호
③ 법 제109조 제5항 제1호
④ 법 제109조 제1항

16
정답 ②

보험료, 연체금 및 가산금을 징수할 권리는 3년 동안 행사하지 아니하면 소멸시효가 완성된다(법 제91조 제1항 제1호).

17
정답 ④

심사평가원에 임원으로서 원장, 이사 15명 및 감사 1명을 둔다. 이 경우 원장, 이사 중 4명 및 감사는 상임으로 한다(법 제65조 제1항).

오답분석
① 감사는 임원추천위원회가 복수로 추천한 사람 중에서 기획재정부장관의 제청으로 대통령이 임명한다(법 제65조 제5항).
② 비상임이사는 정관으로 정하는 바에 따라 실비변상을 받을 수 있다(법 제65조 제6항).
③ 원장은 임원추천위원회가 복수로 추천한 사람 중에서 보건복지부장관의 제청으로 대통령이 임명한다(법 제65조 제2항).

18
정답 ②

종합계획에는 건강보험의 중장기 재정 전망 및 운영이 포함되어야 한다(법 제3조의2 제2항 제3호).

오답분석
종합계획에는 ①·③·④와 건강보험 보장성 강화의 추진계획 및 추진방법, 건강보험의 중장기 재정 전망 및 운영, 보험료 부과체계에 관한 사항, 요양급여비용에 관한 사항, 건강증진 사업에 관한 사항, 취약계층 지원에 관한 사항, 그 밖에 건강보험의 개선을 위하여 필요한 사항으로 대통령령으로 정하는 사항이 포함되어야 한다(법 제3조의2 제2항 제1호부터 제9호).

19

정답 ③

분쟁조정위원회는 제3항에 따른 구성원(위원장 1명+당연직 위원 1명+위원장이 매 회의마다 지정하는 7명＝총 9명) 과반수의 출석과 출석위원 과반수의 찬성으로 의결한다(법 제89조 제4항).

오답분석

① 법 제89조 제2항
② 법 제89조 제3항
④ 법 제89조 제5항

20

정답 ④

사회복지사업법에 따라 사회복지시설에 수용된 자의 진료를 주된 목적으로 개설한 의료기관은 요양기관에서 제외할 수 있는 의료기관이다.

요양기관(법 제42조 제1항 전단)
요양급여(간호와 이송은 제외한다)는 다음 각 호의 요양기관에서 실시한다.
1. 의료법에 따라 개설된 의료기관
2. 약사법에 따라 등록된 약국
3. 약사법에 따라 설립된 한국희귀·필수의약품센터
4. 지역보건법에 따른 보건소·보건의료원 및 보건지소
5. 농어촌 등 보건의료를 위한 특별조치법에 따라 설치된 보건진료소

PART 2

01	02	03	04	05	06	07	08	09	10
③	④	③	②	①	③	④	②	②	③
11	12	13	14	15	16	17	18	19	20
③	③	④	④	①	①	④	③	②	③

01　정답 ③

가입자는 사망한 날의 다음 날에 그 자격을 잃는다(법 제10조 제1항 제1호).

오답분석
① 가입자는 직장가입자의 피부양자가 된 날에 그 자격을 잃는다(법 제10조 제1항 제4호).
② 가입자는 국적을 잃은 날의 다음 날에 그 자격을 잃는다(법 제10조 제1항 제2호).
④ 가입자는 건강보험을 적용받고 있던 사람이 유공자 등 의료보호대상자가 되어 건강보험의 적용배제신청을 한 날에 그 자격을 잃는다(법 제10조 제1항 제6호).

02　정답 ④

사촌 형제는 직장가입자의 피부양자에 해당하지 않는다.

적용 대상 등(법 제5조 제2항)
피부양자는 다음 각 호의 어느 하나에 해당하는 사람 중 직장가입자에게 주로 생계를 의존하는 사람으로서 소득 및 재산이 보건복지부령으로 정하는 기준 이하에 해당하는 사람을 말한다.
1. 직장가입자의 배우자
2. 직장가입자의 직계존속(배우자의 직계존속을 포함한다)
3. 직장가입자의 직계비속(배우자의 직계비속을 포함한다)과 그 배우자
4. 직장가입자의 형제·자매

03　정답 ③

직장가입자의 월별 보험료액은 보수월액보험료[=(보수월액)×(보험료율)]와 소득월액보험료[=(소득월액)×(보험료율)]에 따라 산정한 금액으로 한다(법 제69조 제4항 제1호·제2호).

오답분석
① 법 제69조 제2항 전단
② 법 제69조 제3항 전단
④ 법 제69조 제5항 전단 일부

04　정답 ②

상임이사 중 제14조 제1항 제2호(보험료와 그 밖에 국민건강보험법에 따른 징수금의 부과·징수) 및 제11호(징수위탁근거법에 따라 위탁받은 업무)의 업무를 담당하는 이사("징수이사")는 경영, 경제 및 사회보험에 관한 학식과 경험이 풍부한 사람으로서 보건복지부령으로 정하는 자격을 갖춘 사람 중에서 선임한다(법 제21조 제1항).

오답분석
③ 법 제21조 제2항
④ 법 제21조 제3항

05　정답 ①

보건복지부장관은 요양기관이 속임수나 그 밖의 부당한 방법으로 보험자·가입자 및 피부양자에게 요양급여비용을 부담하게 한 경우에 해당하면 그 요양기관에 대하여 1년의 범위에서 기간을 정하여 업무정지를 명할 수 있다(법 제98조 제1항 제1호).

06　정답 ③

공단의 상임임원이 임명권자 또는 제청권자의 허가를 받거나 공단의 직원이 이사장의 허가를 받은 경우에는 비영리 목적의 업무를 겸할 수 있다(법 제25조 제2항).

오답분석
① 법 제23조 제1호
② 법 제24조 제2항 제1호
④ 법 제22조 제4항

07 정답 ④

가입자와 피부양자의 질병, 부상, 출산 등에 대하여 진찰·검사, 약제(藥劑)·치료재료의 지급, 처치·수술 및 그 밖의 치료, 예방·재활, 입원, 간호, 이송(移送) 등의 요양급여를 실시한다(법 제41조 제1항 제1호부터 제7호).

08 정답 ②

신고 등(법 제94조 제1항)
공단은 사용자, 직장가입자 및 세대주에게 다음 각 호의 사항을 신고하게 하거나 관계 서류(전자적 방법으로 기록된 것을 포함한다)를 제출하게 할 수 있다.
1. 가입자의 거주지 변경
2. 가입자의 보수·소득
3. 그 밖에 건강보험사업을 위하여 필요한 사항

09 정답 ②

업무 등(법 제14조 제2항)
자산의 관리·운영 및 증식사업은 안정성과 수익성을 고려하여 다음 각 호의 방법에 따라야 한다.
1. 체신관서 또는 은행법에 따른 은행에의 예입 또는 신탁
2. 국가·지방자치단체 또는 은행법에 따른 은행이 직접 발행하거나 채무이행을 보증하는 유가증권의 매입
3. 특별법에 따라 설립된 법인이 발행하는 유가증권의 매입
4. 자본시장과 금융투자업에 관한 법률에 따른 신탁업자가 발행하거나 같은 법에 따른 집합투자업자가 발행하는 수익증권의 매입
5. 공단의 업무에 사용되는 부동산의 취득 및 일부 임대
6. 그 밖에 공단 자산의 증식을 위하여 대통령령으로 정하는 사업

10 정답 ③

공단은 회계연도마다 결산보고서와 사업보고서를 작성하여 다음해 <u>2월</u> 말일까지 보건복지부장관에게 보고하여야 한다(법 제39조 제1항).

11 정답 ③

제98조 제4항을 위반하여 행정처분을 받은 사실 또는 행정처분절차가 진행 중인 사실을 지체 없이 알리지 아니한 자에게는 500만 원 이하의 과태료를 부과한다(법 제119조 제3항 제4호).

[오답분석]
① 제42조의2(요양기관의 선별급여 실시에 대한 관리) 제1항 및 제3항을 위반하여 선별급여를 제공한 요양기관의 개설자는 1년 이하의 징역 또는 1,000만 원 이하의 벌금에 처한다(법 제115조 제5항 제1호).

② 제47조(요양급여비용의 청구와 지급 등) 제7항을 위반하여 대행청구단체가 아닌 자로 하여금 대행하게 한 자는 1년 이하의 징역 또는 1,000만 원 이하의 벌금에 처한다(법 제115조 제5항 제2호).
④ 업무정지 처분을 받은 자는 해당 업무정지기간 중에는 요양급여를 하지 못한다(법 제98조 제2항). 이를 위반한 요양기관의 개설자는 1년 이하의 징역 또는 1,000만 원 이하의 벌금에 처한다(법 제115조 제5항 제4호).

12 정답 ③

공단은 그 업무의 일부를 국가기관, 지방자치단체 또는 다른 법령에 따른 사회보험 업무를 수행하는 법인이나 그 밖의 자에게 위탁할 수 있다. 다만, 보험료와 징수위탁보험료 등의 징수 업무는 그러하지 아니하다(법 제112조 제2항).

[오답분석]
① 공단은 대통령령으로 정하는 바에 따라 보험료의 수납 또는 보험료납부의 확인에 관한 업무를 체신관서, 금융기관 또는 그 밖의 자에게 위탁할 수 있다(법 제112조 제1항 제1호).
② 공단은 대통령령으로 정하는 바에 따라 징수위탁근거법의 위탁에 따라 징수하는 연금보험료, 고용보험료, 산업재해보상보험료, 부담금 및 분담금 등("징수위탁보험료 등")의 수납 또는 그 납부의 확인에 관한 업무를 체신관서, 금융기관 또는 그 밖의 자에게 위탁할 수 있다(법 제112조 제1항 제3호).
④ 공단이 위탁할 수 있는 업무 및 위탁받을 수 있는 자의 범위는 보건복지부령으로 정한다(법 제112조 제3항).

13 정답 ④

보수 관련 자료가 없거나 불명확한 경우 등 대통령령으로 정하는 사유에 해당하면 보건복지부장관이 정하여 고시하는 금액을 보수로 본다(법 제70조 제3항 후단).

[오답분석]
① 제69조 제4항 제1호에 따른 직장가입자의 보수월액은 직장가입자가 지급받는 보수를 기준으로 하여 산정한다(법 제70조 제1항).
② 휴직이나 그 밖의 사유로 보수의 전부 또는 일부가 지급되지 아니하는 가입자("휴직자 등")의 보수월액보험료는 해당 사유가 생기기 전 달의 보수월액을 기준으로 산정한다(법 제70조 제2항).
③ 보수는 근로자 등이 근로를 제공하고 사용자·국가 또는 지방자치단체로부터 지급받는 금품(실비변상적인 성격을 갖는 금품은 제외한다)으로서 대통령령으로 정하는 것을 말한다(법 제70조 제3항 전단).

14 정답 ④

적용 대상 등(법 제5조 제2항)
피부양자는 다음 각 호의 어느 하나에 해당하는 사람 중 직장가입자에게 주로 생계를 의존하는 사람으로서 소득 및 재산이 보건복지부령으로 정하는 기준 이하에 해당하는 사람을 말한다.
1. 직장가입자의 배우자
2. 직장가입자의 직계존속(배우자의 직계존속을 포함한다)
3. 직장가입자의 직계비속(배우자의 직계비속을 포함한다)과 그 배우자
4. 직장가입자의 형제·자매

15 정답 ①

선별급여에 대해서는 다른 요양급여에 비하여 본인일부부담금을 상향 조정할 수 있다(법 제44조 제1항 후단).

[오답분석]
② 본인이 본인이 연간 부담하는 본인일부부담금의 총액이 대통령령으로 정하는 금액("본인부담상한액")을 초과한 경우에는 공단이 그 초과 금액을 부담하여야 한다(법 제44조 제2항).
③ 본인부담상한액은 가입자의 소득수준 등에 따라 정한다(법 제44조 제3항).
④ 본인일부부담금 총액 산정 방법, 본인부담상한액을 넘는 금액의 지급 방법 및 가입자의 소득수준 등에 따른 본인부담상한액 설정 등에 필요한 사항은 대통령령으로 정한다(법 제44조 제4항).

16 정답 ①

보험료 경감대상자와 급여정지자를 구별하여야 한다. 급여정지자 중에는 보험료 면제자도 포함되어 있다. ①의 65세 이상인 사람은 보험료 경감대상자에 해당한다(법 제75조 제1항 제2호).

[오답분석]
②·③ 급여정지자이면서 보험료 면제자에 해당한다.
④ 급여정지자에 해당한다.

17 정답 ④

공단은 보험급여를 받을 수 있는 사람이 고의 또는 중대한 과실로 인한 범죄행위에 그 원인이 있거나 고의로 사고를 일으킨 경우 보험급여를 하지 아니한다(법 제53조 제1항 제1호).

> **목적(법 제1조)**
> 국민건강보험법은 국민의 질병·부상에 대한 예방·진단·치료·재활과 출산·사망 및 건강증진에 대하여 보험급여를 실시함으로써 국민보건 향상과 사회보장 증진에 이바지함을 목적으로 한다.

18 정답 ③

요양급여의 적정성 평가의 업무를 관장하는 주체는 심사평가원이다(법 제63조 제1항 제2호). 심사평가원은 요양급여에 대한 의료의 질을 향상시키기 위하여 요양급여의 적정성 평가를 실시할 수 있다(법 제47조의4 제1항).

> **국민건강보험공단의 업무 등(법 제14조 제1항)**
> 공단은 다음 각 호의 업무를 관장한다.
> 1. 가입자 및 피부양자의 자격 관리
> 2. 보험료와 그 밖에 국민건강보험법에 따른 징수금의 부과·징수
> 3. 보험급여의 관리
> 4. 가입자 및 피부양자의 질병의 조기발견·예방 및 건강관리를 위하여 요양급여 실시 현황과 건강검진 결과 등을 활용하여 실시하는 예방사업으로서 대통령령으로 정하는 사업
> 5. 보험급여 비용의 지급
> 6. 자산의 관리·운영 및 증식사업
> 7. 의료시설의 운영
> 8. 건강보험에 관한 교육훈련 및 홍보
> 9. 건강보험에 관한 조사연구 및 국제협력
> 10. 국민건강보험법에서 공단의 업무로 정하고 있는 사항
> 11. 국민연금법, 고용보험 및 산업재해보상보험의 보험료징수 등에 관한 법률, 임금채권보장법 및 석면피해구제법("징수위탁근거법")에 따라 위탁받은 업무
> 12. 그 밖에 국민건강보험법 또는 다른 법령에 따라 위탁받은 업무
> 13. 그 밖에 건강보험과 관련하여 보건복지부장관이 필요하다고 인정한 업무

19

보험급여를 받을 수 있는 사람이 국외에 체류하는 경우 그 기간에는 보험급여를 하지 아니한다(법 제54조 제2호).

오답분석
①・③・④ 급여의 제한 사유에 해당한다.

> **급여의 제한(법 제53조 제1항)**
> 공단은 보험급여를 받을 수 있는 사람이 다음 각 호의 어느 하나에 해당하면 보험급여를 하지 아니한다.
> 1. 고의 또는 중대한 과실로 인한 범죄행위에 그 원인이 있거나 고의로 사고를 일으킨 경우
> 2. 고의 또는 중대한 과실로 공단이나 요양기관의 요양에 관한 지시에 따르지 아니한 경우
> 3. 고의 또는 중대한 과실로 제55조(급여의 확인)에 따른 문서와 그 밖의 물건의 제출을 거부하거나 질문 또는 진단을 기피한 경우
> 4. 업무 또는 공무로 생긴 질병・부상・재해로 다른 법령에 따른 보험급여나 보상(報償) 또는 보상(補償)을 받게 되는 경우

20

직장가입자인 근로자 등이 그 사용관계가 끝난 날의 다음 날에 자격이 변동된다(법 제9조 제1항 제3호).

오답분석
①・④ 지역가입자가 적용대상사업장의 사용자로 되거나, 근로자・공무원 또는 교직원("근로자 등")으로 사용된 날에 그 자격이 변동된다(법 제9조 제1항 제1호).
② 직장가입자가 다른 적용대상사업장의 사용자로 되거나 근로자 등으로 사용된 날에 그 자격이 변동된다(법 제9조 제1항 제2호).

PART 2

모든 전사 중 가장 강한 전사는 이 두 가지, 시간과 인내다.

- 레프 톨스토이 -

국민건강보험공단 국민건강보험법 최종모의고사

성명			

지원 분야			

문제지 형별기재란	( )형	Ⓐ	Ⓑ

수험번호								
	⓪	⓪		⓪	⓪	⓪	⓪	⓪
	①	①	①	①	①	①	①	①
	②	②	②	②	②	②	②	②
	③	③	③	③	③	③	③	③
	④	④	④	④	④	④	④	④
	⑤	⑤	⑤	⑤	⑤	⑤	⑤	⑤
	⑥	⑥	⑥	⑥	⑥	⑥	⑥	⑥
	⑦	⑦	⑦	⑦	⑦	⑦	⑦	⑦
	⑧	⑧	⑧	⑧	⑧	⑧	⑧	⑧
	⑨	⑨	⑨	⑨	⑨	⑨	⑨	⑨

감독위원 확인
(인)

1	①	②	③	④
2	①	②	③	④
3	①	②	③	④
4	①	②	③	④
5	①	②	③	④
6	①	②	③	④
7	①	②	③	④
8	①	②	③	④
9	①	②	③	④
10	①	②	③	④
11	①	②	③	④
12	①	②	③	④
13	①	②	③	④
14	①	②	③	④
15	①	②	③	④
16	①	②	③	④
17	①	②	③	④
18	①	②	③	④
19	①	②	③	④
20	①	②	③	④

문번	①	②	③	④
1	①	②	③	④
2	①	②	③	④
3	①	②	③	④
4	①	②	③	④
5	①	②	③	④
6	①	②	③	④
7	①	②	③	④
8	①	②	③	④
9	①	②	③	④
10	①	②	③	④
11	①	②	③	④
12	①	②	③	④
13	①	②	③	④
14	①	②	③	④
15	①	②	③	④
16	①	②	③	④
17	①	②	③	④
18	①	②	③	④
19	①	②	③	④
20	①	②	③	④

성 명

지원 분야

문제지 형별기재란 Ⓐ Ⓑ
( )형

수험번호
⓪ ① ② ③ ④ ⑤ ⑥ ⑦ ⑧ ⑨
⓪ ① ② ③ ④ ⑤ ⑥ ⑦ ⑧ ⑨
⓪ ① ② ③ ④ ⑤ ⑥ ⑦ ⑧ ⑨
⓪ ① ② ③ ④ ⑤ ⑥ ⑦ ⑧ ⑨
⓪ ① ② ③ ④ ⑤ ⑥ ⑦ ⑧ ⑨
⓪ ① ② ③ ④ ⑤ ⑥ ⑦ ⑧ ⑨
⓪ ① ② ③ ④ ⑤ ⑥ ⑦ ⑧ ⑨

감독위원 확인
㉑

국민건강보험공단 국민건강보험법 최종모의고사

1	①	②	③	④		
2	①	②	③	④		
3	①	②	③	④		
4	①	②	③	④		
5	①	②	③	④		
6	①	②	③	④		
7	①	②	③	④		
8	①	②	③	④		
9	①	②	③	④		
10	①	②	③	④		
11	①	②	③	④		
12	①	②	③	④		
13	①	②	③	④		
14	①	②	③	④		
15	①	②	③	④		
16	①	②	③	④		
17	①	②	③	④		
18	①	②	③	④		
19	①	②	③	④		
20	①	②	③	④		

성 명

지원 분야

문제지 형별기재란

( )형   Ⓐ   Ⓑ

수 험 번 호

⓪	⓪	⓪	⓪	⓪	⓪	⓪
①	①	①	①	①	①	①
②	②	②	②	②	②	②
③	③	③	③	③	③	③
④	④	④	④	④	④	④
⑤	⑤	⑤	⑤	⑤	⑤	⑤
⑥	⑥	⑥	⑥	⑥	⑥	⑥
⑦	⑦	⑦	⑦	⑦	⑦	⑦
⑧	⑧	⑧	⑧	⑧	⑧	⑧
⑨	⑨	⑨	⑨	⑨	⑨	⑨

감독위원 확인

(인)

〈절취선〉

※ 본 답안지는 마킹연습용 모의 답안지입니다.

국민건강보험공단 국민건강보험법 최종 모의고사

1	①	②	③	④
2	①	②	③	④
3	①	②	③	④
4	①	②	③	④
5	①	②	③	④
6	①	②	③	④
7	①	②	③	④
8	①	②	③	④
9	①	②	③	④
10	①	②	③	④
11	①	②	③	④
12	①	②	③	④
13	①	②	③	④
14	①	②	③	④
15	①	②	③	④
16	①	②	③	④
17	①	②	③	④
18	①	②	③	④
19	①	②	③	④
20	①	②	③	④

성 명

지원 분야

문제지 형별기재란 Ⓐ Ⓑ
(형)

수 험 번 호
⓪ ① ② ③ ④ ⑤ ⑥ ⑦ ⑧ ⑨
⓪ ① ② ③ ④ ⑤ ⑥ ⑦ ⑧ ⑨
⓪ ① ② ③ ④ ⑤ ⑥ ⑦ ⑧ ⑨
⓪ ① ② ③ ④ ⑤ ⑥ ⑦ ⑧ ⑨
⓪ ① ② ③ ④ ⑤ ⑥ ⑦ ⑧ ⑨
⓪ ① ② ③ ④ ⑤ ⑥ ⑦ ⑧ ⑨
⓪ ① ② ③ ④ ⑤ ⑥ ⑦ ⑧ ⑨

감독위원 확인
(인)

※ 본 답안지는 마킹연습용 모의 답안지입니다.

국민건강보험공단 국민건강보험법 최종모의고사

문번	①	②	③	④
1	①	②	③	④
2	①	②	③	④
3	①	②	③	④
4	①	②	③	④
5	①	②	③	④
6	①	②	③	④
7	①	②	③	④
8	①	②	③	④
9	①	②	③	④
10	①	②	③	④
11	①	②	③	④
12	①	②	③	④
13	①	②	③	④
14	①	②	③	④
15	①	②	③	④
16	①	②	③	④
17	①	②	③	④
18	①	②	③	④
19	①	②	③	④
20	①	②	③	④

국민건강보험공단 국민건강보험법 최종모의고사

성 명	

지원 분야	

문제지 형별기재란	Ⓐ Ⓑ
	( )형

수험번호

⓪	①	②	③	④	⑤	⑥	⑦	⑧	⑨
⓪	①	②	③	④	⑤	⑥	⑦	⑧	⑨
⓪	①	②	③	④	⑤	⑥	⑦	⑧	⑨
⓪	①	②	③	④	⑤	⑥	⑦	⑧	⑨
⓪	①	②	③	④	⑤	⑥	⑦	⑧	⑨
⓪	①	②	③	④	⑤	⑥	⑦	⑧	⑨
⓪	①	②	③	④	⑤	⑥	⑦	⑧	⑨

감독위원 확인	
(인)	

번호	답란			
1	①	②	③	④
2	①	②	③	④
3	①	②	③	④
4	①	②	③	④
5	①	②	③	④
6	①	②	③	④
7	①	②	③	④
8	①	②	③	④
9	①	②	③	④
10	①	②	③	④
11	①	②	③	④
12	①	②	③	④
13	①	②	③	④
14	①	②	③	④
15	①	②	③	④
16	①	②	③	④
17	①	②	③	④
18	①	②	③	④
19	①	②	③	④
20	①	②	③	④

※ 본 답안지는 마킹연습용 모의 답안지입니다.

2023 하반기 SD에듀 국민건강보험공단 국민건강보험법
최근 3개년 기출 + 법률 + 최종모의고사 7회 + 무료건보특강

개정4판1쇄 발행	2023년 09월 25일(인쇄 2023년 08월 14일)
초 판 발 행	2021년 03월 30일(인쇄 2021년 01월 29일)
발 행 인	박영일
책 임 편 집	이해욱
편 저	SDC(Sidae Data Center)
편 집 진 행	김재희 · 유정화
표지디자인	조혜령
편집디자인	최미란 · 장성복
발 행 처	(주)시대고시기획
출 판 등 록	제10-1521호
주 소	서울시 마포구 큰우물로 75 [도화동 538 성지 B/D] 9F
전 화	1600-3600
팩 스	02-701-8823
홈 페 이 지	www.sdedu.co.kr
I S B N	979-11-383-5719-7 (13320)
정 가	22,000원

국민건강보험공단

국민건강보험법

최신기출 + 법률 + 최종모의고사 7회

+ 무료건보특강

All Pass

기업별 맞춤 학습 "기본서" 시리즈

공기업 취업의 기초부터 합격까지! 취업의 문을 여는 *Hidden Key!*

기업별 기출문제 "기출이 답이다" 시리즈

역대 기출문제와 주요 공기업 기출문제를 한 권에! 합격을 위한 *One Way!*

시험 직전 마무리 "봉투모의고사" 시리즈

실제 시험과 동일하게 마무리! 합격을 향한 *Last Spurt!*

SD에듀가 합격을 준비하는 당신에게 제안합니다.

성공의 기회! SD에듀를 잡으십시오.
성공의 Next Step!

결심하셨다면 지금 당장 실행하십시오.
SD에듀와 함께라면 문제없습니다.

기회란 포착되어 활용되기 전에는
기회인지조차 알 수 없는 것이다.

- 마크 트웨인 -

Add+

2023년 상반기 ~
2021년 국민건강보험법
기출복원문제

01 2023년 5월 시행

01	02	03	04	05	06	07	08	09	10
①	②	②	②	①	④	②	③	①	③
11	12	13	14	15	16	17	18	19	
③	②	④	③	③	②	③	④	②	

01 정답 ①

자격의 취득 시기 등(법 제8조 제1항)
가입자는 국내에 거주하게 된 날에 직장가입자 또는 지역가입자의 자격을 얻는다. 다만, 다음 각 호의 어느 하나에 해당하는 사람은 그 해당되는 날에 각각 자격을 얻는다.
1. 수급권자이었던 사람은 그 대상자에서 제외된 날
2. 직장가입자의 피부양자이었던 사람은 그 자격을 잃은 날
3. 유공자 등 의료보호대상자이었던 사람은 그 대상자에서 제외된 날
4. 보험자에게 건강보험의 적용을 신청한 유공자 등 의료보호대상자는 그 신청한 날

자격의 상실 시기 등(법 제10조 제1항)
가입자는 다음 각 호의 어느 하나에 해당하게 된 날에 그 자격을 잃는다.
1. 사망한 날의 다음 날
2. 국적을 잃은 날의 다음 날
3. 국내에 거주하지 아니하게 된 날의 다음 날
4. 직장가입자의 피부양자가 된 날
5. 수급권자가 된 날
6. 건강보험을 적용받고 있던 사람이 유공자 등 의료보호대상자가 되어 건강보험의 적용배제신청을 한 날

02 정답 ②

2023년 직장가입자의 보험료율은 1만 분의 709(7.09%)로 하되, A는 국외에서 업무에 종사하는 직장가입자이므로 보험료율은 정해진 보험료율의 100분의 50으로 감경(법 제73조)되므로 3.545%가 된다. 그리고 A는 업무 목적으로 1개월 이상 국외에 체류(영 제44조의2)하기 때문에 100% 면제되어야 하지만, 국내에 피부양자가 있는 경우이므로 50% 경감된 금액을 납부하면 된다(법 제73조 제2항, 법 제74조). 이를 계산하면 다음과 같다.

(건강보험료)=(보수월액)×(보험료율)
=300만×3.545%=106,350원
따라서 직장가입자는 사업주와 반씩 나누어 내므로(법 제76조) 월 보험료로 53,175원을 내야 한다.

03 정답 ②

임의계속가입자의 보수월액은 보수월액보험료가 산정된 최근 12개월간의 보수월액을 평균한 금액으로 한다(법 제110조 제3항).

오답분석
① 임의계속가입자의 보수월액보험료는 그 임의계속가입자가 전액을 부담하고 납부한다(법 제110조 제5항).
③ 임의계속가입자는 대통령령으로 정하는 기간 동안(사용관계가 끝난 날의 다음 날부터 기산하여 36개월이 되는 날을 넘지 아니하는 범위) 직장가입자의 자격을 유지한다(법 제110조 제2항).
④ 임의계속가입자의 보험료는 보건복지부장관이 정하여 고시하는 바에 따라 그 일부를 경감할 수 있다(법 제110조 제4항).

04 정답 ②

심의위원회는 위원장 1명과 부위원장 1명을 포함하여 25명의 위원으로 구성한다(법 제4조 제2항).

오답분석
① 심의위원회 위원의 임기는 3년으로 한다. 다만, 위원의 사임 등으로 새로 위촉된 위원의 임기는 전임위원 임기의 남은 기간으로 한다(법 제4조 제5항).
③ 요양급여의 기준 등 건강보험정책에 관한 사항들을 심의·의결하기 위하여 보건복지부장관 소속으로 건강보험정책심의위원회를 둔다(법 제4조 제1항 제2호).
④ 심의위원회 위원은 시민단체, 소비자단체, 농어업인단체 및 자영업자단체가 추천하는 각 1명이 포함되며, 보건복지부장관이 임명 또는 위촉한다(법 제4조 제4항 제2호).

05

정답 ①

요양급여비용을 청구하려는 <u>요양기관</u>은 심사평가원에 요양급여비용의 심사청구를 하여야 하며, 심사청구를 받은 <u>심사평가원</u>은 이를 심사한 후 지체 없이 그 내용을 <u>공단</u>과 요양기관에 알려야 한다(법 제47조 제2항).

06

정답 ④

외국인 등에 대한 특례(법 제109조 제8항)
국내체류 외국인 등(제9항 단서의 적용을 받는 사람에 한정)에 해당하는 지역가입자의 보험료는 그 직전 월 <u>25일</u>까지 납부하여야 한다. 다만, 다음에 해당되는 경우에는 공단이 정하는 바에 따라 납부하여야 한다.
1. 자격을 취득한 날이 속하는 달의 보험료를 징수하는 경우
2. 매월 26일 이후부터 말일까지의 기간에 자격을 취득한 경우

07

정답 ②

등기(법 제18조)
공단의 설립등기에는 다음 각 호의 사항을 포함하여야 한다.
1. 목적
2. 명칭
3. 주된 사무소 및 분사무소의 소재지
4. 이사장의 성명·주소 및 주민등록번호

08

정답 ③

보험료의 경감 등(법 제75조 제1항)
다음 각 호의 어느 하나에 해당하는 가입자 중 <u>보건복지부령</u>(㉠)으로 정하는 가입자에 대하여는 그 가입자 또는 그 가입자가 속한 세대의 보험료의 일부를 경감할 수 있다.
1. 섬·벽지(僻地)·농어촌 등 <u>대통령령</u>(㉡)으로 정하는 지역에 거주하는 사람
2. 65세 이상인 사람
3. 장애인복지법에 따라 등록한 장애인
4. 국가유공자 등 예우 및 지원에 관한 법률에 따른 국가유공자
5. 휴직자
6. 그 밖에 생활이 어렵거나 천재지변 등의 사유로 보험료를 경감할 필요가 있다고 보건복지부장관이 정하여 고시하는 사람

09

정답 ①

- A : 가입자 및 피부양자의 개인정보를 누설하거나 직무상 목적 외의 용도로 이용 또는 정당한 사유 없이 제3자에게 제공한 자는 5년 이하의 징역 또는 <u>5천만 원</u> 이하의 벌금에 처한다(법 제115조 제1항).
- B : 업무를 수행하면서 알게 된 정보를 누설하거나 직무상 목적 외의 용도로 이용 또는 제3자에게 제공한 자는 3년 이하의 징역 또는 <u>3천만 원</u> 이하의 벌금에 처한다(법 제115조 제2항 제2호).
- C : 거짓이나 그 밖의 부정한 방법으로 보험급여를 받거나 타인으로 하여금 보험급여를 받게 한 사람은 2년 이하의 징역 또는 <u>2천만 원</u> 이하의 벌금에 처한다(법 제115조 제4항).
- D : 요양비 명세서나 요양 명세를 적은 영수증을 내주지 아니한 자는 <u>500만 원</u> 이하의 벌금에 처한다(법 제117조).

따라서 A가 가장 많은 벌금을 부과받는다.

10

정답 ③

직장가입자인 A와 B의 보험료를 계산하면 다음과 같다.
- A의 보험료
  2023년 직장가입자의 보험료율은 1만 분의 709(7.09%)이므로 220만 원의 보수월액을 받는 A의 건강보험료는 220만×7.09%=155,980원이다. 이때 직장가입자는 사업주와 반씩 나누어 내므로 77,990원을 낸다(법 제76조 제1항).
- B의 보험료
  국외에서 업무에 종사하고 있는 직장가입자에 대한 보험료율은 7.09%의 100분의 50이므로 3.545%이다(법 제73조 제2항). 이때 국외에 체류하고 있지만 국내에 거주하는 피부양자가 있기 때문에 50% 감면된 금액을 낸다(법 제74조 제1항). 따라서 직장가입자 B의 건강보험료는 280만×3.545%=99,260원이지만 사업주와 반씩 나누어 내므로 49,630원을 낸다.

따라서 A와 B의 보험료를 합산한 금액은 77,990+49,630=127,620원이다.

> **보험요금 계산**
> - 직장가입자의 보수월액보험료 : (보수월액)×(보험료율)(법 제69조 제4항)
> - 직장가입자의 보수월액 : 직장가입자가 지급받는 보수를 기준으로 하여 산정하며(법 제70조 제1항), 직장가입자의 월 급여에 수당 등을 합산하여 구한다(소득세법에 따라 비과세되는 소득은 제외).

11

정답 ③

상임이사는 보건복지부령으로 정하는(상임이사추천위원회) 추천 절차를 거쳐 이사장이 임명한다(법 제20조 제3항).

오답분석

①·② 공단은 임원으로서 이사장 1명, 이사 14명 및 감사 1명을 둔다. 이 경우 이사장, 이사 중 5명 및 감사는 상임으로 한다(법 제20조 제1항).

④ 이사장의 임기는 3년, 이사(공무원인 이사는 제외)와 감사의 임기는 각각 2년으로 한다(법 제20조 제7항).

12

정답 ②

외국인 등에 대한 특례(법 제109조 제2항)

국내에 체류하는 재외국민 또는 외국인이 적용대상사업장의 근로자, 공무원 또는 교직원이고, 제6조 제2항의 어느 하나에 해당하지 아니하면서 다음의 어느 하나에 해당하는 경우에는 직장가입자가 된다.

1. 주민등록법에 따라 등록한 사람
2. 재외동포의 출입국과 법적 지위에 관한 법률에 따라 국내 거소신고를 한 사람
3. 출입국관리법에 따라 외국인등록을 한 사람

가입자의 종류(법 제6조 제2항)

모든 사업장의 근로자 및 사용자와 공무원 및 교직원은 직장가입자가 된다. 다만, 다음 각 호의 어느 하나에 해당하는 사람은 제외한다.

1. 고용 기간이 1개월 미만인 일용근로자
2. 병역법에 따른 현역병(지원에 의하지 아니하고 임용된 하사를 포함한다), 전환복무된 사람 및 군간부후보생
3. 선거에 당선되어 취임하는 공무원으로서 매월 보수 또는 보수에 준하는 급료를 받지 아니하는 사람
4. 그 밖에 사업장의 특성, 고용 형태 및 사업의 종류 등을 고려하여 대통령령으로 정하는 사업장의 근로자 및 사용자와 공무원 및 교직원

직장가입자에서 제외되는 사람(영 제9조)

1. 비상근 근로자 또는 1개월 동안의 소정(所定)근로시간이 60시간 미만인 단시간근로자
2. 비상근 교직원 또는 1개월 동안의 소정근로시간이 60시간 미만인 시간제공무원 및 교직원
3. 소재지가 일정하지 아니한 사업장의 근로자 및 사용자
4. 근로자가 없거나 제1호에 해당하는 근로자만을 고용하고 있는 사업장의 사업주

13

정답 ④

임원(법 제20조 제4항)

비상임이사는 다음 각 호의 사람을 보건복지부장관이 임명한다.

1. 노동조합·사용자단체·시민단체·소비자단체·농어업인단체 및 노인단체가 추천하는 각 1명
2. 대통령령(기획재정부장관, 보건복지부장관 및 인사혁신처장은 해당 기관 소속의 3급 공무원 또는 고위공무원단에 속하는 일반직공무원 중에서 각 1명씩을 지명)으로 정하는 바에 따라 추천하는 관계 공무원 3명

14

정답 ③

- 보수월액보험료는 보수월액과 보험료율을 곱한 값이므로 보수월액은 보수월액보험료에서 보험료율로 나눈 값이다. 따라서 직장가입자 A의 국내 보수월액은 $392,000 \div 0.07 = 5,600,000$원이다.
- 국외에서 업무에 종사하고 있는 직장가입자에 대한 보험료율은 정해진 보험료율의 100분의 50(법 제73조 제2항)이다. 따라서 A의 국외 보수월액은 $392,000 \div 0.035 = 11,200,000$원이다.

15

정답 ③

요양급여비용의 청구와 지급 등(법 제47조 제7항)

요양기관은 심사청구를 다음의 단체가 대행하게 할 수 있다.

1. 의료법에 따른 의사회·치과의사회·한의사회·조산사회 또는 특별시장·광역시장·도지사·특별자치도지사 또는 시장·군수·구청장(의료법 제28조 제6항)에게 신고한 각각의 지부 및 분회
2. 의료법에 따른 의료기관 단체
3. 약사법에 따른 약사회 또는 특별시장·광역시장·도지사·특별자치도지사(약사법 제14조 제2항)에게 신고한 지부 및 분회

16

정답 ②

요양기관(법 제42조 제1항)

요양급여(간호와 이송은 제외한다)는 다음 각 호의 요양기관에서 실시한다. 이 경우 보건복지부장관은 공익이나 국가정책에 비추어 요양기관으로 적합하지 아니한 대통령령(영 제18조 제1항)으로 정하는 의료기관 등은 요양기관에서 제외할 수 있다.

1. 의료법에 따라 개설된 의료기관
2. 약사법에 따라 등록된 약국
3. 약사법에 따라 설립된 한국희귀·필수의약품센터
4. 지역보건법에 따른 보건소·보건의료원 및 보건지소
5. 농어촌 등 보건의료를 위한 특별조치법에 따라 설치된 보건진료소

17

정답 ③

공단이 급여제한기간에 보험급여를 받은 사실이 있음을 가입자에게 통지한 날부터 2개월이 지난 날이 속한 달의 납부기한 이내에 체납된 보험료를 완납한 경우 보험급여로 인정한다(법 제53조 제6항 제1호).

[오답분석]

① 고의 또는 중대한 과실로 인한 범죄행위에 그 원인이 있거나 고의로 사고를 일으킨 경우 보험급여를 하지 아니한다(법 제53조 제1항 제1호).
② 대통령령으로 정하는 횟수 이상(6회) 소득월액보험료를 체납한 경우 그 체납한 보험료를 완납할 때까지 그 가입자 및 피부양자에 대하여 보험급여를 실시하지 아니할 수 있다(법 제53조 제3항).
④ 분할납부 승인을 받은 사람이 정당한 사유 없이 5회 이상 그 승인된 보험료를 내지 아니한 경우에는 보험급여로 인정하지 않는다(법 제53조 제6항 제2호).

18

정답 ④

요양기관(법 제42조 제1항)
요양급여(간호와 이송은 제외)는 다음의 요양기관에서 실시한다. 이 경우 보건복지부장관은 공익이나 국가정책에 비추어 요양기관으로 적합하지 아니한 대통령령으로 정하는 의료기관 등은 요양기관에서 제외할 수 있다.
1. 의료법에 따라 개설된 의료기관
2. 약사법에 따라 등록된 약국
3. 약사법 제91조에 따라 설립된 한국희귀·필수의약품센터
4. 지역보건법에 따른 보건소·보건의료원 및 보건지소
5. 농어촌 등 보건의료를 위한 특별조치법에 따라 설치된 보건진료소

19

정답 ②

업무를 수행하면서 알게 된 정보를 누설하거나 직무상 목적 외의 용도로 이용 또는 제3자에게 제공한 자는 3년 이하의 징역 또는 3천만 원 이하의 벌금에 처한다(법 제115조 제2항 제2호).

[오답분석]

① 거짓이나 그 밖의 부정한 방법으로 보험급여를 받거나 타인으로 하여금 보험급여를 받게 한 사람은 2년 이하의 징역 또는 2천만 원 이하의 벌금에 처한다(법 제115조 제4항).
③ 정당한 사유 없이 신고·서류제출을 하지 아니하거나 거짓으로 신고·서류제출을 한 자는 500만 원 이하의 과태료를 부과한다(법 제119조 제3항 제2호).
④ 요양비 명세서나 요양 명세를 적은 영수증을 내주지 아니한 자는 500만 원 이하의 벌금에 처한다(법 제117조).

01
정답 ④

행정소송(법 제90조)에 해당하는 내용이다.

오답분석
① 법 제87조 제1항
② 법 제87조 제3항
③ 법 제88조 제1항

02
정답 ②

지역가입자 대표 10명은 대통령령으로 정하는 바에 따라 농어업인 단체·도시자영업자단체 및 시민단체에서 추천하는 사람으로 임명한다(법 제34조 제2항 제2호).

03
정답 ④

시효(법 제91조 제1항)
다음 각 호의 권리는 3년 동안 행사하지 아니하면 소멸시효가 완성된다.
1. 보험료, 연체금 및 가산금을 징수할 권리
2. 보험료, 연체금 및 가산금으로 과오납부한 금액을 환급받을 권리
3. 보험급여를 받을 권리
4. 보험급여 비용을 받을 권리
5. 제47조 제3항 후단에 따라 과다납부된 본인일부부담금을 돌려받을 권리
6. 요양급여비용의 정산(제61조)에 따른 근로복지공단의 권리

04
정답 ②

약제에 대한 요양급여비용 상한금액의 감액 등(법 제41조의2)
① 보건복지부장관은 약사법 제47조 제2항의 위반과 관련된 제41조 제1항 제2호의 약제에 대하여는 요양급여비용 상한금액(제41조 제3항에 따라 약제별 요양급여비용의 상한으로 정한 금액을 말한다. 이하 같다)의 100분의 20을 넘지 아니하는 범위에서 그 금액의 일부를 감액할 수 있다.

② 보건복지부장관은 제1항에 따라 요양급여비용의 상한금액이 감액된 약제가 감액된 날부터 5년의 범위에서 대통령령으로 정하는 기간 내에 다시 제1항에 따른 감액의 대상이 된 경우에는 요양급여비용 상한금액의 100분의 40을 넘지 아니하는 범위에서 요양급여비용 상한금액의 일부를 감액할 수 있다.

05
정답 ③

보험료 부과제도에 대한 적정성 평가(법 제72조의3 제2항)
보건복지부장관은 제1항에 따른 적정성 평가를 하는 경우에는 다음 각 호를 종합적으로 고려하여야 한다.
1. 제72조의2 제2항 제2호에 따라 제도개선위원회가 심의한 가입자의 소득 파악 현황 및 개선방안
2. 공단의 소득 관련 자료 보유 현황
3. 소득세법 제4조에 따른 종합소득(종합과세되는 종합소득과 분리과세되는 종합소득을 포함한다) 과세 현황
4. 직장가입자에게 부과되는 보험료와 지역가입자에게 부과되는 보험료 간 형평성
5. 제1항에 따른 인정기준 및 산정기준의 조정으로 인한 보험료 변동
6. 그 밖에 적정성 평가 대상이 될 수 있는 사항으로서 보건복지부장관이 정하는 사항

06
정답 ①

보건복지부령으로 정하는 기간 동안 국내에 거주하였거나 해당 기간 동안 국내에 지속적으로 거주할 것으로 예상할 수 있는 사유로서 보건복지부령으로 정하는 사유에 해당되면 지역가입자가 된다(법 제109조 제3항 제1호).

07
정답 ②

공단은 징수하여야 할 금액이나 반환하여야 할 금액이 1건당 2천 원 미만인 경우(제47조 제4항, 제57조 제5항 후단 및 제101조 제4항 후단에 따라 각각 상계 처리할 수 있는 본인일부부담금 환급금 및 가입자나 피부양자에게 지급하여야 하는 금액은 제외한다)에는 징수 또는 반환하지 아니한다(법 제106조).

08

정답 ③

임원의 당연퇴임 및 해임(법 제24조)

① 임원이 제23조 각 호의 어느 하나에 해당하게 되거나 임명 당시 그에 해당하는 사람으로 확인되면 그 임원은 당연퇴임한다.

② 임명권자는 임원이 다음 각 호의 어느 하나에 해당하면 그 임원을 해임할 수 있다.
1. 신체장애나 정신장애로 직무를 수행할 수 없다고 인정되는 경우
2. 직무상 의무를 위반한 경우
3. 고의나 중대한 과실로 공단에 손실이 생기게 한 경우
4. 직무 여부와 관계없이 품위를 손상하는 행위를 한 경우
5. 이 법에 따른 보건복지부장관의 명령을 위반한 경우

09

정답 ②

보건복지부장관은 종합계획에 따라 <u>매년</u> 연도별 시행계획을 건강보험정책심의위원회의 심의를 거쳐 수립·시행하여야 한다(법 제3조의2 제3항).

10

정답 ③

공단은 제57조 제2항 각 호의 어느 하나에 해당하여 같은 조 제1항 및 제2항에 따라 징수금을 납부할 의무가 있는 요양기관 또는 요양기관을 개설한 자가 제79조 제1항에 따라 납입고지 문서에 기재된 납부기한의 다음 날부터 1년이 경과한 징수금을 1억 원 이상 체납한 경우 징수금 발생의 원인이 되는 위반행위, 체납자의 인적사항 및 체납액 등 대통령령으로 정하는 사항(이하 이 조에서 "인적사항 등"이라 한다)을 공개할 수 있다. 다만, 체납된 징수금과 관련하여 제87조에 따른 이의신청, 제88조에 따른 심판청구가 제기되거나 행정소송이 계류 중인 경우 또는 그 밖에 체납된 금액의 일부 납부 등 대통령령으로 정하는 사유가 있는 경우에는 그러하지 아니하다(법 제57조의2 제1항).

오답분석
① 법 제57조의2 제2항
② 법 제57조의2 제4항
④ 법 제57조의2 제5항

11

정답 ④

보험재정에 대한 정부지원(법 제108조의2 제4항)

공단은 제2항에 따라 지원된 재원을 다음 각 호의 사업에 사용한다.
1. 건강검진 등 건강증진에 관한 사업
2. 가입자와 피부양자의 흡연으로 인한 질병에 대한 보험급여
3. 가입자와 피부양자 중 65세 이상 노인에 대한 보험급여

12

정답 ①

공단은 제94조 제1항에 따라 신고한 보수 또는 소득 등에 축소 또는 탈루(脫漏)가 있다고 인정하는 경우에는 보건복지부장관을 거쳐 소득의 축소 또는 탈루에 관한 사항을 문서로 <u>국세청장</u>에게 송부할 수 있다(법 제95조 제1항).

13

정답 ①

정부는 외국 정부가 사용자인 사업장의 근로자의 건강보험에 관하여는 외국 정부와 한 합의에 따라 이를 따로 정할 수 있다(법 제109조 제1항).

오답분석
② 국내에 체류하는 재외국민 또는 외국인("국내체류 외국인 등"이라 한다)이 적용대상사업장의 근로자이고 고용 기간이 1개월 미만인 일용근로자에 해당하지 아니하면서 재외동포의 출입국과 법적 지위에 관한 법률에 따라 국내거소신고를 한 사람인 경우에는 직장가입자가 된다(법 제109조 제2항).
③ 직장가입자에 해당하지 아니하는 국내체류 외국인 등이 보건복지부령으로 정하는 기간 동안 국내에 지속적으로 거주할 것으로 예상할 수 있는 사유로서 보건복지부령으로 정하는 사유에 해당되고 주민등록법 제6조 제1항 제3호에 따라 등록한 사람인 경우에는 지역가입자가 된다(법 제109조 제3항 제1호 및 제2호 가목).
④ 직장가입자와의 관계가 제5조 제2항 각 호의 어느 하나에 해당하고 제5조 제3항에 따른 피부양자 자격의 인정 기준에 해당하는 경우에는 공단에 신청하면 피부양자가 될 수 있다(법 제109조 제4항 제1호·제2호).

14

정답 ①

개인정보보호법이 아니라 공공기관의 정보공개에 관한 법률이다(법 제14조 제4항).

오답분석
② 법 제77조 제1항 제1호
③ 법 제88조 제1항, 법 제89조 제1항
④ 법 제87조 제3항

15

정답 ①

보험료 등은 <u>국세</u>와 <u>지방세</u>를 제외한 다른 채권에 우선하여 징수한다. 다만, 보험료 등의 납부기한 전에 전세권·질권·저당권 또는 동산·채권 등의 담보에 관한 법률에 따른 담보권의 설정을 등기 또는 등록한 사실이 증명되는 재산을 매각할 때에 그 매각대금 중에서 보험료 등을 징수하는 경우 그 전세권·질권·저당권 또는 동산·채권 등의 담보에 관한 법률에 따른 담보권으로 담보된 채권에 대하여는 그러하지 아니하다(법 제85조).

16

"근로자"란 직업의 종류와 관계없이 근로의 대가로 보수를 받아 생활하는 사람(법인의 이사와 그 밖의 임원을 포함한다)으로서 공무원 및 교직원을 제외한 사람을 말한다(법 제3조 제1호).

17

(월별 보험료액)
= [(보수월액)×(보험료율)] + [(소득월액)×(보험료율)]
= (300만×6%) + (700만×6%) = 18만 + 42만 = 60만 원

18

오답분석

가·나·다. 보험급여가 제한되는 사유에 해당한다.

> **급여의 제한(법 제53조 제1항)**
> 공단은 보험급여를 받을 수 있는 사람이 다음 각 호의 어느 하나에 해당하면 보험급여를 하지 아니한다.
> 1. 고의 또는 중대한 과실로 인한 범죄행위에 그 원인이 있거나 고의로 사고를 일으킨 경우
> 2. 고의 또는 중대한 과실로 공단이나 요양기관의 요양에 관한 지시에 따르지 아니한 경우
> 3. 고의 또는 중대한 과실로 제55조에 따른 문서와 그 밖의 물건의 제출을 거부하거나 질문 또는 진단을 기피한 경우
> 4. 업무 또는 공무로 생긴 질병·부상·재해로 다른 법령에 따른 보험급여나 보상(報償) 또는 보상(補償)을 받게 되는 경우

19

국민건강보험법에 따른 보건복지부장관의 권한은 대통령령으로 정하는 바에 따라 그 일부를 특별시장·광역시장·도지사 또는 특별자치도지사에게 위임할 수 있다(법 제111조 제1항).

20

요양기관 현황에 대한 신고(법 제43조)
① 요양기관은 제47조에 따라 요양급여비용을 최초로 청구하는 때에 요양기관의 시설·장비 및 인력 등에 대한 현황을 제62조에 따른 건강보험심사평가원((㉠)이하 "심사평가원"이라 한다)에 신고하여야 한다.
② 요양기관은 제1항에 따라 신고한 내용(제45조에 따른 요양급여비용의 증감에 관련된 사항만 해당한다)이 변경된 경우에는 그 변경된 날부터 15일(㉡) 이내에 보건복지부령으로 정하는 바에 따라 심사평가원(㉠)에 신고하여야 한다.
③ 제1항 및 제2항에 따른 신고의 범위, 대상, 방법 및 절차 등에 필요한 사항은 보건복지부령((㉢)으로 정한다.

01	02	03	04	05	06	07	08	09	10
③	③	③	①	④	②	②	②	④	③

11	12	13	14	15	16				
②	③	②	②	②	④				

01 정답 ③

자격의 상실 시기 등(법 제10조 제1항)
1. 사망한 날의 다음 날
2. 국적을 잃은 날의 다음 날
3. 국내에 거주하지 아니하게 된 날의 다음 날
4. 직장가입자의 피부양자가 된 날
5. 수급권자가 된 날
6. 건강보험을 적용받고 있던 사람이 유공자 등 의료보호대상자가 되어 건강보험의 적용배제신청을 한 날

02 정답 ③

건강보험정책심의위원회(법 제4조 제1항)
건강보험정책에 관한 다음 각 호의 사항을 심의·의결하기 위하여 보건복지부장관 소속으로 건강보험정책심의위원회(이하 "심의위원회"라 한다)를 둔다.
1. 제3조의2 제1항 및 제3항에 따른 종합계획 및 시행계획에 관한 사항(심의에 한정한다)
2. 제41조 제3항에 따른 요양급여의 기준
3. 제45조 제3항 및 제46조에 따른 요양급여비용에 관한 사항
4. 제73조 제1항에 따른 직장가입자의 보험료율
5. 제73조 제3항에 따른 지역가입자의 보험료부과점수당 금액
6. 그 밖에 건강보험에 관한 주요 사항으로서 대통령령으로 정하는 사항

03 정답 ③

제1항에 따라 자격을 잃은 경우 직장가입자의 사용자와 지역가입자의 세대주는 그 명세를 보건복지부령으로 정하는 바에 따라 자격을 잃은 날부터 14일 이내에 보험자에게 신고하여야 한다(법 제10조 제2항).

04 정답 ①

요양급여비용 산정의 계약기간은 1년으로 한다.

요양급여비용의 산정 등(법 제45조)
① 요양급여비용은 공단의 이사장과 대통령령으로 정하는 의약계를 대표하는 사람들의 계약으로 정한다. 이 경우 계약기간은 1년으로 한다.
② 제1항에 따라 계약이 체결되면 그 계약은 공단과 각 요양기관 사이에 체결된 것으로 본다.
③ 제1항에 따른 계약은 그 직전 계약기간 만료일이 속하는 연도의 5월 31일까지 체결하여야 하며, 그 기한까지 계약이 체결되지 아니하는 경우 보건복지부장관이 그 직전 계약기간 만료일이 속하는 연도의 6월 30일까지 심의위원회의 의결을 거쳐 요양급여비용을 정한다. 이 경우 보건복지부장관이 정하는 요양급여비용은 제1항 및 제2항에 따라 계약으로 정한 요양급여비용으로 본다.
④ 제1항 또는 제3항에 따라 요양급여비용이 정해지면 보건복지부장관은 그 요양급여비용의 명세를 지체 없이 고시하여야 한다.
⑤ 공단의 이사장은 제33조에 따른 재정운영위원회의 심의·의결을 거쳐 제1항에 따른 계약을 체결하여야 한다.
⑥ 심사평가원은 공단의 이사장이 제1항에 따른 계약을 체결하기 위하여 필요한 자료를 요청하면 그 요청에 성실히 따라야 한다.
⑦ 제1항에 따른 계약의 내용과 그 밖에 필요한 사항은 대통령령으로 정한다.

05 정답 ④

제1항에 따른 체납자 인적사항 등의 공개는 관보에 게재하거나 공단 인터넷 홈페이지에 게시하는 방법에 따른다(법 제83조 제4항).

오답분석
① 법 제83조 제5항
② 법 제83조 제1항
③ 법 제83조 제2항

06
정답 ②

과태료(법 제119조 제4항 제4호)
다음 각 호의 어느 하나에 해당하는 자에게는 100만 원 이하의 과태료를 부과한다.
4. 제96조의4를 위반하여 서류를 보존하지 아니한 자

서류의 보존(법 제96조의4)
① 요양기관은 요양급여가 끝난 날부터 5년간 보건복지부령으로 정하는 바에 따라 제47조에 따른 요양급여비용의 청구에 관한 서류를 보존하여야 한다. 다만, 약국 등 보건복지부령으로 정하는 요양기관은 처방전을 요양급여비용을 청구한 날부터 3년간 보존하여야 한다.
② 사용자는 3년간 보건복지부령으로 정하는 바에 따라 자격관리 및 보험료 산정 등 건강보험에 관한 서류를 보존하여야 한다.
③ 제49조 제3항에 따라 요양비를 청구한 준요양기관은 요양비를 지급받은 날부터 3년간 보건복지부령으로 정하는 바에 따라 요양비 청구에 관한 서류를 보존하여야 한다.
④ 제51조 제2항에 따라 보조기기에 대한 보험급여를 청구한 자는 보험급여를 지급받은 날부터 3년간 보건복지부령으로 정하는 바에 따라 보험급여 청구에 관한 서류를 보존하여야 한다.

오답분석
①·③·④ 법 제119조 제3항에 따라 500만 원 이하의 과태료를 부과한다.

07
정답 ②

업무 등(법 제63조 제1항 제2호)
심사평가원은 다음 각 호의 업무를 관장한다.
2. 요양급여의 적정성 평가

업무 등(법 제14조 제1항)
공단은 다음 각 호의 업무를 관장한다.
1. 가입자 및 피부양자의 자격 관리
2. 보험료와 그 밖에 이 법에 따른 징수금의 부과·징수
3. 보험급여의 관리
4. 가입자 및 피부양자의 질병의 조기발견·예방 및 건강관리를 위하여 요양급여 실시 현황과 건강검진 결과 등을 활용하여 실시하는 예방사업으로서 대통령령으로 정하는 사업
5. 보험급여 비용의 지급
6. 자산의 관리·운영 및 증식사업
7. 의료시설의 운영
8. 건강보험에 관한 교육훈련 및 홍보
9. 건강보험에 관한 조사연구 및 국제협력
10. 이 법에서 공단의 업무로 정하고 있는 사항
11. 국민연금법, 고용보험 및 산업재해보상보험의 보험료징수 등에 관한 법률, 임금채권보장법 및 석면피해구제법(이하 "징수위탁근거법"이라 한다)에 따라 위탁받은 업무
12. 그 밖에 이 법 또는 다른 법령에 따라 위탁받은 업무
13. 그 밖에 건강보험과 관련하여 보건복지부장관이 필요하다고 인정한 업무

08
정답 ②

보건복지부장관은 요양기관이 제98조 제1항 제1호 또는 제3호에 해당하여 업무정지 처분을 하여야 하는 경우로서 그 업무정지 처분이 해당 요양기관을 이용하는 사람에게 심한 불편을 주거나 보건복지부장관이 정하는 특별한 사유가 있다고 인정되면 업무정지 처분을 갈음하여 속임수나 그 밖의 부당한 방법으로 부담하게 한 금액의 5배 이하의 금액을 과징금으로 부과·징수할 수 있다. 이 경우 보건복지부장관은 12개월의 범위에서 분할납부를 하게 할 수 있다(법 제99조 제1항).

오답분석
① 법 제99조 제4항
③ 법 제99조 제2항
④ 법 제99조 제5항

09
정답 ④

공단은 그 업무의 일부를 국가기관, 지방자치단체 또는 다른 법령에 따른 사회보험 업무를 수행하는 법인이나 그 밖의 자에게 위탁할 수 있다. 다만, 보험료와 징수위탁보험료 등의 징수 업무는 그러하지 아니하다(법 제112조 제2항).

오답분석
①·②·③ 법 제112조 제1항

10
정답 ③

보험급여를 받을 권리는 양도하거나 압류할 수 없다(법 제59조 제1항).

오답분석
① 공단은 제3자의 행위로 보험급여사유가 생겨 가입자에게 보험급여를 한 경우 그 급여에 들어간 비용 한도에서 그 제3자에게 손해배상을 청구할 수 있다(법 제58조 제1항).
② 보험급여를 받은 사람이 제3자로부터 손해배상을 받은 경우에는 공단은 그 배상액 한도에서 보험급여를 하지 않는다(법 제58조 제2항).
④ 요양비 등 수급계좌에 입금된 요양비는 압류할 수 없다(법 제59조 제2항).

11
정답 ②

보험료율 등(법 제73조)
① 직장가입자의 보험료율은 1천 분의 80의 범위에서 심의위원회의 의결을 거쳐 대통령령으로 정한다.

② 국외에서 업무에 종사하고 있는 직장가입자에 대한 보험료율은 제1항에 따라 정해진 보험료율의 100분의 50으로 한다.

③ 지역가입자의 보험료부과점수당 금액은 심의위원회의 의결을 거쳐 <u>대통령령</u>으로 정한다.

12 정답 ③

ⓛ 공단은 건강보험사업 및 징수위탁근거법의 위탁에 따른 국민연금사업·고용보험사업·산업재해보상보험사업·임금채권보장사업에 관한 회계를 공단의 다른 회계와 구분하여 각각 회계처리하여야 한다(법 제35조 제3항).

ⓔ 공단은 지출할 현금이 부족한 경우에는 차입할 수 있다. 다만, 1년 이상 장기로 차입하려면 보건복지부장관의 승인을 받아야 한다(법 제37조).

오답분석
ⓐ 공단은 직장가입자와 지역가입자의 재정을 통합하여 운영한다(법 제35조 제2항).
ⓒ 공단은 회계연도마다 예산안을 편성하여 이사회의 의결을 거친 후 보건복지부장관의 승인을 받아야 한다. 예산을 변경할 때에도 또한 같다(법 제36조).

13 정답 ②

제1항에 따른 준비금은 부족한 보험급여 비용에 충당하거나 지출할 현금이 부족할 때 외에는 사용할 수 없으며, 현금 지출에 준비금을 사용한 경우에는 해당 회계연도 중에 이를 보전(補塡)하여야 한다(법 제38조 제2항).

오답분석
① 법 제38조 제1항
③ 법 제39조 제1항
④ 법 제39조의2

14 정답 ②

<u>보건복지부장관(ⓐ)</u>은 요양기관이 다음 각 호의 어느 하나에 해당하면 그 요양기관에 대하여 <u>1년(ⓑ)</u>의 범위에서 기간을 정하여 <u>업무정지(ⓒ)</u>를 명할 수 있다(법 제98조 제1항).

15 정답 ②

직장가입자의 소득월액보험료는 직장가입자가 부담한다(법 제76조 제2항).

오답분석
① 법 제69조 제5항
③ 법 제76조 제1항 단서
④ 법 제76조 제1항 제2호

16 정답 ④

연체금(법 제80조 제1항)
공단은 보험료 등의 납부의무자가 납부기한까지 보험료 등을 내지 아니하면 그 납부기한이 지난 날부터 매 1일이 경과할 때마다 다음 각 호에 해당하는 연체금을 징수한다.

1. 제69조에 따른 보험료 또는 제53조 제3항에 따른 보험급여 제한 기간 중 받은 보험급여에 대한 징수금을 체납한 경우 : 해당 체납금액의 1천500분의 1에 해당하는 금액. 이 경우 연체금은 해당 체납금액의 1천분의 20을 넘지 못한다.

2. 제1호 외에 이 법에 따른 징수금을 체납한 경우 : 해당 체납금액의 <u>1천분의 1</u>에 해당하는 금액. 이 경우 연체금은 해당 체납금액의 1천분의 30을 넘지 못한다.

04 **2021년 10월 시행**

01	02	03	04	05	06	07	08	09	10
③	④	③	④	①	②	③	③	④	③

01

정답 ③

자격의 상실 시기 등(법 제10조 제1항)

가입자는 다음 각 호의 어느 하나에 해당하게 된 날에 그 자격을 잃는다.

1. 사망한 날의 다음 날
2. 국적을 잃은 날의 다음 날
3. 국내에 거주하지 아니하게 된 날의 다음 날
4. 직장가입자의 피부양자가 된 날
5. 수급권자가 된 날
6. 건강보험을 적용받고 있던 사람이 유공자 등 의료보호대상자가 되어 건강보험의 적용배제신청을 한 날

02

정답 ④

임원(법 제20조)

① 공단은 임원으로서 이사장 1명, 이사 14명 및 감사 1명을 둔다. 이 경우 이사장, 이사 중 5명 및 감사는 상임으로 한다.

② 이사장은 공공기관의 운영에 관한 법률 제29조에 따른 임원추천위원회(이하 "임원추천위원회"라 한다)가 복수로 추천한 사람 중에서 보건복지부장관의 제청으로 대통령이 임명한다.

③ 상임이사는 보건복지부령으로 정하는 추천 절차를 거쳐 이사장이 임명한다.

④ 비상임이사는 다음 각 호의 사람을 보건복지부장관이 임명한다.

　1. 노동조합·사용자단체·시민단체·소비자단체·농어업인단체 및 노인단체가 추천하는 각 1명

　2. 대통령령으로 정하는 바에 따라 추천하는 관계 공무원 3명

⑤ 감사는 임원추천위원회가 복수로 추천한 사람 중에서 기획재정부장관의 제청으로 대통령이 임명한다.

⑥ 제4항에 따른 비상임이사는 정관으로 정하는 바에 따라 실비변상을 받을 수 있다.

⑦ 이사장의 임기는 3년, 이사(공무원인 이사는 제외한다)와 감사의 임기는 각각 2년으로 한다.

03

정답 ③

요양급여(법 제41조 제1항)

가입자와 피부양자의 질병, 부상, 출산 등에 대하여 다음 각 호의 요양급여를 실시한다.

1. 진찰·검사
2. 약제·치료재료의 지급
3. 처치·수술 및 그 밖의 치료
4. 예방·재활
5. 입원
6. 간호
7. 이송

04

정답 ④

법 제17조 제1항, 제18조에 따라 ④는 설립등기가 아니라 정관에 포함되는 항목이다.

정관 (법 제17조 제1항)	등기 (법 제18조)
1. 목적	1. 목적
2. 명칭	2. 명칭
3. 사무소의 소재지	3. 주된 사무소 및 분사무소의 소재지
4. 임직원에 관한 사항	4. 이사장의 성명·주소 및 주민등록번호
5. 이사회의 운영	
6. 재정운영위원회에 관한 사항	
7. 보험료 및 보험급여에 관한 사항	
8. 예산 및 결산에 관한 사항	
9. 자산 및 회계에 관한 사항	
10. 업무와 그 집행	
11. 정관의 변경에 관한 사항	
12. 공고에 관한 사항	

05

정답 ①

외국인 등에 대한 특례(법 제109조 제2항)

국내에 체류하는 재외국민 또는 외국인(이하 "국내체류 외국인 등"이라 한다)이 적용대상사업장의 근로자, 공무원 또는 교직원이고 제6조 제2항 각 호의 어느 하나에 해당하지 아니하면서 다음 각 호의 어느 하나에 해당하는 경우에는 직장가입자가 된다.

1. 주민등록법 제6조 제1항 제3호에 따라 등록한 사람
2. 재외동포의 출입국과 법적 지위에 관한 법률 제6조에 따라 국내거소신고를 한 사람
3. 출입국관리법 제31조에 따라 외국인등록을 한 사람

오답분석

② 법 제109조 제3항 제2호 나목
③ 법 제109조 제2항 제2호
④ 법 제109조 제5항 제1호

06 　　　정답 ②

벌칙(법 제115조)

① 가입자 및 피부양자의 개인정보를 누설하거나 직무상 목적 외의 용도로 이용 또는 정당한 사유 없이 제3자에게 제공한 자는 5년 이하의 징역 또는 5천만 원 이하의 벌금에 처한다.

② 다음 각 호의 어느 하나에 해당하는 자는 3년 이하의 징역 또는 3천만 원 이하의 벌금에 처한다.
  1. 대행청구단체의 종사자로서 거짓이나 그 밖의 부정한 방법으로 요양급여비용을 청구한 자
  2. 업무를 수행하면서 알게 된 정보를 누설하거나 직무상 목적 외의 용도로 이용 또는 제3자에게 제공한 자

③ 공동이용하는 전산정보자료를 같은 조 제1항에 따른 목적 외의 용도로 이용하거나 활용한 자는 3년 이하의 징역 또는 1천만 원 이하의 벌금에 처한다.

④ 거짓이나 그 밖의 부정한 방법으로 보험급여를 받거나 타인으로 하여금 보험급여를 받게 한 사람은 2년 이하의 징역 또는 2천만 원 이하의 벌금에 처한다.

⑤ 다음 각 호의 어느 하나에 해당하는 자는 1년 이하의 징역 또는 1천만 원 이하의 벌금에 처한다.
  1. 선별급여를 제공한 요양기관의 개설자
  2. 대행청구단체가 아닌 자로 하여금 대행하게 한 자
  3. 제93조를 위반한 사용자
  4. 제98조 제2항을 위반한 요양기관의 개설자

07 　　　정답 ③

과태료(법 제119조 제3항)

다음 각 호의 어느 하나에 해당하는 자에게는 500만 원 이하의 과태료를 부과한다.

1. 신고를 하지 아니하거나 거짓으로 신고한 사용자
2. 정당한 사유 없이 신고·서류제출을 하지 아니하거나 거짓으로 신고·서류제출을 한 자
3. 정당한 사유 없이 보고·서류제출을 하지 아니하거나 거짓으로 보고·서류제출을 한 자
4. 행정처분을 받은 사실 또는 행정처분절차가 진행 중인 사실을 지체 없이 알리지 아니한 자
5. 정당한 사유 없이 서류를 제출하지 아니하거나 거짓으로 제출한 자

[오답분석]

① 법 제116조
② 법 제117조
④ 법 제119조 제3항 제4호

08 　　　정답 ③

월별 보험료액은 가입자의 보험료 평균액의 일정비율에 해당하는 금액을 고려하여 대통령령으로 정하는 기준에 따라 상한 및 하한을 정한다(법 제69조 제6항).

[오답분석]

① 보험료는 가입자의 자격을 취득한 날이 속하는 달의 다음 달부터 가입자의 자격을 잃은 날의 전날이 속하는 달까지 징수한다(법 제69조 제2항).

② 보험료를 징수할 때 가입자의 자격이 변동된 경우에는 변동된 날이 속하는 달의 보험료는 변동되기 전의 자격을 기준으로 징수한다(법 제69조 제3항).

④ 휴직이나 그 밖의 사유로 보수의 전부 또는 일부가 지급되지 아니하는 가입자(이하 "휴직자 등"이라 한다)의 보수월액보험료는 해당 사유가 생기기 전 달의 보수월액을 기준으로 산정한다(법 제70조 제2항).

09 　　　정답 ④

요양기관(법 제42조 제1항)

요양급여(간호와 이송은 제외한다)는 다음 각 호의 요양기관에서 실시한다. 이 경우 보건복지부장관은 공익이나 국가정책에 비추어 요양기관으로 적합하지 아니한 대통령령으로 정하는 의료기관 등은 요양기관에서 제외할 수 있다.

1. 의료법에 따라 개설된 의료기관
2. 약사법에 따라 등록된 약국
3. 약사법 제91조에 따라 설립된 한국희귀·필수의약품센터
4. 지역보건법에 따른 보건소·보건의료원 및 보건지소
5. 농어촌 등 보건의료를 위한 특별조치법에 따라 설치된 보건진료소

10 　　　정답 ③

대행청구단체의 종사자로서 거짓이나 그 밖의 부정한 방법으로 요양급여비용을 청구한 자는 3년 이하의 징역 또는 3천만 원 이하의 벌금에 처한다(법 제115조 제2항 제1호).

05 2021년 5월 시행

01	02	03	04	05	06	07	08	09	10
④	④	③	④	③	③	④	④	④	④

01   정답 ④

거짓이나 그 밖의 부정한 방법으로 보험급여를 받거나 타인으로 하여금 보험급여를 받게 한 사람은 2년 이하의 징역 또는 2,000만 원 이하의 벌금에 처한다(법 제115조 제4항).

오답분석

① 5년 이하의 징역 또는 5,000만 원 이하의 벌금(법 제115조 제1항)
② 3년 이하의 징역 또는 3,000만 원 이하의 벌금(법 제115조 제2항 제1호)
③ 1,000만 원 이하의 벌금(법 제116조)

02   정답 ④

보험료 등의 납입 고지(법 제79조 제1항)
공단은 보험료 등을 징수하려면 그 금액을 결정하여 납부의무자에게 다음 각 호의 사항을 적은 문서로 납입 고지를 하여야 한다.
1. 징수하려는 보험료 등의 종류
2. 납부해야 하는 금액
3. 납부기한 및 장소

03   정답 ③

요양급여를 결정함에 있어 경제성 또는 치료효과성 등이 불확실하여 그 검증을 위하여 추가적인 근거가 필요하거나, 경제성이 낮아도 가입자와 피부양자의 건강회복에 잠재적 이득이 있는 등 대통령령으로 정하는 경우에는 예비적인 요양급여인 선별급여로 지정하여 실시할 수 있다(법 제41조의4 제1항).

오답분석

② 요양비는 요양급여의 하나로 질병·부상·출산 등에 대하여 요양을 받거나 요양기관이 아닌 장소에서 출산한 경우에는 그 요양급여에 상당하는 금액을 요양비로 지급한다(법 제49조 제1항).
④ 국민건강보험법에서 정한 요양급여 외에 임신·출산 진료비, 장제비, 상병수당, 그 밖의 급여를 실시할 수 있으며 이를 부가급여로 한다(법 제50조).

04   정답 ④

2021년 3월 이후 외국인 국민건강보험 제도가 변경되었다. 외국인 유학생의 건강보험료는 전체가입자의 평균 보험료로 부과된다.
• 2021년 외국인 국민건강보험 제도 개편 주요 내용
  – 6개월 이상 국내체류 외국인 등은 국민건강보험 당연가입이 의무화
  – 소득과 재산파악 등이 어려운 외국인은 건강보험 전체가입자 평균 보험료 부과
  – 건강보험료 체납내역을 체류기간 연장신청 및 체류기간 심사 시 반영
  – 학위 과정 유학생과 초중고 유학생은 의료공백이 발생하지 않게 입국일부터 국민건강 보험 당연가입(일반연수는 6개월 체류 시 국민건강보험 당연가입)

05   정답 ③

적용 대상 등(법 제5조 제2항)
피부양자는 다음 각 호의 어느 하나에 해당하는 사람 중 직장가입자에게 주로 생계를 의존하는 사람으로서 소득 및 재산이 보건복지부령으로 정하는 기준 이하에 해당하는 사람을 말한다.
1. 직장가입자의 배우자
2. 직장가입자의 직계존속(배우자의 직계존속을 포함한다)
3. 직장가입자의 직계비속(배우자의 직계비속을 포함한다)과 그 배우자
4. 직장가입자의 형제·자매

06   정답 ③

사업장의 신고(법 제7조)
사업장의 사용자는 다음 각 호의 어느 하나에 해당하게 되면 그 때부터 14일 이내에 보건복지부령으로 정하는 바에 따라 보험자에게 신고하여야 한다.
1. 직장가입자가 되는 근로자·공무원 및 교직원을 사용하는 사업장이 된 경우
2. 휴업·폐업 등 보건복지부령으로 정하는 사유가 발생한 경우

07   정답 ④

가입자·피부양자는 자격을 잃은 후 자격을 증명하던 서류를 사용하여 보험급여를 받아서는 아니 된다(법 제12조 제4항).

오답분석

① 법 제12조 제1항
② 법 제12조 제2항
③ 법 제12조 제5항

08

정관(법 제17조 제1항)

공단의 정관에는 다음 각 호의 사항을 적어야 한다.

1. 목적
2. 명칭
3. 사무소의 소재지
4. 임직원에 관한 사항
5. 이사회의 운영
6. 재정운영위원회에 관한 사항
7. 보험료 및 보험급여에 관한 사항
8. 예산 및 결산에 관한 사항
9. 자산 및 회계에 관한 사항
10. 업무와 그 집행
11. 정관의 변경에 관한 사항
12. 공고에 관한 사항

09

보건복지부장관은 효율적인 요양급여를 위하여 필요하면 보건복지부령으로 정하는 바에 따라 시설·장비·인력 및 진료과목 등 보건복지부령으로 정하는 기준에 해당하는 요양기관을 전문요양기관으로 인정할 수 있다. 이 경우 해당 전문요양기관에 인정서를 발급하여야 한다(법 제42조 제2항).

오답분석

① 법 제42조 제1항 제1호·제2호
② 법 제42조 제5항
③ 법 제42조의2 제2항

10

이 법은 국민의 질병·부상에 대한 예방·진단·치료·재활과 출산·사망 및 건강증진에 대하여 보험급여(㉠)를 실시함으로써 국민보건 향상과 사회보장(㉡) 증진에 이바지함을 목적으로 한다(법 제1조).

무언가를 위해 목숨을 버릴 각오가 되어 있지 않는 한
그것이 삶의 목표라는 어떤 확신도 가질 수 없다.

- 체 게바라 -

중국어뱅크 | 한국인의 한국인에 의한 한국인을 위한 중국어 회화 시리즈

THE GOD OF CHINESE

중국어의 신

워크북 짝수

STEP 4

동양북스

02 | 小吃

说 말하기

1. 다음 문장을 중국어로 말해 보세요.

(1) 하루 종일 공부했는데, 너희들 나랑 함께 야식 먹으러 가지 않을래?

(2) 나 지금 전혀 배 안 고파.

(3) 중국 야식은 모두 간단한 음식이어서 주로 입이 심심한 것만 없애려고 가는 거야.

(4) 틀림없이 너를 실망시키지 않을 거야.

2. 다음 대화에 어울리는 내용을 중국어로 말해 보세요.

(1) A：这个地方的特色小吃你尝过吗?

B：＿＿＿＿＿＿＿＿＿＿＿＿＿＿

(2) A：你想不想出去吃夜宵啊?

B：＿＿＿＿＿＿＿＿＿＿＿＿＿＿

(3) A：＿＿＿＿＿＿＿＿＿＿＿＿＿＿

B：夜市里的小吃种类可多了。

(4) A：＿＿＿＿＿＿＿＿＿＿＿＿＿＿

B：我想尝尝宫廷小吃。

3. 다음 그림의 상황에 알맞게 대화를 만들어 보세요.

(1)

A：＿＿＿＿＿＿＿＿＿＿＿＿＿＿

B：＿＿＿＿＿＿＿＿＿＿＿＿＿＿

A：＿＿＿＿＿＿＿＿＿＿＿＿＿＿

B：＿＿＿＿＿＿＿＿＿＿＿＿＿＿

(2) 　　　A : _____

　　　　　　　　　　B : _____

　　　　　　　　　　A : _____

　　　　　　　　　　B : _____

4. 본문의 내용을 생각하며 다음 질문에 답해 보세요.

　(1) 高朋想叫朋友们一起去哪儿?

　(2) 为什么说夜市值得一去?

　(3) 夜市里有哪些小吃?

　(4) 什么是宫廷小吃?

5. 다음 제시어를 이용하여 중국어로 이야기를 만들어 말해 보세요.

　　제시어

　　夜市　　小吃　　解馋　　种类

　_____

　_____

　_____

　_____

　_____

写 쓰기

1. 다음 단어의 중국어와 한어병음을 쓰세요.

(1) 음식   Ⓒ＿＿＿＿＿   Ⓟ＿＿＿＿＿   (2) 주식   Ⓒ＿＿＿＿＿   Ⓟ＿＿＿＿＿

(3) 특색   Ⓒ＿＿＿＿＿   Ⓟ＿＿＿＿＿   (4) 부족하다   Ⓒ＿＿＿＿＿   Ⓟ＿＿＿＿＿

(5) 구성하다 Ⓒ＿＿＿＿＿   Ⓟ＿＿＿＿＿   (6) 부분   Ⓒ＿＿＿＿＿   Ⓟ＿＿＿＿＿

(7) 지역   Ⓒ＿＿＿＿＿   Ⓟ＿＿＿＿＿   (8) 독특하다 Ⓒ＿＿＿＿＿   Ⓟ＿＿＿＿＿

2. 다음 빈칸에 들어갈 알맞은 단어를 쓰세요.

(1) 去旅游时，我们都会品尝当地的小吃，因为小吃＿＿＿＿＿＿＿（dàibiǎo）着当地的饮食文化。

(2) 北京的王府井、上海的城隍庙，因为有各种不同＿＿＿＿＿＿＿（fēngwèir）的小吃，所以很受游客的欢迎。

(3) 很多人离开家乡以后，最＿＿＿＿＿＿＿（xiǎngniàn）的就是家乡的小吃。

(4) 那些小吃不但能＿＿＿＿＿＿＿（tiánbǎo）肚子，还带着一种家乡的味道。

3. 다음 제시된 중국어를 재배열하여 문장을 완성하세요.

(1) 我 / 冬天 / 等 / 一个 / 已经 / 了 / 了   ▶＿＿＿＿＿＿＿＿＿＿＿＿＿＿＿

(2) 这个 / 游 / 一 / 地方 / 值得   ▶＿＿＿＿＿＿＿＿＿＿＿＿＿＿＿

(3) 有 / 这个 / 学习 / 什么 / 到底 / 啊 / 用   ▶＿＿＿＿＿＿＿＿＿＿＿＿＿＿＿

(4) 不会 / 你 / 肯定 / 失望 / 让   ▶＿＿＿＿＿＿＿＿＿＿＿＿＿＿＿

4. 주어진 문장을 모방하여 제시된 한국어의 의미에 맞게 중국어로 쓰세요.

(1) 除了他以外，我们也都没吃过北京烤鸭。

▶ 우리 집은 우리 누나 외에 우리 남동생도 중국어를 공부하는 중이야.

© _____

(2) 他们看了三个多小时了，还没看完。

▶ 우리는 한 시간 넘게 걸었는데 아직도 도착하지 않은 것 같아.

© _____

(3) 你好好儿想想看，他这么说是什么意思。

▶ 너 생각 좀 해 봐, 그 사람이 어떻게 이곳에 오겠어.

© _____

(4) 你们到底想去哪儿啊？

▶ 너 도대체 뭐가 먹고 싶은 거야?

© _____

5. 제시된 단어를 포함하여 그림의 상황에 알맞은 문장을 만들어 보세요.

(1)

제시어 ▶ 夜宵

_____

(2)

제시어 ▶ 填肚子

_____

(3)

제시어 ▶ 特色小吃

_____

(4)

제시어 ▶ 想念

_____

读 읽기

1. 다음 문장을 소리 내어 읽어 보세요.

(1) 除了这几个同学以外，那几个同学也去过中国。

(2) 爸爸已经在这儿睡了一个小时了。

(3) 我试试看，说不定能成功呢。

(4) 这是个秘密，我哪能跟别人说呢！

2. 빈칸에 들어갈 알맞은 단어를 보기에서 고르세요.

보기

Ⓐ 赶紧　　Ⓑ 哪能　　Ⓒ 宫廷　　Ⓓ 应该

(1) _____小吃是不是皇帝们爱吃的小吃啊？

(2) 那民间小吃呢，_____就是老百姓爱吃的吧？

(3) 这么多好吃的，_____不去啊！

(4) 快快，我也等不及了，_____走吧！

3. 제시된 단어의 알맞은 위치를 고르세요.

(1) 也　　　　除了 Ⓐ 这几个同学 Ⓑ 以外，那 Ⓒ 几个同学 Ⓓ 去过中国。

(2) 已经　　　Ⓐ 他 Ⓑ 在朋友家住了 Ⓒ 一个 Ⓓ 星期了。

(3) 一　　　　Ⓐ 那个城市 Ⓑ 有很多 Ⓒ 值得 Ⓓ 看的景点。

(4) 到底　　　Ⓐ 是行 Ⓑ 还是 Ⓒ 不行？你 Ⓓ 说清楚。

4. 아래 질문의 대답으로 알맞은 것을 보기에서 고르세요.

보기

Ⓐ 我在这儿等你。　　　　　　　　Ⓑ 我觉得值得一去。

Ⓒ 这种小吃我尝过。　　　　　　　Ⓓ 差不多半个小时了。

Ⓔ 我还想吃点儿辣炒年糕*。　　　　Ⓕ 填不了肚子，只能解解馋。

🔎 炒年糕 chǎoniángāo 몡 떡볶이

⑴ 吃这个能填饱肚子吗?　　　(　　)　　⑵ 除了这个，你还想吃什么? (　　)

⑶ 你在这儿等他等了多长时间了? (　　)　　⑷ 那个地方咱们还去吗?　　　(　　)

5. 다음 글을 읽고 질문에 답하세요.

　　中国有很多特色小吃，因为各个地区的地理*条件*、气候*条件、特产*、饮食习惯*都不一样，所以特色小吃也都各不相同。比如重庆*有酸辣粉*，武汉*有热干面*，桂林*有米粉，上海有糯米团*等等。不同地区的特色小吃也反映*了当地的饮食文化。所以我们去旅游时，一般都会品尝一下当地的特色小吃。

🔎 地理 dìlǐ 몡 지리 | 条件 tiáojiàn 몡 조건 | 气候 qìhòu 몡 기후 | 特产 tèchǎn 몡 특산(물) | 习惯 xíguàn 몡 습관 |
重庆 Chóngqìng 고유 충칭[지명] | 酸辣粉 suānlàfěn 몡 쑤안라펀[음식 이름] | 武汉 Wǔhàn 고유 우한[지명] |
热干面 règānmiàn 몡 러깐면[음식 이름] | 桂林 Guìlín 고유 꾸이린[지명] |
糯米团 nuòmǐtuán 몡 찹쌀 도너츠[음식 이름] | 反映 fǎnyìng 동 반영하다

⑴ 判断对错：旅游的时候，一般都会尝一下当地的特色小吃。(　　)

⑵ 判断对错：特色小吃不能反映当地的饮食文化。　　　　　(　　)

⑶ 问：上文中提到了哪些地方特色小吃?

　　_____

⑷ 问：中国的特色小吃为什么各不相同?

　　_____

1. 녹음을 듣고 알맞은 중국어 단어를 쓰세요.   🎧 MP3 **w02-01**

(1) _____   (2) _____

(3) _____   (4) _____

2. 녹음을 듣고 빈칸에 알맞은 내용을 쓰세요.   🎧 MP3 **w02-02**

中国饮食除了主食以外，特色小吃也是一个 (1)_____的组成部分。每个地区都有自己独特的小吃，去旅游时，我们都会 (2)_____当地的小吃，因为小吃代表着当地的饮食文化。北京的王府井、上海的城隍庙，因为有各种不同 (3)_____的小吃，所以很受游客的欢迎。很多人离开家乡以后，最想念的就是家乡的小吃。那些小吃不但能 (4)_____肚子，还带着一种家乡的味道。

3. 녹음의 대화를 듣고 다음 문장이 맞으면 ○, 틀리면 X를 표시하세요.   🎧 MP3 **w02-03**

(1) 女的现在想吃夜宵。 ( )

(2) 女的去王府井吃了一些有名的小吃。 ( )

(3) 男的现在不想去。 ( )

(4) 男的觉得那个地方应该去看看。 ( )

4. 녹음의 질문을 듣고 대답하세요.

MP3 w02-04

(1) 答: _____

(2) 答: _____

(3) 答: _____

(4) 答: _____

5. 녹음의 대화를 듣고 다음 질문에 알맞은 답을 고르세요.

MP3 w02-05

(1) 1) 问: 女的觉得吃麻辣烫能填饱肚子吗?

    Ⓐ 不知道   Ⓑ 不能

    Ⓒ 也许能   Ⓓ 当然能

  2) 问: 男的想不想吃麻辣烫? 为什么?

    _____

(2) 1) 问: 男的建议一起去哪儿?

    Ⓐ 城隍庙   Ⓑ 北京

    Ⓒ 王府井   Ⓓ 外地

  2) 问: 为什么说王府井值得一去?

    _____

04 | 胡同

说 말하기

1. 다음 문장을 중국어로 말해 보세요.

(1) 동쪽으로 쭉 걸어가다 세 번째 길목에서 북쪽으로 돌면 바로야.

(2) 너희 베이징 사람들은 길을 가리킬 때, 왼쪽이나 오른쪽은 잘 말하지 않고 오직 동서남북으로 말하는 걸 좋아하더라.

(3) 베이징은 남쪽에서 북쪽까지 중앙선이 있어, 고궁은 바로 이 중앙선의 중심 위치에 있어서 전체 도시의 동서남북이 정말 뚜렷해.

(4) 큰일 났다! 여기 전부 변해 버렸어! 나 그 사합원 또 정말 찾을 수가 없게 되었어!

2. 다음 대화에 어울리는 내용을 중국어로 말해 보세요.

(1) A : 你想去胡同转转吗?

B : _____

(2) A : 咱们叫上一辆人力三轮车慢慢看，怎么样?

B : _____

(3) A : _____

B : 一直往北走，往东一拐就是了。

(4) A : _____

B : 我分不清楚。

3. 다음 그림의 상황에 알맞게 대화를 만들어 보세요.

(1)

A : _____

B : _____

A : _____

B : _____

(2)

A: _____

B: _____

A: _____

B: _____

4. 본문의 내용을 생각하며 다음 질문에 답해 보세요.

(1) 高朋说的那家四合院在哪儿?

(2) 北京人为什么能分清楚东南西北?

(3) 现在北京城里的胡同多不多?

(4) 他们找着那家四合院了吗?

5. 다음 제시어를 이용하여 중국어로 이야기를 만들어 말해 보세요.

제시어

四合院　　胡同　　传统　　建筑*

🔑建筑 jiànzhù 명 건축물 동 건축하다

_____

_____

_____

_____

_____

04 | 胡同

写 쓰기

1. 다음 단어의 중국어와 한어병음을 쓰세요.

(1) 사합원 Ｃ＿＿＿＿＿ Ｐ＿＿＿＿＿   (2) 길을 안내하다 Ｃ＿＿＿＿＿ Ｐ＿＿＿＿＿

(3) 중심선 Ｃ＿＿＿＿＿ Ｐ＿＿＿＿＿   (4) 고궁, 자금성 Ｃ＿＿＿＿＿ Ｐ＿＿＿＿＿

(5) 전체의 Ｃ＿＿＿＿＿ Ｐ＿＿＿＿＿   (6) 현대 Ｃ＿＿＿＿＿ Ｐ＿＿＿＿＿

(7) 동서남북 Ｃ＿＿＿＿＿ Ｐ＿＿＿＿＿   (8) 모양이 변하다 Ｃ＿＿＿＿＿ Ｐ＿＿＿＿＿

2. 다음 빈칸에 들어갈 알맞은 단어를 쓰세요.

(1) 有不少＿＿＿＿＿＿＿（wàiguórén）去北京旅行时，第一个想到的就是胡同。

(2) 北京的胡同看起来都差不多，但＿＿＿＿＿＿＿（qíshí）每条胡同都有自己的特点。

(3) 比如说有的胡同很窄，北京胡同中最窄的一条胡同——钱市胡同，只有四十
＿＿＿＿＿＿＿（límǐ）宽，两个人相遇时，得侧着身子才能过去。

(4) 有时间的话，叫上一辆人力＿＿＿＿＿＿＿（sānlúnchē），在胡同里转转，一定会很有意思。

3. 다음 제시된 중국어를 재배열하여 문장을 완성하세요.

(1) 深 / 的 / 这儿 / 水 / 有 / 米 / 十   ▶＿＿＿＿＿＿＿＿＿＿＿＿＿＿

(2) 一 / 进 / 了 / 他 / 门 / 我 / 就 / 看见   ▶＿＿＿＿＿＿＿＿＿＿＿＿＿＿

(3) 在 / 买不着 / 这种 / 这儿 / 可能 / 手机   ▶＿＿＿＿＿＿＿＿＿＿＿＿＿＿

(4) 你 / 转转 / 有 / 去 / 时间 / 可以   ▶＿＿＿＿＿＿＿＿＿＿＿＿＿＿

4. 주어진 문장을 모방하여 제시된 한국어의 의미에 맞게 중국어로 쓰세요.

(1) 比如说今年的夏天，就不是特别热。

▶ 예를 들어 말하면, 이런 휴대전화는 인기가 많아.

C _____

(2) 我一到中国就给你打电话。

▶ 네가 나가면 바로 찾을 수 있어.

C _____

(3) 这个孩子就喜欢喝可乐，别的饮料都不喜欢。

▶ 그 사람은 다른 것은 모두 싫어하는데 볶음밥만 좋아해.

C _____

(4) 足球啊篮球啊，这些运动我都很喜欢。

▶ 학생, 학부모, 모두 이 일에 관심을 가지고 있어.

C _____

5. 제시된 단어를 포함하여 그림의 상황에 알맞은 문장을 만들어 보세요.

(1)

제시어 ▶ 四合院

(2)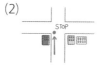

제시어 ▶ 十字路口

(3)

제시어 ▶ 弯儿

(4)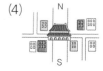

제시어 ▶ 中轴线

_____ _____ _____ _____

读 읽기

1. 다음 문장을 소리 내어 읽어 보세요.

(1) 比如说今年的夏天，就不是特别热。

(2) 这张桌子有两米长。

(3) 一看就知道，他肯定是个好学生。

(4) 这里的鱼啊肉啊，你们随便吃。

2. 빈킨에 들어갈 알맞은 단어를 보기에서 고르세요.

> 보기
>
> Ⓐ 带　Ⓑ 一　Ⓒ 高　Ⓓ 就

(1) 哥哥不看中国电影，_____爱看美国电影。

(2) 他是个聪明的孩子，_____听就明白。

(3) 我种的树有一米_____了。

(4) 这就是我想_____你来看的那家四合院！

3. 제시된 단어의 알맞은 위치를 고르세요.

(1) 还　　Ⓐ 没想到 Ⓑ 现代的北京城 Ⓒ 有这么多的 Ⓓ 胡同！

(2) 只　　Ⓐ 这 Ⓑ 把椅子 Ⓒ 有50厘米 Ⓓ 宽。

(3) 有　　Ⓐ 不少外国人 Ⓑ 去北京 Ⓒ 旅行时，第一个想到的就是 Ⓓ 胡同。

(4) 就　　Ⓐ 一直往东走，Ⓑ 到第三个路口 Ⓒ 往北一拐 Ⓓ 是了。

4. 아래 질문의 대답으로 알맞은 것을 보기에서 고르세요.

보기

Ⓐ 糟了，忘家里了。　　　　　　　Ⓑ 没有，就走着转了转。
Ⓒ 北京啊青岛啊上海啊，我都去过。　Ⓓ 故宫在中轴线的中心位置。
Ⓔ 大概有一米长。　　　　　　　　Ⓕ 我也分不清楚。

⑴ 你们去胡同转的时候坐人力三轮车了吗？（　　）　⑵ 这张桌子有多长？（　　）

⑶ 中国的城市你去过几个啊？（　　）　⑷ 你带护照了吗？（　　）

5. 다음 글을 읽고 질문에 답하세요.

　　北京的胡同有上千条，大部分都是东西走向*，以走人为主*。胡同两旁有很多四合院。四合院是中国的一种传统建筑，格局为四面的房屋将庭院合围在中间。大大小小的四合院一个挨着一个，它们之间的通道*就是胡同。北京人对胡同有着特殊*的感情*，因为它是老百姓生活的场所，出入*家门的通道，也是一座充满民俗风情的博物馆。

🔑 走向 zǒuxiàng 명 방향 통 ~로 향하다 | 以……为主 yǐ……zhǔ ~를 위주로 하다 | 格局 géjú 짜임새, 방식 |
庭院 tíngyuàn 명 뜰 | 通道 tōngdào 명 통로 | 特殊 tèshū 형 특수하다 | 感情 gǎnqíng 명 감정 |
出入 chūrù 통 출입하다 명 출입 | 充满 chōngmǎn 통 가득차다, 충만하다 | 风情 fēngqíng 명 운치

⑴ 判断对错：北京的胡同很多，胡同里车也很多。（　　）

⑵ 判断对错：去胡同里转转，就能看到一些四合院。（　　）

⑶ 问：四合院是一种什么样的建筑物？

　　_____

⑷ 问：北京人为什么对胡同有着特殊的感情？

　　_____

听 듣기

1. 녹음을 듣고 알맞은 중국어 단어를 쓰세요.　🎧 MP3 **w04-01**

(1) _____　　(2) _____

(3) _____　　(4) _____

2. 녹음을 듣고 빈칸에 알맞은 내용을 쓰세요.　🎧 MP3 **w04-02**

　　有不少外国人去北京旅行时，第一个想到的就是胡同。北京的胡同 (1)_____ 都差不多，但其实每条胡同都有自己的 (2)_____。比如说有的胡同很窄，北京胡同中最窄的一条胡同——钱市胡同，只有40厘米宽，两个人(3)_____时，得侧着身子才能过去。九湾胡同有十三道 (4)_____，是北京拐弯儿拐得最多的一条胡同。有时间的话，叫上一辆人力三轮车，在胡同里转转，一定会很有意思。

3. 녹음의 대화를 듣고 다음 문장이 맞으면 ○, 틀리면 X를 표시하세요.　🎧 MP3 **w04-03**

(1) 这条胡同没有60厘米宽。　　　　　　　(　　)

(2) 他们没找到以前那家饭馆儿。　　　　　(　　)

(3) 他们觉得这条路不好走，是因为车太多。 (　　)

(4) 男的也想坐人力三轮车。　　　　　　　(　　)

4. 녹음의 질문을 듣고 대답하세요. MP3 w04-04

(1) 答: _____

(2) 答: _____

(3) 答: _____

(4) 答: _____

5. 녹음의 대화를 듣고 다음 질문에 알맞은 답을 고르세요. MP3 w04-05

(1) 1) 问：女的觉得胡同大概有多宽?

ⓐ 大概60厘米　　　　　　　ⓑ 大概50厘米

ⓒ 大概40厘米　　　　　　　ⓓ 不清楚

2) 问：女的觉得她能不能找着他们要去的那家四合院?

_____

(2) 1) 问：男的觉得这家四合院看起来怎么样?

ⓐ 有很多院子　　　　　　　ⓑ 有很长的历史

ⓒ 很大　　　　　　　　　　ⓓ 很有名

2) 问：四合院为什么叫四合院?

_____

说 말하기

1. 다음 문장을 중국어로 말해 보세요.

　(1) 이번에 나 정말 좋은 번호로 바꿨어!

　(2) 사람들은 자동차 번호와 휴대전화 번호를 고를 때 '4'는 피해.

　(3) 설령 좀 비싸더라도, 돈을 써서 좋은 함축된 의미를 사는 거지!

　(4) 이전에는 숫자가 그저 하나의 부호라고 생각했는데, 또 이렇게 많은 숨은 의미가 있는 줄 몰랐어.

2. 다음 대화에 어울리는 내용을 중국어로 말해 보세요.

　(1) A : 中国人为什么喜欢红色?

　　　 B : ＿＿＿＿＿＿＿＿＿＿＿＿＿＿＿＿＿＿

　(2) A : 你想要个什么样的车牌号啊?

　　　 B : ＿＿＿＿＿＿＿＿＿＿＿＿＿＿＿＿＿＿

　(3) A : ＿＿＿＿＿＿＿＿＿＿＿＿＿＿＿＿＿＿

　　　 B : 因为"九"和"久"谐音，所以中国人喜欢数字9。

　(4) A : ＿＿＿＿＿＿＿＿＿＿＿＿＿＿＿＿＿＿

　　　 B : 换了手机，但没换手机号。

3. 다음 그림의 상황에 알맞게 대화를 만들어 보세요.

　(1)

　　　 A : ＿＿＿＿＿＿＿＿＿＿＿＿＿＿＿＿＿＿

　　　 B : ＿＿＿＿＿＿＿＿＿＿＿＿＿＿＿＿＿＿

　　　 A : ＿＿＿＿＿＿＿＿＿＿＿＿＿＿＿＿＿＿

　　　 B : ＿＿＿＿＿＿＿＿＿＿＿＿＿＿＿＿＿＿

(2)

A : _____

B : _____

A : _____

B : _____

4. 본문의 내용을 생각하며 다음 질문에 답해 보세요.

(1) 高朋换了个什么手机号?

(2) 中国人挑选车牌号或手机号的时候会避开哪个数字?

(3) 韩雪觉得给女朋友送玫瑰花的话送多少朵好?

(4) 为什么每个人都有自己喜欢的数字?

5. 다음 제시어를 이용하여 중국어로 이야기를 만들어 말해 보세요.

제시어

手机号码　　数字　　运气　　吉利

_____

_____

_____

_____

_____

写 쓰기

1. 다음 단어의 중국어와 한어병음을 쓰세요.

(1) 좋고 나쁨   C_____   P_____   (2) 고르다   C_____   P_____

(3) 피하다   C_____   P_____   (4) 끝자리 수   C_____   P_____

(5) 숫자   C_____   P_____   (6) 해음   C_____   P_____

(7) 장미   C_____   P_____   (8) 부호   C_____   P_____

2. 다음 빈칸에 들어갈 알맞은 단어를 쓰세요.

(1) 中国人认为红色是一种很_____xǐqìng_____的颜色，所以有好事的时候，都会使用红色。

(2) 每到过年的时候，人们都会在家里_____tiēshàng_____红色的"福"字。

(3) 结婚的时候，新郎和新娘会穿上红色的_____lǐfú_____。

(4) 送礼时，很多中国人会_____xuǎnyòng_____红色的包装纸。

3. 다음 제시된 중국어를 재배열하여 문장을 완성하세요.

(1) 要 / 这 / 可 / 了 / 小心 / 回 / 你   ▶ _____

(2) 我 / 他 / 是 / 一个 / 的 / 朋友 / 普通 / 就   ▶ _____

(3) 这件 / 其实 / 事 / 知道 / 了 / 他 / 早就   ▶ _____

(4) 这 / 的 / 发 / 短信 / 妈妈 / 是 / 来   ▶ _____

4. 주어진 문장을 모방하여 제시된 한국어의 의미에 맞게 중국어로 쓰세요.

(1) 每到月末，我就会很忙。
   ▶ 주말마다 그 사람들은 모두 함께 산책하러 간다.

   C _____

(2) 哪怕再难，也要学下去。
   ▶ 아무리 피곤해도 다 해야 한다.

   C _____

(3) 其实我吃不了辣的。
   ▶ 사실 나는 정말 그 사람에게 알려 준 적이 없다.

   C _____

(4) 他买来了一些水果，一起吃吧。
   ▶ 내가 소설책 몇 권을 가지고 왔으니까 너 편하게 좀 봐.

   C _____

5. 제시된 단어를 포함하여 그림의 상황에 알맞은 문장을 만들어 보세요.

(1) 제시어 ▶ 喜庆

(2) 제시어 ▶ 尾数

(3) 제시어 ▶ 寓意

(4) 제시어 ▶ 运气

_____   _____   _____   _____

读 읽기

1. 다음 문장을 소리 내어 읽어 보세요.

(1) 哪怕不喜欢，也要收下。

(2) 这回去中国，我一定要多玩儿几天。

(3) 每到这个季节，我都会感冒。

(4) 以后有机会给女朋友买玫瑰花的话，一定要送9朵或99朵哦！

2. 빈칸에 들어갈 알맞은 단어를 보기에서 고르세요.

보기

  Ⓐ 原来   Ⓑ 回   Ⓒ 就是   Ⓓ 每

(1) ＿＿＿＿＿到我过生日的时候，妈妈都会给我买蛋糕。

(2) 这＿＿＿＿＿我可不能原谅他。

(3) 以前觉得数字＿＿＿＿＿一个符号，没想到还有这么多讲究。

(4) ＿＿＿＿＿"九"也是中国人喜欢的数字啊！

3. 제시된 단어의 알맞은 위치를 고르세요.

(1) 别   Ⓐ 哪怕你 Ⓑ 不想去，Ⓒ 也 Ⓓ 说出来。

(2) 能   我 Ⓐ 觉得 Ⓑ "七"这个数字 Ⓒ 给我 Ⓓ 带来好运。

(3) 特别   Ⓐ 听说 Ⓑ 中国人 Ⓒ 不喜欢 Ⓓ "四"，特别喜欢"八"。

(4) 能   人们 Ⓐ 相信 Ⓑ 这些特定的数字，Ⓒ 给自己带来 Ⓓ 好运。

4. 아래 질문의 대답으로 알맞은 것을 보기에서 고르세요.

보기

Ⓐ 哪怕再贵，我也要买。　　　Ⓑ 怎么有这么多讲究啊。

Ⓒ 就是一个兴趣爱好。　　　　Ⓓ 是啊，一到冬天我就感冒。

Ⓔ 大概四五天吧。　　　　　　Ⓕ 我觉得那是一种很有生气的颜色。

⑴ 你每到这个季节都会感冒吗? (　　)　　⑵ 你为什么喜欢绿色? (　　)

⑶ 这回你打算在韩国呆几天? (　　)　　⑷ 这么贵，你一定要买吗? (　　)

5. 다음 글을 읽고 질문에 답하세요.

　　跟单数比起来，中国人更喜欢双数，因为他们认为双数吉祥。中国人结婚、过生日送红包的时候，一般都会送双数，如"六百块"、"一千二百块"等等。"二"表示"和谐*"，"六"表示"顺利"，这两个数字大家都很喜欢，但最吉祥、最受欢迎的数字可能还是"八"。中国人喜欢"八"，一般认为是从广东人开始的。因为在广东音中，"八"与"发财*"的"发"相近。但在中国北方，也有"若*要发，不离八"的说法。难怪中国人都那么喜欢"八"了。

🔑 和谐 héxié ㆍㆍ 조화롭다 | 发财 fācái ㆍㆍ 돈을 벌다. 부자가 되다 | 若 ruò ㆍㆍ 만약

⑴ 判断对错: 中国人认为双数比单数更吉祥。(　　)

⑵ 判断对错: 中国北方人不太喜欢"八"。 (　　)

⑶ 请举一个例子说明中国人喜欢双数。

＿＿＿＿＿＿＿＿＿＿＿＿＿＿＿＿＿＿＿＿＿

⑷ 说一说中国人喜欢数字"八"的由来。

＿＿＿＿＿＿＿＿＿＿＿＿＿＿＿＿＿＿＿＿＿

听 듣기

1. 녹음을 듣고 알맞은 중국어 단어를 쓰세요.　　　　　　　MP3 w06-01

(1) _____　　　(2) _____

(3) _____　　　(4) _____

2. 녹음을 듣고 빈칸에 알맞은 내용을 쓰세요.　　　　　　　MP3 w06-02

中国人认为红色是一种很 (1)_____ _____的颜色，所以有好事的时候，都会使用红色。比如说，每到过年的时候，人们都会在家里贴上红色的"福"字；结婚的时候，(2)_____和新娘会穿上红色的礼服；(3)_____时，很多中国人会(4)_____红色的包装纸。如果一个中国人穿了一件红色的衣服，大家一般都会说："你今天穿得这么喜庆，是不是有什么好事情啊？"现在你知道中国人为什么喜欢红色了吧？

3. 녹음의 대화를 듣고 다음 문장이 맞으면 ○, 틀리면 X를 표시하세요.　　　　　　　MP3 w06-03

(1) 刚才那个人是她的男朋友。　　　　　　(　　　)

(2) 女的已经听说他们俩分手的事情了。　　(　　　)

(3) 男的让女的别吃了。　　　　　　　　　(　　　)

(4) 他的手机尾数是8889。　　　　　　　　(　　　)

4. 녹음의 질문을 듣고 대답하세요.

MP3 w06-04

(1) 答: _____

(2) 答: _____

(3) 答: _____

(4) 答: _____

5. 녹음의 대화를 듣고 다음 질문에 알맞은 답을 고르세요.

MP3 w06-05

(1) 问: 女的看中了一件什么样的衣服?

Ⓐ 红色的毛衣　　　　　　Ⓑ 黑色的毛衣

Ⓒ 白色的毛衣　　　　　　Ⓓ 灰色*的毛衣

🔑 灰色 huīsè 몡 회색

(2) 问: 那件毛衣贵不贵?

Ⓐ 还可以　　　　　　　　Ⓑ 不太贵

Ⓒ 非常贵　　　　　　　　Ⓓ 有点儿贵

(3) 问: 女的为什么想买那件衣服?

_____

(4) 问: 女的觉得生日那天怎样能让奶奶高兴?

_____

08 | 中国菜

说 말하기

1. 다음 문장을 중국어로 말해 보세요.

(1) 나는, 크게는 만한전석부터 작게는 감자채볶음까지 좋아하지 않는 것이 없어.

(2) 맙소사, 너 그야말로 벌써 중국 사람 다 되었네!

(3) 먹는 것만 아니라, 나는 또 집에서 중국 음식을 해 보려고 생각해.

(4) 어향가지는 너무 어려워, 내가 보기에 넌 아무래도 우선 쉬운 것부터 배우기 시작하는 것이 나아.

2. 다음 대화에 어울리는 내용을 중국어로 말해 보세요.

(1) A : 你喜欢吃面食吗?

　　B : _____

(2) A : 你会做西红柿炒鸡蛋吗?

　　B : _____

(3) A : _____

　　B : 我最喜欢吃的就是清炒土豆丝儿。

(4) A : _____

　　B : 这道菜啊，看起来容易，但做起来还得有点儿小窍门。

3. 다음 그림의 상황에 알맞게 대화를 만들어 보세요.

(1)

A : _____

B : _____

A : _____

B : _____

(2)

A: _____

B: _____

A: _____

B: _____

4. 본문의 내용을 생각하며 다음 질문에 답해 보세요.

(1) 南方人喜欢吃面食吗?

(2) 朴明浩最喜欢吃的中国菜是什么?

(3) 明浩想学做哪道菜?

(4) 韩雪觉得西红柿炒鸡蛋这道菜容易做吗?

5. 다음 제시어를 이용하여 중국어로 이야기를 만들어 말해 보세요.

제시어

西红柿　鸡蛋　炒　味道

_____

_____

_____

_____

08 | 中国菜

写 쓰기

1. 다음 단어의 중국어와 한어병음을 쓰세요.

(1) 만한전석 Ⓒ＿＿＿＿＿ Ⓟ＿＿＿＿＿　(2) 그야말로 Ⓒ＿＿＿＿＿ Ⓟ＿＿＿＿＿

(3) 가르치다 Ⓒ＿＿＿＿＿ Ⓟ＿＿＿＿＿　(4) 어렵다 Ⓒ＿＿＿＿＿ Ⓟ＿＿＿＿＿

(5) 파악하다 Ⓒ＿＿＿＿＿ Ⓟ＿＿＿＿＿　(6) 비결, 요령 Ⓒ＿＿＿＿＿ Ⓟ＿＿＿＿＿

(7) 드러내다 Ⓒ＿＿＿＿＿ Ⓟ＿＿＿＿＿　(8) 다른 날에 Ⓒ＿＿＿＿＿ Ⓟ＿＿＿＿＿

2. 다음 빈칸에 들어갈 알맞은 단어를 쓰세요.

(1) 每次全家人在一起包饺子的时候，我都会觉得很＿＿＿＿＿＿＿。

　　kāixīn

(2) 从南方来的同事不怎么爱吃馒头、面条之类的＿＿＿＿＿＿＿，他们更喜欢吃米饭。

　　miànshí

(3) 大家的口味也都各不一样，不是有种＿＿＿＿＿＿＿叫"南甜北咸，东辣西酸"嘛。

　　shuōfǎ

(4) 但是我却还没有＿＿＿＿＿＿＿不喜欢吃饺子的人。

　　fāxiàn

3. 다음 제시된 중국어를 재배열하여 문장을 완성하세요.

(1) 就 / 他们 / 像 / 简直 / 一样 / 俩 / 亲 / 兄弟　▶＿＿＿＿＿＿＿＿＿＿

(2) 问题 / 这么 / 问 / 的 / 还 / 简单 / 用 / 老师 / 去 / 吗　▶＿＿＿＿＿＿＿＿＿＿

(3) 行 / 了 / 告诉 / 你 / 去 / 他 / 不 / 就 /吗　▶＿＿＿＿＿＿＿＿＿＿

(4) 这 / 可 / 我 / 要 / 你们 / 给 / 露 / 回 / 了 / 一手　▶＿＿＿＿＿＿＿＿＿＿

4. 주어진 문장을 모방하여 제시된 한국어의 의미에 맞게 중국어로 쓰세요.

(1) 对这个问题，大家的看法都各不一样。

  ▶ 우리 반은 30여 명의 친구가 있는데, 모두의 취미가 각자 다르다.

  ⒞ _____

(2) 这里的风景简直就像一幅画。

  ▶ 정말 이런 일이 생길 것이라고 상상할 수가 없어.

  ⒞ _____

(3) 大家都已经知道了，还用介绍吗?

  ▶ 너희들이 모두 봤는데, 또 설명할 필요가 있어?

  ⒞ _____

(4) 你去学校图书馆借不就行了吗?

  ▶ 너 혼자서 가면 되는 것 아냐?

  ⒞ _____

5. 제시된 단어를 포함하여 그림의 상황에 알맞은 문장을 만들어 보세요.

(1) 제시어 ▶ 面食

(2) 제시어 ▶ 清炒土豆丝儿

(3) 제시어 ▶ 露一手

(4) 제시어 ▶ 小窍门

_____ _____ _____ _____

1. 다음 문장을 소리 내어 읽어 보세요.

   (1) 要不我先教你做个西红柿炒鸡蛋，怎么样？

   (2) 那道菜还用学吗？把西红柿和鸡蛋放一起炒不就行了吗？

   (3) 这道菜呀，看起来简单，做起来可得掌握点儿小窍门。

   (4) 改天你亲自做给我看看吧！

2. 빈칸에 들어갈 알맞은 단어를 보기에서 고르세요.

   보기

   Ⓐ 影响　　Ⓑ 世界　　Ⓒ 早就　　Ⓓ 简直

   (1) 我们生活在两个不同的＿＿＿＿＿＿，希望和担心的各不一样。

   (2) 大到社会，小到个人，都受到了很大的＿＿＿＿＿＿。

   (3) 他这么说，＿＿＿＿＿＿太过分了！

   (4) 那首歌还用学吗？我＿＿＿＿＿会了。

3. 제시된 단어의 알맞은 위치를 고르세요.

   (1) 就　　　你Ⓐ只要Ⓑ按照他们的要求Ⓒ去做不Ⓓ行了吗？

   (2) 给　　　你Ⓐ那技艺，Ⓑ什么时候Ⓒ我们Ⓓ露一手啊？

   (3) 才　　　我Ⓐ简直Ⓑ不敢Ⓒ相信，他Ⓓ学了两个月。

   (4) 大　　　Ⓐ到Ⓑ家电，Ⓒ小到零食，你都Ⓓ可以在这个网上买到。

4. 아래 질문의 대답으로 알맞은 것을 보기에서 고르세요.

보기

Ⓐ 我最喜欢吃的就是这个。　　　Ⓑ 我也不太会呢。

Ⓒ 那就不用了。　　　　　　　　Ⓓ 没有，很简单的一道菜。

Ⓔ 说的也是。别坐地铁了。　　　Ⓕ 大家的口味都不一样。

(1) 咱们打的去不就行了吗?　(　)　　(2) 他早就知道了，还用打电话告诉他吗? (　)

(3) 你教我做个中国菜，行吗? (　)　　(4) 做这个菜有什么小窍门吗?　　　　 (　)

5. 다음 글을 읽고 질문에 답하세요.

　　　　中国传统饮食文化历史悠久，在清代*形成*了鲁*(山东*)、川(四川)、粤*
(广东)、苏*(江苏*)"四大菜系*"，后来，闽*(福建*)、浙*(浙江*)、湘*(湖南*)、
徽*(安徽*)等地方菜也越来越有名，于是形成了中国的"八大菜系"。一个菜系
的形成和当地的物产*、风俗和烹饪*特色分不开，同时也受到这个地区自然*地
理、气候条件、资源*特产、饮食习惯的影响。如中国北方多牛羊，所以常用牛
羊肉做菜；中国南方多产水产*、家禽*，所以人们爱吃鱼和肉；中国沿海*多海
鲜*，所以常用海产品*做菜。

🔎 清代 Qīngdài 명 청대[중국의 역사 시기] | 形成 xíngchéng 통 형성하다 | 鲁 Lǔ 고유 노[지역명] |
山东 Shāndōng 고유 산둥[지역명] | 粤 Yuè 고유 월[지역명] | 苏 Sū 고유 소[지역명] | 江苏 Jiāngsū 고유 장쑤[지역명] |
菜系 càixì 명 요리 계열 | 闽 Mǐn 고유 민[지역명] | 福建 Fújiàn 고유 푸젠[지역명] | 浙 Zhè 고유 절[지역명] |
浙江 Zhèjiāng 고유 저장[지역명] | 湘 Xiāng 고유 샹[지역명] | 湖南 Húnán 고유 후난[지역명] | 徽 Huī 고유 휘[지역명] |
安徽 Ānhuī 고유 안후이[지역명] | 物产 wùchǎn 명 물산, 산물 | 烹饪 pēngrèn 통 요리하다 명 요리 |
自然 zìrán 명 자연 | 资源 zīyuán 명 자원 | 水产 shuǐchǎn 명 수산물 | 家禽 jiāqín 명 가축 | 沿海 yánhǎi 명 연해 |
海鲜 hǎixiān 명 해물, 어패류 | 海产品 hǎichǎnpǐn 명 해산물

(1) 判断对错: 中国传统饮食在清代就形成了"八大菜系"。 　　　　　　　　　(　)

(2) 判断对错: "八大菜系"的形成与当地的物产、风俗和烹饪特色有很紧密的关系。(　)

(3) 问: 一个菜系的形成会受到哪些影响?

　　　_____

(4) 问: 请举例说明资源特产对地区菜系形成的影响。

　　　_____

听 듣기

1. 녹음을 듣고 알맞은 중국어 단어를 쓰세요.　🎧 MP3 **w08-01**

(1) _____　　(2) _____

(3) _____　　(4) _____

2. 녹음을 듣고 빈칸에 알맞은 내용을 쓰세요.　🎧 MP3 **w08-02**

我以前在老家的时候，特别喜欢吃饺子。每次 (1)_____在一起包饺子的时候，我都会觉得很 (2)_____。妈妈也说饺子是咱们北方最好吃的东西。离开家到北京工作以后，我发现周围的同事，特别是从南方来的 (3)_____不怎么爱吃馒头、面条之类的面食，他们更喜欢吃米饭。大家的口味也都各不一样，不是有种说法叫"(4)_____，东辣西酸"嘛。但是我却还没有发现不喜欢吃饺子的人。

3. 녹음의 대화를 듣고 다음 문장이 맞으면 ○, 틀리면 X를 표시하세요.　🎧 MP3 **w08-03**

(1) 女的很爱吃馒头。　　　　　　　　　(　　)

(2) 女的觉得有的韩国人不喜欢吃方便面。　(　　)

(3) 女的觉得男的不用去他家。　　　　　　(　　)

(4) 男的觉得这道菜不难，想试一试。　　　(　　)

4. 녹음의 질문을 듣고 대답하세요. 🎧 MP3 **w08-04**

(1) 答: _____

(2) 答: _____

(3) 答: _____

(4) 答: _____

5. 녹음의 대화를 듣고 다음 질문에 알맞은 답을 고르세요. 🎧 MP3 **w08-05**

(1) 问：中国饮食中最有名的菜系一共有几个？
   Ⓐ 四个　　　　　　　　　　Ⓑ 五个
   Ⓒ 八个　　　　　　　　　　Ⓓ 六个

(2) 问：文中提到现在连外国人都爱吃的菜是：
   Ⓐ 四川菜　　　　　　　　　Ⓑ 浙江菜
   Ⓒ 湖南菜　　　　　　　　　Ⓓ 贵州菜

(3) 问：反映"中国饮食每个地方的口味都不同"的一句俗话是：
   _____

(4) 问：在中国，哪些地方的菜比较辣？
   _____

10 汉字

说 말하기

1. 다음 문장을 중국어로 말해 보세요.

   (1) 요즘 계속 비오니까, 너 그녀에게 예쁜 우산 하나 선물해.

   (2) 중국에서 '우산'은 정말 인기 없는 선물이야.

   (3) '우산'의 발음이 '흩어지다'의 '산'과 발음이 같기 때문이야.

   (4) 어쩐지 중국인이 '배'를 나눠서 먹지 않던데 '배를 나누는 것'과 '분리'의 발음이 같기 때문이구나.

2. 다음 대화에 어울리는 내용을 중국어로 말해 보세요.

   (1) A : "吗" 这个字是形声字吗?

   　　B : _____

   (2) A : 这个字的声旁是什么?

   　　B : _____

   (3) A : _____

   　　B : 大概有几百年的历史了。

   (4) A : _____

   　　B : 那本书被他借走了。

3. 다음 그림의 상황에 알맞게 대화를 만들어 보세요.

   (1)

   　　A : _____

   　　B : _____

   　　A : _____

   　　B : _____

(2)

A : _____

B : _____

A : _____

B : _____

4. 본문의 내용을 생각하며 다음 질문에 답해 보세요.

(1) 中国人使用的汉字有多长时间的历史了?

(2) 形声字中的形旁表示什么?

(3) 春节时中国人为什么要把"福"字倒着贴呢?

(4) 中国民间年画中的"莲花"和"鱼"表示什么意思?

5. 다음 제시어를 이용하여 중국어 이야기를 만들어 말해 보세요.

제시어

汉字   发音   意思   笔画*

§笔画 bǐhuà 몡 필획, 한자의 획

_____

_____

_____

_____

_____

10 | 汉字

1. 다음 단어의 중국어와 한어병음을 쓰세요.

(1) 우산   ⒞_____ ⒫_____   (2) 발음   ⒞_____ ⒫_____

(3) 흩어지다 ⒞_____ ⒫_____   (4) 배   ⒞_____ ⒫_____

(5) 분리하다 ⒞_____ ⒫_____   (6) 예   ⒞_____ ⒫_____

(7) 연꽃   ⒞_____ ⒫_____   (8) 여러 해 이어지다 ⒞_____ ⒫_____

2. 다음 빈칸에 들어갈 알맞은 단어를 쓰세요.

(1) 中国人___shǐyòng_____的汉字已经有几千年的历史了。

(2) 汉字最早起源于图画，也就是___xiàngxíng wénzì_____。

(3) 它们被写在龟甲___huòzhě_____兽骨上，每个字都像一幅画。

(4) 形声字的形旁表示意义，___shēngpáng_____表示读音。

3. 다음 제시된 중국어를 재배열하여 문장을 완성하세요.

(1) 快 / 这家 / 历史 / 有 / 的 / 了 / 公司 / 两百年 / 已经   ▶_____

(2) 民间 / 这 / 文化 / 起源于 / 种   ▶_____

(3) 弄坏 / 被 / 我 / 手机 / 他 / 的 / 了   ▶_____

(4) 例子 / 我们 / 再 / 举 / 吧 / 给 / 个   ▶_____

4. 주어진 문장을 모방하여 제시된 한국어의 의미에 맞게 중국어로 쓰세요.

(1) 这棵树已经有几百年的历史了。
　　▶ 이 회사는 이미 역사가 100년 되었다.

　　ⓒ _____

(2) 我做的菜都被他吃完了。
　　▶ 그 사람의 휴대전화는 남동생이 망가뜨렸다.

　　ⓒ _____

(3) 你别躺着看书，对眼睛不好。
　　▶ 너는 등 켜 놓은 채로 잠자지 마.

　　ⓒ _____

(4) 你再点两个菜吧，我觉得不够。
　　▶ 너 커피 두 잔 더 사, 이것들로는 부족한 것 같아.

　　ⓒ _____

5. 제시된 단어를 포함하여 그림의 상황에 알맞은 문장을 만들어 보세요.

(1)

제시어 ▶ 象形字

_____

(2)

제시어 ▶ 谐音

_____

(3)

제시어 ▶ 声旁

_____

(4)

제시어 ▶ 发音

_____

1. 다음 문장을 소리 내어 읽어 보세요.

(1) 我对汉字很感兴趣，因为很多中国文化都跟汉字的发音有关系呢。

(2) 再比如春节时中国人倒贴"福"字，表示"福到了"。

(3) 民间年画中出现的"莲花"和"鱼"表示"连年有余"。

(4) 你这个学期的汉字课学了不少东西啊!

2. 빈칸에 들어갈 알맞은 단어를 보기에서 고르세요.

보기

Ⓐ 图画　　Ⓑ 兽骨　　Ⓒ 形声字　　Ⓓ 意义

(1) 汉字最早起源于＿＿＿＿＿＿，也就是象形文字。

(2) 它们被写在龟甲或者＿＿＿＿＿＿上，每个字都像一幅画。

(3) 大部分的汉字都是＿＿＿＿＿＿，形声字的形旁表示意义，声旁表示读音。

(4) 比如"妈"和"吗"的声旁都是"马"，但形旁不同，所以＿＿＿＿＿＿也不一样。

3. 제시된 단어의 알맞은 위치를 고르세요.

(1) 至少　　Ⓐ 这个房子 Ⓑ 有 Ⓒ 上百年的 Ⓓ 历史了。

(2) 可能　　Ⓐ 他们的 Ⓑ 这种信仰 Ⓒ 起源于 Ⓓ 一种动物。

(3) 又　　Ⓐ 我 Ⓑ 刚出门 Ⓒ 被他 Ⓓ 叫了回来。

(4) 多　　Ⓐ 你 Ⓑ 再 Ⓒ 去几个地方就 Ⓓ 更好了。

4. 아래 질문의 대답으로 알맞은 것을 보기에서 고르세요.

보기 |

Ⓐ 形声字的形旁表义，声旁表声。　　Ⓑ 不用了，已经够了。

Ⓒ 我对汉字很感兴趣。　　　　　　　Ⓓ 这样看书最舒服。

Ⓔ 不是，是形声字。　　　　　　　　Ⓕ 那可不行。

⑴ 你总是躺着看书，眼睛能好吗? (　　)　⑵ 再点一个菜吧，你是不是不够啊? (　　)

⑶ 我送她一把雨伞，怎么样?　 (　　)　⑷ 这个字是象形字吗?　　　　　 (　　)

5. 다음 글을 읽고 질문에 답하세요.

　　谐音，原本*是一种语言现象*，指*的是"字词的音相同或相近"。不过谐音已经逐渐成为中国人生活文化中的一个重要组成部分。比如人们在给新生儿命名*的时候，新生儿*一般不和长辈重名*，甚至不用相同的汉字。一些特殊的姓氏，为孩子起名时还有一些注意事项。比如，姓吴的不能叫吴*才(无才)，姓王最好不叫王一佳(亡一家)。人们在起名时也会自觉*或不自觉地用谐音来寄托*美好的愿望*。如吴狄(无敌)、程功(成功)等等。

　🔖原本 yuánběn 🖪 원래 | 现象 xiànxiàng 🖪 현상 | 指 zhǐ 🖪 가리키다 | 相近 xiāngjìn 🖪 유사하다 |
　　新生儿 xīnshēng'ér 🖪 신생아 | 重名 chóngmíng 🖪 같은 이름 | 姓氏 xìngshì 🖪 성씨, 성 |
　　起名 qǐmíng 🖪 이름을 짓다 | 吴 Wú 🖪 오[성씨] | 自觉 zìjué 🖪 자각적이다 🖪 자각하다 |
　　寄托 jìtuō 🖪 맡기다, 담다 | 愿望 yuànwàng 🖪 바람

⑴ 判断对错：谐音指的是汉字相同，发音不同。　　　　　(　　)

⑵ 判断对错：谐音与中国人的生活文化有很紧密的关系。(　　)

⑶ 问：人们在给新生儿命名的时候，要注意什么?

　　_____

⑷ 问：姓吴的人取名的时候一般会避开什么名字?

　　_____

听 듣기

1. 녹음을 듣고 알맞은 중국어 단어를 쓰세요.　MP3 **w10-01**

(1) _____

(2) _____

(3) _____

(4) _____

2. 녹음을 듣고 빈칸에 알맞은 내용을 쓰세요.　MP3 **w10-02**

　　中国人使用的汉字已经有几千年的历史了。汉字最早起源于 (1)_____，也就是象形文字。它们被写在龟甲或者兽骨上，每个字都像一幅画。比如说"日"字，它像一个 (2)_____，"月"字就像一个 (3)_____。除了象形字，后来还出现了很多用别的方法造出来的字，其中最多的就是形声字，形声字的形旁表示意义，声旁表示 (4)_____。比如"妈"和"吗"的声旁都是"马"，但形旁不同，所以意义也不一样。

3. 녹음의 대화를 듣고 다음 문장이 맞으면 ○, 틀리면 X를 표시하세요.　MP3 **w10-03**

(1) 他们这个家族有整整一百年的历史了。　(　　)

(2) 他的手机弄丢了，要买一个新的。　(　　)

(3) 男的希望女的在家陪奶奶。　(　　)

(4) 男的还能再吃一碗。　(　　)

4. 녹음의 질문을 듣고 대답하세요.

(1) 答: _____

(2) 答: _____

(3) 答: _____

(4) 答: _____

5. 녹음의 대화를 듣고 다음 질문에 알맞은 답을 고르세요.

(1) 问：中国的"网络情人节"是哪一天？
Ⓐ 2月14号   Ⓑ 5月21号
Ⓒ 3月14号   Ⓓ 5月20号

(2) 问：这一天，男的看到街上很多商家都在卖什么？
Ⓐ 巧克力   Ⓑ 中国茶
Ⓒ 玫瑰花   Ⓓ 蛋糕

(3) 问：这一天被中国年轻人叫做"网络情人节"的理由什么？

_____

(4) 问：很多年轻人都会在这一天做什么？

_____

MEMO

MEMO

MEMO